A HISTORY
OF THE WESTERN MIND
AD 500 - AD 1700

覺醒

下冊

東西方交會下
近代西方思想文明
的重生與轉變

THE AWAKENING

Charles Freeman

A monumental and exhilarating history of European thought,
from the fall of Rome in the fifth century AD to the Scientific
Revolution thirteen centuries later.

查爾斯・弗里曼
唐澄暐 譯

目次

上冊

下冊

教宗權威的喪失與平信徒的崛起，一三〇〇－一五五〇年

有些渴望實現律法並渴望服侍我們的主、且常常發現某些不幸的可憐者臥倒街頭而凍死的人，會因同情他們的慘況而被打動，並思考著要在一間小屋裡提供一兩張床來救濟貧窮；所以他們開始動手，而隨著他們的仁慈心滋長，他們開始增加床位，於是他們的憐憫之心（misericordia）滋長，而他們的殷勤，就不只給予了窮人，也給了那些無家可歸的陌生人。

羅馬慈善團體「聖母憐憫之家」（Madonna della Pieta della Casa）背後的動機，一五六三年[1]

一三五〇至一六〇〇年間，基督徒有一些新作風在歐洲散播開來，而且遠遠散播至歐洲以外。這些作風有一部分是回應了教宗聲望持續萎縮以及神職人員階級越來越與世隔離的情況。世俗統治者此時也正在取得權威，發展著更有效的收稅方法，利用大學訓練的律師們來營運官僚體系，並擴展其軍隊。這就使權力平衡從教宗和神職人員這邊倒向了帝王之手，並讓新的神學運動和平民主義運動得以展現。一如往常，地圖顯示了這種權力轉移。儘管一三七五年的加泰隆尼亞地圖集（*Catalan Atlas*，見頁五六七－六八）把各王國的名稱放在了不明確的地區，但一個世紀後，爾哈德・愛茨勞普（Erhard Etzlaup）的歐洲地圖就以不同的顏色來界定每個國家。可以說，在西方思想史中，「新教統治者、天主教統治者和地方團體對宗教強化了世俗面控制」的重要性，並不亞於十六世紀時各路新基督教以「宗教改革」這種名號興起一事。一三〇〇至一五〇〇年這段期間，歐洲人有了更多機會來開展自己的精神抱負，而宗教信仰可以表達的方法也大幅多樣化。這兩個世紀裡，宗教面對不斷變遷的社會狀態所做出的回應，其廣泛程度絕對可以視為「西方心智重新覺醒」歷程的一環。反而是宗教改革運動藉著重新施行獨裁主義基督教，尤其是重新主張奧古斯丁神學，才反轉了這個過程。這段歷程會分為兩階段來探討：首先，來談一段十五世紀世俗主動權興起的紀錄；第二階段，則會在後面的一個章節談宗教改革（見第二十四章）。[2]

依諾增爵三世統治期間（一一九八－一二一六年），教宗的皇權達到了頂點。到一三〇〇年時，就開始下滑了。十三世紀晚期統治者和教宗之間最戲劇化的對峙，發生在教宗波尼法爵八世在位期間（一二九四－一三〇三年）。波尼法爵八世似乎是擠走了脆弱的方濟各會教宗策肋定五世（Celestine V），並在策肋定退位的僅僅一天後就當選了。他的合法性因此令人起疑，而那些謠傳他對男童和女人都慾求不滿的謠言，又進一步孤立了他。然而，激起敵人憤怒的，其實是他聲明自身權威的方式太冒失。他對羅馬權大勢大的科隆納（Colonna）家族發動復仇，把他們推向法國國王腓力四世那邊；此人早就為了法國神職人員的特權，以及自身對教會財產及收入的權利和波尼法爵八世有所爭執，而且此時正在摧毀聖殿騎士團（Templars）這個軍事修會。事實上，腓力四世正在跨越一般所公認的、君王與教會對等的合法權力，而這標記了世俗信心崛起的關鍵時刻。波尼法爵出於報復，於一三〇二年發布了一份教宗詔書，《獨一至聖》（*Unam Sanctam*），甚至超越了當年額我略七世、「克來爾沃的伯爾納鐸」和依諾增爵三世的絕對主義；他更進一步主張，在宗教和世俗問題上若不承認教宗的權威就會下地獄。憤怒的法國人要求開會罷免波尼法爵，獲得了巴黎各主教、大學神職人員、巴黎聖母院地方分會、道明會以及大部分方濟各會成員的支持。義大利這頭，膽子大起來的科隆納家族，在法國間諜的協助下，突襲了波尼法爵在阿納尼的宮殿，還俘虜了教宗好幾天。皇宮今日仍屹立原地，而七百多年前教宗在這場後來稱作「阿納尼掌摑」（Schiaffo di Anagni）的事件中遭貴族夏拉・科隆納（Sciarra Colonna）攻擊的那間房間，也依舊未變。不管是因為自然因素，還是因為受到極度羞辱之苦，教宗波尼法爵沒過多久就在羅馬過世了。一三〇八年時正在編寫《神曲》，且之前在教宗勢力掌控佛羅倫斯時被逐出故鄉的詩人但丁，

1 引文出自Christopher Black, *Italian Confraternities in the Sixteenth Century* (Cambridge: Cambridge University Press, 1989), p. 16。

2 John Watts, *The Making of Polities, 1300-1500* (Cambridge: Cambridge University Press, 2009)，對於這時期國家形成的過程有著洞察力豐富的調查。

則是幫波尼法爵在地獄弄了個位子作為報復。

十四世紀時，因為教宗當局長期流亡至亞維農（一三〇九－一三七六年），使得教宗不論從哪方面都越來越沒有機會跟君主討回主動權。[3]羅馬城不是一個好待的地方，尤其到了炎熱的夏天，更是容易傳染疾病。對教宗們來說，總是有敵對的貴族陣營以及一個重生的公民政府要對付。然而，教宗權力是緊密聯繫於聖彼得本人以及聖彼得大教堂內聖彼得遺物的權威，所以幾乎無法設想教宗在羅馬之外還能有效行使權力。一位姓名不詳的羅馬神職人員於十三世紀寫到，一個教宗住在城外就失去了一半的尊嚴，「就像女人沒有丈夫，羅馬沒了教宗看起來也是如此。」

當初教宗克勉五世（任期一三〇五－一三一四年）遷往亞維農時，可從沒打算永久如此。克勉五世希望重新修補教宗權力與法國君主之間破裂的傳統關係，他雖然認為普羅旺斯城市亞維農不是法蘭西王國的一部分（該城位在當時西西里統治者普羅旺斯伯爵的領土內），卻比較適合當這項修補行動的臨時基地。此外，該城位在隆河（River Rhône）上，能和其他天主教國家進行有效聯繫。克勉的繼任者，也就是樞機主教們僅僅內鬥兩年就選出的若望二十二世（任期一三一六－一三三四年），本來就在亞維農當主教，始終都沒有要遷回羅馬。若望的主教宮變成了宏偉浮誇的亞維農教宗宮（Palais des Papes），是一座教宗君主政體的恰當背景。

隨著教宗們堅持強化自己發放聖職俸祿（或者被稱作「給養」）的控制權，讓租金、捐款和其他各種形式的歲入都得付給教宗宮廷再分配給其偏好的領收者，進而穩固了自己的財政之後，教宗行政的品質在亞維農便有所進步。然而，這也有掏空地方資助金的效應，也使得每一次新任教宗就職都激起大批申請者前來宮廷（一三四二年教宗克勉六世〔Clement VI〕當選之後，甚至多達六千人前來）。如今，人事任命變得集中化，常有外來者被教宗們指派到賺大錢的主教轄區，卻從來都不住在這個新教區。這些發展的後果是讓教會遠離了地方政治，因此強化了「一個獨立於其廣大子民之外運作的富有機構」的印象。個別教宗任期短暫的一個長期後果，就是鼓勵人們販售那些下一任教宗得支付其薪水的職位。到了一五二〇年代中期，教宗收入有百分之三十都花在官僚體系內，到了一五六〇年則是百分之五十。[4]就如曾在教宗行政機關內任職的人文主義者佩脫拉克所言：

> 在此當政的是加利利（Galilee）貧窮漁夫的後人；他們莫名其妙地忘了自己的起源。當我想起他們的先人時，我驚愕不已地看見這些人戴著黃金、穿著紫衣，吹噓著王室與國家的縱容；看著奢華的宮殿高樓蓋滿防禦工事，而不是把一艘小船翻過來遮風蔽雨。[5]

光是教宗宮（Palais des Papes）一處就吸取了教宗本篤十二世（Benedict XII，任期一三三四－一三四二年）百分之十八的收入，這也就約略說明了教宗政府有多大的優先權。對英國人和日耳

3　這段流亡在Madigan, *Medieval Christianity*，頁三七四至七七中有所記述。另見Michael Jones (ed.), *The New Cambridge Medieval History: Volume 6, c.1300-c.1415* (Cambridge: Cambridge University Press, 2000), chapter 19, P. N. R. Zutshi, 'The Avignon Papacy'。

4　Euan Cameron, *The European Reformation*, 2nd ed. (Oxford: Oxford University Press, 2012), p. 36.

5　出自給朋友的一封信，可在福德姆大學中世紀資料書線上閱讀：https://sourcebooks.fordham.edu/source/14Cpetrarch-pope.asp，信件接下來的內容調性也差不多。

曼人來說，這種隔絕於人的印象又因為教宗與法國文化的緊密關係而進一步強化。亞維農教宗每個都是法國人，他們任命的一百三十四名樞機主教裡有一百一十二名也是如此，而許多人嘲笑他們對更強大的法國君主卑躬屈節。教宗們是如此地退縮，以至於那些年間只舉行了一次教廷會議（維埃納公會議〔Council of Vienne〕，一三一一－一三一二

本頁至下頁：1309至1376年間，連續七位教宗不是住在羅馬而是法國南部的亞維農，導致法國對教宗權力的影響明顯增加。

年），而那一次又被克勉五世牢牢掌控。

教宗流亡至亞維農一事，最冒犯到的是義大利人（其中就有佛羅倫斯人佩脫拉克）。羅馬人已經習慣讓教會的財富支撐城市，而教宗的缺席讓貴族之間的敵對惡化。一三四六年，一場由克拉・迪・里恩佐領導的人民起義，耗了好幾個月才氣力放盡。在羅馬之外，組成教宗國的混合領土內動亂四起。若望二十二世堅決要壓下動亂，以至於花了三分之二的收入來僱傭兵並收買敵對競爭者。一三三三年教宗軍隊在費拉拉慘敗後，教宗勢力暫時失去了波隆那。像「帕多瓦的

馬西略」的《和平守護者》（一三二四年）這類重要的政治著作，以前所未見的清楚明白態度，挑戰了教宗的權威（見頁三五〇－五五）。就如前面看到的，曾是教宗同盟中最忠實一員的佛羅倫斯，也於一三七五年向教宗宣戰。

當教宗額我略十一世（Gregory XI，任期一三七〇－一三七八年）的良知，被那位自己跑來介入政局的錫耶納神祕主義者加大利納（Catherine）糾纏不休的懇求喚醒後，他決定於一三七七年返回羅馬，並造成了其後的教會分裂；而這又使人們對教宗的尊重進一步遭到摧毀。[*6]額我略沒多久後就死了，但那些堅決要廢除法國教宗、進而支持一位願意留在羅馬的義大利教宗的樞機主教們，選出了義大利南部巴里（Bari）的前主教烏爾巴諾六世（任期一三七八－一三八九年）。但後來發現此人心智十分不正常，以一陣陣怒火來維護自身權威，還把那些冒犯他的樞機主教逮捕下獄，甚至還以酷刑虐待他們。他們之中有些人逃了出來，並再度選出一名法國人——曾擔任康布雷（Cambrai）大主教的「日內瓦的羅伯多」（Robert of Geneva），來擔任「對立教宗」克勉七世（任期一三七八－一三九四年），以便在亞維農恢復教宗統治。

儘管一般認為留在羅馬的教宗才是繼承自彼得的合法一脈，但在西方基督教世界忠誠分裂的那個時代，看來實在不是如此。法國理所當然地站在克勉這邊，英國、德國、中歐和義大利則是支持烏爾巴諾。敵對的歷任教宗們有三十九年間都把對方逐出了教會，其造成的失望大到讓教會會議至上主義（conciliarism）這個重要的運動在此真空中出現。由巴黎大學神學家（以及在巴黎舉行的四個教會會議）所支持的教會會議至上主義，其宣揚的信念是，教會會議所代表的教會整體，甚至可以罷免犯錯的教宗，甚至同時罷免兩個，然後選出單一繼任者。達成這一點所需要的政治手段非常曲折，一直要到一四一七年，一個在康士坦茲舉行的會議才總算選出了單一教宗，也就是瑪爾定五世（Martin V，任期一四一七－一四三一年）。瑪爾定來自驅逐過波尼法爵的科隆納家族，並於一四二〇年入住了他家族在羅馬的宮殿。

基督教皇帝們曾經有效地利用教會會議來當作一種控制教會的方法，特別是三二五年的尼西亞公會議、三八一年的君士坦丁堡公會議和四五一年的迦克墩公會議（Council of Chalcedon），這些都是在皇帝的贊助下舉行的。在西方，教宗也可以掌管會議，就像依諾增爵三世於一二一五年第四次拉特朗公會議時那樣，擬出了明確的會議章程，並要在他無法抵抗的監督之下一一達成。如今教會會議至上主義者率先行動，堅決要把會議打造成教會機構的永久特色，甚至到了要能罷免教宗的程度。

教會會議至上主義的領頭倡議者，是巴黎大學校長尚・熱爾松。阿奎那、司各脫和奧卡姆三派追隨者之間的勾心鬥角，讓熱爾松挫折至極，一度於一四〇〇年威脅要辭去大學校長職務。他了解到，經院學者錯綜複雜的辯論，已經將神學帶離了一般信眾的理解之外。熱爾松偏好更情感的方法，允許上帝的愛充滿心智。重要的知識是能打動心靈並刺激仁慈思想的知識，而且對熱爾松來說，經院神學家裡只有波那文都比較接近這點。熱爾松主張，要恢復為強制規定閱讀的著

---

* 錫耶納的聖加大利納（一三四七－一三八〇年）從此成為中世紀歐洲最受人敬重的聖人。

6 Jones (ed.), *The New Cambridge Medieval History: Volume 6*, Howard Kaminsky, chapter 20, 'The Great Schism'。Steven Ozment在*The Age of Reform*，頁一五五至八一有一個關於「解決宗教分裂的嘗試」的搜尋調查。另見Madigan, *Medieval Christianity*, pp. 378-83。

作，應該是額我略一世、優西比烏（的教會史）以及奧古斯丁等傳統神學家著作。[7]

熱爾松認為，會有教宗絕對主義，就是中世紀的人偏離了那種較早期、更加神祕主義的、由盡心奉獻的神職人員所領導的教會。他可以使用教會法來支持他的信念，也就是權力可轉移給教會內其他人。這方面問題的權威——格拉提安（見第四章，頁一三七），接受教宗在某些情況下有可能被罷免：「如果教宗輕忽了自己和他兄弟們的救贖，證明了他在職責上無能且怠慢，還更把無數人一起拖下水，使他們成群遠離善的話，他就會永無止境地在地獄奴役中飽受苦難。」[8] 格拉提安繼續說道，如果「他偏離了信仰」，就有可能加以罷免。當然，但丁有描寫到他認為應該下地獄的教宗們，但實際達成罷免的步驟卻從來都沒人制定過。

教會會議至上主義從來都沒有一貫的意識形態。從馬西略這種極端（他認為該由整個基督教群體來統治）到「由教宗來召開教會會議，而會議頒布的命令得要有教宗首肯」的另一種極端，*定義權力關係的方法實在是五花八門。不論是選出會議成員的方式，以及如何在相互敵對的自稱教宗者的權力鬥爭間找到罷免教宗及選出繼任者的明確原則，都很難達成共識。此外，那些現在更確實掌控自家王國的世俗統治者，對於教會權力的任一丁點復甦都會相當敏感，不論重獲權力的是教宗還是教會會議都一樣。

事實上，教宗依舊比較占優勢。儘管康士坦茲大公會議成功恢復了單一教宗——瑪爾定五世，但它沒能夠完成原定目標，也就是提出「慣常」（Frequens）這道教令，讓教會會議成為教會政府的永久特徵。除非教宗準備好放下他的傳統權威，並為了日後的改革而以創新的方式和教會會議合作，否則像這樣一個「民主」的願景是不可能成功的，但沒有哪個教宗願意這麼做。

一四三一至一四三九年間在巴塞爾（Basle，譯注：今日稱Basel或Bâle）召開的會議，被教宗安日納四世（任期一四三一－一四四七年）以計謀掌控。安日納召開了對立會議，最終在佛羅倫斯由他自己舉行，並協議出一個東西方教會聯盟，藉此暫時強化了教宗權力的威望（見第十四章，頁四六一－六四）。這一招是如此有效，以至於巴塞爾會議的一些成員甚至倒向佛羅倫斯這邊。現在，更有信心的教宗權力準備主動出擊。一四六〇年教宗庇護二世（Pope Pius II）發布的教宗詔令《極惡》（*Execrabilis*）†，宣告任何談教會會議高於教宗的訴求都是「不正確而可惡的」。一個世紀後，反宗教改革的特利騰大公會議（一五四五－一五六三年）會恭順地把法規上呈教宗請他首肯。教會議會至上主義失敗了。在尚・熱爾松的支持下，由康士坦茲大公會議決定將揚・胡斯（John Hus）處以火刑一事，就證明了議會滿有可能跟任何教宗一樣地保守專制。（見頁五三八－四一對於胡斯處火刑的描述。）

一四二〇年之後，教宗們都忙著在古羅馬這個仍因派系內鬨與瘧疾沼澤而四分五裂的城市核心處，創造一個文藝復興城市。這項生意所費不貲，並在巨大的聖彼得大教堂重建時達到頂峰，但也很遺憾地摧毀了許多美好的古代建築，好比說三世紀初期興建的七星殿（*Septizodium*）殘存至該時期的美觀正立面。‡儘管教宗們的宮廷有許多典型文藝復興時期的特色，但這裡（至少就官

7 Ozment, *The Age of Reform*，討論了熱爾松的神學，p. 73ff。
8 同前注，頁一六一。
* 特利騰大公會議就遇到這種情況（見頁五四六－四九）。
† 「極惡」在此處的意思是指，教宗要求助於教會會議是一件極惡之事。

方說法而言）仍然是獨身男性菁英的組合，徒具形式地監督著歐洲的道德價值。*許多樞機主教和隨從組成了附屬宮廷，並在此為所有即將到來的繼位問題籌畫著各種陰謀，而這只會繼續落實神職階級孤立於歐洲所有其他人的情況。一四一七至一六〇〇年間的二十六任教宗裡會有二十三人是義大利人。哈德良六世（Adrian VI，任期一五二二－一五二三年）在短暫的統治期間縮減了過度膨脹的官僚體系和野心過頭的建築計畫，但各樣嘗試改革，往往都冒犯了那些仰賴著教宗捐贈的藝術家和富有家族。「維持教會財富」和「恢復教會精神特質」的漫長衝突就這麼持續下去。

越來越專注於義大利境內世俗問題的教宗權力，漸漸與信眾的精神需求脫節。該世紀最大的危機，就是鄂圖曼土耳其於一四五三年征服君士坦丁堡。教宗庇護二世確實曾經想召集一支十字軍來救援東方的基督教同胞，但唯一的支持者只有瓦拉幾亞（Wallachia）大公弗拉德三世（Vlad III，又稱「穿刺公」），整個計畫因而打消。然而，鄂圖曼土耳其人持續擴張，穿過希臘和巴爾幹半島甚至襲擊了義大利，†讓基督徒的想像充滿恐慌，並替宗教和政治生活增加了另一項特質。當基督教本身似乎就深受東方威脅時，教宗們也不太可能在自己的權威上有所妥協。

教會會議從來都沒有開放給平信徒，然而到了十五世紀時，表達方式最健康的宗教熱情與基督教實踐行動，都發生在平信徒這邊。公開譴責從來沒造訪教區的主教當然不是難事，但這種空缺也有個好處，就是允許地方群體發展自己的宗教認同。即便雅各・布克哈特再怎麼談「文藝復興是『個人』的誕生」（見頁三八四－八五），這種情況都沒有延伸到宗教領域，那裡反而是「共治」發展出新的形態。

如果要談那座位於今日克羅埃西亞海岸上、現在較常稱作杜布羅夫尼克（Dubrovnik）的繁榮貿易城市——拉古薩（Ragusa），所有的造訪者都會談論到市民的虔誠。[9]那裡有四十七間教堂，方濟各會是最受歡迎的修會。那裡有一間鎮立孤兒院，以及為貧困者、痲瘋病患、寡婦及俘虜贖金而募集的基金。義大利的參訪者注意到，拉古薩人在施捨物資方面比一般義大利人慷慨了不知多少。市民們崇敬他們的守護聖者，四世紀的亞美尼亞主教聖伯拉削（St Blaise），被當作喉嚨痛的治療者；當黑死病慘況的趨緩被歸功於他的介入之後，對他的崇拜也增加了。獻給他的教堂在該城的政治中心，而不是宗教中心（就跟聖馬可的巴西利卡在威尼斯的位置一樣）。主教座堂的法政牧師事實上是該城神職人員中的領袖成員，因為大主教是由教宗所指派，很少住在此地。法政牧師是從當地貴族中找來，並獲得了指派拉古薩地區各主教的權利。外國人不准參與該城的講道修會，而該城也獨立運行宗教裁判所。一五六〇年時，來自羅馬的官方視訪者會猛烈批評那位從義大利南部卡拉布里亞派來拉古薩的大主教居然允許該城自行其是，可說完全不讓人意外。

拉古薩為「一個群體雖然遵循天主教的禮拜儀式和生活實踐，但大幅獨立於任何教會階層的直接掌控」提供了一個好範例。在中歐，紐倫堡、奧格斯堡、康士坦茲和蘇黎世也是自行營運宗

‡ 這是一座由皇帝塞提米烏斯・塞維魯斯（Septimius Severus，在位期間西元一九三－二一一年）所興建的三層樓噴水池。

* 許多學者把交際花盛行於十六世紀歐洲的原因，追溯至羅馬高階神職人員在性方面的孤單。

† 一四八〇年時，義大利南部普利亞（Puglia）的奧特蘭托（Otranto）曾短暫被土耳其人拿下，而那些被屠殺者的頭骨，至今仍在該城主教座堂內受人景仰（並在一間附屬禮拜堂中展示）。

9 見 Robin Harris, *Dubrovnik: A History* (London: SAQI, 2003)，尤其是第十章，'Religious Life: Ecclesiastical Organization and Spirituality in Dubrovnik (c.1190-1808)'。

教事務的城市；而在鄉下，許多國君也有類似的影響力。在威登堡保護路德免於教會復仇的，就是選侯腓特烈（Elector Frederick）（而選侯還是天主教徒呢！）。在義大利這邊，威尼斯堅持從自己的貴族成員中指派主教，也因此在接下來幾個世紀中維持了自身獨立。許多城市就像拉古薩那樣，把宗教奉獻專注於一名群體擁護的聖人；當然，在威尼斯就是聖馬可。在佛羅倫斯，城市守護聖人「施洗者約翰」的瞻禮日——六月二十四日，是一年中最盛大的時刻。遊行不是在該城主教座堂結束，而是在洗禮堂；因為人們把此處當成城市古典歷史象徵而加以崇敬。在盧卡，為「聖面」（Volto Santo）這張有如奇蹟般浮現在一座木十字架上的基督面孔組織遊行和慶典活動的，不是宗教單位而是整座城市。宗教和茁壯的市民認同，就這麼攜手前進。強烈表達這種攜手前進的就是慈悲畫（Misericordia）；在市民遊行隊伍通常會帶著走的這種畫像中，瑪利亞會把城內信徒保護在她的長袍底下。不過，她是在保護那些人不被她頭頂上的憤怒上帝所害，讓這種畫反常地表現出神性的不和諧感。[10] 在錫耶納這邊，不用馬鞍的騎師繞著該城中央田野廣場（Campo）進行的、歡騰狂野的賽馬節（Palio），從古至今都是為了致敬瑪利亞而舉辦，而獲勝的騎師到現在都還會在主教座堂「加冕」。

因此很明顯的是，教會的衰退完全不代表宗教生活會有哪邊比較不活躍。就如一位傑出的教會史學者所言：「中世紀晚期許多最受歡迎的宗教活動，靠的是人們來做點什麼，靠他們去參加、去活動、去行動，本質上靠的就是去體驗一個充滿祭典力量的活動，而沒那麼仰賴學習，或者去了解哪個中心思

下頁：一面佩魯賈聖方濟各宗教社團的旗幟，旗幟上的聖母瑪利亞保護佩魯賈和其市民不受瘟疫所害。留意憤怒的基督射下化為箭雨的瘟疫。

FVR°
·1464·

想的意義。人人都愛遊行。」[11]道明會和方濟各會透過熱情的講道滲透了城市。他們把宗教生活搬離了封閉的修會和遙遠的教宗權力，來到了街上；這裡有大量的群眾，被吸引到後來成為常民劇場的地方。希望將講道者用於政治目的的城市當局，以及看到自己有機會譴責統治者腐敗的講道者之間，有著權力鬥爭。十五世紀早期最成功的講道者，是方濟各會的「錫耶納的伯爾納定」（Bernardino of Siena, 1380-1444），他能用白話義大利語對大量聽眾即席演講四、五個鐘頭，從一個城講到下一個城。[12]當他培養聽眾對於最後審判的恐懼時，反猶太、譴責雞姦並聲討「自負者」的言詞，都讓他的煽動語言更添生色。這種對教宗權威造成明顯威脅的人物，理所當然地令教宗們擔心不已，因此於一四二七年被召喚到羅馬的伯爾納定差一點就被譴責為異端了。在佛羅倫斯，道明會的雷米吉歐・德・吉洛拉米（Remigio de' Girolami, 1235-1319）強調，城市的成就可以從財富、技術以及他口中的「一種文明的生活方式」看出。察覺到聽眾教育程度良好的他，便讚揚起西塞羅是愛國公民的典範。因此他嚴厲批評說，更可恥的事情就是城市因為派系衝突而四分五裂，以及當城市的財富可以用於社群利益時，卻被拿去揮霍。該城的方濟各會成員猛力譴責教宗權力的腐敗，而且也是一三七五年戰爭的重要支持者。[13]

平信徒也透過宗教社團積極參與宗教活動；而宗教社團不只在拉古薩成為一種顯著的生活特色，在十五世紀的歐洲各地也都是如此。宗教社團提供了一個更樸素而儀式化的宗教表現方式。最虔誠至極的宗教社團崛起於所謂的「當代奉獻」（Devotio Moderna）運動之中。[14]這個運動於十四世紀晚期出現在歐洲一個高度城市化的地帶——荷蘭；這地方的人們對教會的財富以及沒有人堅定奉獻於重建宗教精神一事，都有著越來越深的不滿，因此平信徒開始自行組成男女兼收、採用修道院儀式和個人祈禱的團體。這些團體最終正式組成了共同生活弟兄會（Brethren of the Common Life），其會所遍布荷蘭。事實上，這項運動的根源信念，就是平信徒跟神職人員一樣能夠達到聖潔境界。儘管入會沒有正式宣誓，也不用與當地社群隔離，但會所內的生活要求服從、貞潔和安貧。這些弟兄努力研讀了大量早期文獻，特別是那些修行主義和禁慾主義的文獻，同時也會複製這些文獻，來替每間會所打造藏書庫。該運動最出名也最有影響力的產物，就是托馬斯・肯皮斯的《師主篇》（編寫於一四一八至一四二五年間的某刻）。就連主張「就連一個深陷於（奧古斯丁所描述之）原罪的人類也都可以去效法基督，還不必是個神職人員」都堪稱空前。然而，儘管該運動對於教會制度和教會明顯的腐敗都有著矛盾心理，它還是堅決地留在天主教內，並抗拒著改革派的誘惑。

這些宗教社團提供的宗教形式，比叫平信徒一輩子屈從教會階級更加成熟。這些宗教社團了不起的地方在於多樣性和靈活度。它們通常對成員資格都有特定要求，要求他們承諾遵守

10「憐憫之心」在Nicholas Terpstra, *Religious Refugees in the Early Modern World: An Alternative History of the Reformation* (Cambridge: Cambridge University Press, 2015)，頁二二至二六中有所討論。

11 Cameron, *The European Reformation*, p. 14.

12 關於口若懸河的伯爾納定，見Franco Mormando, *The Preacher's Demons: Bernardino of Siena and the Social Underworld of Early Renaissance Italy* (Chicago and London: University of Chicago Press, 1999)。

13 Najemy, *A History of Florence*, pp. 55-56.

14 見Miri Rubin and Walter Simons (eds.), *The Cambridge History of Christianity: Volume 4, Christianity in Western Europe c.1100-c.1500* (Cambridge: Cambridge University Press, 2009), chapter 2, Koen Goodriaan, 'Empowerment through Reading, Writing and Example: The Devotio Moderna'。

正確行為並禁慾。有些社團歡迎男女加入，在北歐尤其較常見。有一個義大利社團的立會規則特別指出，在上帝的眼中男女的靈魂平等，因此開放給所有人參加。在貝爾加莫，「大慈悲」（Misericordia Maggiore）這個宗教社團僅限女性參加，而且有將近兩千名會員。這類社團內強調悔改和禁慾，便為曾以娼妓為業者提供了歸屬之地。[15]

這些宗教社團在威尼斯特別強大，並在那裡被稱作scuole（譯注：也是指「社團」）。五個最主要的大社團（scuole grandi）把比較富裕的市民吸納為會員；這群人缺乏貴族身分，無法參與保留給貴族階級的市議會。其中大多數人來自製造業階級，有紡織品和服飾的製造者，造船者和水手，還有從事書本、珠寶等奢侈品貿易的成員，以及建築者。到了十六世紀中期，「大社團」的總成員數有將近五至六千，而他們的會議廳則是奢華地彰顯了他們的存在。其中最大的聖洛克大會堂（Scuola Grande di San Rocco），有著由丁托列托（Tintoretto）所繪製的華美議事廳。大社團幾乎掌管城內所有福利服務，甚至為退伍海軍發放養老金；他們這些事業的成功，是該城政治穩定的一大功臣。當主要瞻禮日來到時，他們會受邀和威尼斯總督、貴族以及其他要人並列，參與擠滿了聖馬可廣場的遊行隊伍。然而，儘管這些scuole表面上是「天主教」機構，他們的成員也都參加彌撒並領聖餐，但威尼斯卻有著全歐最反神職人員城市的惡名。負責該城保安的十人團，甚至禁止他們和教會有直接聯繫。這彰顯了宗教社團的重要之處；它們處在教會直接控制之外、卻又符合教會儀式，且往往很精明世故地表達了自己的宗教信仰與意識形態。

與大社團在威尼斯一同興盛的，還有其他較小而沒那麼有錢的社團。這些社團中有許多是起源自專業工匠的同業公會，當初這些公會讓自己接受特定修道院或者守護聖者的保護，然後替自己會內的貧病者發展出社團。海外人士團體也會組成scuola，就像達爾馬提亞（Dalmatian）群體的斯拉夫聖喬治會（San Giorgio degli Schiavoni）那樣；該會美輪美奐的會議廳裡，有著維托雷・卡帕齊奧（Vittore Carpaccio）的優美繪畫。盲人也有自己的社團「奧比社」（Scuola degli Orbi），不良於行的人也有「佐提社」（Scuola dei Zotti）。「聖凡廷社」（Scuola di San Fantin）的成員會一路陪罪犯到行刑為止。其他社團有特定的禮拜方式來作為焦點，好比說特殊的聖餐禮或者偏好的聖人。一五二一年時，有將近一百二十個小社團（scuole piccole）在某位威尼斯總督的葬禮上舉著旗幟遊行。十五世紀宗教社團在平信徒之間日漸普及的一個跡象，就是人們使用地方話而不是拉丁文來列出社團規約。

儘管大部分的學術研究都聚焦於義大利北部城市的宗教社團，但這種社團其實廣布於全歐洲，而且也和義大利社團一樣承擔了多樣功能。這些社團靠著成員的特質而獲得高明的行政技能，實作起來的高效率可能超乎那些教育程度低下的低階神職人員所能想像。或許，黑死病過後那段期間，那些在自己的遺囑中把遺產留給宗教社團，而讓那些既有宗教

下頁：聖若望大會堂（Scuola di San Giovanni Evangelista）在1496年的聖馬可瞻禮日慶典上，帶著自己的聖物「真十字架」。會堂執行重要的慈善工作，並協助維持威尼斯共和國的政治穩定。

15 有一項研究義大利北部鞭笞派（flagellant）宗教社團的研究發現，十三世紀成立了二十七個會，十四世紀成立了九十八個，而十五世紀成立了三十二個。引文出自Brian Pullen, *Rich and Poor in Renaissance Venice* (Cambridge, MA, and London: Harvard University Press, 1971), p. 39。另見John Henderson, *Piety and Charity in Late Medieval Florence* (Chicago and London: University of Chicago Press, 1994)。

會所虧了一筆的人，就是領略到了這一點。舉例來說，在托斯卡尼的科托納（Cortona），城市菁英們捐給他們當地醫院「慈悲聖瑪利亞醫院」（Santa Maria della Misericordia）的錢，是捐給當地主教的四倍，更是他們留給主教座堂地方分會的五倍。宏偉的醫院在市中心落成後，剩餘的收入則用來分送食物和衣物給貧困者。[16]這時的科托納受佛羅倫斯統治，使得佛羅倫斯再次在慈善社團運動中成為先鋒。一三四八年的紀錄顯示佛羅倫斯有四十三個宗教社團，但到了一四〇〇年就有六十八個。同年，一共有一百八十個宗教社團散布在佛羅倫斯的領土上。在編年史作者維拉尼的計算中，城裡有三十間醫院和安養院，給貧弱者的床位有一千張。營運聖彌額爾菜園的宗教社團從虔信者身上累積了大量財富，在一三四八年黑死病過後更是獲利豐碩，並成為該城實質上最重要的貧窮救濟發放者——甚至連市政府都給它一年一筆津貼。[*]由幾個宗教社團組成的「勞德西」（laudesi）組合，專精於演唱讚美詩，並向社團內的幾百位佛羅倫斯人傳授入門音樂教育。[17]

而道明會與方濟各會這兩個托缽修會，則為佛羅倫斯的宗教社團提供重要的支援。儘管眾多宗教團體之間想必有著緊張關係，但大部分的宗教社團最終還是能夠和宗教修會及主教座堂以及教區教堂並存。林肯郡波士頓（Boston）那個因販售贖罪券而致富的「聖母同業公會」（Guild of Our Lady），還能夠在英格蘭最好的一間教區教堂——因為霸氣的尖頂而暱稱「波士頓大柱」的聖博托爾夫教堂（St Botolph's Church）——裡頭興建一間禮拜堂。[18]而這樣的關係會相互影響。就如馬丁・希爾（Martin Heale）以他的研究著作《中世紀晚期及宗教改革時期英格蘭的修道院院長》（*The Abbots and Priors of Late Medieval and Reformation England*）所證明的，[19]這些高階神職人員也跟著採取比較氣派的生活方式，也在世俗生活中擔綱了比較突出的角色，尤其是在宗教改革開始前的那幾十年裡。所以，英格蘭的沃爾西樞機主教（Cardinal Wolsey）和西班牙的梅內斯・德・西斯內羅斯樞機主教（Cardinal Ximenes de Cisneros）便是十六世紀初期資深神職人員成為皇家機構內領頭人物的範例。

其他方面的發展，好比說個人逐漸遁入私人領域進行宗教禮拜，就沒有對教會造成威脅。《時禱書》（*Books of Hours*）——以其他神聖文獻、連禱文和亡者日課為輔而編成的《詩篇》選集——是貴族家戶中插圖最奢華的手抄本。到了十五世紀晚期，比較便宜的版本甚至在工匠、店主間散播開來，在女性之間更是特別普及，也就在平信徒之間散播了新的禮拜儀式文獻。[20] 事後來看，歐洲絕對有可能是在一種準天主教宗教網絡之中演化，在這個網絡下，教宗權力一旦出了羅馬、出了義大利各屬地之後，就變得越來越無足輕重。

然而，不論宗教社團滿足了多少在地需求，教會的腐敗依舊存在，而人們也不可免地將會對教會直接提出挑戰。[21] 這些挑戰可能從任何地方發起。一三七〇年代，英格蘭有一名早就因其邏輯學著作而聞名的牛津大學講師約翰・威克里夫（John Wyclif或Wycliffe），轉而投身《聖經》研

---

16 見Arnold (ed.), *The Oxford Handbook of Medieval Christianity*, Nicholas Terpstra, 'Civic Religion', pp. 148-65。

* 其中一個主要收入來源，就是把蠟燭賣給那些前來參訪有如奇蹟般的聖母瑪利亞像的朝聖者。

17 Najemy, *A History of Florence*, pp. 51-54.

18 見Diarmaid MacCulloch, *Thomas Cromwell: A Life* (London: Allen Lane / Penguin, 2018), pp. 31-35。年輕的湯瑪斯・克倫威爾是此同業公會的顧問。

19 Martin Heale, *The Abbots and Priors of Late Medieval and Reformation England* (Oxford: Oxford University Press, 2016), 特別是第五和六章。

20 Eamon Duffy, *Marking the Hours: English People and their Prayers, 1240-1570* (New Haven and London: Yale University Press, 2006).

究，並精心設計了一套隨著時間過去將變得空前爭議且激進的獨特神學。威克里夫先是攻擊了教會的財富；教會對於地產的占有權應該只是暫時的，而且也有看占有者的生活是否正直。他認為，許多神職人員缺的就是後面這件事。但英國皇家宮廷和國會那邊對神職人員早就十分反感，所以威克里夫提出這些想法根本就沒什麼大爭議。當教宗額我略十一世於一三七七年譴責威克里夫並下令大學逮捕他時，大學拒絕了。受到譴責所傷，又因翌年的天主教會分裂而驚懼不已的威克里夫，如今冒著走極端而失去過往眾多支持者的風險，對教會發動了強力且全面的攻擊。

到了這時候，威克里夫已經針對經文發表了大量演說，並主張那些經文中暗藏著連一般信徒都可以領略的真實。他主張，經文以及奧古斯丁這類權威人士的經文評論，都提供了應該用來批評當代教會的一種模範。舉例來說，福音書就清楚提到，教會是由基督所成立，而基督一直都是其領袖。哪邊都找不到文字證據支持神職人員階級或教會機構，更別說教宗了。儘管威克里夫從未提到「帕多瓦的馬西略」這個名字，但他可能使用了《和平守護者》，因為他用了很多同樣的援引文獻。儘管威克里夫遵循奧古斯丁的《上帝之城》，主張有一個屬於上帝選民的天堂教會，但人們沒辦法知道誰才是其中一員，所以神職人員沒有一個人可以主張自己擁有正當有效的權威（好比說行聖禮時如此主張）。另一個主要目標是修行主義，而威克里夫抨擊的不只是他在四周看到的明顯腐敗，也抨擊他們把僧侶和教會團體隔離開來的方式。此外，威克里夫還提出後來證明是他最挑釁的論點——他駁斥了聖餐變體論這項教義，主張麵餅與酒可能在祝聖中取得了耶穌的存在感，但不可能失去它們原本的物質層面。物質現實不可能被摧毀（威克里夫這個觀點可能取自斯多噶派）。那些還是神職人員的人，應該要放下所有的財富，並專注於遵循耶穌典範。平信徒也同樣可以追隨這個範例，而在失去神職人員後帶來的這塊真空中，宗教應該要放到在國家底下監管。威克里夫如今面對著同時來自大學內和貴族支持者越來越強烈的反彈，而他便小心翼翼地離開了牛津大學。等到他被坎特伯利大主教正式譴責時已經中風，因此教會就放他過完餘生，而於一三八四年過世。

威克里夫就像馬西略一樣，為基督教應被世俗國家吸納的觀點，提供了神學上的支援。在這個意義上，他屬於一場更廣泛的運動；在那場運動中，平信徒可以在所屬群體內遵循一種忠誠奉獻的宗教生活。然而，威克里夫遠比《和平守護者》的追隨者前進了太多步；那些追隨者可從來沒有駁斥過教會。然而，他對於自己死後出現的運動完全沒有掌控力，該運動傳統上稱作羅拉德（Lollardy），是一個意指「嘀咕」的貶義詞。羅拉德起自牛津大學的威克里夫追隨者，並從該處開始向外擴散。然而，羅拉德派在社會中占據了一個矛盾的地位，從識字階級那邊吸引到一些同情。這使得該運動成了一場文獻（包括一套翻譯自拉丁文《武加大譯本》的《聖經》）在其中地位很突出的運動。被選出的文獻被讀了又讀（這一點可以從破破爛爛的書本中看出，其中包括了約三百本留存下來的《聖經》），但隨著時間過去，沒有了威克里夫的熱情，神學方面也沒什麼新的長進。儘管羅拉德派在駁斥聖餐變體論、反對教宗權威以及反對教士職位給予聖餐之權力等

---

21 接下來的情況見Carlos Eire, *Reformations: The Early Modern World, 1450-1650* (New Haven and London: Yale University Press, 2016), chapter 3, 'Reform and Dissent in the Late Middle Ages'，會把威克里夫和胡斯放在那時代更廣大的脈絡底下。另見Madigan, *Medieval Christianity*, chapter 19, '"Morning Stars" or Heretics? Wyclif, Hus and Followers'，以及Rubin and Simons (eds.), *The Cambridge History of Christianity: Volume 4*, chapter 2, 'Wycliffites and Lollardy'。

方面都遵循威克里夫，但很難看出他們要怎麼發展成一個有內聚力的群體。相較之下，英國王室要和教會聯合起來追殺一場看起來在社會上和神學上都很顛覆的運動，就比較簡單了。地方話版的《聖經》於一四〇七年遭禁。羅拉德派被對付異端邪說的普通法鎖定，而那些法律最終於一四〇九年合併到了坎特伯利大主教托馬斯・阿倫德爾（Thomas Arundel）的《章程》（*Constitutions*）之中。在牛津大學這邊，一個十二人委員會擬定了一份清單，記有兩百六十七項經確定之異端邪說，並下令將威克里夫著作全部焚毀。到了一四一二年時，大學的所有成員都必須發誓維護正統，而這是大學保守主義增長的一個跡象。一四一四年，一場由約翰・奧特卡瑟爵士（Sir John Oldcastle）率領的羅拉德派起義被輕鬆擊潰（奧特卡瑟則被處以火刑），強化了教會和國家在反對此運動方面的結盟。然而羅拉德派轉往地下，一路存活到了宗教改革；十六世紀的頭幾十年，人們還在追捕羅拉德派成員，命令他們放棄信仰。人們至今仍在爭辯，羅拉德派究竟是一個有成效的宗教改革先行者，還是一個被更充滿活力的宗教精神運動所忽略的停滯團體。當然，羅拉德派確實不具備和羅馬實質決裂所需的動力或者強大支援。

威克里夫最成功的「改宗者」是一名捷克人，揚・胡斯。[22]儘管英格蘭和波希米亞（Bohemia）看似相隔甚遠，彼此之間其實有所聯繫。一三八二年，英國國王理查二世（Richard II）娶了安妮（Anne），她的父親是神聖羅馬帝國皇帝查理四世（Charles IV），當時也是波希米亞國王，曾把布拉格重建得頗為壯觀，讓它成為歐洲的頂尖首都之一。捷克學生紛紛就讀牛津大學，並把神學方面的短文帶回國，其中就包括了威克里夫的文章。

胡斯是新成立的布拉格大學的哲學學院院長，並於一四一二年成為校長。充滿活力又全心奉獻於事業的他決心改革教會，而威克里夫的著作又為他的計畫提供了靈感。胡斯遵循威克里夫的想法，要求教會更加純潔，希望它著重於直接奉獻於基督，且不受財富和道德廢弛的腐化。神職人員的生活方式若不遵循《聖經》教誨，就不應受到尊重，另外也要讓女性在改革者和布道者中有一席之地。這個運動認為聖物阻礙人直接表達信仰而加以摒棄，並認為贖罪券是錯誤的救贖之道而加以拒斥。但胡斯從來都不是威克里夫的奴隸。他對聖餐變體論的觀點還是正統派的。事實上，「教士跟平信徒同領聖餐禮，麵餅和酒此時被祝聖為基督的肉和血」成了他這場運動的一個象徵。（譯注：在此時其他教派中，平信徒只能領餅。）聖餐杯變成了胡斯派（Hussite）的象徵標記。

胡斯希望波希米亞國王和統治的議會能為人民的宗教精神生活負起責任，但這就假設了他們願意與教會決裂。於是，傳統派天主教徒以及同時能利用人們的改革渴望與捷克初萌芽民族主義的胡斯追隨者之間，就畫出了一條戰線。布拉格大學原本是由一四〇三年正式譴責威克里夫著作的那群德國神學家所主宰。現在捷克人接管了大學，逼走了一千名德國師生。然而，天主教官方還是原地不動，而國王則保護了教會。這一點也不意外；畢竟教宗權力給國王的其中一項特許權，就是國王以贖罪券收錢的權利，而胡斯卻要求廢止。

到了此時，也就是天主教會分裂期間，有三名教宗在爭權；其中一名現在被視為對立教宗的

22 胡斯和波希米亞戰爭的完整記述，呈現在Norman Housley, *Religious Warfare in Europe, 1400-1536* (Oxford: Oxford University Press, 2002), chapter 2, 'A Crucible of Religious Warfare: Bohemia during the Hussite Wars, 1400-1436'。

若望二十三世（John XXIII，任期一四一〇－一四一五年）將胡斯逐出教會。胡斯拒絕噤聲，有效地使用了布拉格老城區一間伯利恆禮拜堂（Bethlehem Chapel）裡的基地，透過慷慨激昂的講道，堅持不懈地傳達其中心思想。他向正在康士坦茲開會的教會會議上訴，並獲得皇帝給予前往該地的自由。當他抵達時，他發現保守派人士對他提起控訴。面對別人用他從未主張過的看法指控他，胡斯正要替自己辯護，但此時集結起來的神職人員困住了他，將他判處死刑爾後燒死。

這場火刑在布拉格引發眾怒，而捷克貴族則是率先出手成立了有著民族主義性質的獨立教會。就跟許多宗教改革運動一樣，那些希望說服西吉斯蒙德王（King Sigismund，在位期間一四一九－一四三七年）支持他們、並在他保護下進行溫和改革的人，以及那些堅決要摧毀教會階級和其財產、並成立一個基督教純正派社群的極端團體「塔博爾派」（Taborites）*出現了分裂。當瑪爾定五世——以及猶豫一陣之後決定加入的西吉斯蒙德王——所支持的德國十字軍進入波希米亞，要根除這項支持者已眾多的運動時，改革派只維持著脆弱的共同陣線。

諾曼・休斯利（Norman Housley）在他的宗教戰爭研究著作中，討論了讓胡斯戰爭白熱化的強大力量。當然，改革教會的欲望是最顯著的，但它又被自認是上帝選民的感覺所強化，而這一點在塔博爾派中又特別強烈。他們可以把這種感覺和一種日漸增長的捷克認同感（波希米亞王國內大部分的胡斯派從民族上來說都是捷克人）聯合起來。宗教改革之後，基督教和民族主義會成為形影不離的密友。從這方面來看，不論其後基督教的新表現方式威脅到哪一種概念下的「普世教會」想法，胡斯戰爭都堪稱其先驅。

從一四一五年胡斯殉道一直到一四三六年在伊赫拉瓦（Jihlava）通過了最終協議為止，胡斯派將會經歷一段長期鬥爭；那之後，才會有一個橫跨波希米亞大半地帶的胡斯派教會妥當就位。因為許多領頭的胡斯派都是有地產的貴族，政治穩定對他們來說很重要，他們也因此準備好妥協，並與波希米亞的諸王合作達成這目標。這種情況下出現的胡斯派教會因此調性溫和。它緊緊抓住捷克語言作為表達方式，並維持教士跟平信徒同領聖餐禮。塔博爾派最終被認可為一個自治團體。天主教徒倖存了下來，並在波希米亞境內獲得宗教寬容，但失去了大部分的教會財產。人們首度使用「羅馬天主教」（Roman Catholic）這個詞，來定義這些殘存於脫離教宗權力控制之王國內的天主教群體。在獨立民族主義教會出現的過程中，這是一個重大時刻。

這種教會也可以在天主教的脈絡下出現。阿拉貢的斐迪南（Ferdinand of Aragon）和卡斯提爾的伊莎貝拉（Isabella of Castile）於一四七四年結婚，但都保留了對各自王國的管轄權，加起來就包含了葡萄牙之外大部分的西班牙地區。[23] 一四九二年，他們合力征服了伊比利半島上的穆斯林最後陣地——格拉納達那斯里酋長國（Nasrid emirate of Granada）。經歷了十字軍的屢戰屢敗後，這場收復失地運動（Reconquista）在全歐洲都被當成一場勝仗。然而到了這時候，收復伊比利半島失地的嚴酷行徑，已漸漸汙染了那些「天主教的君主們」（los reyes catolicos）。這些君主不受任何教宗權力約束，因此確保自己能對猶太人以及現在由他們控制的穆斯林進行一項凶殘的改

* 他們的名字來自組織成立地點，而這個位於波希米亞南部的城鎮名稱，則是來自《聖經》裡的他泊山（Mount Tabor）。

23 Giles Tremlett, *Isabella of Castile* (London: Bloomsbury, 2017)，記述了這段歷程，尤其是第二十四至二十七章。關於收復失地運動作為十字軍一環的背景，見Joseph O'Callaghan, *Reconquest and Crusade in Medieval Spain* (Philadelphia: University of Pennsylvania Press, 2004)。

信及驅逐計畫。伊莎貝拉早在一四八〇年代就迫害過卡斯提爾的猶太人，而他們現在則是要被迫改信或離開西班牙。尼古拉斯・特普斯特拉（Nicholas Terpstra）在《初期現代世界的宗教難民》（*Religious Refugees in the Early Modern World*）[24]中主張，她的政令標記了宗教改革的真正開始，帶頭開啟了日後一場又一場將宗教異議者大批迫遷至他處的行動。甚至連那些改信的人，也繼續被人懷疑並未徹底忠於新信仰。證明一個人的血統純淨，成了天主教的正字標記。一五〇〇年，這些君主們的首席宗教裁判者，西斯內羅大主教（Cardinal Cisneros），發動了一場逼迫格拉納達穆斯林受洗的行動。[25]兩天內，有八百零六人在一間曾是清真寺的場所內受洗。這整個超出教宗們所能容忍的範圍，但教宗們欣然默許這些敵對文明滅絕，等到後來人們在美洲新殖民地強制推行天主教，他們的態度還是如此。西班牙宗教裁判所可以依自己的規則來運作。儘管西班牙天主教那種莫名其妙的認真和嚴苛有一大半要歸因於收復失地運動，但這也提醒了我們，世俗統治者並不支持宗教寬容。他們對待非基督徒的政策，也為日後新大陸西班牙帝國對待印地安人的方式，提供了一個慘痛的前例（見第二十二章）。宗教寬容的概念仍未誕生。

＊　＊　＊

就如第十三章所描述的，一四九四年法國國王查理八世入侵了義大利，紀律廢弛的部隊帶來嚴重毀壞。查理占領了佛羅倫斯、放逐了羅倫佐的兒子皮耶羅・德・麥地奇之後，逼迫該城與其結盟，讓佛羅倫斯感到一股強烈的恥辱。就是在這個政治真空時刻，來自費拉拉、以聖馬可麥地奇修道院為根據地的道明會僧侶薩佛納羅拉，找到了真正的自我。[26]薩佛納羅拉曾經沉浸於最優秀的道明會傳統學養中，甚至贏得了羅倫佐・德・麥地奇的支持，而在聖馬可庇護過他。他在一四九〇年代初期的布道中，將佛羅倫斯的基督教譴責為膚淺，但這在當時不過是標準論戰。然而，隨著皮耶羅被驅逐，薩佛納羅拉就見風轉舵地，利用了這個熱情城市表面下始終快爆發的、對麥地奇「暴政」的憎恨。到了一四九四年十二月，他充滿魅力的講道已經讓他成為佛羅倫斯最有影響力的人物，而許多人則因為他煽動了不受控的勢力而焦慮不已。這遠比「錫耶納的伯爾納定」巡迴四處的布道更危險。

一四九五年，佛羅倫斯出現了一個新政府，由三千名公民組成一個大而無當的大議會（Grand Council），其中包含了許多工匠。第一次會議有超過一千七百人出席，而儘管平均出席人數是介於八百至一千人，但歐洲別地方還是沒有這麼喧鬧的集會。據當時的評論者皮耶羅・迪・馬可・巴連第（Piero di Marco Parenti）所言，那真的是很平民（populare）。[27]這個被薩佛納羅拉的宗教意識形態轉變至此的佛羅倫斯議會，或許可以看作是約翰・喀爾文（John Calvin）後來於一五五〇年代在日內瓦成立的基督教城市之前身。這名講道者在一段說明「一個被純淨化的城市會贏得

24 Terpstra, *Religious Refugees*, p. 2.

25 Tremlett, *Isabella of Castile*，第四十三至四十四章有詳細內容。

26 John Najemy 在 *A History of Florence*，特別是頁三八二至四〇〇對薩佛納羅拉的統治做了傑出的調查。

27 巴連第（一四四九－一五一八年）在他（以義大利文寫成）的 *Storia Fiorentina* 中，提供了一四九〇年代佛羅倫斯政治動亂的其中一份最佳記述。他享有馬爾西利奧・費奇諾等人所給予頂級人文主義教育。

上帝的特殊恩惠」的預示性話語中，把政治改革連結到道德重生：「重生的共和國成為了一項道德事業，神聖歷史中的關鍵章節，以及全能上帝為子民安排之計畫的核心篇章。」[28]所以，佛羅倫斯的唯一性和優越感，就這麼被驅策向一個新的目標。「上帝，也是為了正義，將強化這個城市的絕對統治，就像他強化羅馬的帝權一樣……因為這城市有好政府，它將財富滿盈，且人人將有工作，窮人也能謀生。」[29]這就好像在說，這個群體在被法國人羞辱之後，一旦拋下財富，就會立刻重獲榮耀和繁榮一樣。

這些幻想維持了三年。民間警備隊在街道上晃蕩，著迷地搜索著雞姦的證據。當局

本頁：吉羅拉莫・薩佛納羅拉在佛羅倫斯領主廣場上被吊死焚屍的場面，被十六世紀一位義大利畫家畫了下來。

還發動了一場行動對付猶太人和放貸者。「虛華之物」被帶到城市廣場上燒毀。那之中有佩脫拉克和維吉爾作品的最佳版本，以及多那太羅等其他大師的肉感雕像。然而儘管歇斯底里的狀況日漸加重，還是有人在抵抗「僧侶」（frateschi），也就是人們對薩佛納羅拉支持者的稱呼。他多次試圖改變城市法規，但都遭到了妨礙或沖淡。從頭到尾只有一名「雞姦者」被處決——去搜索他們的民間警備隊其實是被相互敵對的幫派作弄了。少數猶太人遭到驅逐，但針對他們的法律最終會被廢止。

漸漸地，保守分子重新集合起來。出身波吉亞（Borgia）家族的教宗亞歷山大六世（任期一四九二－一五〇三年）或許是該遭到薩佛納羅拉痛批沒錯，但他有權命令這名修士停止講道，並以一條足以禁絕宗教生活並嚴重損害佛羅倫斯銀行業活動的禁止令來威脅該城。薩佛納羅拉反抗了教宗，而於一四九七年遭逐出教會。到頭來最關鍵的地方，在於薩佛納羅拉的計畫失敗而毫無成果。漸漸地，城裡的中產階級拋棄了他。稱作「戰友」（compagnacci）的小流氓開始在他的布道中起鬨。薩佛納羅拉遭人挑戰，要他證明自己受到上帝恩寵，但他失敗了。他的敵人開始猛然反撲。在遭到酷刑拷打，並被迫坦承自己始終清楚說出口的預言是假的之後，薩佛納羅拉於一四九八年五月二十三日被正式宣告為異端。就在同一天，他在領主廣場上被吊死然後焚屍。然而他短暫的統治證明了，一個群體就算始終屬於天主教，還是可以找到一種強烈的共和國認同。

28 引言出自Najemy, *A History of Florence*, p. 393。

29 出自Savonarola的*Treatise on the Government of Florence*，引文出自Najemy, *A History of Florence*, pp. 393-94。

而新教徒的另一條路，也就是喀爾文主義（Calvinism），就比較順利地讓自己維持下去。

十五世紀在宗教狂熱的喧鬧中結束了。那幾年作物歉收，又使情況加劇。一四七五年一群孩童前往維爾斯納克（Wilsnack）神殿朝聖的行為，似乎不只是出於虔信，也同樣是被飢餓所推動的。隨著一五〇〇年接近，有些人操弄起《聖經》文字來主張，世紀的交替——在這個例子中，代表了二千紀（second millennium）的中間點——將會迎來末日（Apocalypse）。人們談著「靈人」的到來，此人會預先宣告一名至高宗教領袖的到來，這名領袖可能是一位教宗，而他將恢復上帝的愛。還出現了聖母瑪利亞的異象來警告人們，作物歉收或瘟疫都是對人類邪惡的懲罰。朝聖者蜂湧至她曾現身的地方。農人們理所當然地把農耕年間的異常狀態歸因於上天或者撒旦的介入，而這種不確定性是社會嚴重動盪不安的一個成因。當時有一股信仰女巫和惡魔的狂潮。杜賓根（Tübingen）出身的神學家馬丁・布蘭匿（Martin Plantsch），在其著作《女巫小記》（*A Short Work on Witches*, 1505）中特別強調了幾個可以保護人不受邪惡力量侵擾的聖域。但布蘭匿主張上帝自己有能力來透過惡魔行事，進而模糊了「上帝所為之事」和「惡魔所為之事」的區別。把疑似女巫者燒死的活動，一直持續到了十六和十七世紀。*德國北部的維爾斯納克是一個聖地，供奉了教堂被燒毀後依舊完好且上面沾血的聖餅。因為這些物品已被祝聖，朝聖者便相信那是基督本人的血。

和這種不穩定狀態形成對比的是，教宗們，來自波吉亞的亞歷山大六世和有「好到怕教宗」（il papa terribile，此處的義大利文terribile不是指恐怖而是非常好）稱號的儒略二世（Julius II，任期一五〇三－一五一三年），完全沒有去強化教宗權力在平信徒之間的威望。亞歷山大因為到處留種以及靠關係上位而惡名昭彰，不過儒略倒是率領自己的部隊，殺進了自從一四九四年法國入侵後就吞沒義大利的一片混亂中，而在教宗權力世俗化方面標記了一大步進展。然而，這兩名教宗在激發文化生活上也都有重要作用。當時的偉大藝術家們，如伯拉孟特（Bramante）、拉斐爾，以及受儒略之託繪製西斯汀禮拜堂的米開朗基羅，都被教宗的慷慨解囊吸引到了羅馬。米開朗基羅所接下但從未完成的、替儒略完成一座豪華墳墓的野心勃勃計畫，展現了該時期兩個最強大的人，一同把目標放在比對方更高的至高無上地位。如果那奢華無比的紀念碑真能完成，那誰會最為人所記住：是儒略，還是米開朗基羅？

不過接下來確實出現的，是西方藝術史上最偉大的其中一刻。「過去從來沒有，此後也不會有兩件此等規模的傑作同時這麼相似地創造出來，」藝術史學家修・歐納（Hugh Honour）和約翰・弗萊明（John Fleming）是如此寫起拉斐爾的賽納圖拉簽字廳和米開朗基羅的西斯汀禮拜堂。[30]在米開朗基羅為西斯汀禮拜堂做的計畫中，他再度試著創造一種比任何人認為雕刻家所能做到的都還要更雄心壯志的設計，然後耀武揚威地執行這計畫（特別是在公然讚嘆男性裸體這件事上），藉以超越儒略。（這種行徑，以及他所寫的詩，都讓從事學術研究者以及不那麼學術的人，同樣永無止境地懷疑米開朗基羅的性傾向。[31]）歐納和弗萊明呼應了喬爾喬・瓦薩里的說法；他在知名的《藝苑名人傳》（一五五〇年第一版）中，把米開朗基羅（以及李奧納多・達文西）列為第一批超

30 引文出自Hugh Honour and John Fleming, *A World History of Art*, 3rd ed. (London: Laurence King, 1991), p. 420。這部知名著作後來還有多個版本。

31 Ruggiero, *The Renaissance in Italy*，頁五六五至六七有所討論。

越古人的畫家。瓦薩里不只提升了個別藝術家的地位——他擁護喬托和布魯內萊斯基——也把藝術確立為西方文明的關鍵特色，讓義大利文藝復興研究的最前線直到今日都還是藝術家研究。32

拉斐爾繪於梵諦岡的希臘哲學家群像，也就是前面探討過的《雅典學院》，證明了人文主義在天主教圈子裡有多麼根深柢固。人文主義學術界對教會抱持批評態度，但許多人文主義者也在教宗的官僚體系裡服務，當這體系於十四、十五世紀間擴張時，提供的機會也是十分廣泛。儘管有許多呼聲（特別是那些托缽修會）呼籲回歸早期教會的清貧，但教會壓倒性的經濟力量（以及能給那些好運能撈到一個位子的人的一切特權），還是進一步阻礙了任何改革。人文主義者小心翼翼地避免在教義上與教會有任何公開衝突，但是，社會各界普遍接受對教會明目張膽的濫用權力提出批評。問題在於，他們能不能再進一步，有沒有辦法擔任改革的催化者。荷蘭學者德西德里烏斯・伊拉斯謨（Desiderius Erasmus）的非凡成就與其影響，顯示了答案或許是能。

＊　＊　＊

本書前面談人文主義的那幾章，探索了多種智識思潮：對經院哲學的不信任、同時飽讀拉丁文經典以及（到了此時也包括）希臘文經典，還有對教會階級的腐敗與大眾的迷信感到灰心挫折；而從許多方面來說，伊拉斯謨都代表了上述思潮的集大成者。33

伊拉斯謨特別傑出的兩個地方，一個是他將學問運用於《聖經》原始希臘文獻（而不是聖熱羅尼莫的《武加大譯本》），因而力挺古代學識融入基督教；另一個則是，他揮舞著一支使用了印刷機來擴散其中心思想的無情之筆。他對人類同胞也抱持樂觀態度，或許到了天真的程度，但這就和那些死守奧古斯丁人性悲觀觀點的人有著鮮明反差。

伊拉斯謨可能是於一四六六年出生在勃艮第統治下的尼德蘭，非婚生下他的雙親都在他還小時就死於瘟疫。被迫進入某個奧斯丁會的他，靠著拉丁文方面的技巧，而被放去當一名主教的祕書，且因表現出色，而能進一步學習研究。他討厭修道院要求的那種與世隔絕，而設法獲得教宗的特許，讓他餘生都搬出來一個人住。在巴黎大學和帕多瓦大學都用功好學又善於交際的他，遊遍了義大利各處，最終於一四九九年首度抵達英格蘭，在那裡與人文主義者約翰・科利特（John Colet）和湯瑪斯・摩爾熟絡起來，並在牛津大學及劍橋大學待了段時間。一五一〇至一五一五年間，他在劍橋大學的皇后學院教課。一五一六年回到歐陸北部之後，他一直都沒有一個定居之處，但有一個透過持續不斷寫信而維繫的忠實筆友人脈網在接濟他。伊拉斯謨是一個自信滿滿的自我宣傳者，傑出地克服他髒汙的社會背景，並在歐洲各地不斷贏得聽眾。他那本蒐集了希臘文和拉丁文格言俗語、作為經典入門文本可說十分完美的《箴言集》（*Adagia*），當時幾乎是每間講堂必備，而且還一版接一版擴增內容。*他在古典時代方面的其中一位導師，不出所料地是路西安

32 見 Rowland and Charney, *The Collector of Lives*。

33 關於伊拉斯謨的文章，有 A. G. Dickens and Whitney Jones, *Erasmus the Reformer* (London: Methuen, 2000)；Carlos Eire, *Reformations*, 'Erasmus', pp. 105-13；MacCulloch, *Reformation*, 'Erasmus, Hopes Fulfilled, Fears Stilled?', pp. 97-105；Turner, *Philology*, chapter 2, '"A Complete Mastery of Antiquity". Renaissance, Reformation and Beyond'。

* 這些條目有附評論，而有些學者把這看作是論文格式的誕生。

（Lucian）；這位西元二世紀的希臘學者兼諷刺作家，就跟伊拉斯謨一樣，是個邊緣人兼多才多藝的知識分子，能夠使用機智來嘲諷他那時代的希臘宗教生活。在那些古典劇作家中，伊拉斯謨最喜愛的就是尤里比底斯的樸實劇本。

因為亞里斯多德變得和經院哲學糾纏不清而惱怒的伊拉斯謨，也是一名柏拉圖的擁護者；他覺得柏拉圖是與基督教最接近的哲學家，而且他同樣也有一種伊拉斯謨認為所有人文主義者都應該要有的道德使命。博學多聞的約翰・科利特在這方面有重大影響。伊拉斯謨很大方地稱讚：「當我聽科利特發言時，對我來說就像是在聽柏拉圖本人發言一樣。」[34]伊拉斯謨身處的這個英國人文主義者小圈圈正進行著詆毀羅馬文獻以彰顯希臘文獻的運動，上述發言便呈現了該運動的特色。就如伊拉斯謨的一名追隨者，都鐸王朝外交官理查・培斯（Richard Pace）所言：「羅馬人的哲學太弱，以至於對有學問的聽者而言，把羅馬哲學家和希臘哲學家相比，可說是愚蠢至極。」[35]一五二〇年代，牛津大學支持羅馬和希臘的人之間爆發了一場文化戰爭。

對伊拉斯謨來說，信仰永遠包含了重整心智向神邁進，獨立於中世紀教會的所有聖物和華麗裝飾之外。「叫人活著的乃是靈，肉體是無益的」（《約翰福音》第六章第六十三節）是他最喜愛的一節。他的想法回歸了柏拉圖主義教父之一，希臘的「亞力山卓的俄利根」（Origen of Alexandria，約一八五－二五四年）；有別於奧古斯丁，他教導人們說，人類可以透過自己的努力，自由朝救贖邁進。俄利根主張，地獄的永恆懲罰配不上一位慈愛的上帝；此外，如果他出生得比較晚，他應該就會嘲笑奧古斯丁的原罪教條，特別是因為，奧古斯丁根本沒本事讀俄利根早就熟門熟路的希臘神學辯論。遺憾的是，伊拉斯謨對俄利根的擁護從來都沒被帶進主流辯論中，而改革派新教徒也因為持續依附奧古斯丁哲學，而證明了他們其實是保守人士。

伊拉斯謨受約翰・科利特啟發而從希臘文獲取專業，並了解到希臘文經文，也就是《新約聖經》，迫切需要一個權威版本。這個想法的成果，也就是《一切的新指引》（*Novum Instrumentum Omne*，或譯《新約聖經改訂改進版》，一五一六年），後來修訂為《新約聖經》（*Novum Testamentum*, 1519），是他的最佳代表作。自從奧古斯丁證明了他沒有足夠的學識來閱讀福音書、保羅和教父著作的原始希臘文文獻之後，西方教會就忽視了這些部分。伊拉斯謨把希臘文翻譯成拉丁文，一併保留原文和他的翻譯，藉此暴露了熱羅尼莫《聖經武加大譯本》的缺陷不足。這有了驚人的結果。西方神學過去一直都是基於熱羅尼莫的文字，但熱羅尼莫常常把他的翻譯弄得很符合他那時代的教會教條。最經典的案例出自《馬太福音》第三章第二節，在希臘文原典中，施洗者約翰要求他的聽眾應該「悔過」（譯注：此處為英文repent之翻譯）。熱羅尼莫把希臘文的metanoeite（改心、悔過）翻譯成paenitentiam agite（去悔罪），而這被用來支持告解聖事。伊拉斯謨把熱羅尼莫的翻譯取代為拉丁文resipicite，「悔過」。* 這麼一來，告解聖事現在還能否維持其正當性，又甚至可以問說，原本的希臘文文獻到底有沒有支持這種儀式概念？另一個例子，則是

---

34 出自一封伊拉斯謨於一四九九年十二月五日寫給門徒Robert Fisher的信，*Collected Works of Erasmus: Correspondence, 1484-1500* (Toronto: University of Toronto Press, 1974)，第一百一十八封。這句話很多地方都引用過。

35 引文出自Eric Nelson, *The Greek Tradition in Republican Thought* (Cambridge: Cambridge University Press, 2000), p. 26。培斯主張，任何有智識品質的東西都只可能是從希臘經羅馬而來。

* 《欽定版聖經》遵照伊拉斯謨而把metanoeite翻譯成「悔過」（repent）。

《路加福音》第二章第五十一節——「他就同他們下去，回到拿撒勒，並且順從他們。他母親把這一切的事都存在心裡」——主張，當耶穌的父母親發現他在聖殿裡講道之後，年輕的耶穌證明了他對父母親的服從。於是有人假設說，他對他的母親瑪利亞仍舊順從，因此就可以透過她來向基督說情。這點後來經中世紀神學家詳細闡述，而把透過聖人來向基督說情也包括進去。伊拉斯謨證明了這是誤譯了《路加福音》，而他這一證明就「威脅了中世紀西方虔信的最大原則——也就是可以透過且應該要透過上帝的臣子，也就是聖人，來與祂交涉」。[36]又一次地，伊拉斯謨儘管接受了正統派的立場，說瑪利亞在生下耶穌後仍然是處女，但也得接受沒有原始經文文獻支持這個說法。《馬太福音》使用的希臘詞，parthenos，處女（第一章第二十二節），是把以賽亞的一句希伯來文預言誤譯了，而他只有講到「一個年輕女人」。伊拉斯謨微妙地暴露了所有神學家都必須對付的關鍵問題：權威憑藉於何處，是在經文本身，還是在可能於原始文獻之外獨立演化至此、甚至與原始文獻衝突的傳統呢？同時，伊拉斯謨版的希臘版《新約聖經》為《聖經》的地方話翻譯提供了基礎，特別是路德版（一五二二年）以及備受推崇的詹姆士王英文版（一六一一年，譯注：又稱《欽定版聖經》）。

伊拉斯謨對於神職人員讓自己隔絕於平信徒之外（尤其是憑著他們「只有受過神學訓練的人可以詮釋經文」的主張）感到挫折。在一封一五一九年的信中，他提到「異端」（heretic）這個詞已經超出原用意——原指不同意福音書或者已有共識之信仰文章的人，變成在指任一個「不同意某些學院裡的詭辯家昨天才想到的新奇論理」的人。在那本可能是伊拉斯謨最受歡迎著作的《愚人頌》（*In Praise of Folly*, 1511）裡，他使用愚人戲謔來揭露教會的迷信腐敗，攻擊了這些流派所造成的困惑：「這些針對微妙之處做的微妙改良，又被五花八門的學術論證謊言弄得更微妙，以至於你逃脫一個迷宮的速度，可以比你逃出唯實論者、唯名論者、湯瑪斯主義者、阿爾伯特主義者、奧卡姆主義者和司各脫主義者的晦澀拐彎抹角還快。」[37]

雖然伊拉斯謨會感嘆，連講《福音書》和《保羅書信》使用的希臘語都被當成可疑行徑，但他也主張，在這些希臘教父的著作中才能發現語言的純粹和美麗：「過往偉大的（希臘文）基督教作者甚至能夠用最美麗的散文來處理最枯燥的主題。」他探索了已在西方傳統中失傳的神學家著作，包括了另一位柏拉圖主義者，「亞力山卓的聖里門」（Clement of Alexandria），以及東方修行制度之父，該撒利亞的巴西流。

伊拉斯謨對基督徒的願景，是一個群體把吸收經文內容當作日常工作生活，並因此達到他所謂的「信仰共識」（consensus fidelium），基督教信眾的集體智慧。這就是他那本《基督教騎士手冊》（*Enchiridion Militis Christiani*）的主題，遵循了「當代奉獻」的傳統，而支持一種以基督為中心的信仰。基

下頁：小漢斯・霍爾拜因（Hans Holbein the Younger）知名的伊拉斯謨畫像（約1523年），不只抓住了繪畫對象的性格，也抓住了他代表的人文主義教養氣息。

36 這段話引自MacCulloch, *Reformation*, pp. 100-101，這裡對這些問題有著不錯的概述。

37 「新奇論理」這段引言來自一封伊拉斯謨於一五一九年十月寫給Albert of Brandenburg的信，引自R. Po-Chia Hsia (ed.), *The Cambridge History of Christianity: Volume 6, Reform and Expansion, 1500-1660* (Cambridge: Cambridge University Press, 2007), chapter 13, pp. 227-43, Nicolette Mout, 'Peace without Concord: Religious Toleration in Theory and Practice', p. 230。關於經院哲學論典的引言來自Dickens and Jones, *Erasmus the Reformer*, p. 55。

ΗΡΑΚΛΕΙ
ΠΟΝΟΙ

督徒自己和造物主之間不需要任何中介；也完全不需要迷失在神祕主義中。當他察覺到教宗權威正無可挽回地受損（有一篇據稱是伊拉斯謨寫的文章《儒略遭排除在天堂之外》〔*Julius exclusus e coelis*〕就主張教宗儒略二世如果到了天堂應該會被拒於門外），他反而根據柏拉圖的原則，主張社會應該由愛好和平且理想主義的君王所管理。但這樣的統治者在充滿鬥爭的十六世紀歐洲根本找不到。伊拉斯謨對年輕皇帝查理五世的高度期待，在一五二七年哈布斯堡（Habsburg）與瓦盧瓦（Valois）家族的戰爭中粉碎；當時查理軍中的抗命部隊（其中許多是路德派）洗劫了羅馬。

平信徒也不太可能像伊拉斯謨喜歡的那樣，忠誠奉獻於自己的宗教生活；特別是因為，他還認為他們很容易被那些吵著要他們注意的諸多聖地帶入歧途。在伊拉斯謨最吸引人的一篇文章《為宗教朝聖》（*Pilgrimage for Religion's Sake*, 1526）之中，他描述一個叫歐吉吉烏斯（Ogygius）的人造訪東英格蘭沃辛漢（Walsingham）獻給聖母瑪利亞的聖地，然後又造訪了殉道者湯瑪斯・貝克特埋葬的坎特伯利。返鄉後，歐吉吉烏斯描述起這趟朝聖時，嘲笑了朝聖者們遭到操控而放棄了他們的金錢，以及他們是如此輕易就深信展示的聖人聖物是出自早年的巴勒斯坦。沃辛漢當地吹噓有一間聖母瑪利亞拿撒勒（Nazareth）住家的複製品，根據傳說，那間房屋的景象，展露在聖地的創辦者，一位叫莉秋迪斯・德・法沃徹斯（Richeldis de Faverches）的貴族婦女眼中。歐吉吉烏斯也給大家展示裝了瑪利亞母奶的小瓶以及聖彼得的大腿骨。

伊拉斯謨和他那時代的人文主義者仍舊夢想著一個理想的羅馬教會，讓墮落的天主教恢復尊嚴。儘管伊拉斯謨如此有想像力且心胸開闊，他卻想像不到一個從頭開始的機構。伊拉斯謨和宗教改革者之間有著心理上的鴻溝。伊拉斯謨就如典型的人文主義者，守規矩並反對動盪。他能理解到，文字的意義通常模糊不清，因此經文意義的爭辯是不可免的。不論是堅持單一翻譯方式，或者迫害不同意的人，都是無法接受的事情——這個論點將會由約翰・洛克（John Locke）等十七世紀哲學家詳細闡述。傳統權威徹底崩盤將帶來的混亂，令伊拉斯謨十分恐懼。此外，改革派所呈現的人類面貌，是終身不斷地焦慮，意外被捲進了自身原罪的混亂中。特別是喀爾文，因為他堅持追隨者必須持續警戒以免自己犯罪，便強化了人類生而具有的恐懼。而伊拉斯謨則是基於古代哲學傳統，更在乎尋求智識上的滿足和情緒上的平和。到了晚年，他偶然發現了西元前二世紀的異教徒哲學家伊比鳩魯，此人把達到毫無紛擾（ataxia）的平和心靈當作人生目標。伊拉斯謨採取大膽手段，把基督連結到伊比鳩魯，就像更早之前羅倫佐・瓦拉做過的那樣（見頁四〇七－四〇八）。伊拉斯謨相信，基督徒有權利快樂，且其自由的心智中有達到快樂的手段。相對地，路德等新教徒則主張，基督徒身為原罪的繼承者，並沒有輕鬆的本錢。

隨著路德的革命日漸開展，伊拉斯謨越來越害怕，而他於一五三六年過世前的最後幾年並不快樂。儘管他不可能會離開教會，天主教還是攻擊了他，說他教唆了一場情況遠遠超乎他設想的宗教改革。教會甚至過分到把他的書列入《禁書目錄》。甚至到了今日，我們還是會遇到傳統天主教徒主張伊拉斯謨「造成」了宗教改革。伊拉斯謨確實透過他無止境的宣傳創造了自己的名氣，但他從來都沒呼籲推翻教會，只有要推翻那些配不上教會的僕人和扭曲的神學。儘管伊拉斯謨博學且條理清晰，對於迷信和腐敗的攻擊又十足有力，讓他成為鶴立雞群的當代關鍵學術人物，但他在智識上的心胸開闊，加上知識方面的折衷主義和洞察力，都讓他不適合擔任任何領袖角色。有別於路德以及喀爾文，他很少固執己見；他堅守人文主義學術的最佳傳統，有信心將自己的想法公開讓人爭辯。

另一項發展，是敬奉行為開始專注於新方向。學者卡羅琳・沃克・拜南（Caroline Walker Bynum）以《基督教物質性》（*Christian Materiality*）探索了中世紀晚期人們對物質實體的情感迷戀，特別是聖物和基督受難圖。它們為基督教添加了新的面向，特別是「一件強大聖物創造奇蹟，是生命戰勝死亡、善戰勝惡的象徵」的信念。[38]這又是一個基督教越來越不中央集權的特色。

* * *

傳統的宗教改革史通常把一五一七年路德崛起當作驚天動地之事，或者當成對教會腐敗的瞬間反應。然而，在抱怨天主教會腐敗這方面，路德實在不怎麼獨一無二。好幾個世紀以來，人們都在呼籲改革這個富有而臃腫的教會，但都沒什麼成果。我們接下來就會看到，之所以是路德引發教宗權威崩盤，不過就是機運使然。宗教改革運動會擴散得如此快速，是因為他和喀爾文能夠利用大眾對天主教權威的不支持。這裡的意思並非指宗教改革運動發動之前，宗教信念本身就在減弱；就如本章所證明的，在地群體有大量的宗教活動。「宗教改革運動，」彼得・馬歇爾（Peter Marshall）寫道，「既不是一個超然一切且毫無先兆的後中世紀新事物，也不只是一個針對中世紀宗教文化的反應而已。它本身就是中世紀晚期各方面發展的開花結果，在一五〇〇年前後

38 Caroline Walker Bynum, *Christian Materiality: An Essay on Religion in Late Medieval Europe* (New York: Zone Books, 2011).

幾十年的政治、文化和宗教土壤中播種發芽。」[39]這些活動大部分都和有效經營貧病者福利、執行基督教職責有關，就如本章開頭引言所主張的那樣。

本書會在第二十三章繼續描述宗教改革運動。重要的問題是，路德主義和喀爾文主義是否遏制了基督教內某些健康而去中心的發展；那些發展曾經十分成功，因為它們反映了——也回應了——在地需求。同時，也該來思考由發現之旅——這種事業誕生於對世界越來越強的好奇心，以及對日漸增加的貿易機會的渴望，而那些因素全都是西方心智逐漸覺醒的一部分——所導致的歐洲意識非凡拓展。

39 Peter Marshall, *Heretics and Believers: A History of the English Reformation* (New Haven and London: Yale University Press, 2017), p. xvii.

定義全球空間
為新大陸繪製地圖

對各種土地和島嶼的一次全面描繪，包括了一些古人從未提過、後來於一四九七至一五〇四年間在四趟海外航程中發現的地帶，其中兩趟由卡斯提爾的斐迪南（Fernando of Castile）所指揮，另兩趟則是葡萄牙的曼紐（Manuel），都是最安詳的君主，且艦隊眾多領航員及軍官中還有一位亞美利哥・維斯普奇（Amerigo Vespucci）；而這又特別是一次對許多迄今未知的地方所做的描繪。我們把這一切小心仔細地畫在地圖上，來提供真實而精確的地理知識。

瓦爾德澤米勒世界地圖（Waldseemüller World Map）上的說明，一五〇七[1]

在前言中，我描述了發現托勒密《地理學指南》對於繪製地球表面地圖的巨大影響。如果《地理學指南》想成功，它就得把兩種更早的地圖擠掉，分別是mappae mundi以及波特蘭海圖，這兩種在概念上都和托勒密的地圖非常不一樣。

mappae mundi的功能，是幫助信徒根據《聖經》教誨和古代傳統，來了解上帝創造的世界。[2]地圖理所當然會特別強調羅馬和耶路撒冷兩城，但亞洲總是被當作基督教的原鄉而擺在頂端（所以就讓東邊成為底圖的「上面」，而不是北邊）。在亞洲呈現的天堂就好像是在地表上一樣，有四條河流從那裡向外流，分別是幼發拉底河（Euphrates）、底格里斯河（Tigris）、比遜河（Pishoon），以及基訓河（Gihon）。耶路撒冷就出現在它底下。陸地在地圖中占了主要部分，地中海和黑海不過就是亞洲、歐洲和非洲中間的L形湖泊。因為亞里斯多德（以及後來的托勒密）主張，世界的形狀應該是對稱的，包括了四塊陸地，因此通常會有另一塊區域加在南邊，也就是在mappa mundi的右側，用一道水域和非洲切開。為了平衡另外三塊大陸，人們認為這塊南方地帶的大小會等於前三者的總和。在托勒密的時代，南方大陸只是一個假說，而托勒密並沒有把那放進地圖。十二世紀的伊德里西，把非洲畫成一塊超出他地圖邊界的特大陸塊。一般來說，mappa mundi會畫成一個圓形，海洋圍繞邊緣，便把假想中的三塊大陸包起來，如果按亞里斯多德說法來畫就是四塊。有些mappa mundi是根據亞里斯多德把地球分成五個「氣候」（klimata）或者區塊的方式來畫，其中炙熱的區塊橫跨中間，上下各一條溫帶，然後兩個極區各一個寒冷地帶（而原本希臘文的klimata成了英文「氣候」〔climate〕這個詞的詞源）。*

對於那些前往耶路撒冷朝聖或東征的人來說，mappa mundi沒有什麼實際用處。他們的最佳手段，就是前往威尼斯港，那裡同時有航向地中海東側所需的船隻和地圖。十三世紀時，在拜占庭帝國毀於一二〇四年十字軍運動（見第四章，頁一四七－四八）的事件中推了一把的威尼斯，掌握了通往帝國最佳港口之途徑，並讓自己成為富有的海上強權。根據一項估計，十三世紀時有多達一萬名威尼斯商人活躍於君士坦丁堡。這些貿易商，加上熱那亞和比薩等其他義大利北部港都的對手，開始繪製標有地中海與黑海沿岸各港口及安全下錨處的航海圖。至於地中海西側，熱那亞人畫出了直布羅陀海峽和西班牙側的大西洋沿岸。這些航海圖被稱作波特蘭海圖。[3]

波特蘭海圖是以羅盤裝置為基礎。地圖繪製者會從一個定點地標行到另一個已知地標，記錄兩地之間的羅盤方位。他也會估計兩地之間相隔的距離。接著他會把一個有三十二個點的羅盤「玫瑰」放在羊皮紙上標記起始點。他會用「玫瑰」上的相關點以及到下一個地標的估計距離，來畫出一條直達該地標的直線，稱作「恆向線」（可能是來自葡萄牙語的rumbo，意指「一個方向」）。漸漸地，新的地標會沿著海岸線加進來，地名也會被寫進去。最終，整個繪製完成的海岸地圖會滿滿都是港口名稱和其他特徵。船長備有波特蘭海圖後，就可以依照羅盤從一個地標航向

1 見Nurminen, *The Mapmakers' World*, pp. 162-64，探討了地圖並包含了插圖。

2 見Jerry Brotton, *A History of the World in Twelve Maps* (London: Allen Lane / Penguin, 2012), chapter 3, 'Faith: Hereford Mappamundi'。

* mappa mundi留存至今的最佳範例，就是可追溯至十四世紀早期的巨大羊皮紙，如今展示在英格蘭西部的赫里福德主教座堂（Hereford Cathedral）。上頭滿滿的都是圖畫，包括了一幅最後的審判，還提到了剛剛以失敗告終的十字軍，使那幾乎看不出來是已知世界的地圖。

3 Nurminen, *The Mapmakers' World*之中的'The Portolan Chart: The Direction, Distance, and Scale in Maps'，頁六〇至七〇有著絕佳的圖片並附有文字。

ASIA

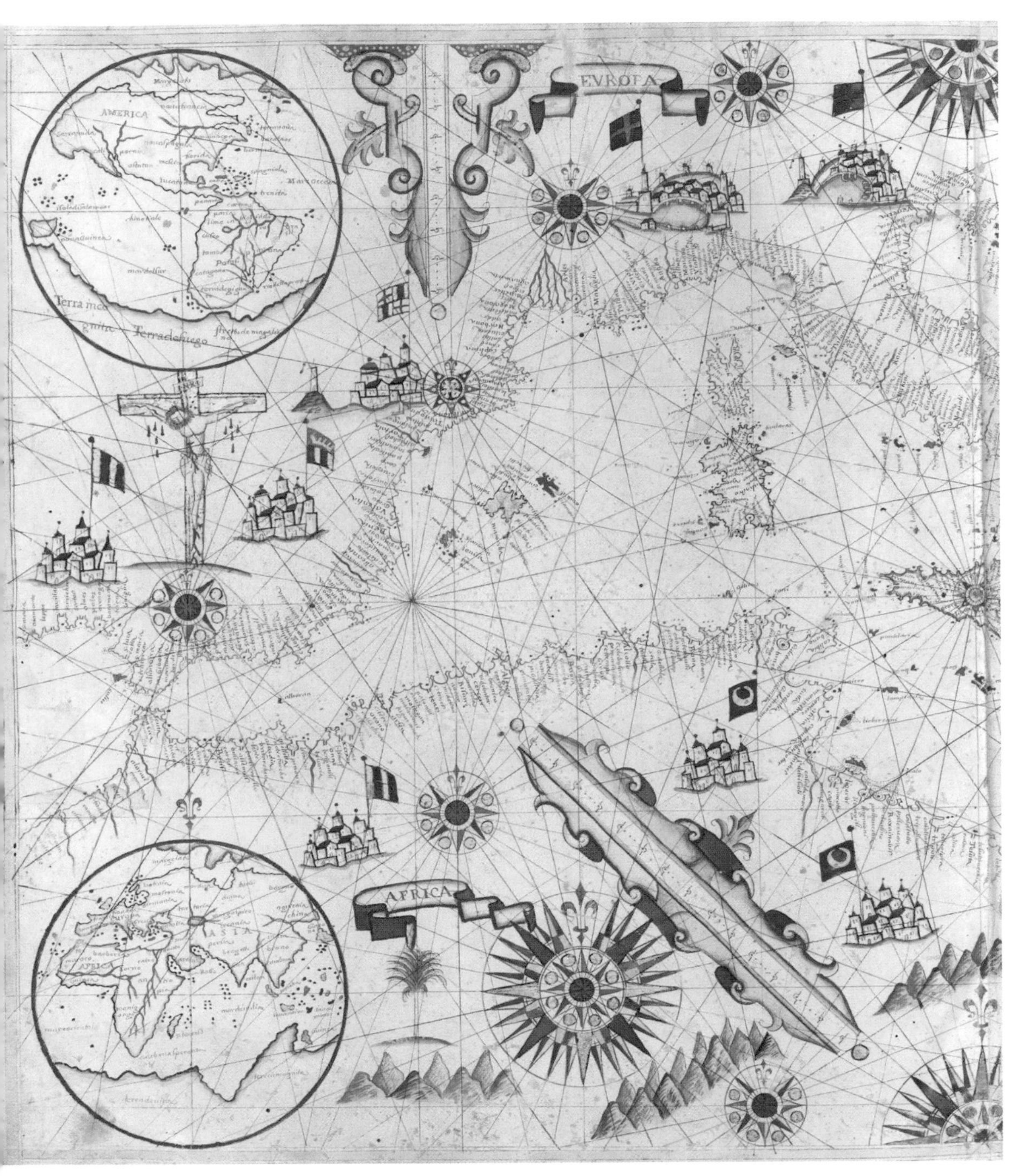
EVROPA
AMERICA
AFRICA
ASIA

另一個地標。中世紀地圖繪製者有察覺到地磁偏角在羅盤上造成一個從北偏向西、介於七至十一度的偏差。[*]波特蘭海圖會考量到這一點。波特蘭海圖的缺點是，因為水手依循的羅盤直線其實是處在地球的曲面上，因此這類地圖只有在短距離內才準確。這在地中海不是什麼問題，因為出海後的目標地彼此都滿靠近的；但到了非洲的大西洋沿岸就麻煩起來了。有些島嶼離非洲海岸有幾百英里，偏差不可避免。旅行者如果不論海陸都照著平面地圖上畫的恆向線走，最終會被遺棄在兩極極點。

十四世紀時，在水手們基於航行經驗而持續更新下，波特蘭海圖變得非常精細複雜。這些海上知識的進展，讓一三七五年為未來法國國王查理六世（Charles VI）繪製的奢華地圖《加泰隆尼亞地圖集》（*Catalan Atlas*，目前仍在巴黎的國家圖書館內）得以呈現的地點範圍極其廣闊，西至加那利群島（在今日摩洛哥海外）以及不列顛群島（可以清楚認出來是這些島），中間包括整個歐陸，然後東邊涵蓋亞洲大半部分，最遠遠至中國。[4]這時候地中海和黑海已經有準確繪出，不過，儘管《加泰隆尼亞地圖集》能使用十三世紀晚期出版、最暢銷的馬可・波羅（Marco Polo）遊記來呈現中國，但那裡的絕大部分依舊畫得很模糊。儘管羅馬商人早已熟知印度洋，但經過阿拉伯入侵以及教宗限制與穆斯林交易後，這片海域如今已不在歐洲航海者的可及範圍內，所以地圖繪製者得要靠阿拉伯資料來源。

在一二九五年被馬克西姆・普拉努得斯發現的《地理學指南》中，由托勒密所給予的地圖繪製指引（見頁一五），會成為正確繪製地圖時不可或缺的架構。一四七七年，史上

上頁：波特蘭海圖利用羅盤裝置，在海圖上畫出港口和地中海與大西洋沿岸其他特殊地點的位置。這張呈現了地中海和黑海西側的海圖，是十七世紀前半的產物。

第一份印刷版地圖集，有地圖的托勒密《地理學指南》，為了打敗正在羅馬印刷的另一個競爭計畫，而倉卒在波隆那大量印製發行。以黑白印刷，並用一些想像的海上波浪以及地圖邊緣吹來的風來美化裝飾的印刷版《地理學指南》，其實屬於一場將改變人們世界地理知識的更巨大革命。搶先成為首刷，導致地圖出現大量印刷錯誤和其他慘況，但——隨著人們更全面掌握住印刷開展的機會之後——地圖與地圖集的印刷很快就會再進一步。一四六八年，一名德國地圖繪製員尼古拉斯・赫爾曼努斯（Nicolaus Germanus），創造了一份色彩豐富的托勒密《地理學指南》地圖。這張地圖包含了法國人紀堯姆・菲拉斯特（Guillaume Fillastre）在先前的托勒密著作手抄本中加入的斯堪地那維亞地圖（而那可能是一名叫作克勞迪烏斯・克拉夫斯〔Claudius Clavus〕的丹麥地理學家畫的）。當尼古拉斯的地圖於一四八二年出版時，它的廣泛發行讓大批讀者第一次認識歐洲的全部範圍。它也是史上第一張先印刷完成後再由藝術家上色的地圖。藝術家們一如慣例地把海洋畫成藍色，來說明海洋與陸地的對比。很快地，各種色彩極佳的地圖也陸續出版。它們是以木刻版畫為基礎，而那又十分倚重雕刻者精準勾勒出陸塊邊緣的技術。印刷的發明現在讓文字能加在地圖上。

一四五〇年，歐洲水手已知的海岸線，或許已占全世界的百分之十五。這其中大部分都還沒好好畫成地圖，而人們對這些地方的了解是基於旅行者故事，而那不一定可靠。本質上來說，

---

* 因為磁北方和地理北方並不一致，羅盤指針和正北方會有一個角度偏差。

4 同前注，頁七〇－七四，附插圖。

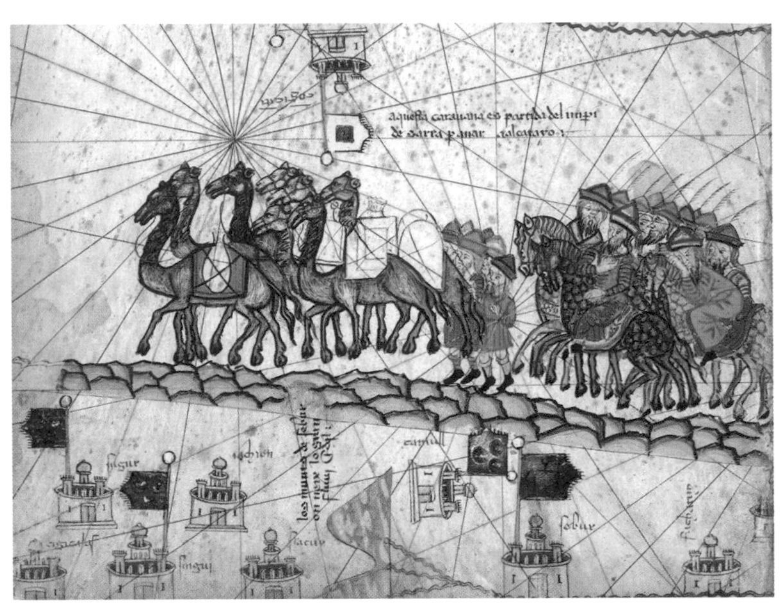

本頁：不論是傳說還是別種可能，馬可・波羅的旅程都強烈影響了中世紀人們的想像。不同凡響的1375年《加泰隆尼亞地圖集》，描繪了他在東方的進程。

十五世紀中期的地理知識範圍，不過就是與羅馬帝國的頂點差不多而已。一四五〇年時，歐洲甚至連看過地圖的人都沒幾個。然而，到了十七世紀起始時，印出的地圖已經有幾百萬份，而歐洲已經沒剩多少人還不曉得地圖代表的意義是什麼。很難有哪個西方心智重新覺醒（就絕大部分歐洲心智而言還是第一次醒來）的例子，會比這個更戲劇化了。

其他的資料來源即將到來。一四三九年，一部西元一世紀的學術大作（裝在參加該城基督教會議的拜占庭學者卜列東的行李中）抵達佛羅倫斯，大幅強化了西方對古典時代的地理學知識。希臘博學者史特拉波（Strabo，西元前六四／六三－西元約二四年）的《地理學》提供了對已知世界的廣泛調查，範圍涵蓋整個歐洲以及西亞的大片土地，並思考了不同的環境是怎麼影響居住其中的人們。卜列東的希臘文獻於一四五八年譯成拉丁文，很快成為了托勒密地圖集的標準補充內容。

十五世紀時，葡萄牙出乎意料地崛起，成為歐洲最成功的商人和航海家。他們找到經非洲前往亞洲的新航道，幫忙把托勒密地圖上一些空白空間填補起來。[5]從歷史上來說，那時的葡萄牙是一個脆弱的國家，擁有的資源較少，人口也不多。比它大的鄰居卡斯提爾始終持續威脅著它的獨立，而它並沒有國際貿易的傳統。它的貴族很強大，相較之下歷代國王就比較弱。然而，在葡萄牙第二個王朝「阿維斯王朝」（House of Aviz，建立於十四世紀末）的時代，葡萄牙變成了歐洲甚至全球的重大強權。到頭來證明阿維斯王朝有著明確的目標，且其君主在位期間夠長，而能實現這些目標。一三八五至一五二一年間，王朝前後只有五位君主（相較之下教宗有十六任），而他們都熱中於商業拓展，尤其因為那能給他們財富來挑戰貴族。恩里克王子（Prince Henry, 1394-1460）——約翰一世（King Joao I, 1385-1433）與英國妻子菲莉琶（Philippa）的三子，通常被人們視為葡萄牙擴張的催化者。被英國人稱作「航海家」的恩里克，參與了一四一五年葡萄牙在北非海岸奪取第一個海外領地休達（Ceuta）的行動。恩里克

下頁：1489年亨利克斯・馬特拉斯的世界地圖，是1488年初巴爾托洛梅烏・迪亞士繞過好望角之後，第一張展現非洲南端的地圖。跟這裡描繪的相比，非洲其實應該延伸到遠比這還南方的地帶。

5 見Ronald Fritze, *New Worlds: The Great Voyages of Discovery 1400-1600* (Stroud: Sutton Publishing, 2002), chapter 3, 'Late Medieval European Exploration of the Atlantic and Africa before 1492'。

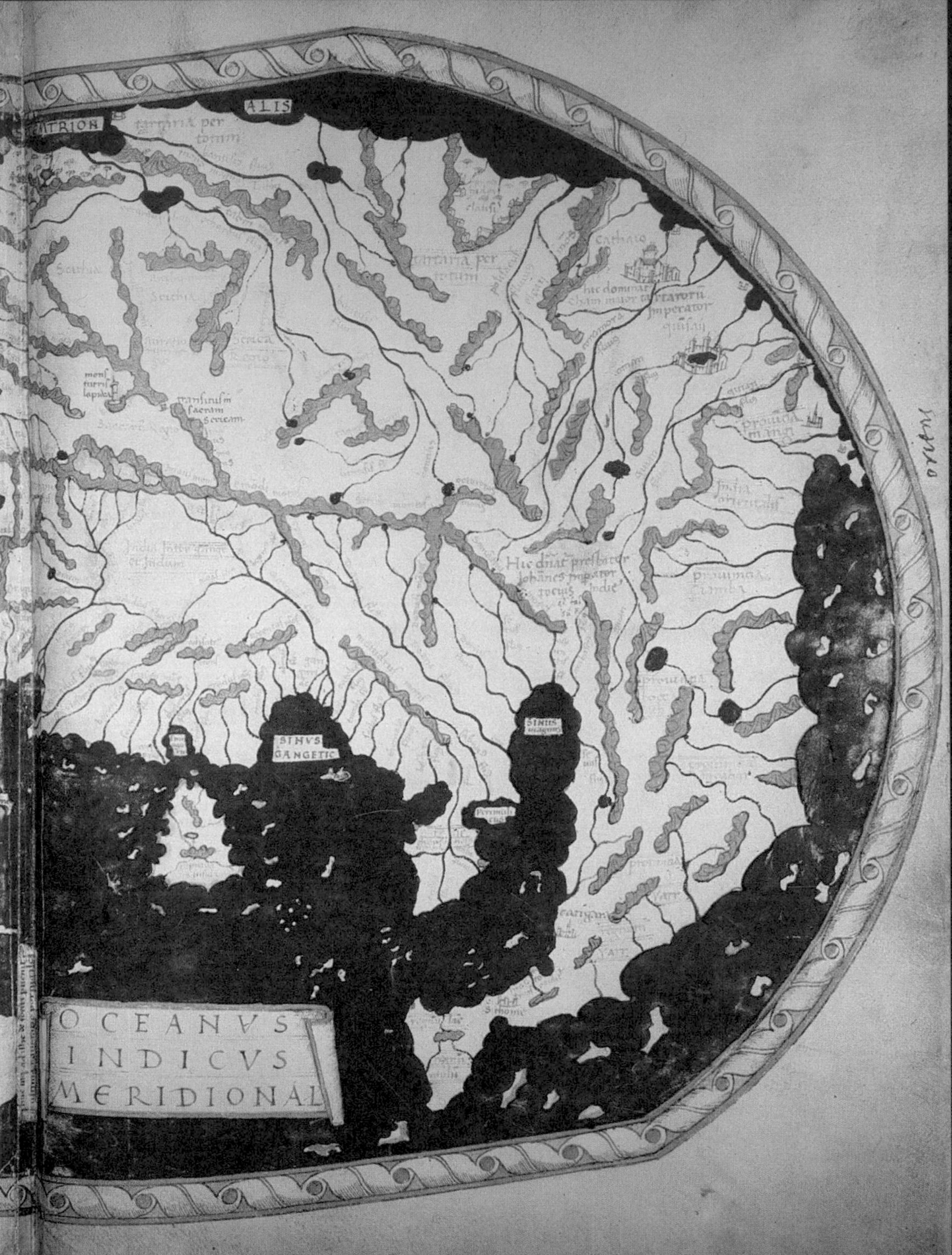

ALIS
tartaria per totum
Cathaio
SINUS GANGETIC
OCEANUS INDICUS MERIDIONAL

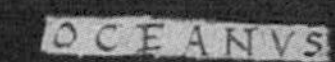
OCEANVS

Mare glaciale
OCEANVS
OCCIDENTAL
mare germanicum
Pontus euxinus
hircanum s. caspium
MARE
MEDITERRANEVM
SINVS PERSICVS
mare arabicum
Mare rubrum
AFRICA
MONTES LVNE
Insule portugalensium

Hec est uera forma moderna
affrice secundum descriptionem
Portugalensium Inter mare
Mediterraneum et oceanum
meridionalem

Ad hunc usq montem qui vocatur niger
per uenit classis secunda regis portugalie cuius
classis prefectus erat diegus canus qui in memo
riam rei erexit columpnam marmoream cum
crucis insigne et ultra processit usq ad
serram pardam que distat ab monte nigro
mille miliaria et hic moritur

從休達開始繼續探索非洲西北部海岸。他很快開始累積自己的資源——接著，因為他於一四二〇年被指派為聖殿騎士團在葡萄牙的繼承者「基督騎士團」（Military Order of Christ）的最高領導者（Grand Master），還會有更多資源不斷流入。恩里克聰明、教育良好且有著冒險家氣質，他對擴張的渴望，結合了要穆斯林改信的使命、對黃金的欲求以及捕獲奴隸的願望。雖然他達成的量不算多，但這個前例從此確立了殘暴剝削人力資源會是歐洲帝國主義的必然結果。恩里克和追隨他父親的葡萄牙諸王漸漸地贏得了亞速爾群島（Azores）和馬德拉島（Madeira）的控制權，而這些島嶼的地圖也變得前所未見地正確。到了十五世紀末，卡斯提爾控制了加那利群島。

有一個強大的誘因，是想要知道波哈多角（Cape Bojador）再過去還有什麼；這個位於今日西撒哈拉（Western Sahara）大西洋岸的海角有著突然轉變的風向和海流，已經弄沉了許多沿陸地航行的船隻。波哈多角是一個難以克服的障礙，被認為是可居住世界和其外神祕南方世界的分界線。恩里克的水手們於一四三四年首度穿越波哈多角；他們利用了一種後來稱作「海上回轉」（volta do mar）的航海技術，過程中要更往外海航行，好趕上更合適的風向。漸漸地，葡萄牙人的航程一步步沿西非海岸冒險前進，建立貿易據點，並帶回黃金和奴隸。海岸很快被繪製在地圖上，最南到達獅子山和幾內亞，接著便轉而東行。約翰二世（King Joao II，統治期間一四七七－一四九五年）統治期間，探索持續進行。

托勒密當初假設非洲是一個巨大陸塊，因此向南尋找前往印度的航道就沒啥意義。其他古代的資料來源，包括十六世紀時越來越為人接受為「權威」的斯特拉波，以及老普林尼在《自然史》裡的看法，都不贊成托勒密。有消息傳到了里斯本，說有人從東方成功跨過非洲南端。約翰便派人走陸路穿過非洲，希望能抵達印度洋，來試著查證這些謠言的真實性。葡萄牙冒險家假扮成阿拉伯商人，企圖從埃及的亞力山卓穿過陸地抵達紅海。他們的旅程證實了豐富的印度香料交易，並鼓勵約翰二世重新展開一系列沿西非海岸行進的航程。終於在一四八八年初繞過非洲南端的，是一四七〇年代在幾內亞交易的皇家貴族巴爾托洛梅烏・迪亞士（Bartolemeu Dias）；他所繞過的海角被他稱作「暴風角」，後來被約翰樂觀地更名為「好望角」。迪亞士的航程顯示，海岸線向東之後接著會向北。現在就有了一條從歐洲到遠東的潛在航道。

這個消息快速散布開來。不過一年後，一張由日耳曼人亨利克斯・馬特拉斯（Henricus Martellus）於一四八九年繪製的世界地圖，就會顯示非洲的南端及周圍的明確水域，而能直接通到印度洋，不過馬特拉斯把好望角往南拉長了十度。儘管馬特拉斯大部分的地理資訊都是靠托勒密，但他的地圖卻證明，新發現正在讓托勒密的一些主張過時。儘管此時的世界地圖還是一種新舊知識的創意關係組合，但經驗知識正一步步戰勝古代權威。

一四九二年，一名知道亨利克斯・馬特拉斯的地圖、因而知道非洲南端、自己也沿非洲海岸航行過的紐倫堡市民馬丁・倍海姆（Martin Behaim），打造了已知最早的地球儀（Erdapfel，「大地蘋果」）；這個地球儀現在仍展示在紐倫堡的日耳曼國家博物館（Germanisches Nationalmuseum）。* 倍海姆依循著托勒密，高估了三個已知大陸的寬度，因此把大西洋做得比實際小太多，把傳說中的島嶼放在其中，進而帶給人一個錯誤印象，認為當時稱作「日本國」（Cipango）的日本，還有日本

* 伊德里西在他地圖的引言中，提到魯傑羅二世下令打造一個銀色的球體，來讓他，伊德里西，當作描述世界的基礎。

再過去的印度，都可以輕易地從西方抵達。這樣重現世界，就激發了熱那亞一名活力充沛又偏執的水手——克里斯多福・哥倫布的想像；當時他正死纏著卡斯提爾女王伊莎貝拉，要她資助一支遠征隊，去弄清楚一路向西航行能不能抵達印度等地。

到了這時候，葡萄牙人的大西洋航海已經促進了造船方面的變化。許多世紀以來，可以並用划槳手和船帆的槳帆船（Galley），一直是地中海生活的一部分。然而，在炎熱的氣候中，沒辦法在船上養一大批划槳手還提供海上長途航程所需的飲用水；此外，對於船身靠近水面處有划槳開口的這種船隻來說，起伏不定的海洋顯然相當危險。在大西洋上，一定要有一種更結實的船隻，能夠有效使用船帆來利用不斷改變的風向，還要有較淺的吃水深度，才不會在圖上未標明的水域中擱淺。中世紀有一種柯格船（cog），是一種有大貨艙的堅固船隻，從十二世紀以來就普遍被使用；這種船可以在大海上航行，但它的方形帆讓它只有在順風時能靈活航行。十五世紀葡萄牙人從大西洋沿岸漁船發展出來的卡拉維爾帆船（caravel），就比較修長且比較容易掌舵，而它巨大的三角帆就能利用多變的風向。然而，三角帆需要大批船員來操控，代表裝貨的空間就少了。它在船桅前沿伸的那根長長的帆桁，也讓船首在浪中航行時容易受損。這就讓方形帆再度登場，這種造型可以讓前甲板整個抬高到遠遠高於海浪之上。最終，克拉克帆船（carrack）現身了——這是一種巨大的貨船，有著方形船帆並拉上船索，好讓它們面對多變風向時能更加靈活。克拉克帆船有著能讓大砲安裝在甲板上的穩定度，讓它面對競爭者有了巨大優勢，尤其是東方海洋的阿拉伯商人。然而克拉克帆船的大小，讓它面對疾風時容易受損。在接下來幾個世紀裡，這種船隻將會折損成千上萬，其中許多是被吹上了下風岸。然而，每當一艘克拉克帆船平安從大西洋返航，它那寬敞船體裝滿的貨物，就將帶來大筆財富。

一四九二年，哥倫布終於說服了阿拉貢的斐迪南和卡斯提爾的伊莎貝拉資助一支跨越大西洋的小型遠征隊。[6]之前他無法說服葡萄牙的約翰二世，但很有可能是巴爾托洛梅烏・迪亞士成功打通了那條將由葡萄牙控制的通往印度海路，促使西班牙君主配給哥倫布一艘克拉克帆船「聖瑪利亞號」（Santa Maria）以及兩艘卡拉維爾帆船，共八十七位船員。哥倫布自己相信，或者是操弄了旅行者的傳說和托勒密的地圖來讓他的贊助者相信，橫跨海洋的航程比實際上短很多。事實上，一四九二年八月初離開西班牙後，哥倫布在十月中以前就抵達了巴哈馬群島（Bahamas archipelago）。他們登上巴哈馬陸地的確切點已經無人知曉，但哥倫布繼續航行，在伊斯帕尼奧拉島（Hispaniola）和古巴島登陸。

這些帶著新發現回來報告的遠征，很快就出了名。還在返航途中，哥倫布就已經寫好了給斐迪南和伊莎貝拉以及路易斯・德・桑坦赫爾（Luis de Santangel）的信；最後這人是支援這次遠征的一名阿拉貢官員。哥倫布於一四九三年三月返抵西班牙，而到了四月時，他寫給桑坦赫爾的信件被印刷出來，「近期發現恆河之外（也就是以東）的印度島嶼」並宣告由西班牙王權所擁有的消息，傳遍了整個歐洲。信件強調了這些島嶼的資源有多麼適合開發，當地人有多麼樂於改信。於是西班牙統治美洲的範圍，就這麼早早被界定了下來。

哥倫布的發現讓西班牙與葡萄牙的宿怨死灰復燃，而在一四九三年間，有幾個月裡戰火看來

6 同前注，'Christopher Columbus and His Enterprise of the Indies', pp. 98-121。

是一觸即發。然而，統治者們了解到，為了貿易航道發起惡戰只會有反效果。西班牙有阿拉貢出身的教宗亞歷山大六世支持。葡萄牙人知道，若失去非洲領地會十分慘痛。因此而結締的托德西利亞斯條約（treaty of Tordesillas）於一四九四年六月簽訂，在維德角諸島（Cape Verde Islands）西方三百七十「海里」（譯注：約兩千零五十六公里）處畫下一道分界線，保護了所有葡萄牙掌握的非洲沿岸島嶼和貿易站。條約於一五〇六年獲得教宗儒略二世批准。一四九四年簽約時，人們還不知道有一塊日後會屬於巴西東側的地區突出了這條分界線，所以當佩德羅・阿爾瓦雷斯・卡布拉爾（Pedro Álvares Cabral）於一五〇〇年四月踏上該處海岸時，就可以正當合法地宣告葡萄牙擁有此處。當時卡布拉爾正在尋找一條前往印度的路，能夠從西邊避開擠滿了繞行非洲航道的阿拉伯商人。他雖然為葡萄牙王權宣告占領此處，但沒打算移居到他上陸的海岸。探索完巴西海岸後，卡布拉爾回頭向東跨越大西洋。

事實上，人們在利用迪亞士的發現時有些猶豫。一直要到一四九七年，且在新國王曼紐一世（Manuel I）的任期內，衝動而無情的葡萄牙航海家瓦斯科・達伽馬（Vasco da Gama，約一四六〇年代－一五二四年）才展開那趟驚心動魄的航程，繞過了好望角，沿非洲東岸而上，然後穿過印度，遠達香料貿易中心科澤科德（Calicut，位於今日印度喀拉拉〔Kerala〕邦內）。[7]達伽馬之後又兩度遠征印度，第三趟航程中於一五二四年在科欽（Cochin）死於瘧疾。儘管他達到如此成就，來回葡萄牙與印度的旅程——當時所知最長的海上航程——對於眼前的貿易開發來說還是太危險了。儘管如此，這條航路還是進入了西方的意識。一五一九年，一份葡萄牙領地的奢華地圖集，被當作禮物獻給了曼紐一世。[*8]地圖上，喀拉拉的海岸就像傳統波特蘭海圖那樣全都是名字，印度洋擠滿了船舶，而印度次大陸則是塞滿了精美繪製的動物（包括大象）、樹木和城市（見頁六二六－二七）。像這種地圖集「叢書」是代表威望的物品。

西班牙和葡萄牙之間留下來未解決的問題是，如果托德西利亞斯條約描述了一條環繞全球的完整圓圈，那它的分界線會一路畫到哪邊。要把它在大西洋中標出來就已經夠難了，更別說它在世界另一頭要畫到哪裡。一五一九年，哈布斯堡家族的皇帝查理五世（同時也是西班牙新國王查理一世），被已經和葡萄牙國王鬧翻的葡萄牙水手斐迪南・麥哲倫（Ferdinand Magellan, 1480-1521）說服，允許他向西航行尋找香料群島（Spice Islands）。雖然這時已有人開始正確畫出南北美洲的海岸線——威尼斯市民約翰・卡博特（John Cabot）就在一四九〇年代英國資助的一系列遠征中，探索了紐芬蘭（Newfoundland）——但究竟能不能找到穿過此處然後繼續向西的路徑，當時仍不清楚。（至於在美洲大陸北端尋找同一種「西北航道」的歷程，則是在幾個世紀裡賠上了眾多性命。）麥哲倫深信南邊有路穿過去，最終也證明他是對的。一五二〇年末，他駕船穿過了南美洲南端、今日所謂的麥哲倫海峽，然後進入了一片「太平」的海洋，接著又繼續前進，穿過遠超乎他所能想像的一片更廣闊的海洋，而來到菲律賓（是後來才以查理五世的兒子，西班牙國王腓力二世〔Philip II〕命名此地），但他在那裡與土著發生小規模戰鬥而喪命。麥哲倫死後，

7　同前注，'Vasco da Gama and the Sea-Road to India'，頁一二七－四一。

*　它被稱作《米勒地圖集》（*Atlas Miller*），名稱來自一八九七年捐給巴黎國家圖書館的捐贈者。

8　Nurminen, *The Mapmakers' World*，頁一七〇至七五有圖並附評論。

胡安・塞巴斯提安・艾爾卡諾（Juan Sebastián Elcano）接管了麥哲倫的克拉克帆船維多利亞號（Victoria），而這艘勉勉強強於一五二二年返抵西班牙的船，便是僅存唯一一艘完成史上第一次環球航行的船。一五二九年有一個後續的協議，畫出了一條新的分界線，讓菲律賓依舊屬於西班牙，而摩鹿加群島（Moluccas），也就是香料群島，則臣服於葡萄牙。

源源不絕的新發現，讓地圖繪製者忙個不停。一五〇七年的《瓦爾德澤米勒地圖》（*Waldseemüller map*）是德國僧侶馬丁・瓦爾德澤米勒（Martin Waldseemüller）的成果，他在當時屬於神聖羅馬帝國的洛林（Lorraine）進行工作，而當地則有公爵勒內（René）贊助一群印刷者和地圖繪製者。[9]他們出版了佛羅倫斯探險家亞美利哥・維斯普奇的旅行日記，書中對於今日巴西的「野生居民」的多彩多姿紀錄，變得非常受歡迎，特別是在德國（見頁六八七－八八）。一五〇三年時，「新大陸」（Mundus Novus，譯注：指「新世界」，但中文多稱「新大陸」）這個用詞藉由一本據說是維斯普奇寫的拉丁文小手冊而首度發表。[*]這個詞正確地主張，這些陸地不是印度，而是那之外的地方。瓦爾德澤米勒和同事編輯了《宇宙學入門》（*Cosmographiae Introductio*），列出了「某些幾何學和天文學的必要原則」，同時還有一張地圖顯示了維斯普奇寫過的四趟航程。接著作者們宣布，因為「第四大陸」實在有很大一部分都是維斯普奇發現的，所以為了向他致敬而將此地命名為「亞美利哥」（Amerigo）就是再正確不過的事。這名字就定了下來。在這張第一次把這名字寫在今日南美洲海岸線的地圖上，還畫著托勒密拿著象限儀，面對拿著一對指南針的維斯普奇，古代世界的智慧就這麼與新世界的發現相會。當代的資料來源主張，這份地圖當時印了一千份，但目前為止只找到了一份，是一九〇一年由一位德國耶穌會（Jesuit）會士約瑟夫・菲舍爾（Joseph Fischer）在德國西南部的一座城堡內找到的。二〇〇三年，美國國會圖書館付了一千萬美金給城堡的貴族堡主來買下這單一張印刷頁，這張第一次把「美洲」的部分畫成與亞洲分離的地圖。

象限儀和指南針表示了一種更科學的「宇宙學」方法；對地球、群星以及兩者彼此之間關係所做的研究，就是通稱這個名詞。這些新發現提升了宇宙學家的地位；他們要負責創造齊一的宇宙觀點。許多人企圖以地球編年史來詳盡闡述。必須要測量時間，且不只是要量到「時鐘大致正確地走動」的那種尋常層次，而是要描述上帝造物的整個範圍，以及世界末日且最終審判應將到來的可能時間。葡萄牙和西班牙都設立了蒐集地圖、收受航程紀錄並送出遠征隊做新測量的行政部門。一五二九年由西班牙塞維爾「印度貿易社」（Casa de Contratación de las Indias）的地圖繪製者——葡萄牙出生的迪亞哥・里貝羅（Diego Ribero）所做的世界地圖，是到那時為止最正確的地圖。這地方就沒提到亞美利哥，倒是採用了維斯普奇的標題「新大陸」來命名西班牙統治的美洲。這張地圖上繪有科學儀器、象限儀和水手星盤，也有用來測量緯度的尺度表格。

然而，最受歡迎的測量手冊，並不是來自西班牙或葡萄牙，而是來自蘭休特（Landshut，位於今日巴伐利亞），那裡有一位德國數學家彼得魯斯・阿皮亞努斯（Petrus Apianus）於一五二四年發行了《宇宙誌》（*Cosmographicus liber*）。阿皮亞努斯著迷於精準測量陸地與海洋間、平原與山

---

9 同前注，前言，p. xxv。

* 在先前一份確信真正由維斯普奇所寫的信件中，這個詞是用義大利文寫的。

岳間、河川與土地間的各種邊界。要確定它們的正確位置，就有必要在各經度線（子午線）以及各緯度線之間，還有各氣候分區之間都立下標記。這時就多了一個「如何正確在二維平面上呈現球體」的難題。阿皮亞努斯是最早把陸地和諸海洋說成同一亞里斯多德球體的兩個不同部分的其中一人，而不是依照薩克羅博斯科和更早期天文學家所相信的那樣，分屬兩個球體（且水球在地球之上，見頁一五一－一五二）。這是發現新大陸之後不可免的結果，因為這項發現讓「水在已知地塊之外聚集到了比地塊更高的高度」的信念過時。[10]阿皮亞努斯的著作，標記了「以數學方式重現世界」的另一步進展，而技術也將起而效尤。《宇宙誌》說明了他那時代用來測量群星、太陽和月亮角度的所有科學儀器。這些儀器包括了環形球儀；這儀器原本是希臘化時代構思出來的，現在發展成作工精美的地球模型，有著群星繞著它旋轉（而這種宇宙觀很快就因為哥白尼發現太陽系而遭到挑戰）。

阿皮亞努斯的一個提案，是使用月球和群星之間的關係，利用航海天文曆來標出船隻在海上的位置。但還是得克服在移動船隻上做準確測量的難題。人們也領略到，如果沒有精確的時鐘顯示從港口出發的時間，然後將這個時間和以太陽升到最高點來算的正午相對比，就無法測量經度。每差一個小時就會標出十五度的經度，但要到兩百年後，英國製鐘匠約翰・哈里森（John Harrison）才會製造出夠準確且不被海上晃動所干擾的經線儀（marine chronometer）。無法得知自己確切在哪裡，依舊是一場災難。

人們永遠都會記得傑拉德・麥卡托（Gerard Mercator, 1512-1594）發明了那套知名的、克服了恆向線偏差的世界地表投射法。[11]然而，麥卡托的成就卻遠遠不僅止於此。他所出過的遠門從來沒有離他出生地（今日的比利時）多遠，而且就人們所知，他從來沒有上船出過海。他受過良好的人文主義教育（他將自己意指「商人」的原姓氏〔譯注：Kremer〕按意轉為拉丁文，而成為「麥卡托」〔Mercator〕），還學會書寫優雅的義大利文字，而那將成為他地圖的出名特色。但他卻是在一個天主教和新教已勢不兩立的歐洲長大。儘管這個世紀初的地圖繪製者畫地圖可以不受教會干涉，但到了此時，重現世界的方式卻受到每個教派仔細審查，以找出偏袒對手教派的地方。路德派認為地圖該強調上帝造物、聖地（譯注：指地中海東側與約旦河之間的區域）和使徒保羅旅途的榮光。此外，檢驗自然世界奇觀時還可以找到上帝存在的證據。「為了與上帝的意志一致，我們得藉由研究科學，在這個世界上追隨祂的足跡。」路德的一位朋友菲利浦・墨蘭希頓（Philip Melanchthon）寫道。[12]對造物充滿情感的回應，表現在一張世界被畫成心形（或稱心臟形〔cordiform〕）的地圖上。路德派把心形投影地圖看作是「一種望入人心或良知，尋找恩典跡象的奉獻行動」。[13]這種地圖很快就被天主教徒解讀為異端異議象徵。

　　生來就是天主教徒的麥卡托著迷於神學，顯然對路德派抱有好感。他的一張早期的世界地圖確實是心臟形的，但他再也沒用過這形狀，而尋找科學正確性變成了他的準則。然而，在魯汶

---

10 引文出自Rée, *Witcraft*, p. 65。

11 Brotton, *A History of the World in Twelve Maps*, chapter 7, 'Toleration: Gerard Mercator, World Map, 1569'，以及'Gerard Mercator-The Father of Modern Map Projection'，出自Nurminen, *The Mapmakers' World*, pp. 235-46.

12 出自Melanchthon的*Initia doctrinae physicae* (*The Origins of Physics*)，引文出自Brotton, *A History of the World in Twelve Maps*, p. 230。

13 引言出自Brotton, *A History of the World in Twelve Maps*, pp. 235-36，並在頁二三五至二三七更詳細地討論了心臟形地圖。

（Louvain）天主教當局於一五四四年把「異端」一網打盡後，他就被關了六個月。實際上的指控內容並不清楚，但有提到某些未保留下來的「不吉利的文字」。[14]其他證據顯示，麥卡托偏好遵循一種個人的虔信之道，且不贊同天主教比較浮誇的形式。一五五二年他搬到了位在克萊費（Cleves）公爵領地、宗教信仰較寬容的杜伊斯堡（Duisburg），然後就在那裡與家人住到約四十年後過世為止。

麥卡托對他自己的描述，說明了他的多才多藝：「地理學家、宇宙學家、科學儀器製造者、雕刻師及出版商。」[*]他有一項成就是大幅改善銅版（而不是木版）雕刻技術。儘管木版雕刻已經高度專業，且木材比銅便宜太多，但銅版可以雕上更多複雜細節，而且可以印出大量複本仍不破損。在這種表面上，比較容易寫上如今已取代較古老哥德字型的、輪廓圓潤的文藝復興文字。麥卡托的交際手腕也很高明，能找到數學、雕刻和儀器製造專家來幫他開發他自創的模型。他在書信往來中成果最豐碩的對象，是英國占星家兼科學家約翰・迪伊（John Dee, 1527-1608），他就像麥卡托一樣著迷於解決航海相關的理論難題，特別是恆向線偏差的難題。麥卡托利用自己於一五四一年打造的、令人印象深刻的地球儀，而能說明一種情況：人如果在曲面上照著恆向線走，會如何以漩渦狀路線繞著地球直到極點。如何幫助長距離航行的水手避免在打圈中航向不可避的船難，讓他擔憂了幾十年。

到了一五五四年時，麥卡托已經開始對托勒密的計算做出重大的修正。那年出版的一張巨型歐洲地圖，顯示了這塊大陸的範圍比托勒密計算的還要少九度。十年後他製作了一張不列顛群島的地圖。這些地圖賣得很好，而當地公爵的庇護，讓麥卡托能安全地沉浸於下一個野心勃勃的計畫。麥卡托就跟眾多同代人一樣，沒辦法想像一張固定於一瞬間的地圖，而是把地圖看作是後頭有過往、前頭有未來。這使他編輯了《編年史》（*Chronologia*），一份世界歷史的大年表。他使用了希伯來、希臘、埃及和羅馬的資料來源，把每個文明的資料分別填入各個縱向欄位中，所以使用者可以用一根指頭橫著劃過各資料欄，來看出在同個時間點上，古代世界各個地方各自發生了什麼事。當不同資料來源之間有明顯的衝突時，他使用希伯來的日期作為最高權威。神學始終是麥卡托著作的中心；他製作了聖地的地圖，甚至企圖把四福音書（譯注：馬太、約翰、馬可和保羅）調和為單一敘述。然而，當他把路德和其他宗教改革事件納入《編年史》後，這本書就進了教宗的《禁書目錄》，讓它成為天主教讀者讀不到的書。

《編年史》於一五六九年發行，是獨立於地圖外的文字書籍。同年，麥卡托接著又把幾十年的研究計算成果結合為一張巨大的世界地圖，寬超過二公尺，用十八張印刷紙本組成。麥卡托的一名通信者，主要在安特衛普活動的亞伯拉罕・奧特柳斯（Abraham Ortelius），當時正將要發行文藝復興時期一本最美的書（《世界舞台圖》〔*Theatrum Orbis Terrarum*〕）出版；這是一本精準到不可思議的已知世界地圖集，內容徹底全新，而且包含七十張地圖並附有評論。然而，一五六九年麥卡托的地圖看起來卻非常不一樣。[†]這張地圖並沒有使用橢圓形、圓形或者心形的外框，而是放在長方形內，而靠近極區的陸地大幅拉長，顯然否定所有近期探索的發現。在附上的文本中，麥

14　Nurminen, *The Mapmakers' World*，頁二三六可以看到麥卡托這一部分生平紀錄的更詳盡細節。

*　到了這個時候，研究整體宇宙的「宇宙學家」開始和只研究地表的「地理學家」有了區隔。

†　奧特柳斯的檔案有留存下來。檔案顯示，麥卡托曾和幾百位資料提供者通信，並使用了八十七張不同的地圖好編製出自己的版本。

卡托（用他那美麗的字體）清楚說明了自己的論點。像傳統宇宙學家的目標那樣、從天上往下看地表是一回事；製作一張水手可以在圖上遵循羅盤方位的地圖，讓他們最終能到達要去的地方，而不是航起螺旋路徑，則是另一回事。[15]

麥卡托注意到，球體上的子午線——也就是一路延伸到極點的經線——往頂端接近時會彼此相聚，最終匯合於該點。他計算出（要到他死後，他人才以數學方式重現他這項發現），兩條正在匯合的子午線在（好比說）北緯六十度的間隔距離，會只有赤道時的一半長。接著，在察覺了「有鑑於它們（子午線）的彎度和彼此相匯合的特質，它們並不適合用來導航」之後，他突然想到了一個概念，就是在自己的地圖上把緯度六十的子午線間隔加倍，讓子午線成了實際上彼此平行（並延伸到無限）的線。當然，這就代表那些線之間涵蓋的世界面積也加倍，造成了地圖失真。（當然，到頭來幾乎不可能畫出任何高於緯度七十度的陸塊，因為極地附近的陸地會一口氣延展到整張地圖的左右兩側。）不過，在現在這張地圖上，如果水手在他往返的兩個點之間畫一條直線，那條線就可以帶著他不偏不倚地從一點出發抵達另一點。這樣的修改實在是太傑出，以至於「麥卡托投影地圖」儘管起步較慢——有一部分要怪麥卡托不會宣傳他的成果——，但直到今日都為人所用，即便其變形從地理學上來說有點可笑。格陵蘭變得跟南美洲一樣大，但事實上前者只有該大陸的八分之一大。從十九世紀起，英國地形測量局（English Ordnance）的地圖繪製者以及英國海軍部（British Admiralty）的航海圖繪製者，都發現了麥卡托投影法的價值連城，甚至連美國太空總署都用它來繪製太陽系圖。

麥卡托於一五九四年死去之前，又製作了兩套地圖。在其中一套（一五七八）裡，他無視托勒密《地理學指南》中所有的不精準和錯誤觀念，就完全依大師說法來重現。到了這種時候，這樣的作品就只是在致敬一名成就已被超越的天才罷了。此外托勒密相信宇宙以地球為中心，但它的《天文學大成》也被哥白尼的「太陽為太陽系之中心」理論踢開了。就在死前，麥卡托製造了一系列非常精準且忽略了他一五六九年投影法的地圖。當這些地圖於一五九五年發行時，它們是第一套在首頁寫有「地圖集」（atlas）這個標題的地圖選輯。麥卡托的新用詞，是向神話中支撐著天界的泰坦（Titan）巨人亞特拉斯（Atlas）致敬；根據某個版本的希臘神話，他還是毛列塔尼亞之王以及第一位天文學家。

麥卡托的成就，只是十六世紀大量湧現之各類知識的一部分。一五四四年，海德堡（Heidelberg）大學希伯來文教授塞巴斯丁・繆斯特（Sebastian Münster）完成了《宇宙圖誌》（*Cosmographia*），一本已知世界的巨大百科。一本擴增版於一五五〇年出現。除了眾多地圖外，這本一千兩百頁的書包含了一千張木刻版畫，內容有歷史事件與歷史人物、動植物相、民族和都市平面圖。它不是以拉丁文而是用德文寫成，也因此打從一開始就找到了能夠讀懂的讀者。到了一六二八年時，本書已發行三十五版，包括了英文、捷克文、法文和義大利文譯本。

歐洲發現新大陸就是這樣，在西方心智的重新覺醒中起了重大作用。

下頁：這張由亞伯拉罕・奧特柳斯製作的世界地圖──《世界舞台圖》（1570年）被人們認為是十六世紀晚期最美的一張地圖。儘管美洲的描繪有誤，但東西兩面的海岸線都已有人探索。

15 Brotton, *A History of the World in Twelve Maps*，傑出地記述了麥卡托投影法，頁二四七－五六。

ESTOTILANT
SAGVENAI
TERRA CORTEREALIS
CANADA
NOVA
FRANCIA
CHILAGA
NORVMBEGA
MOCOSA
AVACAL
APALCHEN
CALICVAS
CAPASCHI
LA FLORIDA
TOVA
CVBA
Las Açores
Insulæ de C. Verde
ORIENS
Carribana
Tisnada
Paguana
Picora
Amazones
BRESILIA à Lusitanis A° 1504 inuenta
PE RV
CHARCAS
PARANA
ACVTIA
CHILI
PATAGONES vel REGIO GIGANTVM
Rio de la Plata
FRETVM MAGELLANICVM
Archipelago del C. desseado
TERRA DEL FVEGO
Golfo de S. Sebastiano
Cum Priuilegio decennali Ab. Ortelius delineab. et excudeb. 1587.

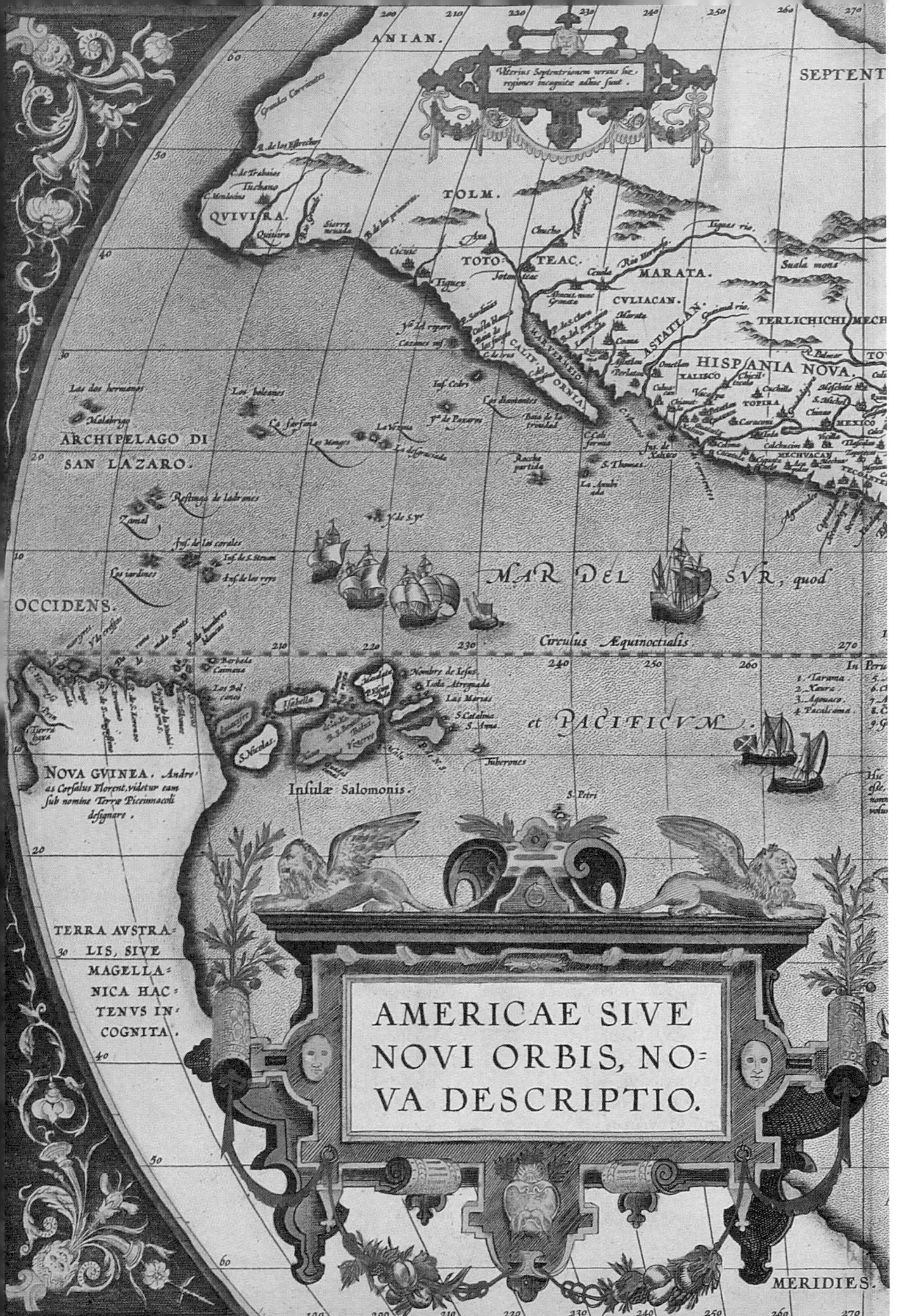

AMERICAE SIVE NOVI ORBIS, NOVA DESCRIPTIO.
ANIAN.
Vlterius Septentrionem versus hæ regiones incognitæ adhuc sunt.
SEPTENT
TOLM.
QVIVIRA.
TOTO-
TEAC.
MARATA.
CVLIACAN.
TERLICHICHI
HISPANIA NOVA.
ASTATLAN.
XALISCO
TOPIRA
MEXICO
MECHVACAN
ARCHIPELAGO DI SAN LAZARO.
Restingas de ladrones
OCCIDENS.
MAR DEL SVR, quod
Circulus Æquinoctialis
et PACIFICVM.
Insulæ Salomonis.
NOVA GVINEA. Andreas Corsalus Florent. videtur eam sub nomine Terræ Piccinnacoli designare.
TERRA AVSTRALIS, SIVE MAGELLANICA HACTENVS INCOGNITA.
1. Tarama.
2. Xaura.
3. Agonaco.
4. Pacalcama.
MERIDIES.

自由貿易的使徒亞當・斯密（Adam Smith）寫於一七七六年的文字對此毫不懷疑：「發現美洲，以及發現從好望角通往東印度的航道，是人類史上有所紀錄的事件中，最偉大也最重要的兩件。」另外他補充道：「它們產生的後果，還沒有徹底展露。」[16]

探索時代的「發現」，提供了一個絕佳範例，說明古代知識是怎麼同時鼓舞智識探究和更實際的調查方法，但隨著人們建立起更「科學」的探究自然世界方式，它們也很快就被超越了。就如那位更向美洲北方探索的探險家賈克・卡蒂亞（Jacques Cartier）於一五四五年所言：「今日腦筋單純的水手們藉由真實的體驗而學到了和哲學家相左的看法。」[17]卡蒂亞的話似乎抓住了一種經驗證據面對古老理論的勝利，標記了一個科學史的關鍵時刻。但當達伽瑪、麥哲倫和卡博特的航程拓展人類對世界廣闊海陸之知識的同時，另一群同樣好奇的人們，也正在離自家沒那麼遙遠的地方，試圖強化藝術家處理描繪對象的精準度。我們接下來就來看看他們的努力成果。

16 亞當・斯密，《國富論》（London: Strahan and Cadell, 1776）第四冊，第七章，〈論歐洲取自發現美洲之利益〉。

17 引文出自 Wootton, *The Invention of Science*, p. 81。

歐洲如何重新學習觀看

李奧納多和維薩里

你難道沒看到眼睛擁抱著世界的美。眼睛是天文學的司令官；它創造宇宙學；它引領並矯正所有的人類藝術；它讓人前往世界各地；它是數學的君王；它的科學是最確切的；它測量了群星的高度和大小；它揭露了元素和它們的分配；它以群星路徑為手段，做出了它對未來事件的預測；它產生了建築、視角和鬼斧神工的繪畫……且因為構成自然的部分有限，但眼睛指揮雙手做出的事可以無限，於是它也戰勝了自然。

出自《論繪畫》（*Trattato della Pittura*），據信為李奧納多・達・文西（Leonardo da Vinci）所著[1]

就「了解自然世界」的意義來說，如果科學要恢復古代地中海沿岸曾經做出的進展，就必須要找到準確觀測自然世界的方式。若要追溯這段到頭來會是遙遙長路的過程，有一個不錯的起點，就是義大利人文主義者兼古文物研究者「安科納的西利雅科斯」（Cyriacus of Ancona，一三九一－約一四五三年）的一生。西利雅科斯被稱作「考古學之父」。[2]當他看到自己生長的城市裡，那座羅馬皇帝圖拉真（Trajan）拱門上的拉丁文碑文開始粉碎，而決定將其複印下來時，他對古文物的興趣就被喚醒了。西利雅科斯接著學起拉丁文和希臘文，並靠著古物、地毯和奴隸買賣賺來的錢，廣泛遊遍地中海東側。相較於佩脫拉克對古代文獻的喜愛，令西利雅科斯著迷的是留存至今的紀念碑。他談到了復興「那些對活在古代的人而言活生生存在、但卻被掩埋不復存的輝煌之物……讓黑暗墳墓裡的它們重見天日，重新復生」。[3]甚至在旅行途中，他就察覺到那些古建築正在他面前消逝，梁柱傾頹、牆壁崩塌，而他盡可能把他找到的碑文全都複印下來。直到今日，他的發現都還是古典考古學的重要來源。

一四三六年西利雅科斯抵達雅典，當時那裡是拜占庭帝國的窮鄉僻壤，很快就會被一路擴張的鄂圖曼帝國併吞。他在這裡進行了對後世而言價值連城的工作。他畫下了位於姆西安丘（Mouseion Hill）的西元二世紀科馬基尼（Commegene）王國國王菲洛帕波斯（Philopappos）紀念碑，記錄了如今已不在的浮雕。接著他轉而前往聳立於雅典衛城（Acropolis）之上、西元前五世紀的帕德嫩神殿（Parthenon）；這座堪稱古代雅典最輝煌產物的建築，此時卻成了教堂。

西利雅科斯的畫作是留存至今最古老的帕德嫩神殿畫。一六八七年神殿被一發威尼斯共和國的砲彈引爆（譯注：當時被鄂圖曼土耳其帝國當作火藥庫），而遭受了慘烈的損害，所以描繪了神殿未受損模樣的繪圖就格外珍貴。但太可惜的是，西利雅科斯受限於時代，所以我們可以說，他畫的是他認為他該看到的東西。雅典娜的外形畫成了十五世紀服裝，而不是古典的奇頓（chiton）式服裝，而西側三角牆上的許多人物則是畫成了裸童（putti）。他甚至連三角牆的角度都畫錯了。

所以，這裡的觀測並不準確。後來，在大約一五一〇年左右時，建築師朱利亞諾·達·桑迦洛（Giuliano da Sangallo）複製了西利雅科斯的繪圖，並自作主張地加上了一些古典柱子，讓帕德嫩神殿看起來就像是羅馬神殿一樣。這就把一種完全扭曲的帕德嫩神殿觀點提供給了西歐。儘管帕德嫩神殿雕刻的幕後策畫者菲迪亞斯（Pheidias）的大名可說人人皆知，但要到十七世紀，法國人賈克·卡雷（Jacques Carrey）在帕德嫩神殿炸毀後沒幾年繪製了圖像，西歐才看到菲迪亞斯作品的正確描繪。有些「學者」甚至相信那座比帕德嫩神殿完好太多、俯瞰著古雅典阿哥拉（Agora）的赫菲斯托斯（Hephaestus）神殿，可能才是帕德嫩神殿本身。

除了持續練習外，繪畫還需要努力試著描繪實際看到的事物。這需要紀律。在人們察覺到需要這種程度的準確之前，科學進展都會很緩慢。一個主要的限制，是缺少比較便宜的繪畫媒材。

---

1 《論繪畫》是李奧納多對繪畫的一連串想法，由一名弟子Francesco Melzi在十六世紀初期蒐集，而其原始手稿《烏爾比諾手稿》（*Codex Urbinas Latinus*, 1270），則收藏於梵蒂岡。由於李奧納多大部分的原始筆記本都已經佚失，因此並不清楚這些是多正確的李奧納多思考紀錄，但至少反映了他的信念。

2 「安科納的西利雅科斯」的一些遊記如今被收入為兩冊，由Edward Bodnar替I Tatti Renaissance Library編輯。這個重要的出版方案，在Anthony Grafton的 *Worlds Made by Words* (Cambridge, MA, and London: Harvard University Press, 2009), chapter 7, 'The Universal Language: Splendors and Sorrows of Latin in the Modern World'，頁一三七至五九有所討論。

3 引文出自John Hale, *The Civilization of Europe in the Renaissance* (London: Harper Perennial, 2005), p. 191。

隨著紙張普及，畫素描也變得容易太多。十四世紀的素描樣本沒多少留存下來，但十五世紀就有很多，甚至還包括整本素描本。[4]少數是已經完稿的作品，而絕大多數應該是廢棄作品，或者重複使用的畫紙。人們都知道，不善交際而深刻內省的米開朗基羅（一四七五－一五六四年）就燒毀了大部分的繪圖，以免（據說他曾如以下這樣說）讓任何人「看到他多麼艱苦地運用並激勵他的創造力」。要到一五五〇年左右，私藏這類畫作才成為時尚；影響力深遠的《藝苑名人傳》作者喬爾喬・瓦薩里，就是第一批收藏家的其中一人。

因此，這些早期殘存作多半都是原始繪圖，但那些想要探索委託畫作之發展，或者想替消失畫作尋找一些相關紀錄的學者，仍對這些圖稿充滿興趣。就如歷史學家雨果・查普曼（Hugo Chapman）所言：「義大利文藝復興藝術的革命性發展是在紙上演練並發生的，而對於那些以作品定義了這個時期的藝術家來說，他們若要產生探求的、分析的、觀測的、創意的反射動作，繪畫的練習是不可或缺的。」[5]人若要正確處理描繪對象的架構，其心智就必須領略到一件事：了解人體或動物身體的內在形式，能夠強化對它們的描繪。「為了正確而做正確觀測」以及藝術家所謂的「草圖」（disegno）之間必須做出對比；後面這個詞是用來描述在心中想像一個對象，然後思考該如何把它在紙上描繪出來。本質上來說，這涉及了一個實驗過程，又因為文藝復興促使人們開始有興趣描繪各種沒有古代典範存在的主題而加倍重要。人們通常認為米開朗基羅是「草圖」的最佳提倡者，儘管他的同代人拉斐爾在活力充沛這點和他不相上下。[6]瓦薩里在《藝苑名人傳》中稱讚米開朗基羅和拉斐爾是頭兩位超越古代同行的畫家。

一旦仔細觀察過羅馬聖彼得大教堂內米開朗基羅的《聖母憐子》（*Pietà*, 1498-1499），就很難否定他在觀測史上有其地位。然而，他的雕像總是被他想傳達情感甚於準確度的欲望所變形。在《聖母憐子》中，把三十三歲兒子的遺體懷抱在她那寬鬆裙襬間的瑪利亞，根本就被塑造成青少女模樣。讓雕像有情緒感染力的地方就在於此。他的《大衛像》其實不那麼合乎比例——頭和手都誇大了——，但一五〇一年佛羅倫斯當局委託二十六歲的米開朗基羅打造人像時，他的主要目標是展現佛羅倫斯的決心和力量。米開朗基羅在一次次扭曲重現裸體的行動中，打破了所有普遍被接受的古典和諧傳統。其中有為了儒略二世墓所打造、但四十年後都未完成的《垂死的奴隸》，那就是一件表達他內在挫折的傑出例證。儘管米開朗基羅於一五三〇年代為他深深愛慕的年輕羅馬貴族托馬索・卡瓦列里（Tommaso Cavalieri）所畫的所謂「天賦繪畫」非常傑出，但那是「草圖」，主要是為了情感衝擊所設計的構圖，而不是為了展示重現的正確度。

「科學」觀測藝術的頂尖天才，是比米開朗基羅年長的同代人兼對手，李奧納多・達・文西（Leonardo da Vinci）。李奧納多出生於一四五二年，是佛羅倫斯一名公證人的非婚生子；他是被他母親（可能是卡特麗娜・里毗〔Caterina Lippi〕，一名十五歲的孤兒）在托斯卡尼的山丘小鎮文西（Vinci）帶大的。[7] 他後來搬到附近的佛羅倫斯，開始在畫家安德烈亞・委羅基奧（Andrea

4　見Chapman and Faietti, *Fra Angelico to Leonardo*中，頁一五五至七五由雨果・查普曼寫的介紹文，是對十五和十六世紀繪畫的良好調查。

5　同前注，頁七二。

6　一五三〇年代初期米開朗基羅替羅馬貴族托馬索・卡瓦列里畫的「概念設計圖」，被視為這一類的傑作。拉斐爾的部分，見Catherine Wheeler and Ben Thomas, *Raphael: The Drawings* (Oxford: Ashmolean Museum, 2017)，是一場美妙展覽的目錄，其序文對於這時期的繪畫藝術有許多見解。

Verrocchio）的工作坊當學徒。李奧納多受過的教育，就只有當時的基礎識數識字教育，而且看起來似乎沒精通多少拉丁文；他一輩子都偏好閱讀義大利地方話。或許他對人體如此感興趣的一個理由，就是醫學文獻到了這時候通常都會翻成義大利文，他就有辦法理解。我們知道他隨身會帶著素描本，隨時把任何吸引他的東西都留下備忘。有一篇文章描述他在工作室裡幾乎要被身邊堆成山的紙張活埋了。「從來沒有人，」用研究李奧納多的學者馬汀・肯普（Martin Kemp）的話來說，「在頁面上如此衝動地傾瀉大量觀察結果、視覺化的想法、腦力激盪下的別條途徑、理論、辯論和爭論，幾乎涵蓋了他那時代可見世界中的所有類別知識。」[8]在他留存至今的繪圖上，我們常常能看到，當想法進入心中時，他會在頁紙上從右到左寫得滿滿來詳述這想法，然後一張繪圖常常會融入或者影響下一張圖，於是我們便能從中看出他的心智是怎麼運作的。

一四八〇年代當李奧納多三十出頭時，他從佛羅倫斯北遷至米蘭，來到富裕且學術發達的斯福爾扎（Sforza）家族宮廷。他受了良好的訓練，對自己的能力徹底有信心，而且他應該覺得這個城市會為他的才能帶來更大的機會。他的搬遷可能還有另一個理由。就如我們在第十四章看到的，十五世紀晚期佛羅倫斯的智識生活嚴重受新柏拉圖主義的影響，所以鼓勵內省思考，鼓勵尋找只能透過沉思永恆現實來領略的真理。這就違反了李奧納多自己的直覺，而在米蘭這邊比較突出的，似乎是一種比較亞里斯多德式的、向外接觸物質世界的方法。這當然很吸引他。一份一四八〇年代殘存至今的文獻殘片，證實了李奧納多思考中顯著的亞里斯多德特質：「所有不出自是經驗——也就是一切確定性之母的科學，都會徒勞無功且充滿錯誤。真正的科學，是那些藉由經驗來透過感官進入內心，因此讓爭辯的人住嘴的科學。」[9]他也在筆記本裡寫下以下這段話，再度和那些束縛於古代著作的人形成對比：「畫家若模仿其他藝術家而不是模仿自然本身，就是本來可以當上自然之子卻成了她的孫。」[10]然而僅僅觀察「自然」還不夠；必須縝密深刻地思考隱藏於活物之下的架構。而當李奧納多強調「畫圖只像是在產生某物之鏡像的畫家」和「目標在於捕捉某物本質的畫家」之間的差異時，他的觀念似乎又在朝柏拉圖主義靠近。就如偉大的奧地利歷史學家恩斯特・宮布利希（Ernst Gombrich）所言，對於那些「深信正確重現自然不僅仰賴好眼光也同樣仰賴智識理解」的人來說，李奧納多是「最重要的見證人」。[11]

一四八〇年代，李奧納多製作了他的第一批解剖繪圖。他仍然被外在影響所制約，特別是「人體是和諧整體」這種信仰。他受到維特魯威（Vitruvius）這位羅馬建築師在《建築十書》（*De architectura*）*中的人體比例想法所啟發，而畫

下頁：李奧納多解剖繪圖非比尋常的精細和正確，在這些約於1510年做的研究中非常明顯。

7 許多人認為對李奧納多的最佳研究調查是Kenneth Clark, *Leonardo da Vinci* (Cambridge: Cambridge University Press, 1939; rev. ed. with Martin Kemp, Penguin Books, 1988)。Charles Nicholl, *Leonardo da Vinci: The Flights of the Mind* (London: Allen Lane / Penguin, 2004) 是好讀的傳記。Martin Kemp是權威研究者；可以讀他的*Leonardo da Vinci: The Marvellous Works of Nature and Man* (Oxford: Oxford University Press, 2006)，以及*Leonardo da Vinci: Experience, Experiment and Design* (London: Victoria and Albert Publications, 2007)。Martin Kemp的*Living with Leonardo: Fifty Years of Sanity and Insanity in the Art World and Beyond* (London: Thames and Hudson, 2018)，是Kemp身在「研究李奧納多」的世界中，一場場冒險的絕佳記述。

8 Kemp, *Leonardo da Vinci: Experience, Experiment and Design*, p. 3.

9 引文出自Kemp, *Leonardo da Vinci: Marvellous Works*, p. 111。

10 出自'The Treatise on Painting'；見本章注釋1。

11 引文出自Kemp, *Living with Leonardo*, p. 40。

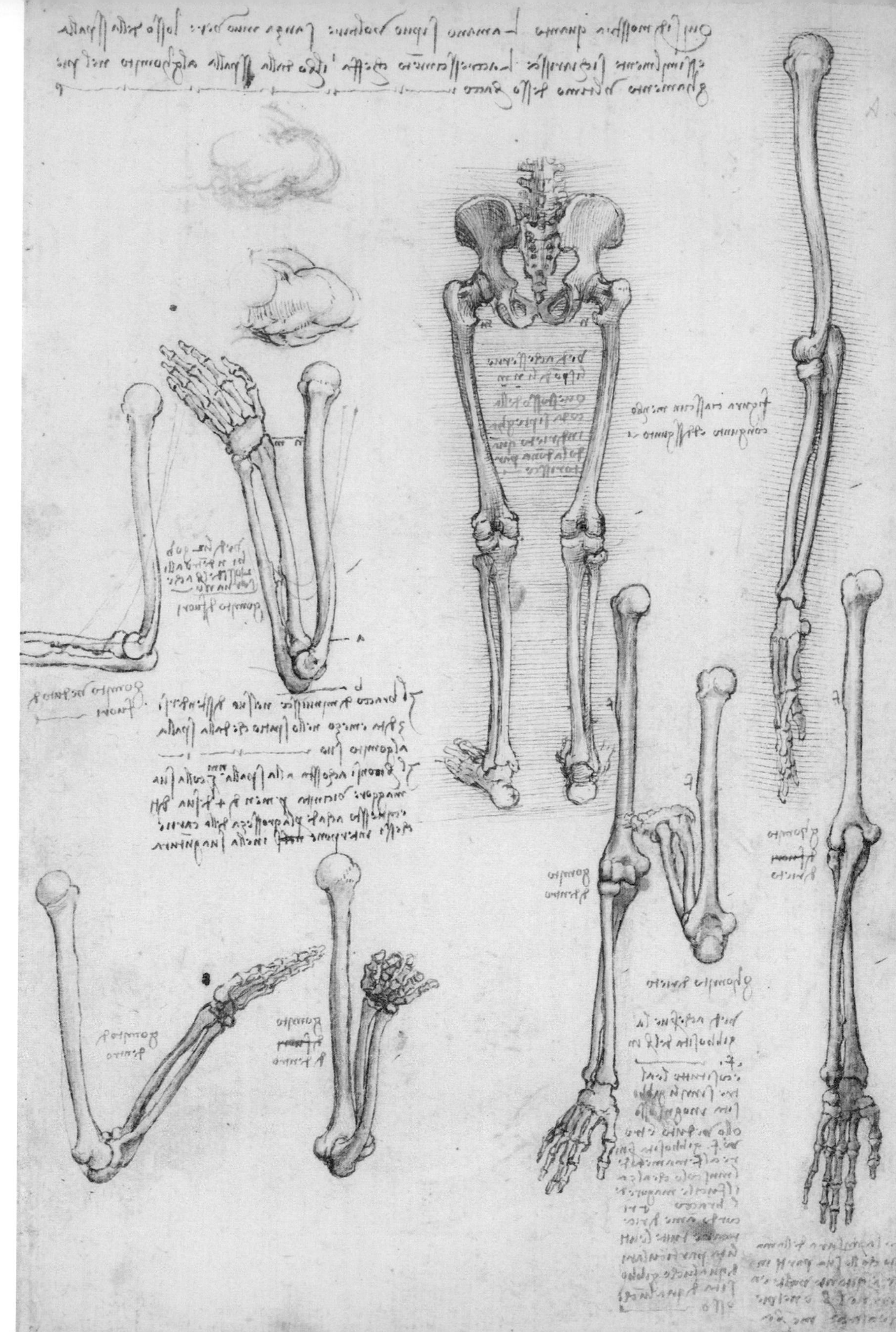

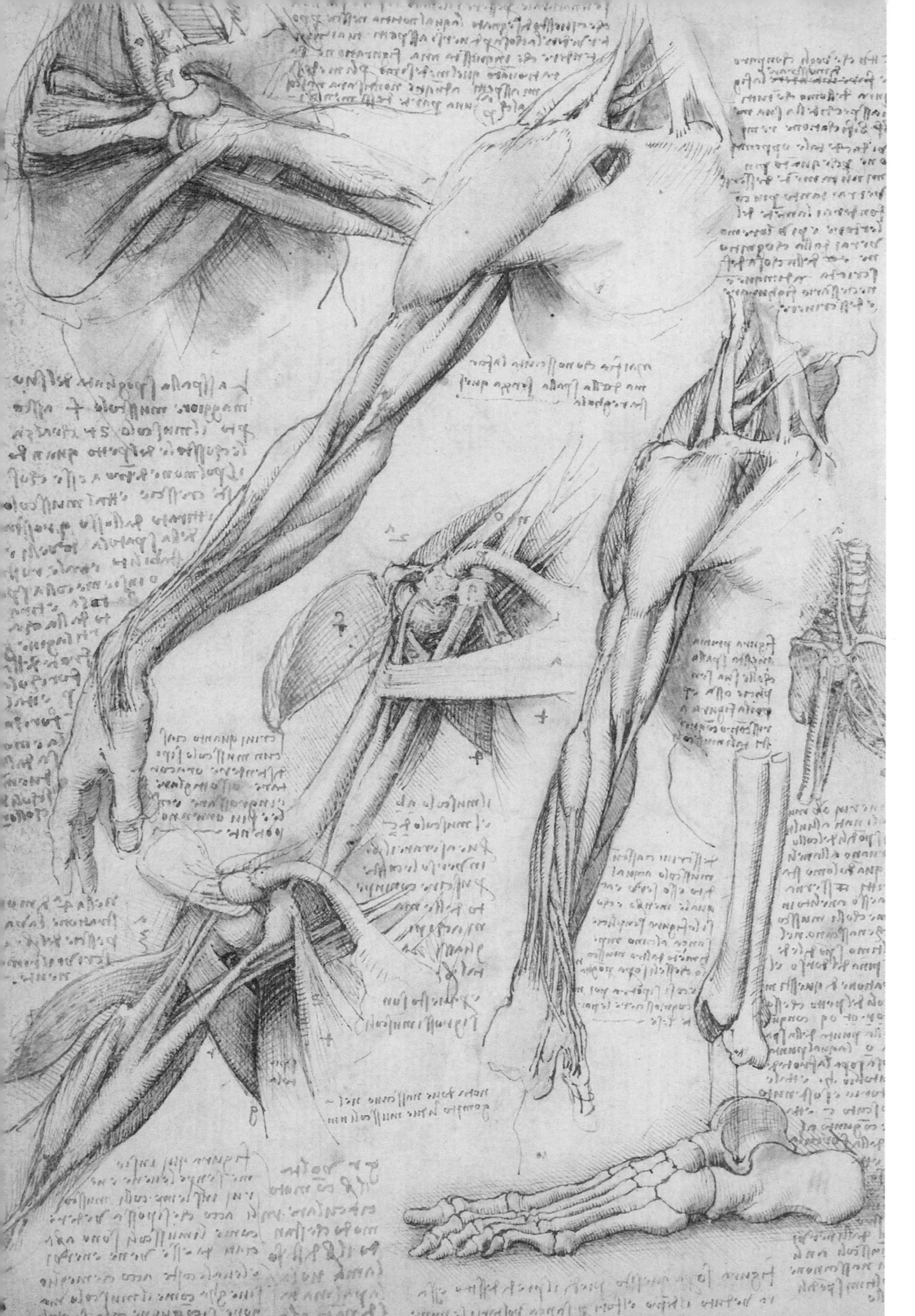

出知名的「維特魯威人」（Vitruvian man），時間可能是一四八七年左右。圖中體型完美的男性向外延伸軀體，而同時嵌入圓形和正方形中，至今仍是文藝復興時期人文主義的關鍵圖像之一。當然，李奧納多很清楚這是理想中的身體，恐怕不常能在真實生活中遇到，所以這很難被稱作「科學」繪圖；但在太多中世紀藝術貶低人體之後出現的這張圖，仍可說是一次重大宣言。

一四八九年，李奧納多在《人體論》（*On the Human Body*）這篇文章中，描述了他要怎麼創造一套繪圖，來展示一個胚胎從受孕到出生然後到出生第一年的進程。接著他會專注於成長完全的人體。他問的那些問題是「科學」問題。「哪一條腱導致眼球運動，而讓一隻眼睛的運動連動了另一隻眼？」從來沒有人這麼嚴謹地檢驗人體。而李奧納多的天才給了他符合自身大量好奇心的藝術技能。李奧納多這種解剖探求欲的成果中，有一項是人類顱骨研究。這些繪圖乍看之下是精確描繪，但它們也是在一種援引古代文獻的意識形態下創作出來的，而在這個例子中援引的是亞里斯多德和西元二世紀傑出醫師蓋倫的文獻。繪圖所附的筆記中，很明顯能看出李奧納多對於「了解人類靈魂的形上學，以及靈魂位於顱骨何處」的關心，並不亞於「創造顱骨本身的精確繪圖」。「如果人體結構在你看來是鬼斧神工，要記得那根本比不上住在這種結構中的靈魂，而且，那不管是什麼，都是一種真正的神性之物。」[12] 這就是他典型的、想了解眼前問題最全面詳盡樣貌的強烈欲望。就如研究李奧納多的傑出學者馬汀・肯普所言：「從來沒有哪個藝術家或科學家曾像他那麼強烈地察覺到，行動中的人是一個有知覺力、反應力和表達力的存在。」[13]

然而，李奧納多仍不可免地受限於他的資料來源，而那些來源似乎制約了他對人體的描繪。他使用古典和中世紀的神經系統觀念，而把他對脊髓的研究成果塑造成能夠重現這種觀念。當然，因為屍體在溫暖的氣候中快速腐爛，他在解剖上面臨了巨大挑戰。切開來的眼睛因為「快速崩解成一團膠狀物」而出了名地難畫。[14]李奧納多很明顯讓自己受更早先的光學概念所影響，來補足樣本解剖上的不足之處。所以，儘管我們可以說李奧納多展現了一種人體的「科學」研究方法，但到這時為止，他在重現人體方面沒有做出任何突破性進展。甚至連他本人有沒有這麼早就親自涉入解剖工作，其實都不太確定。

即便如此，他也是一名上了癮的自然世界觀測者。生命世界看起來似乎沒有哪個領域是李奧納多沒有深入探究並用想像力加以轉變過的。所以，除了身為畫家的成就之外——他在米蘭「恩寵聖母」（Santa Maria della Grazie）修道院的壁畫《最後的晚餐》，即便已經損壞，仍然提供了一個非比尋常的案例，說明了布魯內萊斯基的透視規則，以及此規則經阿伯提等學者的學術發展後，如何能加以利用——李奧納多的作品中還有無數的動態研究，水的渦流（他特別著迷於此）、工程小配件、防禦工事、打造運河讓阿爾諾河可以航向海洋的雄大計畫，以及波隆那附近伊莫拉（Imola）鎮的那張知名地圖。為切薩雷・波吉亞（Cesare Borgia）設計的伊莫拉地圖，展現出李奧納多如何能調整調查技術來產生極其精準的結果，卻又沒有剝奪城鎮平面圖自身的美學生命。

---

* 這套書是於一四一四年在一份手抄本中發現，並於一四八六年首度印刷出版。

12 引言出自Kemp, *Leonardo da Vinci: Marvellous Works*, p. 270。

13 同前注，頁一二〇。

14 同前注，頁一一二。

被米蘭贊助人盧多維科・斯福爾扎（Ludovico Sforza）趕出宮廷後，於一五〇〇年回到佛羅倫斯的李奧納多雖然焦躁不安，但創造力卻完全沒下滑。他現在拚了命地閱讀文獻——他的藏書包括了一百一十六本有書名的物件，再加上另外五十份未經分類的著作。他發展出對數學的興趣，並擁有歐幾里得的《幾何原本》這本最普及的數學證明法入門書，以及阿基米德的著作。李奧納多就跟他之後的伽利略一樣，似乎把阿基米德看作是古代世界最偉大的數學界人物，而他著魔地透過幾何繪圖來探索阿基米德原理。就跟其他眾多藝術家一樣（特別是皮耶羅・德拉・弗朗切斯卡；見頁四二四－二五），他欣賞數學邏輯可以帶來的那種確定性。[15]

李奧納多對人體的全神貫注，於一五〇八年左右導致了一次創意爆發；當時他解剖了一名超過一百歲的人而造成轟動。這時候他採用更精細的解剖方式；更因為發現老人的靜脈和兩歲孩童相比已經萎縮窄化，而開始探索血和空氣是如何繞行身體運送。他自己對流體（大多數是自然水流）的研究，進一步把知識提供給了這些調查結果。因此，李奧納多花了大約二十年逐步擺脫古代前例，邁向觀測活動。在今日收藏於溫莎（Windsor）皇家繪畫收藏館（Royal Collection of drawings）的女體研究圖中，他企圖把呼吸、血管和泌尿生殖系統描繪為一個整體。儘管不完全準確，但這個野心勃勃的器官並列，證明了這時候的他察覺到了人體有多複雜。

一五一〇年，李奧納多展開了最後一次描繪人體內部運作的探索。他唯一能做到的方式，就是隨著肢體解剖的過程，一步一步展現每隻肢體的皮肉、肌肉和骨頭。他現在的目標是清晰度，所以肢體的不同要素會先分別呈現出來，接著再重新合起來呈現原本樣貌。這是一項創新的方法，在技術繪圖方面有過非常大的影響。李奧納多對於自己在一個解剖學文獻缺乏插圖的時代所達到的成果感到欣喜若狂。他知道，他的繪畫囊括了文字永遠無法提供的知識。他成為了真正的經驗主義者，在解剖過程中，駁斥了古典資料來源過往替他解釋好的器官外部「動因」，轉而支持他實際能看到的事物。就如他所說：「自然始於原因而終於經驗；我們必須走相反的途徑，從經驗開始並從中探察道理。」[16]

一五一四年，李奧納多用一連串精采的公牛心臟研究，來為他的諸多研究做出結論。他想解釋起因和效果的決心，以及他想要描繪心瓣實際上如何運作的決心，促使他堅持一定要達到數學家的精準度。一切都得要相合而成為一個運作的器械。他最偉大的解剖成就，是準確地描繪了肺動脈底端三尖瓣的功能。他的描繪實在太準確，以至於現代的研究已經確認了他的洞見，而他的設計也類似於今日外科醫師所使用的人工瓣膜。

儘管李奧納多是人們公認的天才，他有生之年並沒有出版繪圖。在他受法國國王法蘭索瓦一世（King François I）邀請居住於法國，並於一五一九年在當地過世後，這些繪圖成為各家收藏品而漸漸流落四處，其中許多還消失了。要等到安德雷亞斯・維薩里（Andreas Vesalius）登場，才會進行一場更公開、同時也能促進科學進步的解剖。[17]一四八七年維薩里出生於哈布斯堡家族統治下

下頁：李奧納多就跟那時候大部分的「科學家」一樣著迷於光線。在這些圖解和注解中，他展示了光線從鏡面傳送出去的方式。

15　同前注，頁二九二－九三。

16　Leonardo da Vinci, *Notebooks*, ed. Thereza Wells and Martin Kemp (Oxford: Oxford University Press, 2008)，引文出自頁八。

Tutti li specchi concavi [illegible] fanno. quello fara il concorso de sua razzi [illegible] più [illegible] [illegible] [illegible] imagine [illegible]

Quello [illegible] [illegible] [illegible] [illegible]

Se questo specchio sarà tutto in figura di mezzo anello piano [illegible] [illegible] [illegible] allora [illegible] [illegible] come m [illegible] f g h i k l n [illegible] questo specchio [illegible]

[illegible]

Ancora [illegible]

A [illegible]

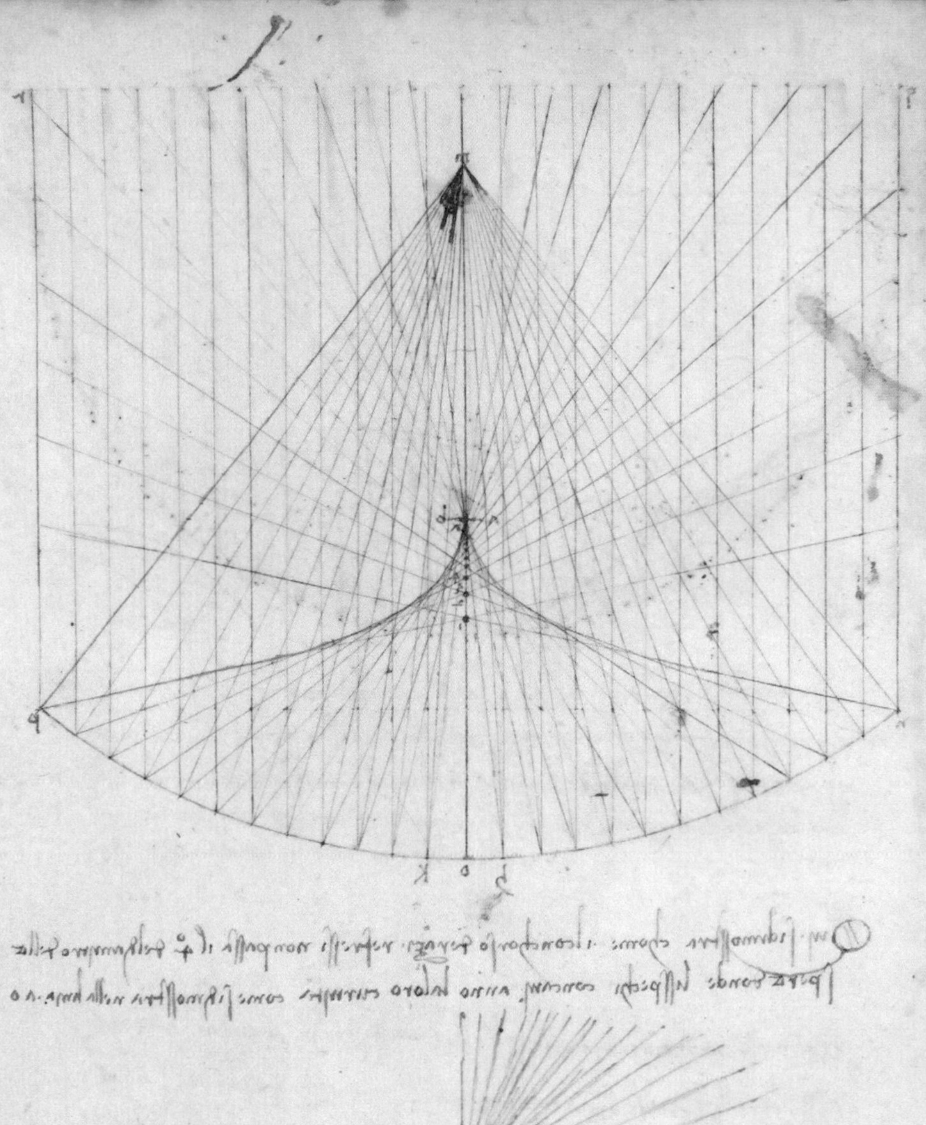

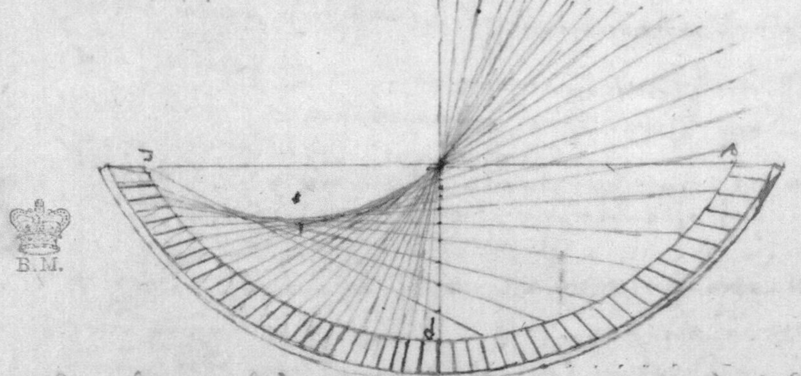

尼德蘭的一個醫師世家，在巴黎大學念書，而那裡依舊把蓋倫的著作視為權威。一五三一年重新發現蓋倫《論解剖程序》（*De anatomicis administrationibus*）的一本拉丁文譯本之後，人們就獲得了更有邏輯的解剖方法，但蓋倫的解剖研究大部分都是用動物（尤其常用巴巴里獼猴）來進行，而非他難以取得的人體。一直要到維薩里搬往歐洲最先進的帕多瓦大學醫學院，並於一五三七年成為該院解剖兼外科教授後，他才有機會在學生面前解剖人體。

雖然蓋倫確實在觀察中出了嚴重的錯誤，但有些醫師仍持續宣稱他始終正確，即便展露在他們面前的身體器官都已經證明了他的錯誤。有些人面對證明蓋倫有錯的壓倒性證據，居然主張人體應該是在這一千四百年間有了變化——或者說他的文字複製時出了錯！是維薩里聲稱自己切開一具屍體時能真正看到的情況證明蓋倫錯了（又特別是因為蓋倫是以解剖動物為基礎做結論），才打破了西方心智上的這種思考束縛。

一五三八年，維薩里在威尼斯出版一連六本的

下頁：安德雷亞斯・維薩里在1543年《人體的構造》中的畫像。維薩里的這本傑作，代表了正確描繪人體的飛躍進展，顯露在他重建人體骨架的圖畫中。

HVMANI CORPORIS OSSIVM CAETERIS QVAS SVSTINENT PARTIBVS LIBERORVM, SVÁQVE SEDE POSITORVM EX *latere delineatio.*

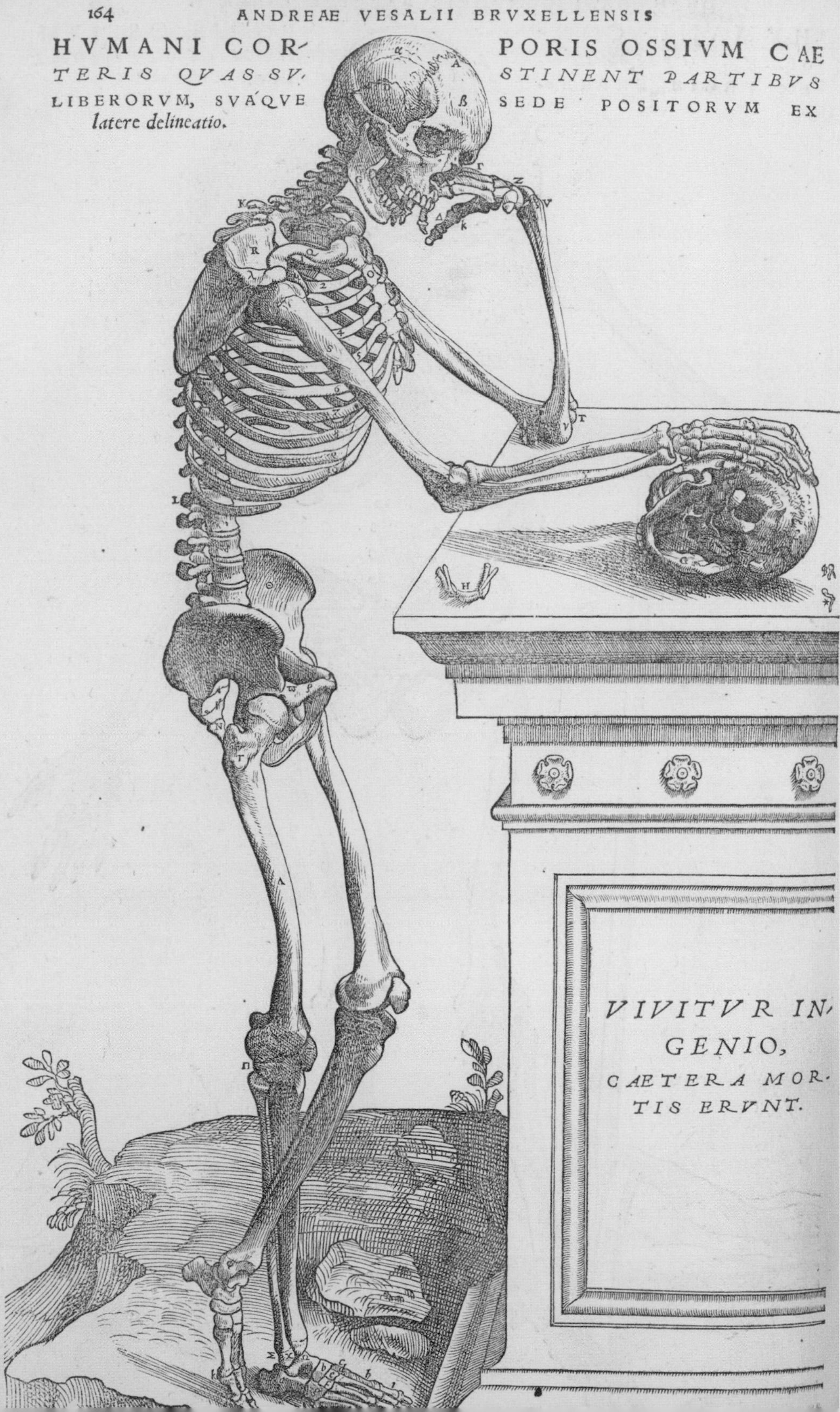

《解剖圖集》（*Tabulae anatomicae*），首度呈現他的發現。這些書迷人的地方在於，維薩里仍然複製了許多如今我們已知不正確的蓋倫原始發現，但和這些發現一併呈現的，是他自己畫的圖，重現了各個器官（包括了肝臟）的真正模樣。維薩里著作的集大成是一五四三年的《人體的構造》（*De humani corporis fabrica*）。到了此時，因為有不少被處決的犯人屍體可用，他便有自信能甩掉解剖學家曾經仰賴的蓋倫及其他中世紀文獻。舉例來說，他就發現胸骨有三節，而不是七節。他糾正了蓋倫的肝臟概念，而且質疑了心臟中膈有可滲透性的說法，而這或許是最為重要的突破。過去蓋倫假設血液以某種方式穿透了組織。到了一五五九年，雷爾多・科倫坡（Realdo Colombo，約一五一五－一五五九年）注意到了心跳泵動的重要性，因此為後來威廉・哈維（一五七八－一六五七年）等解剖學家發現血液循環一事打下了基礎。維薩里在「替出自希臘語、拉丁語、希伯來語和阿拉伯語等不同語言傳統而變成混亂大雜燴的命名法帶來一致性」方面也有所進展。如果要創造一個以一致觀點和一致語言（以實例來說就是拉丁文）為基礎來共同工作的科學群體，這樣的進展就不可或缺。

《人體的構造》並不只是一套圖而已。它還包含了詳盡的解剖指引，所以實際上是一本指導手冊。從它採用了蓋倫在《論解剖程序》中概述的解剖順序——從骨架到各種器官然後血管系統，再把大腦當作最後一個解剖的器官——來說，它還滿正式的。實作面來說，只有最堅決的解剖者才能遵循這個順序，因為在沒有任何保存方法的情況下，等到解剖者接觸到內臟時，內臟都已腐爛而惡臭難忍。維薩里在他一五三八年的著作中提供了自己的繪圖，但在《人體的構造》中，他仰賴同樣來自尼德蘭的專業藝術家揚・史蒂芬・凡・卡爾卡（Jan Stephan van Calcar）在他的監督下作畫。凡・卡爾卡高超非凡的圖畫既精準又有想像力，同樣也預示了未來方向。而德國藝術家漢斯・瓦迪茲（Hans Weiditz，見頁六一二）早在許多植物畫中就能看到的精準木刻版畫，又標記了科學史上的另一次重大進步。

刻在木板上的圖像先沾上墨，接著壓在紙上，然後從它背面按壓，來把圖像轉移過去。十五世紀最早的範例通常都是普通主題的粗糙圖畫，好比說聖母瑪利亞。如今若強調使用圖片當作教學工具，就需要更高水準的專業技術。有大量木刻版畫的書變得過於昂貴，遠遠超過大部分學生的財力，但這些書使學術研究轉向，進而接受觀測和調查的優越性。幾乎每個追隨維薩里的解剖學家，都接受雙眼有著優先於理論或古代權威的優先重要性。

然而，我們還是得承認，此時的醫學研究和實作依舊相當保守。未來幾十年裡，蓋倫還是會被人們視為終極權威。英國歷史學家休・崔姆－路普（Hugh Trevor-Roper）寫過一篇很吸引人的提奧多・德・馬耶奴（Théodore de Mayerne, 1573-1655）研究；此人是十七世紀歐洲最出名的醫師之一。在研究中，他探索了那時代最堅定奉獻且最出名的其中一位醫師，是如何在一個仍然受限於迷信、但閃著稀微科學理解光芒的醫學世界內做出進展。[18]同個時候，儘管維薩里等人在經驗醫學方面有如此進展，正確觀察卻根本還沒用來給病人提供多少幫助。

17 這裡關於維薩里的記述，大幅仰賴Roy Porter, *The Greatest Benefit to Mankind: A Medical History of Humanity from Antiquity to the Present* (London: HarperCollins, 2007)。

18 見Hugh Trevor-Roper的*Europe's Physician: The Various Life of Sir Theodore De Mayerne* (New Haven and London: Yale University Press, 2007)。

於十六世紀探索自然世界

春天當艾隆星（Aron）初現身時，這種植物也差不多會同時露臉。它不是很普遍，通常會生長的地方都是在很陰暗而潮濕的森林中。這種植物有一到兩片葉子，類似於美燕花（Meyenblumen）的葉。那些葉子有大蒜那樣的莖；到了四月底，它們會開白色的小花，花也像美燕花。但它們不像美燕花那樣中空，而是星形的，而花瓣則是一片一片分開。這種花的根白而略長，像長不到一個月的庭園蒜苗。

出自希羅尼穆斯・博克（Hieronymus Bock），
《草藥志》（*Kreuterbuch*），一五七七年發行於史特拉斯堡從一份一五〇四年的清單中，可以知道李奧納多・達・文西的藏書中有一本巨大的草藥書，以及波隆那人彼得羅・克雷申齊奧（Pietro Crescenzio）的《農業書》（*Libro della agricultura*），後者是一本關於該主題之標準（拉丁）文獻的義大利文版。學者們根據李奧納多留存至今的繪圖主張，他有想過要寫一篇植物結構的論文，並附上跟他的解剖繪圖一樣高超的插圖。但這篇論文始終沒能完成，反而是紐倫堡出身的阿爾布雷希特・杜勒（Albrecht Dürer, 1471-1528）替動植物的自然主義式描繪立下了標準。在杜勒死後沒多久，他的徒弟漢斯・瓦迪茲（Hans Weiditz，一四九五－約一五三七年）製作了《植物生像》（*Herbarum vivae icones*），分成三部分於一五三〇至一五三六年間出版。書中有兩百六十張極佳的木刻版畫插圖。

《植物生像》的文獻是基於古代迪奧斯科里德斯的名作《藥物論》。迪奧斯科里德斯是西元一世紀的自然科學家，來自西里西亞（Cilicia，今日土耳其東南部）的阿納札巴斯（Anazarbus）。若要談那股讓希臘人得以為現代科學打下太多基礎的好奇驅動力，他就是絕佳典範。著迷於動植物醫療屬性的他，用他所謂的「一種軍事紀律」來強迫自己，並雲遊四海尋找樣本。我們知道他曾去過希臘、克里特島（Crete）和埃及，還到了納巴泰人（Nabataeans）的首都佩特拉（Petra）；這群人會向東穿越阿拉伯各個沙漠進行貿易。最終，他得以列出約七百種植物，只要他能夠確定地點，還會描述其自然棲息地。在他留存至今的五冊著作中，他把他的題材分門別類：完整的動物、動物部位、礦物，然後植物，而植物又進一步細分成根莖類、水果、樹木和藥草。他也寫到了它們在他仔細觀察下所具有的藥用屬性，根據對人體的效果來分成各組不同藥類。這可是完全沒提到超自然力量介入治療疾病的實作科學。

阿拉伯十分珍視《藥物論》，中世紀時也藉由拉丁文和希臘原文而廣為人知；而且，該書就像大部分古代文獻一樣，被認為是權威著作。錫耶納醫師安德烈亞・馬蒂奧利（Andrea Mattioli）所翻譯並注解的版本，是十六世紀最暢銷的自然史書籍。當書中錯誤越來越明顯，使得原本的崇拜者熱情消退並轉而批評時，馬蒂奧利仍堅決捍衛該書。即便晚至一五九八年，迪奧斯科里德斯的著作仍是荷蘭共和國萊頓大學（University of Leiden）課堂上使用的教科書。

中世紀另一份相當流行的文獻，是老普林尼於西元一世紀的著作《自然史》。於西元七九年維蘇威（Vesuvius）火山發生毀滅性爆發時，普林尼試圖穿過那不勒斯灣來就近觀察，卻在海岸上窒息而死，其好奇心可見一斑。[1]他的《自然史》，這本自然世界物質的巨大彙編，被人們一而再再而三地抄寫複製，但複製過程中，留存下來的手抄本卻未經歷有批判力的編校，導致該書包含眾多難以理解的段落。既然人們相信普林尼是重要且正確的權威，那當然就必須做點什麼來把《自然史》製作成一份前後一致、條理清楚的文獻來發行。這看起來似乎屬於「試圖將複製時粗心大意而不知不覺造成的錯誤百出復原為原本形態」方面的問題。學者們開始動工，而當人文主義者埃爾莫勞・巴爾巴羅（Ermolao Barbaro）於一四九三年出版了《普林尼著作校訂》（*Castigationes*

下頁：阿爾布雷希特・杜勒是重現植物生命的先驅。他的《大片草皮》（*The Great Piece of Turf*, 1503）是一大傑作。

1　老普林尼的死，在外甥小普林尼寫給歷史學家塔西佗的信件中有所描述。*Letter 6.16*, trans. J. B. Firth，可於線上閱讀：http://www.attalus.org/info/ pliny.html。

pliniane）時，他宣稱交出了一份至少去除掉五千個追加錯誤的原始文獻。舉凡普林尼本意仍不清楚的地方，巴爾巴羅就會鑽研更早的文獻，通常是亞里斯多德、泰奧弗拉斯托斯（Theophrastus，繼任亞里斯多德擔任呂刻俄斯學院主持者）或迪奧斯科里德斯的著作；他假設普林尼抄了他們的著作，所以就直接用其文獻來填入不明處。巴爾巴羅相信普林尼必然可信。

所以十五世紀晚期時，人們仍然不加批評地接受古典文獻在自然世界相關問題上的權威。[2]然而改變即將發生。一四九二年，人文主義者尼可洛・李奧尼塞諾（Niccolò Leoniceno）出版了自己的普林尼研究書，《論普林尼和其他醫生的醫學錯誤》（*De Plinii et aliorum medicorum in medicina erroribus*）。李奧尼塞諾在費拉拉大學教授道德哲學和實務醫學。他已經因為批評過阿拉伯醫學文獻而引人注目，而他在佛羅倫斯的其中一位通信人——另一位人文主義者安傑羅・波利齊亞諾（Angelo Poliziano），則曾經來信支持「應當信任普林尼，其『錯誤』是原始文獻之缺漏毀損」的觀點。李奧尼塞諾會在這一點上勸告他嗎？他的希望是，「如果一名拉丁作者沒和蠻族陷入同種困境，我會很高興。」[3]

他想也想不到自己會在李奧尼塞諾的著作中收到這樣的反唇相譏。李奧尼塞諾的標題用詞《論普林尼和其他醫生的醫學錯誤》，就已經包含了一個警告。李奧尼塞諾的第一記重擊，就是揭

2 Brian W. Ogilvie, *The Science of Describing: Natural History in Renaissance Europe* (Chicago and London: University of Chicago Press, 2006)，頁一二一至一三三有很好地講述了這段歷程。這些文字對本章描述的事件和人都有傑出的調查。

3 同前注，頁一二七。

露普林尼著作第二冊的一個嚴重錯誤，也就是主張月球比地球大。光是這個錯誤就長久損害了普林尼作為自然世界研究權威的名聲。證明了自己的論點之後，李奧尼塞諾談這主題就越來越起勁了。他證明普林尼搞混了植物的名字，所以在某一個例子中，兩種有著類似希臘名稱的植物被假定為同一種。接著，同一種植物的希臘文和拉丁文名字不同，卻被普林尼列為兩種不同的植物。李奧尼塞諾揭穿普林尼其實是個缺乏實務經驗的學者，靠的只有那些他沒有語言能力破解的文獻；他一直都懶得親自檢查實際樣本。《自然史》根本就問題重重。

李奧尼塞諾的著作建立了一種新論調。古代權威並不神聖。過往的植物相關著作顯然無法為這些植物蓋棺論定——而書寫自然世界其他面向的文字，確實也同樣沒做到這點。皮耶特羅・班波的《埃特納山談》，那本作者證明了古代對埃特納山的描述不符合親眼所見的作品，就是在這時候（一四九六年）出版了知名的馬努提烏斯印刷版。在羅馬，有一種描繪蔬果的新方法留下了不尋常的紀錄。這些蔬果是畫在台伯河岸法爾內西納別墅（Villa Farnesina）涼廊的花綵上。這間奢華的「鄉村」別墅（其實位在羅馬市中心但被大片庭園所保護）屬於富豪銀行家阿戈斯蒂諾・基吉（Agostini Chigi），由拉斐爾和其追隨者進行裝飾。整座涼廊描繪了丘比特與普塞克（Psyche）的情緣，並有不少裸體——好讓神話和私人空間的氛圍有著一致性。[4] 一直要到近年，才由植物學家茱莉亞・卡內瓦（Giulia Caneva）率領的團隊對那些花綵進行了全盤研究，而他們研究的是拉斐爾的追隨者喬瓦尼・達・烏迪內（Giovanni da Udine）的作品。[5] 濕壁畫開始繪製於一五一八年，並描繪了約一百六十種不同的花果。若要談一種當時開始吸引那些有教養者的植物生命魅力，應該沒有比這更好的例子了。特別引人注目的一點是，這些濕壁畫中有許多來自新世界的植

本頁：普塞克和丘比特主宰了羅馬法爾內西納別墅的普塞克涼廊（Loggia di Psiche）。由拉斐爾助手喬瓦尼·達·烏迪內所執行的濕壁畫，包含了超過160種植物和水果。

物，包括了玉米，但其色彩之鮮豔、細節之精準，讓一些人主張，這些藝術家想必是從基吉那幾座不復存的庭園裡的溫室和花圃中採用了樣本。

單純探究植物本身性質、不去管植物有沒有醫療用途的研究，從一五三〇年代起緩慢開展。那些只會複誦既有的草藥書，而不去做實驗看看藥是否有效的醫師，面臨了越來越多批評。也開始出現針對迪奧斯科里德斯以及更古早的自然史作者（如亞里斯多德和泰奧弗拉斯托斯）的大量研究。他們的原創性受人尊敬，對細節和觀察的關注也受人敬重，但人們同樣也很快發現他們錯誤百出，通常是因為他們仰賴二手紀錄。新的自然主義者現在自認繼承了偉大傳統；經歷中世紀自然史研究的衰落後，如今他們正將這種傳統以一種更精細的形式加以復活。他們將會自行進行觀測，並拒絕被古代文獻牽著鼻子走。

第一批「科學」庭園的登場，對他們有所幫助。佛羅倫斯市郊的卡斯提奧別墅（Villa di Castello），有著文藝復興時期義大利最迷人的庭園。直到今日，都還被那些在佛羅倫斯各博物館與藝廊外排個老半天的觀光客所忽略的此處，可能是文藝復興庭園的最佳典範。別墅本身是於一四七六年由麥地奇家族所買下，裡頭一度掛著山德羅・波提切利幾張最出名的畫作，包括《維納斯的誕生》以及《春》。這地方很適合開始探索十六世紀各種觀測活動中成果最豐碩的其中一種，也就是植物學觀測。

於一五三〇年代開始籌畫庭園的，是佛羅倫斯大公科西莫一世（Cosimo I），而他在一五七〇年之後還是第一代托斯卡尼大公。他的建築師是尼可洛・崔伯羅（Niccolò Tribolo），常被稱作「義式庭園之父」；他最重視的是，透過精心使用水源，來創造一個好好展現麥地奇家族善舉的場面。卡斯提奧別墅包含了第一批精心打造的噴泉和人工岩洞，而這兩者到了該世紀末，都將成為大部分正規庭園的特色。

對植物學家來說，這座庭園的吸引力在於那絕佳的柑橘樹品種收藏，如今每年夏天仍栽種在巨大的陶土缸裡。它們共有約一千株，包含了超過一百種柑橘屬的樣本，有些歷史已經超過三百年，如今已經是原樣本獨一無二的後代。世界上只有少數地方的柑橘品種收藏能與這裡相比，而這些柑橘也活生生地證明了文藝復興和人文主義思想的新精神是怎麼展現在全神貫注於植物自然世界的行為中。文藝復興與庭園結合了各種不同功能，不僅是一次美學上令人心曠神怡的展演，也展現了一套活生生的植物品種目錄。而後者這種「學術」方面的重視，會因為帕多瓦、比薩和佛羅倫斯爭相於一五四〇年代成立第一批大學植物園而得以強化。當學者們在義大利受過教育返鄉後，偏遠如北歐等地也會打造出類似的庭園。

這種轉而對自然現象進行更學術之研究的情況，就顯現在十六世紀其中一位最偉大博物學家的思想中，他就是瑞士的康拉德・格斯納（Conrad Gessner, 1516-1565）。人們會記住格斯納，最主要就是因為那本無所不包而極其精采的《動物志》（*Historia Animalium*），一本學識淵博且插圖精美的動物王國研究，於一五五〇年代發行，共五冊。[6]儘管一五五九年這套書因為格斯納信奉路德派而列入《禁書目錄》，它仍會成為接下來兩百年的動物學聖經。格斯納自認是一個學者群體的中心。就如他在《動物志》第一卷前言所寫的：「有一個願望：任何有意聯絡我的人都能謙虛誠摯地寫信，且他們寫信既不是為了增加他們自己的光彩，也不是為了指摘我，而是為了推廣 **respublica literaria**（文書共和國）」。[7]幸好，格斯納為後代子孫草草寫下了那些他實際遇過的資料

4　因為當時對異教神的興趣復甦，所以這成了該時期常見的特色。見 *The Mirror of the Gods: How Renaissance Artists Rediscovered the Pagan Gods* (Oxford: Oxford University Press, 2005)。

5　Robin Lane-Fox, 'The Walls have Pears', *Financial Times*, 1 December 2018.

6　Ogilvie, *The Science of Describing*, pp. 236-40.

7　引文同前注，頁八三。關於「文書共和國」，見 Grafton, *Worlds Made by Words*, chapter 1, 'A Sketch Map of a Lost Continent: The Republic of Letters'。

提供者的詳細資料，讓這些人的名字進了他的筆記本。那些留下來的筆記本中，就有兩百一十七人因此留名。格斯納和他的博物學家同行用西塞羅式的拉丁文溝通，那是此時人文主義研究的通用語。任何受訓成為醫師或藥劑師的人都理所當然地學過拉丁文，但任何教育良好的紳士也是如此（還有少數貴族女士，好比說未來的英格蘭女王伊麗莎白一世〔Elizabeth I〕），所以便有可能跨越階級藩籬和國界進行討論。社交面來說，格斯納與學者相處時，似乎就跟在山裡做研究而與牧人們住在一起時一樣自在。

儘管格斯納後來有「動物學之父」的名聲，不過在一五四〇年代，他最出名的作品卻是植物學著作。但他不是那種足不出戶的學者——他著迷於攀爬祖國群山。他的考察紀錄與佩脫拉克有一個重大差異；佩脫拉克實在太投入於他不認為與自然世界相關的精神感受，但格斯納卻是在身處自然的經驗中找到靈性。他描述了自己飲用湧泉泉水時體驗的喜悅。格斯納無疑是為了科學目的——尋找新的植物——而踏入山中，但他與植物的關係不只是智識關係，也是感受關係。他都會告訴我們新發現的植物聞起來如何。令他真正歡欣的是「所有感官的和諧愉悅」與「對造物主如此眾多作品的深思與仰慕」的組合。

像這種簡直有如原始羅馬式感受的情感噴發，還覺得上帝成了創造自然之神而非中世紀世界的嚴苛判官，大有可能導致草率的觀測結果。然而，格斯納身為學者的偉大之處，就在於他重現與描述事物時，始終熱切地忠於正確性。他不帶情感地描繪他所看到的東西。他自行畫下插圖，除了本來就會描繪的整株植物外，也會畫出花朵、種莢等各部位細節的放大補充圖。他也會加入一段文字來詳述植物的每個部分。

格斯納的植物畫巨大而正式，只打算讓人在藏書室內研讀，不過如果肯花大錢，確實有辦法訂購一本手工上色版。這不是行腳人可以隨身帶著在山裡拿來邊爬邊認眼前植物的書。相較之下，卡羅盧斯・克盧修斯（Carolus Clusius, 1526-1609）的著作就小到可能收進背包，或者馬鞍上的行囊裡。克盧修斯本名夏爾・德・萊克呂茲（Charles de l'Écluse），出生於法蘭德斯的阿拉斯（Arras），並在蒙彼利埃大學研讀植物學，包含在該校知名醫學院的課程中。[8]克盧修斯的重要之處，在於擺脫了「試著讓植物去符合古代描述」的傳統，靠的是他刻意找出古人從未描述的植物。一五六〇年代，他遊歷西班牙和葡萄牙，發現了兩百種從未記錄過的植物。一五七三年，克盧修斯被神聖羅馬帝國皇帝馬克西米利安二世（Maximilian II）指派為維也納帝國醫藥庭園園長。建立這座庭園會是他接下來十六年的專注目標。然而，他就像格斯納一樣，比較喜歡待在山裡。他盡可能抓緊每次機會，逃脫令人窒息的哈布斯堡宮廷例行公事，跑去呼吸奧地利側阿爾卑斯山的清新空氣，並在那裡又獲得了更多植物學新發現。他也著迷於類似的植物在野外彼此聚在一起的方式，而他會每年造訪同個地方，去看看這些植物怎麼擴散。漸漸地，他意識到同樣的植物是怎麼因為所處的高度和空氣的溫和程度不同，而在不同的地點於不同時間開花。克盧修斯也是園藝史上的重要人物。他是最早把花色視為物種重要特徵的其中一人，但他也喜愛花色之美，並擔任販賣異國品種的中間人。一五九〇年代克盧修斯搬到了聯省共和國（United Provinces）的萊頓（Leiden），並在該城植物園栽種鬱金香，替荷蘭鬱金香產業打下了第一個基礎。他充滿敘述

8　克盧修斯在Ogilvie, *The Science of Describing*之中被再三提及，但頁一八四至八六專注於他的描述方法。

描寫的文字，可以說是日後如艾薩克・華爾頓（Izaak Walton）、吉爾伯特・懷特（Gilbert White）和查爾斯・達爾文等自然書寫者的先驅。

本頁：歐洲探險者在新大陸首度遇上的生物中，就包括了火雞，而康拉德・格斯納於1550年代出版的《動物志》，就包含了火雞的絕佳描繪。

下頁：康拉德・格斯納《植物誌》（*Historia Plantarum*，編輯於1555至1565年間）中的圖像，讓一種觀察植物生命的新科學方法成了典型做法。

Vitis Idæa rubra, in saxis montis pilati.
Ruby Idæi ibid.
Sedi minoris species, ibid.
VIII
7
Sedula montana
VII
VI
II
G
Rhododaphnen alpina Aldrouandus nominat.
169 a

到了這時候，庭園的用途除了令人心神愉快之外，也同樣有實驗用途；而人們可以談論一種基於觀測來書寫或描繪自然世界的方式，也因這種方式而與古代作者徹底分道揚鑣。這種方法需要一種參照活物樣本繪製的圖像。就這方面來說，漢斯・瓦迪茲從一五三〇年代開始製作、在執行面達到高水準寫實主義的木刻版畫，就像喬托的濕壁畫一樣，一登場就馬上被認定是新標竿。而那類圖畫所附的文字，在精緻度和品質上也有所成長。到了一五七〇年代，描述植物時會談它和其他植物的關係。當本章開頭引用的這位作者把他描述的物種和「艾隆」這顆星星的出現以及「美燕花」這種植物相比時，他是假定他的讀者很清楚那是什麼才這麼寫的。本質上來說，一門新學科誕生了。

這還只是起步而已。歐洲人發現新大陸後，找到了許多先前未知的新植物並加以記錄，不過大半都未準確描述。[9]一五七七年，有一本西班牙人尼可拉斯・莫那德斯（Nicolás Monardes）寫的西印地亞斯自然史，翻譯成英文版時標題為《新發現的世界傳來的好消息，那裡據稱有著珍稀獨特的多種美妙事物和各式各樣的藥草、樹木、油、植物和礦石……》（*Joyfull Newes out of the New Founde Worldes, wherein is declared the Rare and Singuler Vertues of Diverse and Sundrie Hearbes, Trees, Oyles, Plants and Stones...*）莫那德斯的著作標記了歐洲人知識一次不尋常的拓展。一本一五三〇年代典型的藥草書，會描繪八百種植物。堪稱里程碑的出版品《植物圖繪總覽》（*Pinax theatri botani*），是瑞士植物學家加斯帕爾・博安（Gaspard Bauhin, 1560-1624）於一五九四年發行，書中描述了約六千種植物。[10]博安在書名頁上保證，會「根據它們的所屬（genera）和物種（species），來有條理地」列出植物。[11]他領略到植物可以分成組，組中的一些物種構成了共同的類別（genus，譯注：genera的單數，也就是日後生物分類法中的「屬」，拉丁文可指「起源」或「類」）。日後卡爾・林奈（Carl Linnaeus）*以更謹慎的科學方式所開發的二名法（binomial nomenclature），便可在此處看見開端。從今日標準來看，博安的分類可說時好時壞。他確立出來的屬有一些被十八世紀的林奈接受，直至今日都在使用；但他沒能夠確立任何一種可將新發現加以分類的潛在原則。

這種對自然世界越來越強的好奇心還發展出另一個面向，就是把實體樣本呈現給大眾。在波隆那這邊，博物學者烏利塞・阿爾卓萬迪（Ulisse Aldrovandi，有時候被稱作阿爾卓萬德斯〔Aldrovandus〕，一五二二－一六〇五年），以及他的同事安東尼奧・吉甘地（Antonio Giganti, 1535-1597）正在大量蒐集重要的收藏品。兩人都大量使用新大陸的民族誌材料，尤其吉甘地還利用了他和教會領頭成員的關係，來從美洲取得大量物品。他對印度與中國，還有美洲印地安土著等各種東西方非歐洲語言文件和碑文都特別有

下頁：1519年的葡萄牙地圖集《米勒地圖集》，充分展示了葡萄牙在亞洲和南美洲新發現的土地上，有著多麼豐富的動植物相。印度和當地的大象構成了地圖集這一部分的注目焦點。

9 見David Attenborough, et al., *Amazing Rare Things: The Art of Natural History in the Age of Discovery* (New Haven and London: Yale University Press, 2007)。

10 Ogilvie, *The Science of Describing*, pp. 186-97.

11 同前注，頁二一一。

* 卡爾・林奈（一七〇一－一七七八）是「當代分類學之父」。他那本有七千兩百種植物的《植物種志》（*Species Plantarum*, 1753），定下了直到今日都有著支配地位的植物命名法。

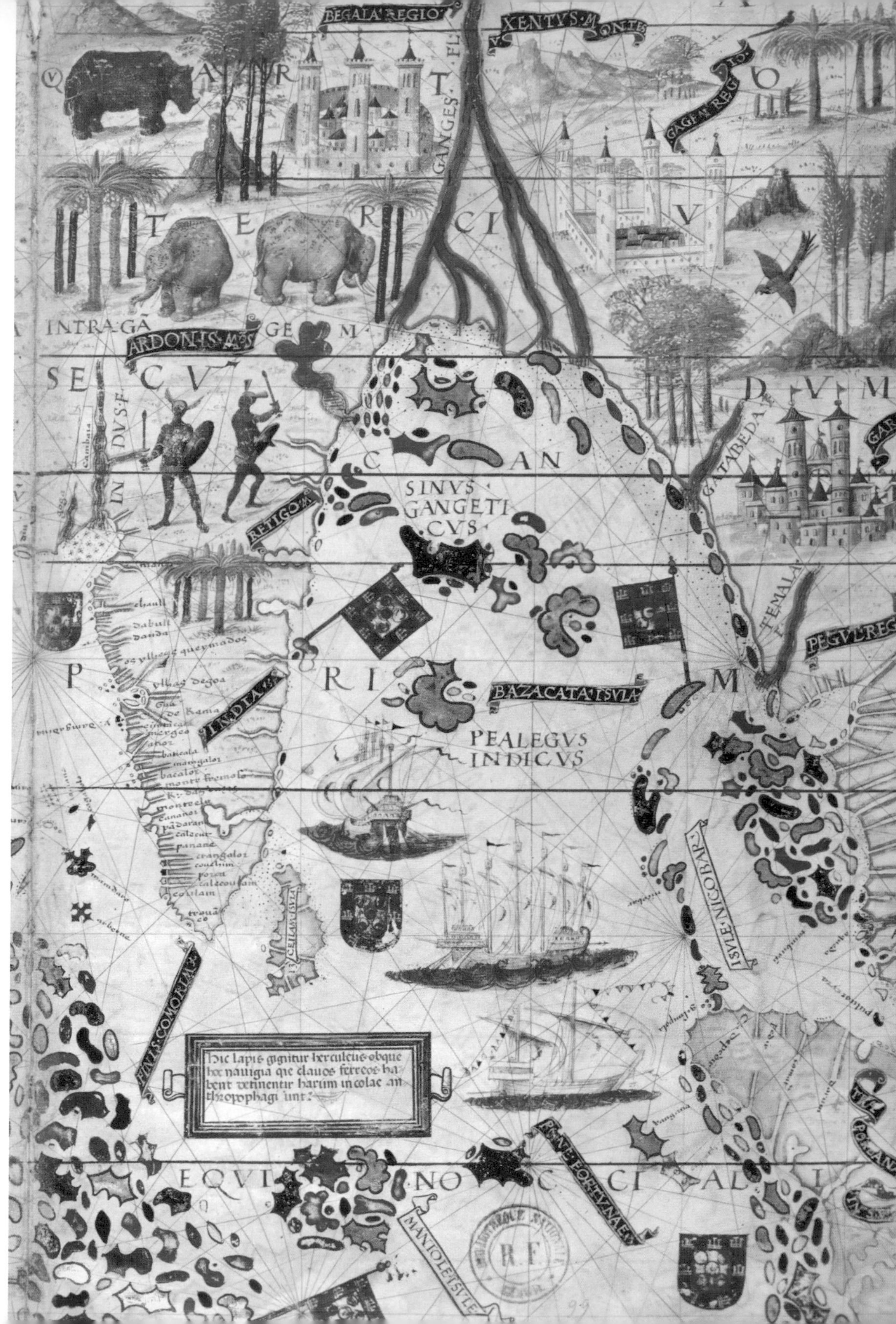

BEGALA REGIO
XENTVS MONTES
GANGES FL
GAGEA REGIO
INTRA GĀGEM
ARDONIS MŌS
SINVS GANGETICVS
GATABEDA
TEMALA
PEGV REG
INDIA
BAZACATA ISVLA
PEALEGVS INDICVS
CEILAM ISVLA
ISVLE NICOBAR
Hic lapis gignitur herculeus obque
hoc nauigia que clauos ferreos ha
bent retinentur harum incolae an
thropophagi sunt
EQVI NO CCI AL I

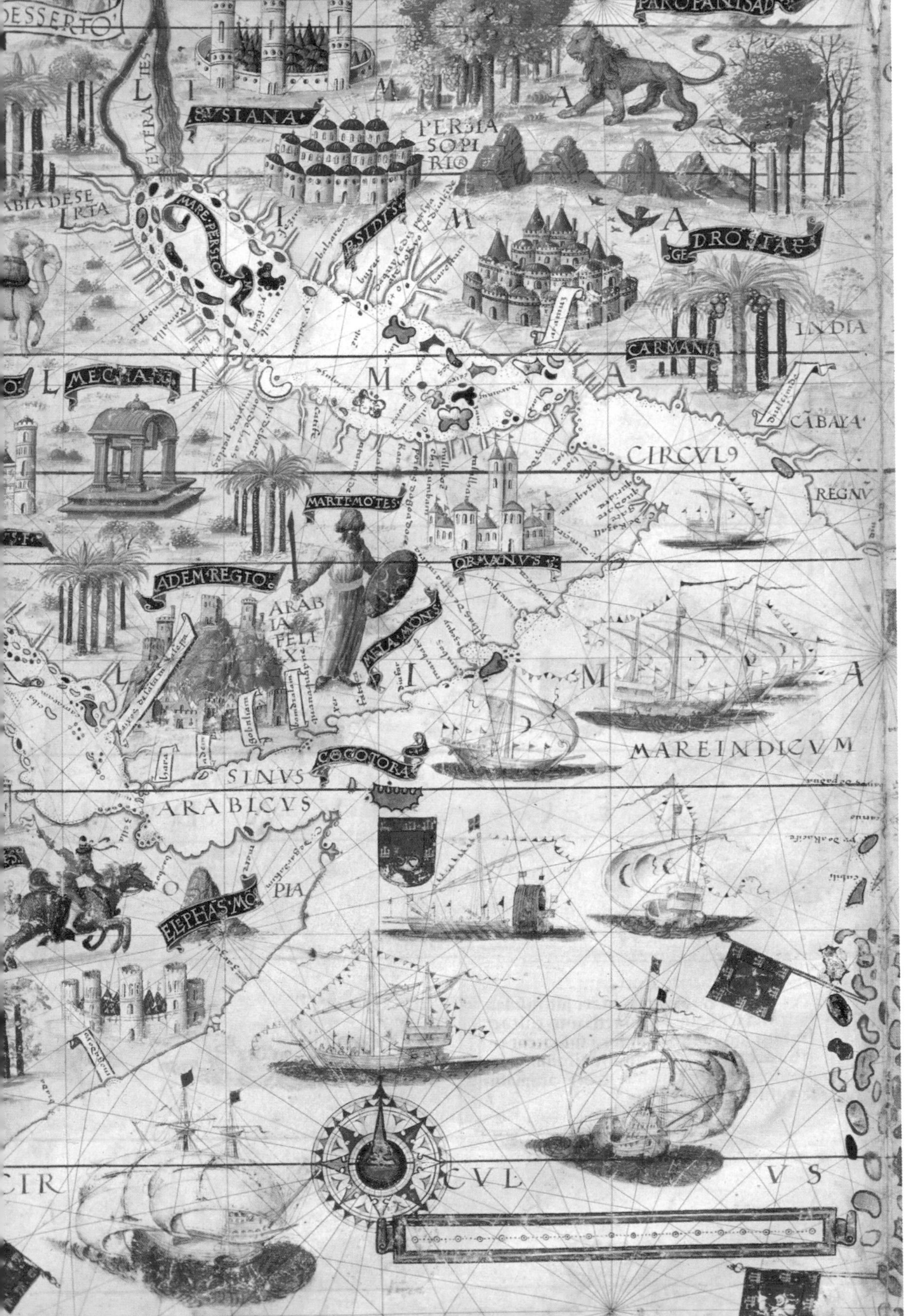

DESSERTO
PAROPANISAD
EVSIANA
EVFRATES
PERSIA
SOPI
RIO
MARE PERSICV
PSIDIS
GEDROSIA
INDIA
CARMANIA
MECA
CIRCVL
CÃBAYA
REGNV
MARTIMOTES
ORMANVS
ADEM REGIO
ARAB
IA
FELI
X
MELA MONS
MAREINDICVM
COCOTORA
SINVS
ARABICVS
ELEPHAS MO
PIA
CIR
CVL
VS

本頁：1569年版的尼可拉斯・莫那德斯西印地亞斯自然史，是第一本描繪菸草的出版物，而菸草則被作者當作治療眾多疾病的仙丹。

興趣。阿爾卓萬迪則比較受自然世界吸引：動物、植物、化石和岩石。他有文字注記的收藏品包括了一萬八千個樣本，其中有十五冊共七千份的乾燥植物。到他於一六〇五年過世時，他已經出版了四冊的鳥類和昆蟲書籍。他把他的收藏品留給了波隆那市議會，而市議會則把它們放在一間「自然廳」內，或許是史上第一間專攻自然史的博物館。阿爾卓萬迪的學生又進一步編輯了九冊書來描述他的收藏品。其內容從樹木、魚類和蛇類到礦物、軟體動物及甲殼類應有盡有。

簡單來說，「科學」自然史的誕生發生在十六世紀。在這整段期間內，植物的醫藥功能還是占優勢；康拉德・格斯納、卡羅盧斯・克盧修斯和加斯帕爾・博安都是念醫學，而這為他們的研究提供了一個重要的誘因。然而，到了該世紀末，對植物本身的興趣明顯取而代之。植物學上的好奇心，大幅增加了歐洲收藏者所知的植物資料庫。而這種求知精神也充實了人類探索的其他領域。這段時期的作者，也不遑多讓地在政治思想方面創造新方法。

想像各種君主政治，從《烏托邦》到馬基維利式統治者

如果一名國王受到那樣的蔑視或嫉妒影響，而只能用壓迫和濫權以及使人貧窮悲慘來讓臣民盡職責的話，那他最好辭去他的王位，而不是用上述方法來撐住王位，使他儘管保住權威之名，同時卻因此失去威嚴。

湯瑪斯・摩爾，《烏托邦》[1]

手無寸鐵讓你遭人輕蔑，而這是君主必定要主動避免的其中一種奇恥大辱……手持武器者沒道理要自願服從手無寸鐵者，而手無寸鐵的人處在手持武器的屬下之間，也沒道理平安無事。

尼可洛・馬基維利，《君主論》（*The Prince*）[2]

李奧納多・布倫尼在他那篇於一四〇三或一四〇四年發表、讚揚佛羅倫斯共和主義（見第十二章，頁四〇三－四〇四）的頌詞中，認為該城的特點就是繼承了羅馬共和國價值與理想。他的這番言詞是在針對佛羅倫斯的死對頭們，特別是維斯孔蒂家族統治下的米蘭。布倫尼其中一個最強力的論點，就是如果自由被法律所保護，就會發揚光大。布倫尼引用佛羅倫斯共和國憲法，根據該憲法，組成該城統治領主團的九位最高執政官，每個人都只能任職兩個月，以防範暴政出現。他接著主張，就因為這樣，使得法律有著最高統治地位：

> 所有階級的人都能受審；法律是為了公益所慎重訂立，並為了幫助市民而加以修訂。世上沒有哪個地方的人們能像在這裡一樣，公開平等地獲得如此強大的正義。也沒有哪個地方的自由能如此生氣蓬勃地成長，也沒有哪個地方的富人窮人能這麼平等地一視同仁。[3]

就以一份到頭來無法防止麥地奇家族在大半個十五世紀裡接連數代主宰佛羅倫斯政治的憲法而言，他對於憲法效力的看法可說樂觀到無可救藥。然而，布倫尼的文字反映了一個在佛羅倫斯和威尼斯成熟起來的共和主義觀點。它扎根於西塞羅等羅馬時代作者，例如西塞羅就在他的《論義務》（*De officiis*）中主張，自由是「一個道德高尚的人應該賭上一切」的那個價值。這段頌詞也使用了塔西佗（西元五六－一二〇年）的看法，這位羅馬歷史學家在他的《編年史》和《歷史》中談到羅馬皇帝們如何敗壞共和國政治。十六世紀時，威尼斯的樞機主教兼外交家加斯帕羅・孔塔里尼，會為他家鄉的共和國政府制度：議會、議員和總督，獻上一幅威嚴的、但也過於美化且理想化的肖像畫。《論威尼斯共和國與政務官》（*De Magistratibus et republica Venetorum*, 1536）將會成為充滿啟發的文章，不只啟發了威尼斯人，也會為那位相信「混合」共和制是政府最高形態的美國開國元勛湯瑪斯・傑佛遜（Thomas Jefferson）帶來靈感。

然而，君主們也有擁護者，這些人主張君主都更能為國家提供保障，不論指的是保衛國家免受外人侵擾，還是保護公民權利財產。這同樣有來自羅馬的前例，就在於羅馬法十分強調產權人的權利。在一三七三年的《君主鏡鑑》（*Speculum principis*）中，佩脫拉克描述起君主美德甚至更進一步，他以皇帝奧古斯都在內戰後復興羅馬為例，主張君主在任命和授予上必須慷慨大方，而他也應該主持正義，為國家追求榮耀。佩脫拉克的著作使他獲得不少日益茁壯的義大利統治者支持，紛紛歡迎他前來宮廷。在接下來的一個世紀裡，其他為數眾多的君主統治擁護者，把人們對秩序的需求，和據稱是共和主義造成的動亂拿來映襯對比。巴托洛米奧・薩基（Bartolomeo Sacchi）在一四七一年寫給曼圖阿大公費德里科・貢扎加（Federico Gonzaga）的《論君主》（*De principe*）之中，感嘆個人野心不可避免且會造成損害的效果：當個人有辦法在政府中任職後，他

1　出自Susan Bruce (ed.), *Three Early Modern Utopias*, World Classics (Oxford: Oxford University Press, 1999)，所收入‘The First Book of the Communication of Raphael Hythloday, Concerning the Best State of a Commonwealth’。

2　出自《君主論》，trans. and ed. Tim Parks, Oxford Classics, (Oxford: Oxford University Press, 2011), chapter 14, ‘That Which Concerns a Prince on the Subject of War’。

3　引文出自James Hankins (ed.), *The Cambridge Companion to Renaissance Philosophy* (Cambridge: Cambridge University Press, 2007), chapter 17, Eric Nelson, ‘The Problem of the Prince’, p. 32。本章的第一部分仰賴這段論文。

們就會彼此競爭，造成整體社群的損害。只有一位有德行的君主，一位把城市的穩定和福祉置於最優先地位的君主，才能為國家成就榮耀。宮廷日漸成了讓人能找到贊助者並拓展前途的地方。從十五世紀初開始，人文研究（studiae humanitas）這門聚焦於希臘文以及拉丁文，以及歷史哲學古典文獻研究再加上修辭學的課程，迎合了埃斯特家族統治的費拉拉以及貢扎加家族統治的曼圖阿等城市的貴族菁英。全歐洲各地的學生也受其吸引而來（見頁四〇八－一一二）。

巴爾達薩雷・卡斯蒂廖內（一四七八－一五二九年）的《廷臣論》精采地探索了君主們的世界。卡斯蒂廖內在米蘭、曼圖阿和羅馬擔任過廷臣與士兵（他在一趟教宗指派的任務中死於西班牙），而其中最出名的經歷，就是曾任職於烏爾比諾大公貴德巴爾多・達・蒙特費爾特羅（Guidobaldo da Montefeltro）的優雅宮廷，而《廷臣論》就是以那裡當作舞台。拉斐爾曾為卡斯蒂廖內畫過一張驚人的肖像畫，現在收藏在羅浮宮（而卡斯蒂廖內有可能是拉斐爾《雅典學院》的其中一名模特兒，見頁四七四－七五）。卡斯蒂廖內應該知道費德里科・達・蒙特費爾特羅那間位於公爵宮內、堪稱古典人文主義最佳藝術表現的優美工作室（或稱私人工作間）。[4] 卡斯蒂廖內堅持，人文主義的「美德」理想能夠在宮廷裡由君主和廷臣一起栽培。他就跟同時代的馬基維利一樣，太清楚法國入侵與其後續影響有多麼恐怖，但他堅持一個和諧的宮廷可以使這個飽受戰火摧殘的半島恢復文明生活。義大利文有個很恰當的詞：「舉重若輕」（sprezzatura），指不需太明顯出力就能創造出好東西的本事。（卡斯蒂廖內可以被視為sprezzatura的

下頁：拉斐爾是《廷臣論》作者——外交官兼人文主義者巴爾達薩雷・卡斯蒂廖內的摯友。人們認為這張魅力十足的卡斯蒂廖內肖像畫（1514-1515年）是拉斐爾的精典之作。

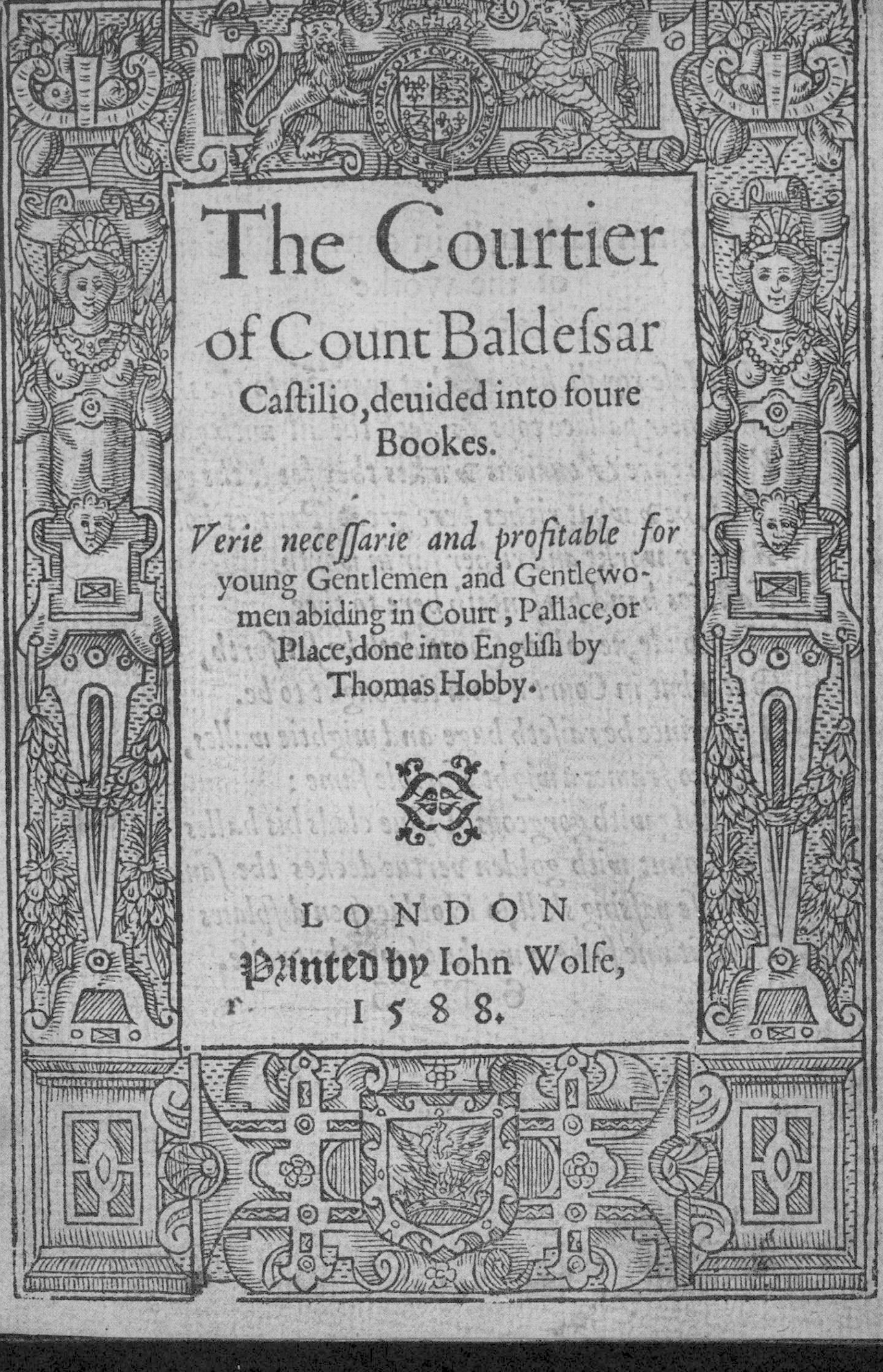

The Courtier of Count Baldeſsar Caſtilio, deuided into foure Bookes.

Verie neceſſarie and profitable for young Gentlemen and Gentlewomen abiding in Court, Pallace, or Place, done into Engliſh by Thomas Hobby.

LONDON

Printed by Iohn Wolfe,

1588.

具體表現：他花了十六年拚了老命生出《廷臣論》，卻跟別人吹噓說他pochi giorni，也就是「沒幾天」，就隨隨便便寫好了。）

《廷臣論》的形式是十九名真實人物的一連串對話，其中包括了豪華者羅倫佐（Lorenzo the Magnificent，譯注：羅倫佐・德・麥地奇）的一個兒子，有智慧的未來樞機主教皮耶特羅・班波，以及四名宮廷裡的女士。這個方法讓參與者炫耀他們的口才，但也能開拓相反的觀點。舉例來說，其中就有一場關於「女人能不能展現『美德』，如果能的話，女性的表現方式是不是和男性的類似」的激烈爭辯。男人們是有一些意願來接受女性成為宮廷內主動參與者，但這段發生在烏爾比諾公爵夫人客廳的對話中，兩位女性（公爵夫人和她的義姊妹艾米利亞・皮亞〔Emilia Pia〕）僅有的一點貢獻，就是鞏固「她們的角色應該是充分陪襯男性的配角」之想法。但十五世紀的義大利宮廷文化，其實提供了一些女性主動展現美德的好例子：伊莎貝拉・埃斯特（Isabella d'Este, 1474-1539）的生平——在智識傑出的費拉拉宮廷長大，此時已經是曼圖阿侯爵夫人，她通信聯絡的對象包括了卡斯蒂廖內與皮耶特羅・班波，還有波隆那統治者喬凡尼二世・本蒂沃利奧（Giovanni II Bentivoglio of Bologna，統治期間一四六三－一五〇六年）的妻子吉娜芙拉・斯福爾扎（Ginevra Sforza, 1440-

前頁：湯瑪斯・霍比（Thomas Hobby）的巴爾達薩雷・卡斯蒂廖內《廷臣論》英譯版（1561年），成為了伊麗莎白時代紳士的必備手冊。

4 Ruggiero, *The Renaissance in Italy*, pp. 246-48. 關於贊助者的部分另見Alison Cole, *Art of the Italian Renaissance Court* (London: Calmann and King, 1995)。

1507）；這顯示了一名女性有了宮廷的支持後可以拓展人生，並對宮廷的運作有所貢獻。

卡斯蒂廖內心目中的理想廷臣，要有高貴的背景，飽讀希臘和拉丁文獻，雍容又有著機靈口才。他也驍勇善戰，但回到家又能吹彈歌舞。鑲嵌細工十分精緻美觀的烏爾比諾工作室木造鑲板，就在樂器旁邊描繪了盔甲和武器。廷臣的功用是贏得君主的首肯，好讓廷臣能在君主邁向美德的路上支援他並給予建議：「他將在每種情況下，知道如何平順地讓他的君主看出，他和他的支持者可以從正義、慷慨、寬宏大量和溫和以及優秀君主所需的其他美德中，得到多少榮耀和功效。」《廷臣論》立即成為暢銷書，是十六世紀最普遍發行的其中一本書，為接下來的好幾個世紀提供了一個理想「紳士」模範。但它也延續了「那些專注於賺錢的人就是有哪裡不值得尊敬」的迷思，而這種態度在歐洲某些社會中直至二十世紀都還存續著。

而在伊拉斯謨看來，基督教君主的主要美德中，有一個是維持和平與安全的本領。伊拉斯謨談到了羅馬這國家的兩個主要弱點：喜愛戰爭和追求財富。這兩樣他都覺得是腐敗。他又依照柏拉圖的想法而進一步認為，財貨應該由公眾持有。政府的目標是要達到「幸福」（eudaimonia），每個個人的欣欣向榮，而那只有在強制平等之後才會到來。該時期其中一本比這更重要的政治哲學著作，也依循了這些理想；那就是人文主義者湯瑪斯・摩爾的《烏托邦》。[5]

《烏托邦》回應了人們在美洲的種種新發現；故事以某位十六世紀初的虛構水手伴隨亞美利哥・維斯普奇旅行所寫的日誌呈現出來，就特

下頁：安波羅休斯・霍爾拜因（Ambrosius Holbein）的木刻版畫，出現在湯瑪斯・摩爾《烏托邦》拉丁文修訂版中，於1518年在巴塞爾出版。該圖也描繪了旅行者西斯洛代將烏托邦描述給摩爾本人的情形。

Amaurotū vrbs.
Fons Anydri.
Ostium anydri
V.O.E.
Hythlodaeus.

別能看出這一點。（這些新發現和其後續影響，有專屬篇章討論；見第十七和二十二章。）摩爾（一四七八－一五三五年）是個很難定論的人物。他是個學識淵博的人，而且和同事約翰・科利特一樣，是自由派人文主義者伊拉斯謨的朋友。摩爾和科利特都屬於英國第一代精通古典希臘文的學者。然而，他也是強硬派天主教徒，樂於一路譴責異端邪說直到送上火刑台。在亨利八世宮廷的緊張氣氛中一路高升至大法官的他，在拒絕接受亨利用來創立不受教宗權力管轄之英國教會的一五三四年《至尊法案》（Act of Supremacy）後，遭到處決。

要把摩爾被派至尼德蘭（一五一六年）且正要拋頭露面時寫的《烏托邦》下個定論，也跟定論他本人一樣難。意指「沒這地方」（來自希臘文的「不」〔ou〕以及「地方」〔topos〕）的書名警告我們說，摩爾（藉由在安特衛普認識的水手拉斐爾・西斯洛代〔Raphael Hythloday〕講述給他）可能是在描述一個他清楚知道不可能存在的社會，但又將它寫成一種對當下英格蘭濫權腐敗的反擊。西斯洛代（這個衍生自希臘文的名字暗指「提供無稽之談的人」）出乎意料地擁有大量希臘哲學知識，並依循柏拉圖思想，把所有邪惡歸因於持有私產。總是有少數人把財產累積到超過自己在群體中應得的量，導致多數人陷於貧窮。這和十六世紀初英格蘭的狀態有關，當時該國的牧羊業正把農民趕出他們的土地。這本書第一部分（〈拉斐爾・西斯洛代的消息，關於一個共和國的最佳狀態〉〔The Communication of Raphael Hythloday, Concerning the Best State of a Commonwealth〕）一個相當了不起的特色，就是一個被某學者描述為有「驚人的原創性」[6]的論點，認為做壞事（在本書中的例子是竊盜）可能是匱乏的結果。它提出一個問題：上帝能否理所當然地譴責那些被社會驅向罪惡的人？這裡也有一個討論是，摩爾主張，作為抽象辯論主題的哲學不足以應付宮廷生活中的實際經驗，因為人在那裡得使用「奸詐詭計」來達到善。修辭學在此也被推薦為一種生存工具，就跟處在文藝復興時期其他眾多脈絡底下一樣。

摩爾可能是在有餘裕能自由思考時先寫了《烏托邦》的第二部分，然後才在開始為國王效命時，經深思寫下了第一部分。事實上，有許多版本的《烏托邦》根本省略了第一部分。然而，故事中摩爾要西斯洛代跟他講講烏托邦的這個願望，提供了這兩部分的連結。在第二部分（〈談論烏托邦〉〔Discourse on Utopia〕）之中，西斯洛代描述了這個他在航海旅程中遇上的「烏托邦」島國。這個國家是由一名國王烏托帕斯（Utopus）創建的，他靠著武力把國家拿下，然後把一個原始的社會帶到了不認可私有財產的更高層次。所有人都不准擁有自己的家，事實上他們每十年就抽籤換房子。簡單來說，烏托帕斯就是柏拉圖典範下的哲學家皇帝。組織政府的方式，是透過由三十戶一組選出塞佛格朗特（Syphogrant）這種執政官，然後他們再進一步選出高階執政官，來構成君主議會。整個島嶼的所有人有機會在一個議會上全體相會。

公民們免除了取得財產、守護財產的欲望之後，就有了多餘的能量，轉移去生產群體的財富。他們的能量是如此充足，以至於他們一天只要工作六小時，儘管許多人還自願勞動久一點。這些勞動時間有許多都投入了農作，其工作週期是強制規定的。簡單的手工藝特別受到珍視。女

5 我使用了Oxford World Classics Three Early Modern Utopias, ed. Susan Bruce (Oxford: Oxford University Press, 1999)之中的《烏托邦》原文和介紹。

6 Dominic Baker-Smith所著之'Thomas More', Stanford Encyclopedia of Philosophy，可於線上閱讀：https://plato.stanford.edu/entries/thomas-more/。

人和男人並肩工作。有更多內容在談歐洲在閒晃中浪費了多少時間，尤其是神職人員的虛度光陰。在烏托邦，資源會過剩到每個人都能自行去取用儲存下來的糧食和材料。一旦累積了兩年份的物資，剩下的就可以出口了。豐存是理所當然的：烏托邦是一個氣候溫和的島嶼，水源十分充足。「我從來沒在任何地方看過比這裡更結實纍纍的作物，也沒看過比這邊修剪得更好的。」當西斯洛代描述儲量豐富的園地時如此說道。就連海岸似乎都經過設計而能幫助貿易流動。本作的一五一八年巴塞爾版，附有一張烏托邦的木刻版畫地圖，而「很有可能這就是史上第一部包含不存在之處的地圖的虛構著作」。[7]

有了那麼多自由時間和肥沃的土地，所有的公民都該要精通一門手藝並陶冶心智。一群菁英學者提供講課，而標準很高——烏托邦公民「在音樂、邏輯學、算術和地理學上，做出了等同希臘的發現」。儘管有這些智識成就，課程強調的重點還是道德正直，同時有著來自斯多噶主義的艱苦自律，以及伊比鳩魯學派（Epicureanism）*，讓個人透過深思和良好情誼找到心靈平靜。儘管沒有強調禁慾主義，但（就如柏拉圖教導的），靈性價值還是很重要。人們禁止自殺，但可以安樂死。烏托邦的生活方式是設立在宗教框架內；理性將使用理性的人導向單一至高上帝的概念，但接受多元意見。這裡沒有什麼原罪。「靈魂是不朽的，且在上帝慷慨無量的美德下奉命要幸福」，這觀點想必會讓奧古斯丁震驚不已。在這個幸福群體的公民默許下，法律並不多，而執政官也很和善。然而仔細閱讀文章，還是會看出這仍是個權威社會。處罰的方式是讓犯錯者暫時擔任執行卑微工作的奴隸。離群旅遊受到限制，奢侈品則是遭到鄙視。對這個勤勉不懈的社會來說，最貴重的貨品不是金銀，而是鐵。西斯洛代談到，某些大使穿戴整套時髦外交官的華麗服飾造訪，卻只是引人嘲笑。烏托邦無疑是個嚴謹的社會：日常生活遵循著庫房裡共食、聽課、晚上八點就寢的模式。

摩爾擺明了不相信烏托邦能存在。有個地方他提出了亞里斯多德的論點來支持財產私有，認為那會鼓勵財產主行為守序，並肩負社會幸福的責任（這種論點後來會被拿來支持投票權僅限財產主的正當性）。然而，一個如此執著於天主教正統的人，居然會去設想一個讓人類身心發展如此良好還免於原罪的社會，可說十分不可思議。那離奧古斯丁的墮落人類觀點可說相當遙遠。哲學家安東尼・肯尼（Anthony Kenny）在一篇寫摩爾的傳記論文中說，「不管我們在《烏托邦》的哪邊打轉，我們似乎都會找到與摩爾人生相牴觸的東西。」[8]肯尼特別談到了摩爾在信仰上嚴守天主教和在《烏托邦》中描述宗教信仰自由之間的衝突。同樣地，他怎麼有辦法同時在一個奢華又放蕩的宮廷裡，服從於一位越來越暴躁的君主的隨性而為，然後又同時讚美烏托邦那種民主制度？烏托邦的主題和摩爾人生遵從的價值有一個地方確實是一致的，那就是他對於「人們把美德的實踐，與地位、華美服飾和貴族優越感聯想在一起」的抨擊。而《烏托邦》主張，摧毀這種問題的最佳手段，就是禁止所有的私人財產。在這一點上，摩爾心裡很明顯有著矛盾。可能的情況是，

7　*The Writer's Map: An Atlas of Imaginary Lands*, ed. Huw Lewis-Jones (London: Thames and Hudson, 2018), p. 45.

*　哲學家伊比鳩魯（西元前三四一－二七〇年）認為，我們僅有的就只有當下此生，其目的是要尋找歡愉，但不那麼是感官上的，而是精神上的、從心智和情誼上的平靜尋得的歡愉。第歐根尼・拉爾修在《哲人言行錄》留了一整本書的篇幅給伊比鳩魯，還附上許多他本人的文字。

8　Anthony Kenny et al., *Renaissance Thinkers* (Oxford: Oxford University Press, 1993), p. 290.

《烏托邦》裡對奢華和私人財富的禁止，是在譴責一名積習難改的貴族，他炫耀著財富和教育程度，就彷彿光靠這樣就足以要人尊敬似的。

這些矛盾之處產生了大量的學術辯論，爭辯摩爾寫這本著作的意圖：「沒有哪部文學作品的作者個人意圖問題，比這本更需要解決卻又難以回答，」蘇珊・布魯斯（Susan Bruce）在她寫給《世界經典版《烏托邦》》（World Classics edition of *Utopia*）的引言中寫道。[9]有些人則主張，摩爾是真誠地憂慮著英格蘭的貧窮和貪汙腐敗，且身為一個信念還在演變的年輕人，他也真的在嘗試想像社會怎樣可以運作得更好。甚至有可能是，摩爾創作了一篇對理想主義的諷刺小說，期望讀者明白他是在展示不可能發生的情況。身為一名沉浸於古典文獻的忠實人文主義者，摩爾也應該知道「黃金時代」的理想；在那個時代，社會曾經活在一種興旺、穩定、共同和諧的狀態，但卻再也不復存；而在這類古典文獻中，黃金時代也是一個很常見的主題。摩爾把西斯洛代設定成一名航向西方的水手，可能也是受了他聽來的美洲土著社群見聞所影響。或者其實就只是，當摩爾在寫作時——在他以法蘭德斯為活動根據地，並與神聖羅馬帝國進行曠日費時的貿易協商的那段期間——他或許閒到可以胡思亂想。

不管摩爾的動機為何，自從《烏托邦》出版後，這本書就支配著人們幾個世紀以來的想像力。這是摩爾唯一留存至後世的著作。其核心信念是，一個國家可以為了公共利益而重新加以組織，不只提供更公平的社會，還提供一個釋放正面能量並致力於和諧生活的社會。儘管難以置信，但摩爾的名字甚至出現在莫斯科一座致敬共產主義先行者的方尖碑上。遺憾的是，二十世紀藉由（好比說）蘇聯史達林和中國毛澤東的集體計畫，證明了廢止私有財產制不足以鼓勵人民以一種井然有序的方式快樂工作。結果反而是混亂不堪，農作崩壞，最終導致了饑荒。個人的自利心是無法壓制的。

《烏托邦》的想像社會以及其處方，並沒有提出一個十六世紀初期歐洲各國可以實際遵循的模式。一四九四年法國入侵義大利，觸發了一股冷靜反思的氣氛，而那會導致人們針對「權威的本質」和「在一個暴力層出不窮的世界中如何有效使用權力」進行重要的討論。這些爭辯裡有些聲音比較突出，而其中能夠迴盪於後世的，就是尼可洛・馬基維利（一四六九－一五二七年）的聲音。評判馬基維利的看法，是一項很有挑戰性的工作。馬基維利寫完最具爭議的作品《君主論》（一五一三－一五一四年）的幾年後，在一封一五二一年寫給歷史學家好友弗朗切斯科・圭恰迪尼的信件中，坦承「長久以來我相信的事都沒說出口，說出口的話自己也沒相信過。如果有哪時候我真的說了真話，我也是把它藏在一大堆謊言裡不讓人隨便找到」。[10]《君主論》是在佛羅倫斯共和國政治動亂期間構思的；馬基維利本來在佛羅倫斯政壇一直是領頭人物，直到後來，遭放逐的麥地奇家族於一五一二年回歸，他便在遭受酷刑後被逐出城外。

馬基維利是他那時代典型的人文主義者；他特別重視古羅馬的文化和軍事遺產。在一封於獲釋翌年，也就是一五一三年十二月寫給朋友弗朗切斯科・維多利（Francesco Vittori）的知名信件中，他會講述他在田裡工作了一天之後，如何換好衣服然後埋首於羅馬時代經典中。他最喜歡的

9 出自Susan Bruce的'Introduction to Utopia', Three Early Modern Utopias, p. xix。

10 引文出自The Preface to Erica Benner, Be Like the Fox: Machiavelli's Quest for Freedom (London: Allen Lane / Penguin, 2017), p. xviii。

時期，就是羅馬剛建國、共和價值顯赫的時期。[11] 然而馬基維利並不是空談的理論家。他是在豪華者羅倫佐的「統治」下長大，見證了法國入侵並活過了薩佛納羅拉的年代。薩佛納羅拉垮台後，他在政府內獲得了第二總理的高階職位，負責外交事務，後來則負責策動戰爭。十四年間他走遍四方，幫忙對付無數個威脅佛羅倫斯利益的紛爭。一五〇〇年他在法國與路易十二（Louis XII）協商，這位新任國王宣稱擁有米蘭這個佛羅倫斯死對頭的統治權。他和「好到怕教宗」儒略二世同行，並和皇帝馬克西米利安一世（Emperor Maximilian I）會面。馬基維利監督了奪回比薩的一場場曲折迂迴作戰，並在這一連串行動中學到，一支從國家內部組織起來的公民軍隊，遠比佛羅倫斯之前僱用的傭兵有效太多。這是他研究了羅馬共和國和其公民軍團之後產生的觀點。當他的建議獲採用而終於在一五〇九年攻陷比薩之後，他便能攬下大功。簡單來說，這時候的他是一個在歐洲政治的大風暴中成熟茁壯、既有自信又有能力的人。然而，隨著佛羅倫斯共和國於一五一二年被麥地奇家族解散，四十三歲的馬基維利也被殘酷地拋棄了。一年後，他會遭到嚴刑拷打，然後因為謀反罪短暫入獄。獲釋後，他退隱回歸托斯卡尼的自家莊園。

這就是《君主論》的寫作背景。《君主論》是獻給重新回歸的麥地奇家族，就彷佛馬基維利儘管遭到如此待遇，卻仍願意在這個家族統治之下重回政治職務似的。這本書以敦促他們使用自己家族的美德和福氣（見以下說明）來迎戰那些奪下義大利的蠻族作結。然而，沒有證據證明他們有讀過這本書。

《君主論》在馬基維利有生之年從未出版，而它第一次現身，只不過是在馬

下頁：桑蒂・狄・蒂托（Santi di Tito, 1536-1603）在尼可洛・馬基維利死後畫的肖像畫，收於佛羅倫斯舊宮。

基維利的人文主義者小圈圈裡散播的一則談資而已。它也是以托斯卡尼地方話寫的；此時這已是一種優雅的語言，而且是那些拉丁文臻於完美的人覺得可用的語言。《君主論》的每章標題都是拉丁文，內文也攙入拉丁文引言。這是馬基維利在炫耀他的學識，好獲得他那一小批讀者的尊敬。[12]

人們通常認為，《君主論》是以人皆自私的觀點，替一名堅決要主宰臣民的君主辯解，讓他能正當地不受拘束使用權力。不可否認的是，馬基維利駁斥了「尊重正義和謹慎，將其視為根本美德的仁慈善良統治者」這種理想化看法。這種不動感情的態度當然反映了一段暴力時代的殘暴現實，但《君主論》也是根植於馬基維利所經歷的政治生活腐敗不安。他曾自己組織公民軍隊征服比薩，來達到一個政治目標，所以可以理解他會期望「他的」君主也能將自己武裝起來。所以書中（第十二至十四章）就強調了正當使用軍事力量。馬基維利的信心也展現在他強而有力的舉證方式，這樣的舉證大幅強化了敘述力道。

本質上來說，《君主論》對於權力的分析，比一般人讚美的還要精細太多。難題反而是在於缺乏一致性。這本著作檢驗了一名統治者可能達到至高權力並加以維繫的各種方法。舉例來說，馬基維利把那種長久以來都是世襲統治、所以新統治者可以輕易適應的那種國家，和那種至今都是共和制度而因此抗拒一人統治的國家做了對比。而馬基維利文章中最聲名狼藉的一部分，就是〈剛掌權之君主〉（il principe nuovo）這一章裡，建議君主對付後面那種國家的方式。

馬基維利就跟大部分人文主義者一樣，把達到美德視為成功社會的內在本質。讓羅馬偉大的就是美德。昆丁・史金納（Quentin Skinner）在他的知名著作《現代政治思想的基礎》（*The Foundations of Modern Political Thought*, 1978）中談到，對馬基維利來說，「統治者的美德是被當成一股創造力強到驚人的力量，讓統治者能『維護其國家』並能擊敗敵人的關鍵」。[13]要這麼做就得去算計一個人可以生存下來的各種手段，尤其是在地位受到威脅的時刻。根據自己的經驗，馬基維利十分明白，不論好人壞人，幸運女神（fortuna）都有可能突然反目成仇。他強調了切薩雷・波吉亞的例子；他是惡名昭彰的教宗亞歷山大六世之子，曾試圖在義大利中部給自己打造一個王國。當他父親於一五〇三年死去，且亞歷山大的對手儒利安・德拉・羅韋雷（Giuliano della Rovere）獲選為教宗儒略二世之後，切薩雷的計畫就崩盤了。馬基維利主張，「美德」就在於事先為這種急轉直下做好打算，而且打算起來要心狠手辣。就算故意說謊使詐也是正當的，而君主可以「不顧誠信、仁慈、善良和宗教而為之」。埋首於古代文獻的馬基維利，把西元前四世紀末的敘拉古（Syracuse）暴君阿加托克利斯（Agathocles）當作一個例子。儘管馬基維利譴責阿加托克利斯的殘酷，卻讚揚他在奮力奪權過程中克服重重困難的手段和膽識。

已經感到厭倦的馬基維利，對於那些更偏好哲學而低估了強迫他人之必要的同代人有所批評。他會想到的一定有皮耶羅・德・麥地奇，以及他一四九四年低聲下氣向法國國王查理八世投降一事。他顛覆了傳統人文主義論點，也就是君主必須要被愛戴而不是被畏懼。的確，馬基維利的論點往往相反；為了達到一個目標，以操弄恐懼為手段也是正當的。就是在這地方，他用起

11 Christopher Celenza, *Machiavelli: A Portrait* (Cambridge, MA, and London: Harvard University Press, 2015), chapter 2, 'Highs and Lows'，描寫了他對羅馬的興趣，頁五九則是談信件。

12 見Celenza, *The Intellectual World*, chapter 6, 'Who Owns Culture? Classicism, Institutions and the Vernacular'。

13 Skinner, *The Foundations of Modern Political Thought*, p. 125.

「美德」這個詞的方式變得特別含糊不清，並接納了無道德。馬基維利主張，當人民自己缺乏「美德」時，君主就很可能得要在短期內使用無道德定義下的美德來穩定社會，並讓社會邁向更正面意義下的美德。我們不難看出，為何這種措詞操弄會給馬基維利帶來如此惡名。他似乎已跳脫出所有健全詮釋下的善惡定義。讀的人也許會在這裡發現，他呼應了希臘歷史學家修昔底德所描述的凱基拉島（Corcyra，今日的科孚島〔Corfu〕）內戰；修昔底德談到，魯莽是怎麼樣地改稱為「勇氣」，而侵略是如何被重塑為「男子氣概」。此外，馬基維利也常常在《君主論》中假設，「人民」樂於被調教到依賴他們的統治者，甚至到了允許自己被壓迫的程度。昆丁・史金納主張，馬基維利潛藏在《君主論》之下的信念，是短期內嚴厲行事將能避免更嚴重的長期殘酷與失序。馬基維利也談到，果斷行事是如何贏得尊敬，而像皮耶羅・德・麥地奇面對法國入侵那樣行事優柔寡斷，就只會招來屈辱。[14]

所以這就是真正的馬基維利嗎？研究馬基維利的學者艾莉卡・班納（Erica Benner）談到了《君主論》留下了「各種異音並存的印象，以及令人惱火的模稜兩可」。[15]而馬基維利則是在一本從《君主論》寫作期間進行的朋友對話發展而來的著作《李維論》（*Discourses on Livy*，就是羅馬共和國知名歷史學家李維）中，以一種更正面的態度討論那些共和國。他先前已從共和國制度中採用了公民軍隊來當模範（藉以征服比薩），如今他又能在羅馬共和國中找到一種理想，「所以那些讀到我文字的年輕人，可以跳脫現在的例子，去模仿那些古人的典範」，[16]但他又更進一步強調，一個不同階級的聲音都能呈現的混合政府有著什麼樣的美德。他強調公眾參與的所有優點，而且，就算他承認在社會或政治崩盤時或許需要一名強人來掌權，但他也思考著，這樣的一名強人是否真的存在。暴烈地運用權力甚至有可能讓事情惡化。他也提到「好」人們是心不甘情不願地求助於惡。有另一份紀錄說，他以德國和義大利相比，而認為一個社會裡的嚴重不平等始終會導致動盪不安。[17]所以在《李維論》中，讀者會發現馬基維利採用了一個遠比先前細膩太多的追求權力方式，合乎他所效命過的共和國傳統。

當然，沒幾個讀者會不厭其煩地探索馬基維利著作的模稜兩可和猶豫心態。他很快就被批評是在把統治者的意志抬高到了任何宗教要事之上。了不起頂多能說，在他看來，他的統治者利用宗教的行為是一種操作權力的手段，一種或許有正當性但很難在公眾間為其辯護的立場。有些佛羅倫斯人擔心，這篇文章所獻給的麥地奇家族，搞不好會真的把這本書當成君主行事的暴政模範。《君主論》於一五三二年（馬基維利死後七年）首度發行後，很快就被認為打破了人文主義寫作的既有傳統、且對政治思想注入了一種令人不安的現實主義。幾乎每個評論者都立刻有所反應，支持或反對書中看起來慘澹無望的中心思想。早在一五三八年，英格蘭的樞機主教雷吉納爾德・博勒（Reginald Pole）就指責湯瑪斯・克倫威爾（Thomas Cromwell）和他的主子亨利八世都是被「邪惡如撒旦的」馬基維利所激勵的。儘管馬基維利的孫子向教廷懇求，說冒犯的地方都可

14 見Quentin Skinner的論文'Machiavelli on Misunderstanding Princely Virtu', *From Humanism to Hobbes: Studies in Rhetoric and Politics* (Cambridge: Cambridge University Press, 2018)。

15 Benner, *Be Like the Fox*, p. 251.

16 Celenza, *Machiavelli*, p. 120.

17 Benner, *Be Like the Fox*, p. 272.

以刪除，一五五九年的第一份教宗《禁書目錄》還是包含了馬基維利的所有著作。一直到一八九〇年，這些著作都還在目錄上。（諷刺的是，《廷臣論》也因為太過度強調幸運女神的重要，等於不夠認同上帝介入的力量，而被列於《禁書目錄》中。）但這並沒有阻止天主教和新教徒普遍閱讀這兩位作者的著作。英格蘭特別能接受這本書：莎士比亞戲劇中對統治者權力的分析，有大半要歸功於馬基維利。克里斯多福・馬羅（Christopher Marlowe）的劇作《馬耳他猶太人》（*The Jew of Malta*, 1589）中，有個以馬基維利為樣本的角色，他宣稱：「要先造王，然後當法條像德拉古的*那樣用血寫下後，就會大半妥當。」米歇爾・科恩（Mitchell Cohen）在他的《歌劇中的政治：從蒙台威爾第到莫札特》（*The Politics of Opera: A History from Monteverdi to Mozart*）[18]之中，把早期歌劇裡暴虐君主的突出醒目歸功於馬基維利。舉例來說，他就強調了蒙台威爾第的《波佩亞的加冕》（*L'incoronazione di Poppea*, 1643），其中就展現了兩名不擇手段的「馬基維利式」角色，皇帝尼祿（Nero）和他的情人波佩亞（Poppaea）。儘管艾莉卡・班納等研究馬基維利的學者努力描繪出一個更柔和、更有所反思的馬基維利，「馬基維利主義者」（Machiavellian，搬弄權術者）這個貶義詞恐怕會留存下去。

卡斯蒂廖內、摩爾和馬基維利都沉浸於古代文獻，但這是一個動盪不安的時代。文藝復興思想史的重要學者詹姆斯・漢金斯（James Hankins）注意到，十六世紀如何展現了「對歐洲智識生活中的既有資源的強烈不滿，以及挪用其他文化與宗教之智慧知識的決心」。[19]這種精神不只展現在古典文獻的重新出土，也可以從人們準備好效法其他文明的態度中看出。這種精神最戲劇化的實例，就是歐洲人發現新大陸（見第十七和第二十二章），但智識生活也因為重新發現古代世界以及連帶採用新方法來看古代世界，而變得更加豐富。這些就是我們下一章的主題。

* 德拉古（Draco）是西元前七世紀的雅典立法者，以法令嚴苛聞名。

18 Mitchell Cohen, *The Politics of Opera: A History from Monteverdi to Mozart* (Princeton, NJ, and Oxford: Princeton University Press, 2017).

19 Hankins (ed.), *The Cambridge Companion to Renaissance Philosophy*, chapter 18, James Hankins, 'The Significance of Renaissance Philosophy', p. 341.

拓展地平線

從勞孔群像到學會

我第一次到羅馬時非常年輕，那時有人告訴教宗在聖母大殿附近的一個葡萄園發現了某尊非常美麗的雕像。教宗命令一位官員立刻去通知朱利亞諾・達・桑迦洛（Giuliano da Sangallo）前往現場看看。他立刻就動身。因為米開朗基羅・博納羅蒂（Michelangelo Buonarroti）老是在我們家出沒，所以我父親要他一起過去。我跟著我父親一塊出發。當我往下爬進雕像所在處時，我父親突然說：「這是勞孔（Laocoön），普林尼提過的。」接著他們把洞挖得更大，好把雕像拖出來。一旦能看見雕像，每個人都開始作畫，從頭到尾都談論著古代的事物，也聊著佛羅倫斯的同一尊雕像。

弗朗切斯科・達・桑格洛（Francesco da Sangallo），建築師朱利亞諾・達・桑迦洛之子，當雕像發現時兩人都在現場如果十六世紀的學術要有創造力，就不可免地會對其他文明有好奇心。一四九二年，哥倫布發現了前所未知的其他社會而轟動各界。歐洲人如何描述及理解他們，會是我們下一章的主題。本章則是要探索，人們重新發現那些十分有助於拓展十五、十六世紀（又主要是十六世紀）西方心智的古代文化的過程。[2]

重新發現的故事起始於羅馬。[3]早在一四九〇年代，當人們破牆進入埃斯奎利諾山（Esquiline Hill）上一間羅馬時代穹頂室，並發現那屬於尼祿奢華的金宮（Domus Aurea）時，就已經興奮不已。它的濕壁畫依舊完整，而那些用繩索垂降進去研究的人之中，就有拉斐爾和米開朗基羅。房間內的穴怪圖像（grotteschi），也就是畫滿怪模怪樣人類與動物的設計風格，先是在梵諦岡的裝飾上再度現身，接著又傳遍了義大利北部。

幾年後甚至有了更驚人的發現，也就是勞孔群像。勞孔是特洛伊的祭司，他向城裡的人們警告木馬危險之處，但此時兩條蛇跨海而來，將他和兩個兒子勒斃。這一幕被詩人維吉爾栩栩如生地描寫在史詩《埃涅阿斯紀》之中，而普林尼的《自然史》則有描述一尊雕出三人纏在蛇身之間的雕像，還附上了羅德斯島那幾位雕塑家的名字。就如本章開頭引言所述，一五〇六年在埃斯奎利諾山的私人庭園中發現了這樣的一尊雕像。人們假定那就是普林尼描述的那尊，而群像對這場悲劇做的痛苦描繪，立刻就引發轟動。一聽聞發現雕像的消息，米開朗基羅就衝去看它被挖出來，而他自己也贊同這種假說。遭受折磨的祭司與兒子群像，有可能激發了米開朗基羅的靈感，促使他雕出現在收藏在佛羅倫斯學院美術館（Accademia）的奴隸像（但未完成）。[4]

勞孔群像被教宗儒略二世買下，而他有個完美的地方可以展示。美景（Belvedere）庭園蓋在梵諦岡山（Vatican Hill）上，位於教宗宮後面的更高處，然後在負責為教宗重新設計聖彼得大教堂的建築師多納托・伯拉孟特（Donato Bramante）的安排下融入了宮殿。伯拉孟特過往就因為賈尼科洛山（Janiculum Hill）上精緻的小聖殿（Tempietto, 1502）而聞名。人們認為，這間以附近羅馬建築為模範的小圓頂建築是一棟傑作，確立了阿伯提讚揚的希臘羅馬式（Greco-Roman）建築的崇高地位。眾石柱頂端的圓頂，變成日後許多教堂和儀式用建築的基本特色。*

美景庭園種植了柑橘樹，還有用眾多古代雕像增色的噴泉，恰如其分地安放了尼羅河和台伯河的河神像。儒略對於將古典雕刻併入基督教遺產的熱中程度，就跟前面提過的、對拉斐爾那幅希臘哲學家群像的熱中程度不相上下。他向人們宣揚自己「渴望取得所有最美好而美麗的古物，好把它們都放在自己的庭院裡」。[5] 勞孔群像被立在儒略的另一尊戰利品，一尊名叫「美

下頁：1506年在羅馬發現《勞孔群像》，是對過往古典時代重燃熱情的重大時刻。教宗儒略二世很快取得了這座古老群像，收進自己在梵諦岡的美景宮藝廊。

1 引文出自Leonard Barkan, *Unearthing the Past: Archaeology and Aesthetics in the Making of Renaissance Culture* (New Haven and London: Yale University Press, 1999), chapter 1, p. 3。這封信是寫於事件後約六十年，但要到一七九〇年才在羅馬發行。

2 見Turner, Philology, 'Classical Antiquarianism, Chronology and the Expansion of Antiquity', pp. 50-64。

3 Loren Partridge, *The Renaissance in Rome* (London: Weidenfeld and Nicolson, 1996)，可作為整體介紹。

4 勞孔群像的討論見Barkan, *Unearthing the Past*, chapter 1, 'Discoveries'。

* 其中包括了倫敦的聖保羅座堂（St Paul's Cathedral）、巴黎的先賢祠（Pantheon）和美國華盛頓的國會大廈（Capitol）。

5 Francis Haskell and Nicholas Penny, *Taste and the Antique: The Lure of Classical Sculpture 1500-1900* (New Haven and London: Yale University Press, 1981), p. 10.

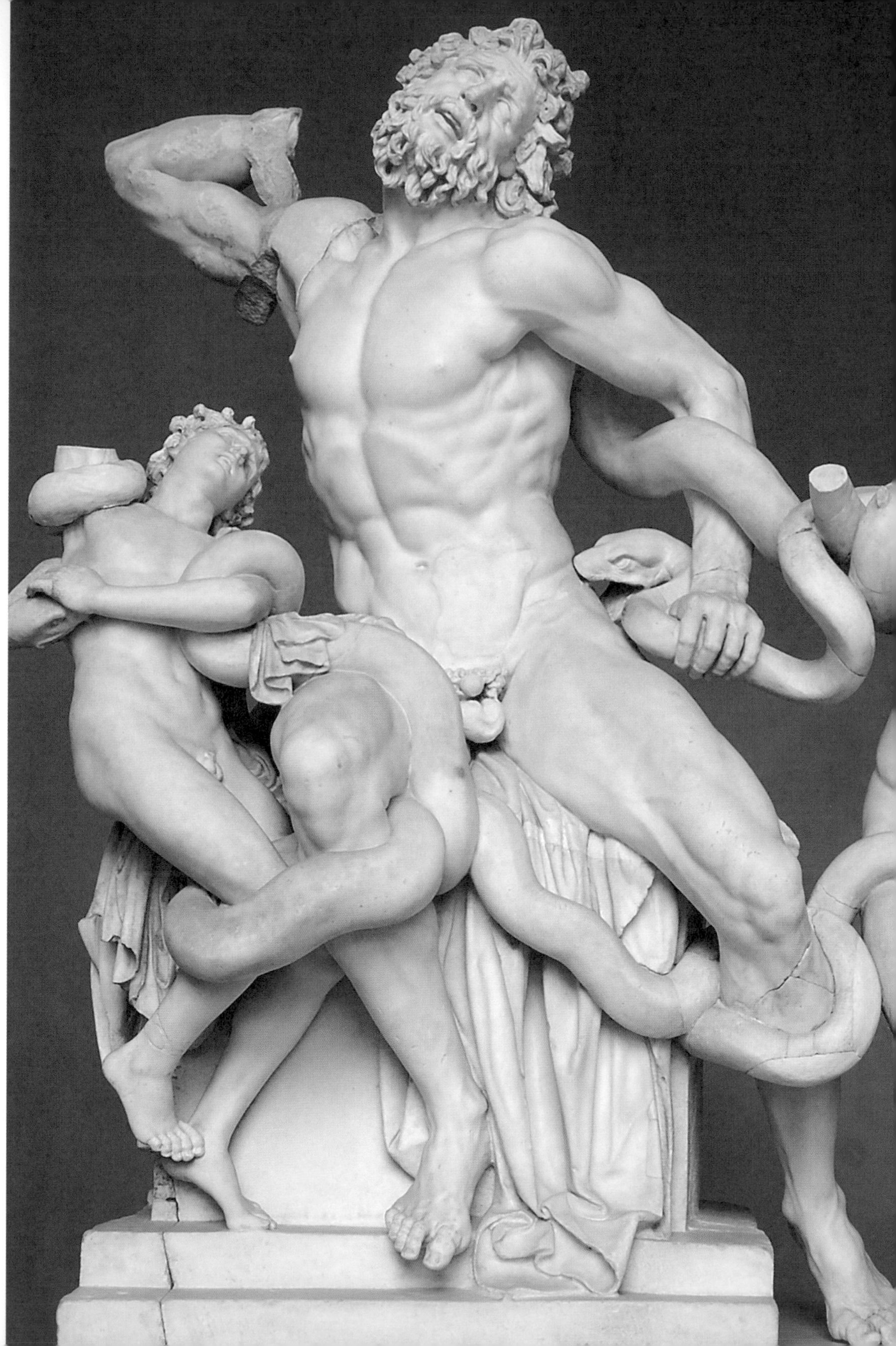

景阿波羅」（Apollo Belvedere）的阿波羅神像旁邊，而這兩尊人像變成了最受矚目的焦點。到了一五四三年時，庭園的壁龕放進了其他雕像，其中最後一個安置完成的，是一尊肉感強烈的安提諾烏斯（Antinous），也就是羅馬皇帝哈德良（Hadrian）的年輕愛人，而它也成為了園中最受歡迎的收藏品之一。美景庭園革新的一點是，它變成了公共藝廊，雕像在此就是最高品質的保證。「用這種方式展示藝術的這整個概念——這個『藝術價值在於其本身』的概念——既獨特又新穎，後來產生了壓倒性的影響力也完全不意外。」[6]美景庭園的眾雕像為未來三百年立下了卓越的標竿，此後任何藝術家都必定要從臨摹雕像或其石膏複製品開始訓練。當路易十四為了布置位於凡爾賽的宮殿庭園而託人製作雕像時，其中的許多雕像都是美景庭園的複製品，包括美景阿波羅和勞孔群像。[7]

當然，在教宗儒略於美景宮（Cortile del Belvedere）展示他的羅馬雕像收藏品之前，就已經有其他重要的收藏家和收藏品了。十五世紀科西莫以及皮耶羅・德・麥地奇在家族宮殿裡裝滿了價值連城的古物、珠寶、繪畫，以及小藝品（objets d'art，譯注：意指不是繪畫或中大型雕塑像的藝術品）。羅倫佐・德・麥地奇在取得了一大批原本屬於先前某教宗收藏品的珠寶、硬幣和小型青銅器之後，也為此處增添了收藏品。教宗西斯篤四世（任期一四七一－一四八四年）捐贈了一批美妙的古代青銅器，在羅馬卡比托利歐山上展示。這些藝品的縮小青銅複製像在行家

6 同前注，頁八。

7 同前注，chapter 2, 'The Public and Private Collections of Rome'。

（cognoscenti）之間散布，堪稱是文藝復興藝術最吸引人的其中一種表現方式。到了十六世紀時，蒐集古典雕像變得十分流行。一五三八年法爾內塞（Farnese）家族出身的教宗保祿三世（Pope Paul III，任期一五三四－一五四九年）把世上一尊最宏偉的雕像——因為被誤認是基督徒皇帝君士坦丁而被保留下來的馬可・奧理略（Marcus Aurelius）騎馬像，從拉特朗宮搬到了卡比托利歐山上米開朗基羅正在設計的廣場中央。那些受託製作公爵君王騎馬像的雕刻家，會從這尊像獲得靈感。到了一五四三年時，保祿開始自己收藏古物。法爾內塞家族擁有裝飾著西元三世紀雕像的卡拉卡拉浴場（Baths of Caracalla）巨大遺跡，而他們就開始在那裡挖掘。第一批發現中，有已知古代最大的群像作品——法爾內塞公牛（Farnese Bull），還有巨大的法爾內塞海克力斯像（Farnese Hercules）。法爾內塞公牛發現時碎成多塊，但教宗下令加以重組，好讓這尊異教徒的雕像「確定會是基督教世界最美麗的物品」。[8]到了保祿過世的時候，他已經擁有了一批全羅馬最負盛名的私人收藏，約有三百尊雕像，跟整個梵蒂岡收藏的一樣多。有別於其他眾多收藏品，這套群像被完整保存下來，並被一位法爾內塞後代於十八世紀帶到了那不勒斯，今日仍在當地的國立考古博物館（Archaeological Museum）中展出。

這時候人們還不太知道要怎麼分別希臘和羅馬雕像。人們以為是希臘作品的，其實有許多是原作的羅馬複製品。即便如此，這些雕像以及同時代藝術家的其他作品，都主宰了藝術家們和學者們的想像力。用藝術史學家英格麗・羅蘭（Ingrid Rowland）的話來說，拉斐爾那幅有著一眾哲學家的畫作《雅典學院》「有助於在義大利創造一種仔細研究希臘的廣泛熱情」。[9]這種古典主義時尚抓住了另外一種氣氛，一種逐漸瀰漫於智識圈的、對哲學本身的著迷。第歐根尼・拉爾修那本《哲人言行錄》呈現八十二位哲學家的方式或許雜亂無章又缺乏批判（有一個觀點是第歐根尼在他能把著作整理好之前就過世了），但書中的大量趣聞軼事，他描寫的對象的反常之處，以及這些人對於尋找最佳生存之道的執著，都受到文藝復興時期讀者的喜愛。他們的教誨，能不能像拉斐爾藉由賽納圖拉簽字廳的濕壁畫所達到的那樣，和基督教相合呢？[10]

* * *

若只從著作和著作評論的版本數量來看，亞里斯多德其實是十六世紀最有影響力的哲學家；有鑑於人文主義者對經院亞里斯多德主義的了無生趣有那麼多的抨擊，這點或許滿令人意外。[11]新的亞里斯多德文獻從東方持續送達，就算是已經最為人所知的文獻，也被一票人文主義翻譯者（好比說李奧納多・布倫尼以及他的十六世紀後繼者們）注入了新生命。關於怎樣才能將亞里斯多德著作翻譯到最好的爭辯，只不過就是在增加拉丁文譯本的數量和種類而已。反宗教改革運動又進一步讓天主教大學課程中的傳統亞里斯多德內容更根深柢固。所以，希臘化時代哲學家的復

8 同前注，頁一二。

9 Miller (ed.), *Lives of the Eminent Philosophers by Diogenes Laertius*, Ingrid Rowland, 'Raphael's Eminent Philosophers', p. 561.

10 Hankins (ed.), *The Cambridge Companion to Renaissance Philosophy*, chapter 6, Jill Kraye, 'The Revival of Hellenistic Philosophies'。關於原始資料來源，A. A. Long, *Hellenistic Philosophy* (London: Bloomsbury, 1996)，和 Peter Adamson 的 *A History of Philosophy without Any Gaps: Philosophy in the Hellenistic and Roman World* (Oxford: Oxford University Press, 2015) 是典型的介紹。

11 Hankins (ed.), *The Cambridge Companion to Renaissance Philosophy*, chapter 4, Luca Bianchi, 'Continuity and Change in the Aristotelian Tradition'.

興，其實需要放進「哲人」持續處於主宰地位的這個脈絡之下來看。

然而，儘管我們很難覺得十六世紀是哲學有所革新的時代，人們還是普遍相信研究古人哲學對靈魂會有所慰藉。一個重新獲得支持的哲學就是斯多噶主義。儘管斯多噶主義因為堅持面對命運和受苦時要堅定決心，而總是能吸引一些基督徒，但身為一種異教徒哲學，人們對它還是有些疑心。文藝復興期間，人們對於該學派最出名的提倡者——羅馬政治家兼哲學家塞內卡（西元前四－西元六五年）的態度，是模稜兩可的。他與使徒保羅有通過信的這種說法，遭到了羅倫佐・瓦拉（見頁四〇九）的駁斥；少了這項掩護，就無法遮蔽他的異教信仰，以及最重要的，在皇帝尼祿統治期間決定自殺一事。隨著人們發現更多文獻，以及錯綜複雜的斯多噶辯論獲得重視，有些人開始對這種充滿「過度微妙的論點、吹毛求疵和詭辯」的哲學抱持批評態度。[12] 許多人難以接受斯多噶派所鼓吹的、和日常生活中的不幸所要保持的情感距離。儘管尊敬斯多噶派的觀點，卻因為「對斯多噶派來說同情憐憫是惡毒的熱情：他們要我們救助受折磨的人，卻不要鬆懈下來去同情他們」而感到惋惜的，是法國哲學家米歇爾・德・蒙田。[13] 斯多噶派對於「個人必須為自身幸福負責」的堅持，對於不管哪一種上帝的作用都造成了損害。

斯多噶派最高明的學者，佛拉芒人尤斯圖斯・利普修斯（Justus Lipsius, 1547-1606），證明了自己之於斯多噶派復活的重要程度，就跟費奇諾之於柏拉圖主義一樣。利普修斯是在一個宗教鬥爭的時代寫作，對

下頁：羅倫佐・洛托（Lorenzo Lotto）的文藝復興學者安德烈亞・歐多尼（Andrea Odoni, 1527）肖像畫，讓他被古物所圍繞。然而他的手也按在掛於頸上的基督教十字架上，說明了兩種傳統的和諧狀態。

於受苦並不陌生。在那時代的宗教戰爭期間，他的住家兩度遭洗劫，而他自己則是在天主教和路德派之間搖擺。在他的《論大眾災禍時代的恆穩》（*De Constantia*, 1584）之中，他提供了指引，說明如何能將斯多噶主義復興，作為一種讓個人對付大眾之惡的活生生哲學。利普修斯主張，藉由遊走四處來逃避真實世界是沒有用的；相反地，訓練心智來抵抗外在事件是很重要的。（今天應該會有人把他當成是覺察〔mindfulness，譯注：亦翻為「正念」，指有意識地覺察當下身心與環境，並保持客觀、接納、不評判的態度〕的擁護

者！）《論大眾災禍時代的恆穩》一直是利普修斯最有影響力的作品，而他的《斯多噶哲學指南》（*Manuductionis ad Stoicam Philosophiam*, 1604）則是彙編了所有斯多噶派已知的哲學家著作，還有那些對上述著作做出評論，進而鞏固了斯多噶派和基督教關係的基督教作者著作。利普修斯設法把斯多噶主義描寫成一個主動而非消極的倫理制度，因此強調了與基督教的重疊之處。[14] 在接下來五十年裡，斯多噶主義為基督教倫理提供了一根支柱；歐洲藝術家甚至讚揚了塞內卡的自殺。在一幅知名的人像畫（一六一五年）中，彼得・保羅・魯本斯（Peter Paul Rubens）還把他放進了基督教殉教的聖像中。

十六世紀復活的希臘哲學中，最重要的是懷疑論（Scepticism）的傳統，也就是提問「如果世上真有可確信之事物，那真正能確信之事物為何」。這並不是一個中世紀思想的特色（儘管有些學者在「奧卡姆的威廉」的著作中看到了懷疑論）。只有在十五世紀時，西元前二世紀塞克斯圖斯・恩不里柯（Sextus Empiricus）的著作手抄本，才強調了埃利斯的皮浪（Pyrrho of Elis）這位西元前四世紀的哲學家，而此人也同樣出現在第歐根尼・拉爾修的《哲人言行錄》中。皮浪主張，因為沒有有效的方式來達到真實，所以所有的信念都應該懸置下來。一開始這很難引起共鳴。然而，吉安弗朗切斯科・皮科・德拉・米蘭多拉（Gianfrancesco Pico della Mirandola, 1469-1533），也就是佛羅倫斯哲學家喬凡尼・皮科・德拉・米蘭多拉的侄子，辨識到皮浪主義在一層意義上其實可以用來反對它自己——那就是，如果異教徒確實知道他們什麼都不知道，那麼，要捍衛透過上天啟示而達到的基督教「真實」就更容易了；於是這裡就出現了突破。因為對一切都不確定，所以我們必須謙卑，察覺到我們自己是沒辦法生出什麼想法來幫助自己了解上帝。到了十六世紀中，新版本的塞克斯圖斯・恩丕里柯著作一出版，懷疑論就變成了攻打經院哲學的攻城槌；但許多人文主義者，包括散文作家蒙田，反而都把它看作是逃避曲折論理的手段。如果我們的感官欺騙了我們，而理智通常都會從同樣的前提導致出不同的結論，那麼我們就有了不涉入的藉口。於是一個人就可以安然活在社會中。

另外有兩位古典時代的人物在十六世紀發揚光大，而有著重大的影響力。第一位是提圖斯・盧克萊修・卡魯斯（Titus Lucretius Carus，西元前九八－約五五年），《物性論》的作者，這部作品精巧地描繪了伊比鳩魯學派學說。《物性論》被形容是「最罕見的一種文學造詣，以科學為主題成功寫出的說教詩」。[*]對盧克萊修來說（同樣也對伊比鳩魯來說），沒有宗教存在的餘地；世界是純然的物質，由總是在重新自行排組、前後改變方向來與彼此接觸的原子構成。沒有死後生命，所以沒必要害怕死後的審判。盧克萊修讚揚了理智帶來文明成果的本領，而他認為這些成果包含了船藝、農業、法律、詩、繪畫和雕塑。這之中，沒有哪一項展現出詩那般純然的生氣蓬勃、展露出詩在自然世界中的愉悅以及友情的歡欣。

一四一七年在德國一間修道院發現了一份留存下來的《物性論》手抄本，但一開始，它的反宗教調性讓人們對它沒什麼興趣，頂多就當成需要校訂修改的一份文獻而已。馬基維利當然知道

---

12 引文出自Kraye, 'The Revival of Hellenistic Philosophies', p. 101。
13 同前注。
14 Thorsteinsson, *Roman Christianity and Roman Stoicism* 強調了這兩種不同倫理傳統的對比。
* 這是十九世紀蘇格蘭植物學家亞歷山大・達爾澤爾（Alexander Dalzell）的看法。

這著作——他有做注解的一本《物性論》留存了下來，而學者們也在他的寫作中找到了一些《物性論》的想法痕跡。然而，要到一五八〇年時，盧克萊修才獲得了徹底支持，這一次是在蒙田的《隨筆集》（*Essays*）之中。蒙田講述了他如何發現自己「被一些盧克萊修最優秀的段落所深深吸引」，並把他和其他最愛的羅馬作者並列，其中包括了維吉爾、卡圖盧斯（Catullus）和賀拉斯。[15]到了下個世紀時，盧克萊修的影響力在科學家之間已經無所不在。[16]

第二位重要人物是普魯塔克（西元約四五－一二〇年），堪稱西元一世紀最有趣的希臘歷史學家兼哲學家。不久之前，當我行經希臘中部時，我們中途停留在他的家鄉——維奧蒂亞（Boeotia）的喀羅尼亞（Chaeronea），在他的紀念碑處向他致敬。普魯塔克來自地主家庭，很輕易就和羅馬與希臘的知識分子混成一片，而且身為一名德爾菲（Delphi）的祭司，他對於靈性方面的事非常有興趣。他透過《桌邊閒談》（*Table Talk*）為他那時代的智識生活留下了栩栩如生的模樣；那本書的內容是一連串討論，主題從時下熱門到深奧難懂，從「猶太人崇拜什麼樣的上帝？」到「為什麼女人不吃萵苣的中段」應有盡有。普魯塔克是一名柏拉圖主義者，相信物質世界有別於其外的真正不變世界，是不穩定而混亂的。在《道德小品》（*Moralia*）這本倫理短文集中，他為自己的論點做出論證，此外還加進了他的反對者——斯多噶派和伊比鳩魯派的大量相關材料，而那些都是別地方沒有記錄下來的。普魯塔克的原創性讓辯論的格局擴大，所以文藝復興哲學家們對他的著作十分感興趣。然而他最有影響力的作品，可能是那本把羅馬名人和挑選過的希臘名人相比的《希臘羅馬名人傳》，不只是因為內容中有許多如今已佚失的資料來源細節，也因為他對於描寫對象之道德品格的興趣。他的各種紀錄，包括了西塞羅和馬克・安東尼之死、克麗奧佩脫拉（Cleopatra）

乘著平底船來會她日後的愛人等等的描寫，氣氛都非常獨特。

十六世紀的心智實在是太有好奇心，而不會忽視其他古代傳統。人們對於希伯來文有了越來越高的興趣，有一部分是因為，在一個經文研究變得很重要的時代下有著學術動機。[17]有人假設希伯來語曾經是伊甸園使用的語言，如果用這種語言對聖母瑪利亞說話，祂的回應可能會更佳。[18]德國學者約翰內斯・羅伊希林（Johannes Reuchlin）於一五〇六年出版了一本希伯來文文法和字典，但當他反對一五一〇年下令摧毀全國猶太書籍的皇帝詔令時，他卻遭到奚落，並被貼上異端邪說的標籤。伊拉斯謨就比較謹慎，贊同研究希伯來文但用攻擊猶太人加以平衡。然而，希伯來文在研究《舊約聖經》上的重要性，導致了一五一七年在比利時魯汶成立三語學院（Collegium Trilingue），課程會同時教授拉丁文、希臘文和希伯來文。亨利八世於一五四〇年代在牛津和劍橋大學各自設立了希伯來文教授職位。到了這時候，第一本多語聖經（稱作《康普魯頓聖經》〔*Complutensian Bible*〕，名稱來自編成此書的城鎮拉丁名）於西班牙發行。這本《舊約聖經》一面

15 出自蒙田散文，'On Books'，收入*The Complete Essays*, trans. M. A. Screech, rev. ed. (London: Penguin Classics, 2003), p. 461。

16 關於重新發現盧克萊修一事，最近期由Stephen Greenblatt寫的書籍，其原初版本書名為*The Swerve: How the World became Modern* (New York and London: W. W. Norton, 2011)，這就把盧克萊修的影響力過分誇大了。英國版的副標題甚至更誇張，宣稱為*The Swerve: How the Renaissance Began* (London: Vintage, 2012)。事實上，到了人們接納盧克萊修作品的時候，文藝復興幾乎已經結束了。也有研究中世紀的學者批評Greenblatt貶低中世紀思想。儘管如此，*The Swerve*仍替這位莎士比亞作品的卓越評論家贏得了一座普立茲獎。

17 見R. Po-Chia Hsia (ed.), *The Cambridge History of Christianity: Volume 6, Reform and Expansion, 1500-1660*, chapter 26, Miriam Bodiam, 'Christianity and Judaism'。另見Turner, *Philology*, chapter on 'Philogia Trilingua, the Bible and History', pp. 39-42。

18 Bodiam, 'Christianity and Judaism', p. 499.

有三欄，中間是熱羅尼莫的拉丁文《武加大譯本》，兩邊則是希臘文和希伯來文。整本書還附有希伯來與希臘文字典，但沒有打算要把文字的差異調和到一致。事實上，人們實在是太相信由較早期文獻翻成拉丁文的《武加大譯本》的權威性，以至於有一首明明是熱羅尼莫加進《武加大譯本》來主張三位一體、後來被伊拉斯謨認為是假造而刪去的一節拉丁文，居然又重新被翻成希臘文，放進了這一版的《聖經》裡頭，就好像當初就是希臘文原典的一部分！傳統主義者仍然假設《武加大譯本》以某種方法（透過神的干涉？）超越了原本經文的語言，而這種看法後來還獲得了特利騰大公會議的背書。[19]

然而，儘管天主教教會為這本《聖經》背書，於一五二二年准許印刷，但反猶太主義的重擔還是妨害了學術工作有效進行。而不管在新教還是天主教社群，情況都還會變得更糟。路德的反猶太小手冊是最尖酸刻薄的攻擊，但到了一五五〇年代時，天主教教會也對針對拉比猶太教的首要文獻《塔木德》（*Talmud*）發起了大規模反對行動。該書在羅馬等義大利城市遭到焚毀，並被列入教宗的《禁書目錄》中。在額我略八世（Gregory VIII，任期一五七五－一五八五年）的命令下，再度禁止持有並閱讀該書的複印本，且同時有越來越多猶太人被關進了猶太人居住區（ghetto）。* 猶太人從一五一六年開始就被關在這裡。在一五九六年的教宗目錄中，甚至連已經去除「對基督教之誹謗」的《塔木德》也被禁了。

儘管遭到路德的痛批，讓希伯來文研究維繫下去的，卻是新教改革者。在宗教信仰寬容（且令當地元氣大傷的對西班牙衝突† 挑戰了傳統偏見）的阿姆斯特丹，喀爾文主義者和猶太人於一六〇〇年代初期共同製作了一本獲得一致同意的希伯來文版《舊約聖經》，而城市裡的塞法迪

（Sephardic）猶太人開始修剪自己的著作，好讓這些作品被基督徒所接受。身為阿什肯納茲猶太人的編年史學家，布拉格的大衛・岡斯（David Gans）就以極其淡化基督徒暴行的方式重寫了猶太史。其他猶太人相信，為更廣泛的群眾提供希伯來資料來源的譯本，有助於緩和反猶太主義。

對猶太人宗教信仰採取寬容態度，不過就是一種實用主義式的回應。投機者把猶太人當作放債者和貿易談判人來利用，也只是稍稍和緩偏見和主動敵對而已；而莎士比亞在《威尼斯商人》（*The Merchant of Venice*，寫作時間介於一五九六和一五九九年之間）中對夏洛克（Shylock）這個角色的銳利描繪，就是這種心態的範例。在布拉格、柏林和維也納這些首都裡，猶太人因為擁有在臨時通知下也能募集大量現金或軍用物資的能力，而獲得了特權地位的回報。當猶太人證明他們擔任起剩餘農產品經銷商十分有用之後，哈布斯堡皇帝魯道夫二世（Rudolf II，統治期間一五七九－一六一二年）還真的把越來越多的猶太人招集到了布拉格。

西方心智對猶太教的敞開心胸，走的是一條緩慢而躊躇的路徑。儘管奧立佛・克倫威爾於一六五六年允許猶太人在英格蘭落腳並群居，也能進行宗教儀式，但也不過就八年前，在梅利尼茨基（Chmielnicki）於波蘭統治下的立陶宛發動的那場起義中，仍有幾萬名猶太人在歐洲這塊最多猶太人當作家園的土地上（十七世紀中估計有三十萬人）遭到殺害。十六世紀時這裡還是歐洲

19 Turner, *Philology*, p. 46.

* 這個詞來自威尼斯猶太區，原本的用詞是和附近的鑄鐵廠（gheto）有關。

† 八十年戰爭（Eighty Years' War, 1568-1648），是七個新教徒占大多數的尼德蘭省分，於一五八一年從原本十七個哈布斯堡省分中脫離出來，對抗天主教西班牙。

其中一個宗教信仰最寬容的地方，因此讓這件事更顯得悲慘。到了世紀末，一支復興的天主教強化了波蘭的反猶太偏見。整個來說，猶太人還是被邊緣化，他們比基督教還古老的古老傳統，讓他們無緣改信融入主流社會。

基督徒們更準備好接受埃及為古代智慧的提供者。馬爾西利奧·費奇諾重新發現赫密士主義著作，對於把埃及定位為最古老知識來

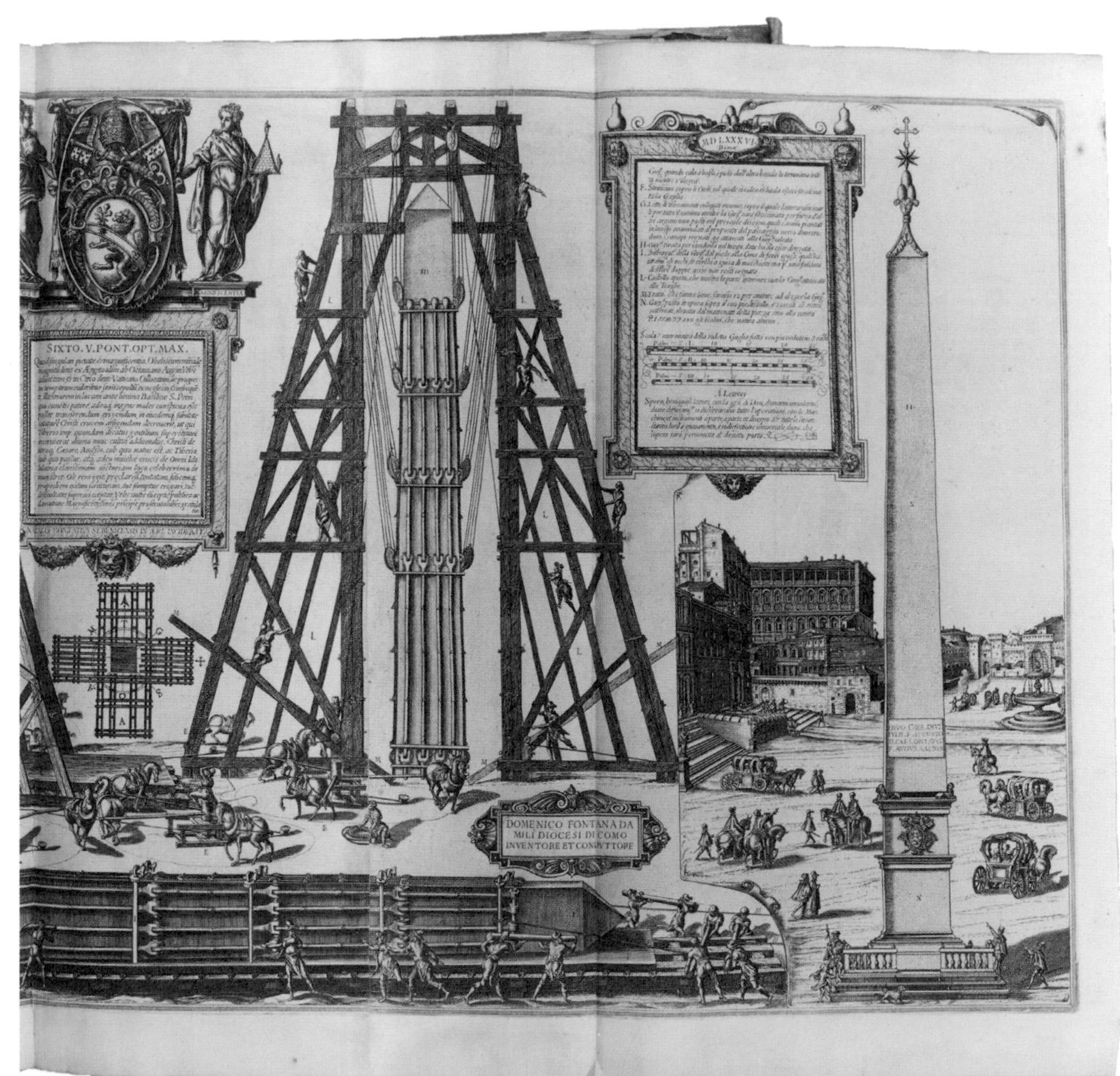

源的想法，有著不小的影響力。有些文藝復興時期的寫作者，把他們認為與摩西同年代的赫密士・崔斯墨圖當作是預示了基督教出現的人。第一版的《聖書體

前頁至本頁：1586年，多梅尼科・豐塔納將一座古埃及方尖碑重新立在聖彼得廣場上。該時期的版畫，描繪了豐塔納在運輸及工程方面的豐功偉業。

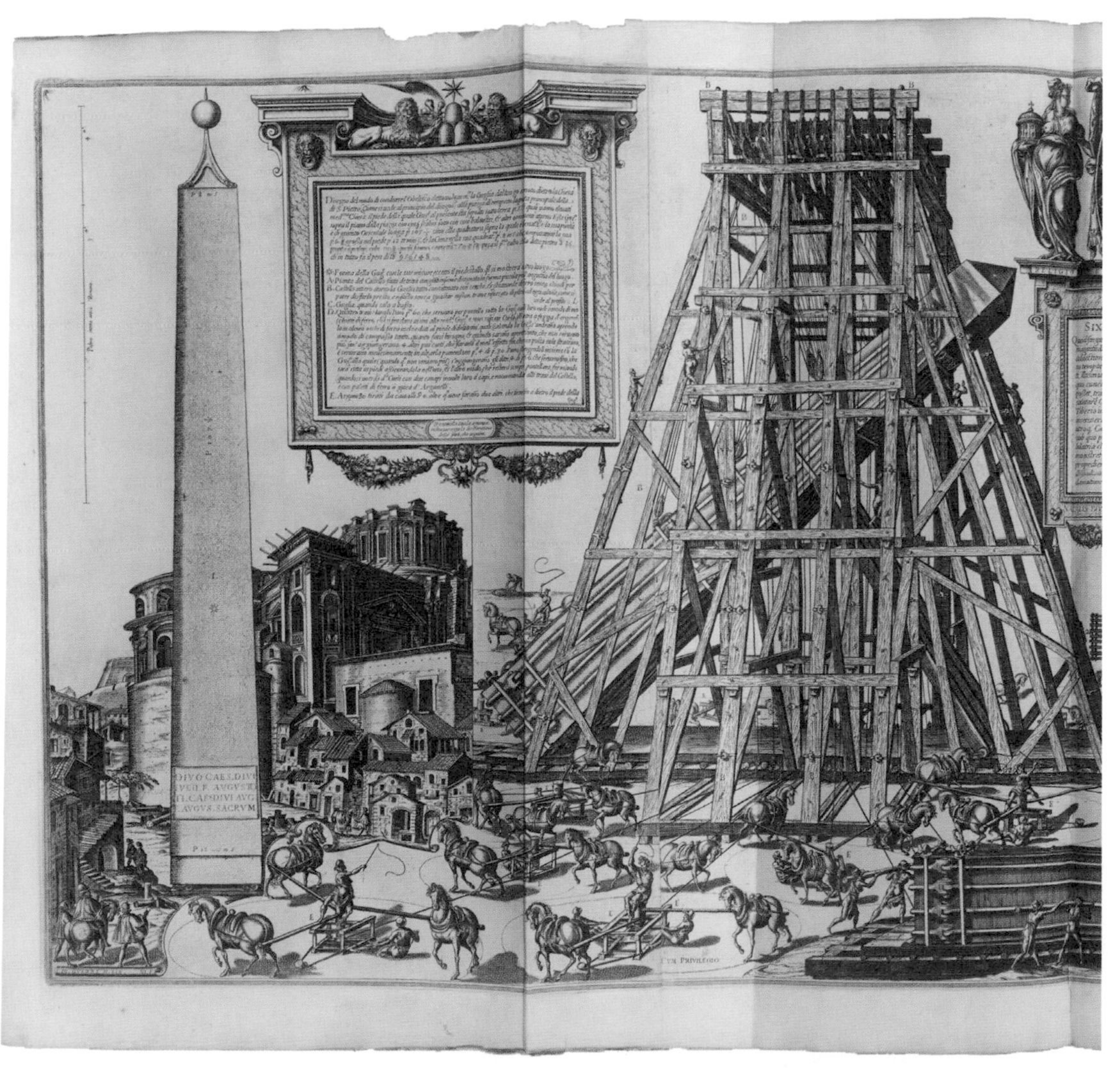

（*Hieroglyphica*），一本據說是談聖書體的原始埃及文獻的希臘文譯本（譯本可能是西元五世紀完成的），於一五〇五年出版。儘管文章的一些部分可能是基於埃及聖書體的真正知識，但再怎麼說也是不甚完整。儘管如此，這份文獻在人文主義者之間變得很紅。整個十六世紀期間，魔法和祕傳學問的傳統滲入了人們的智識生活中。法蘭西絲・葉茨（Frances Yates）在她的《焦爾達諾・布魯諾與赫密士主義傳統》（*Giordano Bruno and the Hermetic Tradition*, 1964）這本書中，把赫密士傳統和焦爾達諾・布魯諾連結起來，並主張他對赫密士主義「魔法」的奉行不悖，才是他於一六〇〇年在羅馬被教會處以火刑的真正原因。一直要到學者伊薩克・卡索邦（Isaac Casaubon, 1559-1614）根據文體而把這套全集的年分定為西元三世紀，也就是比原本人們以為的還要晚好幾個世紀之後，人們對赫密士主義的熱情才冷卻下來；而到了十八世紀時，這主義就已經被淘汰了。

人們逐漸意識到，儘管希羅多德在《歷史》中特別加長篇幅描寫埃及，但除了埃及外，還有眾多被忽略的古代世界文明。*

法國學者約瑟夫・史卡利傑（Joseph Scaliger, 1540-1609）在《論年代學之改進》（*De emendatione temporum*, 1583）中堅稱，古代史必須延伸到希臘羅馬之外，納入埃及、波斯和腓尼基。史卡利傑也著迷於語言的起源，而開始認真研究語言如何發展而來。他藉由一本希伯來經文的希臘文譯本《七十士譯本》（*Septuagint*），證明了過去的猶太人能夠讀希臘文，因此其學問值得尊重，而讓傳統主義者震驚不已。史卡利傑很幸運地獲得萊頓大學的贊助；有別於同時期其他大學，該大學准許講師進行古代史研究。從傳統基督教思想的角度來看，他最危險的發現，就是一份由西元前三世紀埃及祭司曼涅托（Manetho）編輯的埃及朝代列表；這份列表將埃及歷史更向前推到了普遍接受的創世紀日期之前。基督教歷史的傳統編年就這樣漸漸被拆解了。儘管《論年代學之改進》一開始並沒有徹底獲得重視，但它在把古典傳統放進更大格局的同代諸文明脈絡方面，卻是一大進展。

到了這時候，人們開始和埃及本身接觸。[20] 鄂圖曼帝國於一五一七年征服了埃及，之後沒多久，該國就向歐洲商人敞開大門。法國人獲得了蘇丹們的特殊保障。造訪者毫不意外地為金字塔所震懾。中世紀傳說都把這些金字塔描述成約瑟的穀倉，但這種想法很快就被十六世紀的觀察者摒棄了。第一份親眼目睹的描述，可以追溯至一五四〇年代。一五九〇年代時，威尼斯人普羅斯佩羅・奧皮尼（Prosper Alpinus）成為了第一個試圖準確測量金字塔的人。到了一六一〇年時，人們多半接受了金字塔是諸王陵寢，而牛津大學的天文學教授約翰・格里夫斯（John Greaves）則是於一六四六年正確地給這些金字塔配上了專屬的法老王名。到了那時候，德國的耶穌會會士、常常被稱作「埃及學之父」的阿塔納奇歐斯・基爾學（Athanasius Kircher, 1602-1680），聲稱破解了聖書體。事實上，他就只是在科普特（Coptic）經文和聖書體經文之間建立了連結，而他的解密不過就是空想，其中企圖把聖書體和中文字建立起關係又尤其誇張。一直要到很久以後，到了一八二〇年代，法國學者尚－法蘭索瓦・商博良（Jean- François Champollion）才利用羅塞塔石碑

---

* 希羅多德的《歷史》把第二冊獻給了埃及地理、歷史和文化，而他可能還有短暫造訪過當地。埃及文明顯然讓他困惑不已，而人們也不認為他的埃及紀錄是可靠的。

20 見Brian Curran, *The Egyptian Renaissance: The Afterlife of Ancient Egypt in Early Modern Italy* (Chicago and London: University of Chicago Press, 2007)。

（Rosetta Stone）上的三種文獻，來提出一套可靠的破解方式。

重新發現埃及古物的事件中，最戲劇化的一刻或許是熱情難擋的教宗西斯篤五世（Pope Sixtus V，任期一五八五－一五九〇年）大張旗鼓地將方尖石碑重新立在羅馬。西元前三一至三〇年征服埃及的奧古斯都，帶回了兩座方尖石碑，可能是用來慶祝他兼併了法老王的權力。其中一座被立在羅馬最大的賽道「馬克西穆斯競技場」（Circus Maximus）的中央分隔島上，另一座則是拿去當成巨大日晷的指針。接下來的四百年裡，其他方尖石碑也面臨了同樣下場。*到了十五世紀時，這些方尖石碑大部分已經倒塌或遭掩埋，但西斯篤堅決要將其中四座重新立在城中要地。

最野心勃勃的計畫，就是把原本由皇帝卡利古拉（Caligula）立在傳說中聖彼得等早期基督徒殉教處——梵諦岡山上圓形廣場內的那座所謂的「梵諦岡方尖石碑」（Vatican obelisk）搬走。這裡又多了個機會來把基督教和埃及古物連結起來。這座方尖石碑十六世紀時還屹立不搖，而一五八六年的計畫是要將它移動兩百七十五碼（約兩百五十一．五公尺），來到新的聖彼得大教堂前面，以向教堂崇高神聖的地位致敬。這可是一項龐大的計畫。方尖石碑有八十三英尺（約二十五．三公尺）高，重達三百三十一噸，而目標是要把它安置到一個加高的底座上。承擔任務的是多梅尼科．豐塔納（Domenico Fontana），這位年輕建築師打造了一套由多個木造塔構成的精細系統，先把方尖石碑包圍住再卸下來裝入框架，然後在滾輪上運過去重新立起。這需要一絲不苟的籌畫，一旦完成後，這整個重新安置計畫就被視為當時的工程奇蹟之一。至於另外三座方尖石碑，因為已經損壞，所以重新立起來就輕鬆多了。那些為了馬克西穆斯競技場而被奧古斯都帶回羅馬的方尖石碑中，有一座現在在人民廣場（Piazza del Popolo）上，還有另外兩座重新立在羅

馬兩間大教堂前面，分別是拉特朗聖若望大殿（St John Lateran）以及聖母大殿。†

在如此震撼人心的搬遷進行的同時，還有一件沒那麼公開但或許更有影響力的建築計畫，正在義大利東北的維辰札（Vicenza）發生。這裡蓋起的是一座常駐的劇場，是古代結束後第一批興建的劇場之一，而且也是至今仍保存完整的最古老文藝復興時期劇場。它原本的布景，包括從舞台向後延伸的街道，都以原來的狀態保存到今日。儘管建築工程開始沒多久，建築師安德烈亞·帕拉底歐（Andrea Palladio, 1508-1580）就過世了，但他的好同事文森佐·斯卡莫齊（Vincenzo Scamozzi）仍按照他的設計完工，而該劇場的第一部製作、一部夠應景的希臘悲劇——劇作家索福克勒斯的《伊底帕斯王》——就於一五八五年三月三日開演。從此開啟了一項豐富的劇場與歌劇院傳統，將會為文化生活帶來新的面向。

該劇場的贊助人是奧林匹亞學會（Accademia Olimpica），一個一五五五年成立的地方知識分子團體，自從成立後就投入每一種文化活動——文學、哲學、歷史、科學；就如他們自己說的，任何一種能夠促進維辰札藝文進步生活的活動，他們都投身其中。奧林匹亞學會的成員接納來自各種背景的人，包括根據古代羅馬模型設計了劇場的安卓·帕拉底歐。帕拉底歐一開始是當石匠，但透過堅持不懈而成為義大利東北部最有影響力的建築師。[21] 他的天才在於採用古典模型來

* 古代資料來源的紀錄中有過三十四座，但其中多數到今日都未發現。

† 或許有人會說什麼十六世紀的技術「奇蹟」，但方尖石碑當初可是埃及人成功立起來，然後被羅馬放倒下來，帶著渡海到羅馬，然後又重新立在那邊——整段歷程下來都是完好無缺的呢！

De
CŒMITERIIS,
sive
ADYTIS ÆGYPTIORUM
Veterum.
C. Decker

為他那時代的文化菁英建造房屋。他興建的許多別墅和宮殿都留存到了今日。他那套闡述自己建築原則、還外加各種正視圖和平面圖的《建築四書》（*Quattro Libri dell'architectura*, 1570），讓他的名聲傳到了土生土長的區域外。如此出身卑微的人可以被這個知識分子群體接納，就大大說明了「學會」這種新現象的本質。[22]

人文主義始終鼓勵學者組成非正式團體，享受彼此陪伴並分享想法。馬爾西利奧・費奇諾和貝薩里翁樞機主教都主持過這樣的聚會；馬基維利會把《李維論》的摘錄讀給他的小圈圈聽。到了十六世紀後半，這種聚會變得更為正式。這些聚會草擬立會文件，來解釋他們的文化抱負，來闡明選舉幹部的程序，並說明會員標準以及會員應遵守的規範。儘管根據紀錄，一五三○年時只有三十個學會，但到了一六○○年時義大利已經有四百個，而一七○○年時則有一千個。舉凡有自尊心的城市都至少會有一個學會。大部分的學會成員是男性知識分子菁英，但因為學會是獨立實體，所以焦點可以放在交際和討論，而不是去迎合那些宮廷生活的繁文縟節。這種比較自由寬容的氣氛，意味著藝術家甚至技術出眾的工匠也能獲准加入。帕拉底歐就是這麼成為

前頁：德國耶穌會學者，號稱「埃及學之父」的阿塔納奇歐斯・基爾學（1602-1680年）所想像的吉薩金字塔群；出自他1676年的《斯芬克斯祕儀》（*Sphinx Mystagoga*）。

21 若要看簡要而權威的生平，可見James Ackerman and Phyllis Massar, *Palladio* (London: Pelican Books, 1966)，以及日後的新版本，另外還有讀起來令人愉快的Witold Rybczynski, *The Perfect House: A Journey with Renaissance Master Andrea Palladio* (New York: Scribner, 2002)。

22 Ruggiero, *The Renaissance in Italy*, pp. 538ff., 是我以下記述的資料來源。

S HIC LABOR EST
I AC GENIO
ADEMIA THEATRVM HOC
AMENTIS EREXIT
XIII PALLADIO ARCHIT

HOC OPVS HIC
VIRTVTI AC
OLYMPICOR ACADEM
A FVNDAMENT
ANN MDLXXXIIII

了維辰札那個學會的成員。他能做出的貢獻相當多。他會為許多會友設計宮殿和別墅，而且他對古典建築有一種深入的知識。

儘管組織上有那些繁文縟節，十六世紀的這種學會似乎還是在一種相當自由不拘的氣氛中運行的，就好像知識本身沒必要那麼認真看待似的。（sprezzatura，「舉重若輕」這個詞，就「炫耀自己沒花力氣」這個層面來說，似乎在這邊特別合宜。）他們的成員大幅來自有閒階級，而這類人可以向同伴炫耀他們閱讀的廣度以及興趣的廣泛，而不用把他們的智力運用在更嚴肅的事務上。學會提供了一個競技場，讓有教養的都會人士可以在一個同溫層團體中放鬆取樂。他們的興起，和宮廷生活的日漸乏味與拘謹儀式有關。而學會的名字反映了這種精妙的幽默調性。所以波隆那就有「凍僵會」（Gelati），那不勒斯有「發燒友會」（Ardenti），熱那亞有「睡友會」（Addormentati），而錫耶納則有「茫然會」（Intronati）。「茫然會」抱怨他們因為周遭生活的混亂而太「茫然」，所以他們決定跳脫出來研究文學——後來這群人以喜劇而聞名——並追女人，即便對象不過就是地方貴族受過教育的千金小姐而已。

然而，一種更為嚴肅的調性逐漸進入了學會活動中。我們可以在佛羅倫斯一個自稱「糟糠旅」（Brigata dei Crusconi）的團體的活動中看出這種趨勢；一群詩人和作家發現比較正式的城市學會太妄自尊大之後，就自己成立了這個鬆散的團體。糟糠，也就是玉米脫粒之後剩下來的廢渣，一點用也沒有，而他們的討論也一樣永遠得不到結論——但他們引以為傲。糟糠會其中一名於

前頁：由安卓・帕拉底歐設計的維辰札奧林匹克劇院（Teatro Olimpico），於1585年演出索福克勒斯的《伊底帕斯王》而開幕。當初的舞台布景仍在原位。

一五八二年入會的會員，李奧納多・薩爾維亞蒂（Leonardo Salviati），非常熱中於他老家托斯卡尼說的地方義大利語。[*]他說服自己的同伴回顧他們的佛羅倫斯文豪，但丁與薄伽丘，並觀察他們如何使用義大利語言。「糟糠旅」以這個為起點，於一五八三年決定製作一本字典，而這本字典將會把托斯卡尼語定為真正的義大利語，高過義大利所有其他方言。同年，他們重新命名為「麥麩學會」（Accademia della Crusca）。他們的格言引用了佩脫拉克的一句話，「採下最美的花朵」（il più bel fior ne coglie）。現在這裡是一個認真的知識事業單位。他們也不再是糟糠了。糟糠反而是他們已經篩掉吹掉的語言不恰當敗壞之處，如今只留下純粹的義大利語。他們這本字典眾多版本中的第一版，是於一六一二年誕生，而那些透過方言學習義大利語的寫作者，採用了這本字典的權威發音方式，就像更早之前的人文主義者採用西塞羅來當拉丁文的模範一樣。麥麩學會直到現在都還是義大利語言的捍衛者，此外它還激勵了一個類似的學會於一六三五年在法國成立。今日，他們的成員在麥地奇卡斯提奧別墅會面，就在第十九章描述過的柑橘園旁邊。

在一位以數學和自然世界研究為主要興趣的貴族費德里科・切西（Federico Cesi）於一六〇三年在羅馬成立的「猞猁眼學會」（Accademia dei Lincei）之中，可以看到對嚴肅知識活動的新一波投入。[23]「猞猁眼」這個名字代表仔細觀察自然生物所需要的銳利視覺。猞猁眼學會規定的目標

---

* 本著該團體的精神，薩爾維亞蒂被暱稱為「裹粉仔」（Infarinato）。

23 David Freedberg, *The Eye of the Lynx: Galileo, His Friends, and the Beginnings of Modern Natural History* (Chicago and London: Chicago University Press, 2002) 對猞猁眼學會有充分良好的記述。

本頁：佛羅倫斯近郊，科西莫一世・德・麥地奇，托斯卡尼大公的鄉間宅邸——卡斯提奧別墅的柑橘庭園。

反映了這類學會的調性：「不只透過與誠實和虔信共處來獲得事物的知識和智慧，也要以『把事物知識平和地傳播給人群而不造成任何傷害』為進一步目標。」伽利略於一六一一年成為會員，而他十分重視這頭銜，甚至把「猞猁眼」加在自己的簽名裡。

猞猁眼學會造就了某些最傑出的自然史研究，在伽利略於一六二四年把顯微鏡獻給學會之後，成為第一個得利於顯微鏡的研究單位，遠比羅伯特・虎克（Robert Hooke）的成果早了許多（會在第三十章，頁九三一－三二有所描述）。不幸的是，哥白尼學說被宣告為異端邪說，導致了學會分裂，並在切西於一六三〇年過世之後關閉。猞猁眼學會的眾多美麗「畫冊」（libri dipinti），被偉大的繪畫收藏家卡西亞諾・德爾・波佐（Cassiano dal Pozzo, 1588-1657）為了他出名的「紙博物館」而買下，而留存至今日。人們認為猞猁眼學會是其他致力於科學之學會的先驅，其中最著名的，就有一六六〇年成立的倫敦皇家學會（Royal Society of London），而本書會在第三十章加以描述（見頁九二八－三一）。

邂逅「新發現的世界」的人們，一四九二－一六一〇年

當我們看到那麼多城市和村莊蓋在水上，而其他大城鎮蓋在乾地上，還有那些直而狹窄的棧橋朝墨西哥而去，我們驚嘆不已並說，那就像他們在《高盧的阿瑪迪斯》（Amadis）的傳說裡談到的魔法，因為有水中冒起的巨塔和巨大建築，還全是用石材蓋的。而我們的一些士兵甚至問說，我們看到的是不是一場夢。對於我在此處寫下的不需感到驚訝，因為我們就是見著了過往從未聽聞或見過、甚至連夢都沒夢過的事物，而有太多我不知如何描述的可以去仔細思考。

貝爾納爾・迪亞士（Bernal Díaz），《征服新西班牙》（*The Conquest of New Spain*, 1568）

十七世紀初期最成功的地圖繪製者，是一五九九年定居於阿姆斯特丹的荷蘭人威廉・揚松・布勞（Willem Janszoon Blaeu），當時該城是地圖學的領頭中心。[2]身為一位內行的數學家、天文學家和航海專家，布勞的地圖很快就人人爭搶，特別是一六〇三年開始成為客戶的荷蘭東印度公司（Dutch East India Company）。一六〇七年，他製作了一張世界地圖，上頭畫著一個擬人化的歐陸坐在王座上。[*]接下來的文字把這塊大陸描述為「至高統治者，世界在她腳下，透過戰爭和事業稱霸陸海，擁有琳瑯滿目的大量財貨。」顯示在地圖上的貿易連結，包括了墨西哥和秘魯、印度、非洲和俄羅斯還有遠東，而荷蘭人正在那些地方大舉侵攻葡萄牙的商業活動，並打破亞洲不同群體之間的貿易連結。那些貿易的成果有金、銀、獸皮、甘蔗、毛皮、絲綢、香脂和象牙。布勞後來製作的一張地圖中，他會把歐洲描述成透過「比世上所有財寶和財富都強大的神意之美德與知識」來雄霸天下。這句話總結了歐洲與新大陸頭一個世紀交手的成果。這些文字主張，一種基於戰爭和機會主義、基於貿易和宗教的優越地位，早就已經固若磐石了。這是怎麼發生的？

長久以來，歐洲一直受益於源自印度和中國的商品和技術，包括了絲綢、香料、織布機和紙。中世紀期間，有關東方人的故事大量滋生。約翰・曼德維爾爵士（Sir John Mandeville）和馬可・波羅的著作中都描述過他們的古老文明，其中好幾個比歐洲還先進富裕。[3]哥倫布航向大西洋的目的，原本也是尋找西方航道前往這些「東印度」地帶，並從高利潤的香料貿易中賺大錢。

歐洲人發現大西洋西岸住民所造成的震撼，讓一場「如何想像人類社會」方面的革命準備就緒。每一趟新航程都帶來了新鮮的觀點，以及對實際發現事物的重新評價。由於西班牙入侵住有幾千幾百萬原住民（光是阿茲提克帝國估計就有一千一百萬人）的中美洲內陸時，過程是如此不費吹灰之力，這些新發現就更顯得令人陶醉。[4]

哥倫布一直深信他發現的土地是亞洲陸塊的一部分。最早意識到新大陸的土地並非中國或印度一部分的評論者，是亞美利哥・維斯普奇（一四五四－一五一二年），「美洲」也是以他為名（見頁五七八）。[5]儘管亞美利哥似乎四度前往新大陸，但我們並不清楚他實際上發現了什麼，以及他的紀錄有多大程度是第一手或正確的。每個觀察者都透過自己的先入之見來詮釋印地安人的風俗，而亞美利哥似乎是讀了其他旅行者的傳說，並把那和自己的偏見調和到一致。他那栩栩如生的新聞報導式筆調，使他筆下那些想像中的沒文化野蠻人紀錄，在歐洲人心中根深柢固。「我們找不到有什麼證據證明這些人遵從任何法律，」他這麼寫道，「他們不能被稱作摩爾人（Moors）

---

1 引文出自Stephen Greenblatt, *Marvellous Possessions: The Wonder of the New World* (Chicago and London: University of Chicago Press, 1991), p. 130。

2 見Nurminen, *The Mapmakers' World*, pp. 282-300，該處全面分析了布勞的諸多地圖，並有絕佳的圖片。

* 原本的地圖在第二次世界大戰期間佚失了，但其紀錄有保存下來。

3 這些資料來源的問題在Shayne Aaron Legassie, *The Medieval Invention of Travel* (Chicago and London: Chicago University Press, 2017)有詳盡的記述。

4 關於此事件之概述，可見David Abulafia, *The Discovery of Mankind: Atlantic Encounters in the Age of Columbus* (New Haven and London: Yale University Press, 2008), chapter 5, 'Comprehending the Americas-Outlining the Coastline for a Way to Asia'，以及第六章'Conquests'；Greenblatt, *Marvellous Possessions; Anthony Pagden, European Encounters with the New World* (New Haven and London: Yale University Press, 1993)；John Thornton, *A Cultural History of the Atlantic World, 1250-1820* (Cambridge: Cambridge University Press, 2012)。Siep Stuurman, *The Invention of Humanity*, chapter 5, 'The Atlantic Frontier and the Limits of Christian Equality'，是談西班牙人對美洲印地安人看法的重要章節。來自西班牙本土的看法，可見Geoffrey Parker, *Emperor: A New Life of Charles V* (New Haven and London: Yale University Press, 2019)。

5 見Abulafia, *The Discovery of Mankind*, chapter 19, 'Vespucci's Tabloid Journalism, 1497-1504'。

或猶太人，而他們比非猶太人（Gentile）還糟，因為我們沒看到他們有做出任何獻祭，也從來沒聽到他們禱告。」[6]在他的描述中，印地安人對於自身裸體的明顯不害臊，以及他們據說會把妻子和女兒提供給拜訪者，這些描述都有助於在人們心中創造一種性墮落的風貌。維斯普奇接著繼續控訴一群印地安人會吃人——是那種絕對會讓讀者充滿想像的假消息。雖然說，被鄰近部落抓去囚禁的印地安人，確實偶爾會被吃掉，但就如散文家米歇爾・德・蒙田所留意到的，一個會把異端燒死並在戰爭中犯下可怕暴行的歐洲社會，實在也沒立下一個多高的道德標準。

有些寫作者提供的印地安社會描述，比維斯普奇更慎重。一封由隨同卡布拉爾一起登陸（今日）巴西的佩羅・瓦茲・德・卡米尼亞（Pero Vaz de Caminha）寫給曼紐一世的早期（一五〇〇年）信件顯示，隨著卡米尼亞越來越了解圖皮（Tupi）印地安人的生活方式，他越來越尊重他們。[7]他的信件讀起來，就像是一個想要觀察理解的人所寫下的、逐日漸進的日記；在他最早的報告中，卡米尼亞覺得圖皮人很野蠻，就好像沒辦法建立定居群體那樣活在野外，但後來他拜訪了一個村莊，才察覺那之中有一種更有秩序的生活方式。儘管圖皮女性的裸體有勾起他的淫穢感，但他並沒有像維斯普奇那樣，把這視為一種性墮落的跡象，而是當成他們活在天真無邪狀態的證據。他們威脅不到面前的葡萄牙人，而卡米尼亞的結論則是，圖皮人實在太順從，所以要讓他們改信基督教應該不難。不過，這封信一直到十九世紀才公開，而影響了歐洲讀者看法的，還是維斯普奇那套更聳動的紀錄。

教宗支持西班牙和葡萄牙瓜分新大陸，意味著這些國家被託付了讓印地安人改信基督教的任務。關於如何做到這一點，有著火熱的激辯。西班牙歷史提供了令人不舒服的前例，特別是一四九二年征服格拉納達，和西班牙境內的猶太人大規模改信，這兩次行動都主張了強制改信有其正當性。當前的辯論焦點在於印地安人的既有宗教狀態。他們是否已經聽過了上帝的話語？他們有沒有可能在某個更遙遠的過往就已經改信過，搞不好是靠著傳說中那位和西元一世紀印度有人改信有關的使徒多馬（Thomas）？根據一份紀錄，多馬曾經在朝西的旅程中，短暫停留造訪現在被稱為巴西的國家。這就產生了一種可能性，就是南美洲的印地安人確實聽過上帝的話語，但加以拒斥——而使他們自己陷入致命罪惡（mortal sin）並注定要下地獄。有些人推測，印地安人是一支消失的以色列部族，但再晚一點的調查卻揭露，他們並沒有行割禮。

又或者，印地安人從來都不是基督徒，所以可以和生於基督之前的異教徒歸在同一類。你很難指望他們會上天堂，但或許有一個像是靈薄獄那樣的中間地帶，也就是教宗依諾增爵三世欽定的、未受洗即死去嬰兒的終點。那些讀過了但丁的人應該會知道，靈薄獄是那些活在地獄邊緣「沒有希望但有欲望」的人的歸宿。但上述這些想法，都沒有讓印地安人比較不需要改信天主教或重信天主教。一五一六年當查理五世成為了西班牙國王，且因此成為西班牙美洲領地的統治者之後，他便表明了這是他的優先事務。[8]

其他關於印地安人相對於歐洲人之地位等等的先入之見，也讓辯論火上加油。在此時的教育

6 引文出自Marenbon, *Pagans and Philosophers*, p. 248。特別值得一看‘Pagan Knowledge in the New World’, pp. 247-58。
7 關於卡米尼亞，見Abulafia, *The Discovery of Mankind*, pp. 268ff。
8 Parker, *Emperor*, chapter 13, ‘The Taming of America’，頁三四六有談到查理五世對原住民改信一事的投入。

良好圈子內已無人不知的《政治學》中，亞里斯多德把人類根據他們的理性思考能力來分等。[9]有些種族身體強壯心智貧弱，無法理性思考或做道德判斷而被分為天生奴隸，所以不論法規是否使他們為奴，他們都十分適合勞力工作。在《物理學》中，亞里斯多德提出一個看法，因為宇宙天生就是有階層而和諧的，所以「較低階」種族藉由屈從於「較高階」種族而合乎這種和諧，也是恰如

本頁：十六世紀中《馬格利亞貝奇亞諾抄本》（*Codex Magliabechiano*）上這張圖片描繪的活人獻祭，是阿茲提克曆法上各宗教慶典的特色。

其分的。[10]因此就可以說，印地安人會跟動物一樣，偏好被馴養的安全而不是堅持墮落生活。

這些說法都沒能把印地安群體放到一個令人滿意的位置。但透過自然法則的概念，可以產生另一種方法。就如我們前面看到的，阿奎那相信，某些全人類共有且永恆的原則和道德價值，可以藉由「基督徒、穆斯林、猶太人和異教徒都同樣使用理性思考」而體會到。那些原則和價值包括了上帝的概念、拒絕亂倫通姦、婚姻制度以及正義感。因此可以透過印地安人運作社會的方式，去研究印地安人使用理智的能力最終到了什麼程度。就如我們已在維斯普奇和卡米尼亞的看法中所見，歐洲人發現自己不可能毫無偏見地看待印地安人，而這難題又因為接觸印地安群體的難度而更加艱鉅。有些比較有洞察力的觀察者察覺到問題點——評判的時候沒有可以拿來比對的模範。貢薩雷斯・費南德茲・德・奧維耶多（Gonzales Fernández de Oviedo）在西班牙殖民加勒比海的過程中是一名活躍的參與者，而且多年來他都在伊斯帕尼奧拉島上的聖多明哥（Santo Domingo）生活工作。他的《印地安人通史與自然史》（*Historia general y natural de las Indias*，其中第一部分於一五三五年在塞維利亞發行），設法解決「正確描述一個和歐洲讀者沒多少聯繫點的社會」的難題。他能做的，也不過就是藉由自稱有親眼目睹的經驗，來證明他的評價是對的。[11]

9 見Lewis Hanke, *Aristotle and the American Indians: A Study of Race Prejudice in the Modern World* (Chicago: Henry Regnery Company, 1959)，以及Anthony Pagden, *The Fall of Natural Man: The American Indian and the Origins of Comparative Ethnology* (Cambridge: Cambridge University Press, 1982)。

10 Pagden, *The Fall of Natural Man*, p. 48.

11 關於奧維耶多，見Pagden, *European Encounters*，特別是頁一七－一八，以及五六－六八。

因為很快就發現新領土上富藏銀礦、金礦和其他人們想要的材料，所以西班牙不可免地會想要支配並利用。就實際層面而言，和美洲土著居民地位有關的爭論，是靠著一五一三年在西班牙殖民地訂立的「屈服教條」（Doctrine of Submission）來一槌定音。[12]西班牙的斐迪南二世十分仰賴一份由律師帕拉西歐斯・盧比歐斯（Palacios Rubios）

寫下的報告，此人仔細地調查了印地安人的生活，但他做出的結論是，在平和的表象背後，印地安人其實缺乏理性思考能力：「他們實在太無能又愚笨，以至於不知道怎麼自行治理。」如果他們有過這種特質，上帝想必早就在他們面前展露過什麼了。盧比歐斯接著又概述了他個人認為恰當的社會階級，並主張，「文明開化」的社會非得去利用較不開化的種族來執行卑微工作，才能存活下來。新大陸的西班牙殖民當局需要準備好一個合法程序施行上述主張。有了斐迪南的支持，盧比歐斯草擬了一份標題為《要求》（*El Requerimento*）的文件，要用來正式向印地安群體宣讀，即便他們沒辦法了解其內容。《要求》把斐迪南描述為一名「戰勝野蠻民族之人」且宣稱他獲教宗授權而有權統治。那些接受這要求的群體將獲准自由生活，甚至不會被要求改信基督教，儘管該文件堅持傳教士在他們之間要獲得完全的行動自由。《要求》也提出了其他定義不明確的特權。《要求》警告，如果美洲土著拒絕服從新領主的要求，「在上帝的幫助下，我們將強勢進入你們的國家，且會對你們發動所有可行手段的戰爭，且將給你們掛上軛，服從於教會……我們會奪走你們的妻兒並使他們為奴。」它實在不能說是一份「提案」，而是一份實際上讓印地安人別無選擇，只能服從西班牙統治的命令。在那些強迫推行《要求》的人眼中，這道命令因為符合《聖經》和其他說法來源而有正當性；那些說法還包括了古代歷史中強國對弱國強加其意志，以戰爭來威脅人臣服的先例。十字軍和收復失地運動則是提供了比較晚一點的先例。有許多西班牙人對此表達抗議，包括那些追隨阿奎那而主張「愛好和平的人民不可加以降伏」的道明會成員，但要求強行控制印地安人的壓力實在太龐大，而蓋過了他們的聲音。《要求》替日後的美洲征服立下了將被遵循的模式。而委託監護制（encomienda）也和《要求》同時建立；藉由這種制度，特定的個人可以全權支配那些永久分派給他們的勞工。由於委託監護者能夠任意遷徙那些分派給他的勞工，並因此拆散了原本的社會群體，所以實際上就是一種奴隸制。其中的道理是，只有把印地安人移出他們本來的異教徒社會時，他們才有可能改信。

《要求》承諾讓那些默許其要求的人獲得自由地位。但關於印地安人能否（以亞里斯多德《政治學》概述的論點為根基而）依法為奴的爭論，仍然方興未艾。教會沒能提供多少幫助。可能是迦帕多家教父（Cappadocian Fathers）之中最傑出的「尼撒的貴格利」，曾經於四世紀晚期時譴責了奴隸制度。他在《傳道書第四講》（*Fourth Homily on Ecclesiastes*）中主張，上帝不會創造出兩種人類，一種奴隸、一種自由；而如果人類真的是「按上帝形象」創造，那他就不可能是奴隸。然而他的發聲可說孤立無援——事實上，奧古斯丁把奴隸制度當成上帝對罪惡的懲罰*，而且整個一千紀期間，歐洲都維持著奴隸制度（見頁一九二）。儘管如此，由於教會禁止基督徒奴役基督

---

12 見Abulafia, *The Discovery of Mankind*, chapter 22, ‘A Compulsory Voluntary Requirement, 1511-1520’。

* 奧古斯丁在他的《舊約七書疑問》（*Questiones in Heptateuchum*）中主張，奴隸制是罪惡的後果。儘管他沒有堅持奴隸該獲得自由，但他確實有主張要善待他們。

徒，所以歐洲境內對歐洲同胞的奴役行為在一五〇〇年時滅絕了。發現非洲和新大陸讓奴隸制死灰復燃。這件事有《聖經》內容作為支持，也就是挪亞對兒子含（Ham，被認為是全非洲人的祖先）下了詛咒的部分（譯注：因為含看見挪亞的裸身，所以挪亞詛咒含的兒子迦南做他兄弟的奴僕）；這段內容在中世紀被用來替農奴制背書，而到了此時，在十六世紀的新脈絡下，則是被拿來支持奴隸制。根據一份英國的資料來源所言，農奴和奴隸便是含的後代，因為「他所有的後人都要如此地黑而可憎」。*羅馬法也讓人合法奴役那些本來大有可能被勝利一方殺掉的戰俘。但現在，種族這個要素加入了局面中。落入葡萄牙人探索範圍內的非洲黑人，因為種族特徵而容易被人們差別對待。這些黑人奴隸裡，有許多是早在當地的衝突中就已經先被俘虜，後來又透過當地非洲菁英轉給歐洲人。[13]

一四五五年尼閣五世授予葡萄牙國王阿方索五世（Alfonso V）對非洲人強制施行永久奴隸制的權利，也就讓奴隸制得到了來自教宗權力的批准。一五一八年，皇帝查理五世核發執照，准許非洲奴隸進口至西班牙殖民地，於是便讓現代史上一個對人類最殘暴的剝削行動從此長久持續下去，而這種行動也替未來眾多世紀的種族控制及種族征服立下了固定模式。奴隸貿易到十七世紀早期為止都是天主教事業，但那之後新教徒貿易團體也會進行。

西班牙勢如破竹的擴張，讓奴役印地安人的相關辯論起了轉變。西班牙人遇到了高超而悠久的帝國，但後來不費吹灰之力就征服了。傳統上來說，征服之所以不力，要歸功於歐洲軍事火力的優越。儘管西班牙騎兵確實勢不可當，但近期的研究揭露，西班牙能夠利用結盟，還會招募遠比西班牙部隊多上太多的當地傭兵團體，來孤立他們的對手。位於今日墨西哥的阿茲提克帝國，在人口因為天花蔓延而衰退之後，於一五一九至一五二一年間被埃爾南・科爾特斯（Hernán Cortés）打敗。印加帝國則是於一五三三年被弗朗西斯科・皮薩羅（Francisco Pizarro）征服，同樣也是在天花蔓延且西班牙人從印加帝國統治的人群中招募了支援之後。儘管亞美利哥・維斯普奇主張，他遇到的那些印地安人沒有宗教信仰（下個世紀會修正這種錯誤概念），但事實上印加人與阿茲提克人都興建了美輪美奐的神殿，有著祭司進行精緻的祭祀儀式。此外，他們還有國王、有貴族，以及與周邊群體進行貿易的商人階級。他們的建築物和工藝品證明了他們有發達的手工藝。阿茲提克和印加有別於加勒比海岸的印地安社會，他們建造了巨大的城市。如果要用一個特色來代表文明，那就是城市生活，一個自從希臘時代以來就在歐洲思想中根深柢固的觀點。所以他們實在無法符合亞里斯多德的自然奴隸分類。

面對這個新證據，當時最受尊崇的西班牙神學家——道明會的弗朗西斯科・德・維多利亞（Francisco de Vitoria）在一篇寫於一五三九年的講課內容《談印地安人》（*On the Indies*）中，探討了這個議題。[14] 維多利亞深受湯瑪斯・阿奎那的自然法則信念所影響，而試圖用這種法則來詮釋在新大陸的諸多意外發現。人們居然如此欣然地認定西班牙的掌控有正當性，令他相當擔心。儘管教宗可能對基督教同胞有管轄權，但他有權把這擴張到異教徒嗎？對維多利亞來說，答案很明

---

* 說這句話的是英國水手喬治・貝斯特（George Best），他在一本於一五七七年出版的遊記中這麼替自己的看法做結。研究十六世紀奴隸制的文章多半都會引用這句話。

13 Thornton, *A Cultural History of the Atlantic World*, chapter 3, 'The African Background'，有著不錯的記述。

14 見Marenbon, *Pagans and Philosophers*, p. 251。

顯是「沒有」，而他在論點中用到亞里斯多德的地方，不會比阿奎那的自然法則概念少。維多利亞主張，亞里斯多德從來沒在哪邊說他接受「像奴隸」的人真的應該要被奴役。儘管西班牙人有權待在美洲，但他們有責任要帶著尊重對待印地安人。畢竟，阿茲提克和印加帝國都透過「認同家庭關係」以及「城市生活井然有序」來清楚顯示，他們可是了解自然法則概念的。但另一方面，從他們執行活人獻祭和崇拜偶像的行為來看，他們恐怕尚未了解。所以或許可以說，他們待在某種邁向完全文明的中途之家。在這個地方，維多利亞回歸亞里斯多德的說法。「哲人」主張，女人和孩子缺乏使用理性思考的能力。然而男孩子有一天將會有能力這麼做。所以，或許印地安人可以等同視為男孩。儘管他們沒透過成長學會理性思考，但還是有可能透過教育給他們灌輸理性。雖然人們常認為維多利亞是承認印地安人有權利且應尊重對待的先驅人物，但如果他要求印地安不應受侵擾，那麼，他同時抱持的「西班牙人有權在美洲」的信念，就可說天真到無可救藥。西班牙帝國對美洲大陸越來越深的依賴，抹殺了印地安人不受侵擾的任何一絲機會。

維多利亞接受了西班牙人讓印地安人改信的權利。但試圖詳細闡述基督教神學是一個大挑戰，要跨越語言隔閡尤其困難。三位一體的本質或者聖靈的功用，連歐洲人自己都覺得很難解釋或領略了。當他們跟印地安人說，基督教教會的核心聖禮「聖餐禮」是要吞下基督的肉與血時，他們想必會納悶說，為何自己吃掉俘虜的行為會被他們認為邪惡。傳教士們在混亂中慘敗，且有報告指出，印地安人聲稱或許基督徒能理解基督教上帝，但上帝對他們而言毫無意義。雖然有人試圖透過圖畫書來讓人改信基督教，但人們也漸漸接受，只有先教印地安人學會西班牙文，才有那麼點機會能促成有實質意義的改信。當然，這意味著基督教只是專屬於某一個文化傳統，到了別地方不一定能夠流通，但這種想法在十六世紀實在不會讓人開心。得要等到十八世紀啟蒙運動造成思潮轉變，哲學家們才能夠提出這樣的論點。和印地安人的為數眾多相比，實際改信的人實在很少，因此天主教福傳（evangelism）的影響力也受到了限制。在許多案例中，面對臣服於西班牙宗主權的在地菁英，統治者也只能放任不管，能要求他們做的，頂多就只有在當地收稅而已。這些群體處在委託監護制行動的勢力範圍外。

儘管有上述各種新措施，且新措施的效率有實作上的限制，辯論還是持續了下去。由胡安・吉內斯・德・賽布維達（Juan Ginés de Sepúlveda）寫於一五四四年的極端種族主義書籍《第二個德謨克利特：談與印地安人開戰的正當理由》（*Democrates Secundus*）闡述了印地安人是「天生奴隸」的論點。[15]從來沒有親自造訪美洲的賽布維達，把印地安人描述為次等人，「沉溺於每一種不節制和邪惡放縱。」他過度強調了這些人沒有發展出書寫文字，所以對自己的過去沒辦法有任何了解，也沒辦法擁有一個演變成熟的成文法系統。他們因進行偶像崇拜和活人獻祭而冒犯自然法則，活該要遭到征服。賽布維達又基於這些人確實被征服而成為新主子底下卑賤臣民的事實，進一步正當化西班牙人對印地安人的支配權。賽布維達著作中的煽情修辭，讓那些看法遠比他慎重而冷靜的神學家也大動肝火。維多利亞利用了自己的影響力禁掉這本書，令賽布維達憤怒不已。於是，賽布維達就把他的挫折，發洩到那名替印地安人向征服者做出最高明辯護的人身上。那人

15 見Pagden, *The Fall of Natural Man*, chapter 5, 'The Rhetorician and the Theologians: Juan Ginés de Sepúlveda and his Dialogue, Democrates secundus'。另見Marenbon, *Pagans and Philosophers*, pp. 250ff。

就是巴托洛梅・德・拉斯・卡薩斯（Bartolomé de Las Casas）[16]。

拉斯・卡薩斯於一五〇二年首度抵達西屬西印地亞斯群島。一開始他是個尋常的殖民主義者，甚至從非洲進口奴隸，並參與了委託

本頁：古巴酋長哈土依因為反抗強推基督教，而被西班牙士兵燒死在火刑柱上。巴托洛梅・德・拉斯・卡薩斯在1552年出版的《西印地亞斯毀滅之概述》中，揭露了西班牙殖民者的暴行。

監護體制。當他日漸察覺到行為中的虐待，且在一五一二年經歷了一次西班牙水手對古巴土著的大屠殺之後，他有了深刻轉變（其中關鍵的《聖經》章節是〈德訓篇〉三十四章二十一與二十二節）。（譯注：奉獻不義之財，乃是凌辱的祭品，惡人的供物，上主絕不會悅納。上主只善待那些在真理和正義的路上，期望他的人）。並於一五二二年成為道明會修士。接著他將奉獻一生於觀察和支援印地安人。他有過一句知名的宣言：「就如我們將印地安人視為野蠻人一樣，他們也認定我們是野蠻人，因為他們不了解我們。」這是兩千年前希臘歷史學家希羅多德寫希臘城邦周邊不同文化時，所提出的一個觀點。[17]一五三七年拉斯・卡薩斯說服教宗保祿三世發布《卓越上帝》（*Sublimis Deus*）這份教皇通諭，該通諭宣布，基於印地安人是不能剝奪權利的理性人，所以奴役印地安人不合法。他的下一戰是廢止委託監護制，但儘管獲得了時任西班牙國王查理五世的同意，（靠著所謂的《新法》〔New Laws〕）把控制西班牙勞工的權利轉移給君王來放寬制度，但他卻面臨了委託監護者激烈的反抗，特別是在秘魯。[18]拉斯・卡薩斯拒絕幫委託監護者赦罪，並威脅將他們逐出教會來跟他們對抗之後，他在墨西哥的主教位子就坐不下去了。一五四七年他被迫回到西班牙，而國內的敵人打算譴責他叛國。

儘管君王和教會都反對委託監護制，但查理就是沒辦法把意志強加在遠方臣民身上。住在印

16　拉斯・卡薩斯是這些辯論的核心人物，所以在本章注釋４提到的資料來源中都有記述。尤其可看 Pagden, *European Encounters*, pp. 69-87。

17　引文出自 Keith Thomas, *In Pursuit of Civility: Manners and Civilization in Early Modern England* (New Haven and London: Yale University Press, 2018), p. 250.

18　Parker, *Emperor*, 'The New Laws' and 'The Rebellion of Peru'，頁三五八至六七對這部分處理得很不錯。

地安群體內的極少數西班牙移民，讓自己處在了岌岌可危的狀態下，而他們向查理施壓，要求持續支援他們。但他評估這些人的需求時，始終缺乏足夠的正確資訊。查理也受限於一項需求，就是讓美洲的大量資源流入他的財庫，好支撐他維繫自己這個歐洲帝國的成本。[19]

控訴拉斯・卡薩斯的人理所當然地援引賽布維達來支援論點，而這兩人還真的為了一次日後會很出名的公開辯論，而於一五五〇年在瓦拉多利德（Valladolid）相見。[20]賽布維達重申了他的論點：印地安人是應得懲罰的異教徒，也必須要加以平定，好讓他們改信基督教；活著卻毫無條理秩序的他們，活該要被他們的西班牙主人教訓。拉斯・卡薩斯的反擊則是主張，《聖經》並沒有哪邊寫說，對方若是異教徒，征服他們的行為就能被寬恕；而且印地安社會根本不是活在罪惡和失序中，而是展現了井然有序且文明發達的跡象。因此，唯一能讓他們改信的方式，就是透過和平手段。他接著繼續主張，西班牙人為了致敬自己那位在他看來該叫「貪婪」（！）的女神而犧牲的印地安人，數量遠遠超過了印地安人過去幾百年裡為了他們的諸神所獻祭的人數。儘管辯論的裁判們沒有提出最後論定，但雙方都自稱獲勝。一五五二年，拉斯・卡薩斯以他在塞維利亞出版的《西印地亞斯毀滅之概述》（*A Short Account of the Destruction of the Indies*）明確解釋了論點，而該書也被認為是史上第一本詳述西班牙殖民主義殘暴之處的作品。拉斯・卡薩斯擁護那些抵抗西班牙統治的人，特別是古巴酋長哈土依（Hatuey），他因為反抗強推基督教，而於一五一二年被燒死在火刑柱上。在拉斯・卡薩斯看來，西班牙人看印地安人就跟看摩爾人一樣——當成活該要被收復失地的異教徒。*然而，就算可以說「摩爾人」曾經征服西班牙，所以西班牙人能名正言順地試著重新拿回土地，可是在美洲的例子中，是西班牙人自己無緣無故跑去征服別人。《西印地亞斯毀滅之概述》當然被視為對同胞的直接攻擊，而拉斯・卡薩斯因此被西班牙史學家一路誹謗到二十世紀。新教徒使用這本書來證明西班牙天主教的邪惡殘暴。†

拉斯・卡薩斯晚年在《致歉文》（*Apology*）中詳盡說明了他的論點。身為一名道明會成員，他已經習慣開發錯綜複雜的神學論點，並透過它來盡量淡化印地安人的偶像崇拜特質，甚至企圖宣稱他們的異教信仰優於他詳細分析過的希臘羅馬社會中的異教信仰。《致歉文》特別有趣的地方在於，它把印地安人放在他們原生的環境中來談，並強調環境會影響他們社會發展的方式——而且會持續往更複雜的面貌發展下去。拉斯・卡薩斯不斷提到印加帝國和阿茲提克帝國的城市、印地安人的工藝和他們是如何地欣然學習歐洲人。拉斯・卡薩斯在他最有想像力的論點中宣稱，獻祭是接受至高神性的跡象，而祭品越是寶貴，崇敬上帝的感覺就越強烈。那麼，還有什麼能比人類更寶貴呢？他斷言，印地安人現在達到了準備好接受最高地位文明、也就是基督教的那一刻。「若在不帶離其天生狀態的情況下，這些印地安人都是親切友善且面貌和諧，而能夠得到高貴的靈魂。」由於印地安人不比歐洲人，他們相對地沒那麼腐敗，所以他主張，他們若能身為基督徒，

19　關於查理與美洲之關係的評估，可以在同上出處中的'Did Charles Really Care?'，頁三七二至七五找到。

20　Hanke, *Aristotle and the American Indians*，第四至六章詳細討論了這場辯論。

*　有一名參與了一四九二年收復格拉納達行動的墨西哥總督安東尼奧・德・門多薩（Antonio de Mendoza），就認為對美洲印地安人使用同樣的殘暴有其正當性。見Parker, *Emperor*, p. 359。

†　《西印地亞斯毀滅之概述》於一六五六年由約翰・菲利浦斯（John Phillips）翻譯成英文，然後被威廉・達文南特爵士（Sir William Davenant）改成劇作《西班牙人秘魯殘暴記》，於一六五八年極其罕見地獲得了奧立佛・克倫威爾的上演執照。

其生命品質很有可能會優於他們的征服者。

拉斯・卡薩斯被控誇大西班牙統治暴行。他聲稱西班牙人「用劍和長矛，以及活生生燒死人」殺害了四百萬男人、女人和小孩，不過近代研究主張，這種大規模人口減少大半是因為疾病。但這並沒有削弱拉斯・卡薩斯思想的重要意義。他是第一個在基督教脈絡下認真嘗試賦予異教徒權利的人，而這樣的行動為他贏得了人權概念創建者的榮譽。然而，他就差了那麼一步，而沒能促成一種全人類平權的信條。拉斯・卡薩斯仍是一名基督徒，對於自身信仰的優越性充滿信心。他從來沒主張要中止西班牙的傳教活動。舉例來說，他就承認教會有權處罰那些改信基督教卻又回頭的人。只要基督徒仍然認為非基督徒就是不那麼值得尊重，那麼，任何由他們提出的非基督徒權利論點，都還是會缺乏真正的道德力量。這裡有個自相矛盾的情況。越多像拉斯・卡薩斯那樣的提倡者主張印地安人有理性思考能力，神學家們就越難了解，為什麼這樣的「理性思考」沒能讓他們抵達天主教的真理。

儘管《致歉文》在拉斯・卡薩斯有生之年都沒有印刷出版，人們還是知道這本書，並有人讀過。它的論點重新出現在其他同時代的研究中。一五七〇年代荷蘭人起義反抗哈布斯堡家族時，就欣然採用了《致歉文》描述的西班牙暴行。安東尼・派格登（Anthony Pagden）在《自然人的殞落：美洲印地安人和比較民族學的起源》（*The Fall of Natural Man: The American Indian and the Origins of Comparative Ethnology*, 1982）中，把《致歉文》視為「一篇坦率的比較民族學文章，就我所知是以歐洲語言所寫的第一篇」。[21]

一五六〇年，西班牙皇家審查官嚴禁任何人討論印地安人問題；這個主題太令人不安了。然而，一五九〇年何塞・德・阿科斯塔（José de Acosta）出版了《西印地亞斯自然和精神的歷史》（*Historia natural y moral de las Indias*），這是一本對印地安人生活方式的精細研究，避開了爭論並企圖提供一種客觀而有條理的描寫。[22]一五四〇年阿科斯塔出生於西班牙，還是個孩子時就加入了耶穌會。他參與了耶穌會的傳教擴張行動，一五七〇年抵達秘魯，後來在利馬（Lima）成為一名神學教授。他有可能親眼見證自稱有權坐上印加王座的「最後印加人」圖帕克・阿馬魯（Túpac Amaru）於一五七二年九月在庫斯科（Cuzco）大眾廣場上殺雞儆猴地遭到斬首。西班牙來的總督弗朗西斯科・德・托雷多（Francisco de Toledo）要十萬名美洲印地安人列隊見證圖帕克・阿馬魯在被處決前承認基督教上帝。這一幕讓阿科斯塔對西班牙統治的現實不再有幻想。儘管他從來沒像拉斯・卡薩斯那麼強烈譴責西班牙暴行，他仍然堅決要探索印地安人的生活方式。儘管健康不佳，他還是進行了三次長途旅程進入秘魯內陸，另外在最終於一五八七年返抵西班牙的歸途上，他還深入了墨西哥。跨越了安地斯山脈的他，寫下了已知的第一份高山症紀錄。阿科斯塔也推翻了亞里斯多德認為靠近赤道處因為熱帶過熱而沒辦法生長生命的看法。海拔、風和太平洋都造成氣候冷卻。古代的資料來源再度遭到經驗挑戰。阿

下頁：畫在阿茲提克草藥書《巴迪亞努斯抄本》（*Codex Badianus*）中的阿茲提克草藥，包括了眼睛腫脹、失眠和耳朵痛的治療法。這裡展示的是拉丁譯本（1627年），西班牙文原典大約是1550年前在墨西哥編輯的。

21 Pagden, *The Fall of Natural Man*, p. 122.

22 對安東尼・派格登來說，阿科斯塔是關鍵人物，同前注，第六－七章。

r yoco=
huitl.

Cochiztzihuitl.

Maçayelli.

Tzoxouhiqui p

nissio, uel intermissio.

liciunt, et conciliant herba tlah
az. foueam nascitur, et Cochiz
le trita, frondiq illita, trite uero
xihuitl ex frondibus liquore

lepulsio.
uos aliquos capillos super pru-
tius odorem olfeceris, et tuis
uispiam afflauerit. Hoc
sed in noua testa uel olla
utatis uisceribus illius super
insar carbonis. Ubi combusm=
bendum modice sumes.

Caput tertium de aurium p
de surditate, uel clausula

Putrescentibus auribus radix maça
be tzoxouhiqui pahtli semen, alig
quilin folia cum salis mica in aqu
instillata comedant plurimum
riculis duaz. arbusculaz. frondes trite
Arbuscule uocantur tolona et Tlapa
pretiosi tetlahuitl, tlahcalhuatz
xoxouhqui chalchi nitl cum arboris
quaze frondibus tritis in calfacta
ti; instillatique conclusas aures ada

Tetzmitl.

Tequixquiçacatl.

Azcapan yxhua-
tlahçolpatli.

Huihuitz y
chiztzipihu

Oculi tumescentes

Frutices Tetzmitl, et Tequixquiçacatl et lapillus qui in hirundinis uentriculo albus siue pumiceus inuenitur trita in sanguine eiusdem auiculę oculos turgescentes, et faciem calore flagrantem prohibent, comprimuntque.

Somni amis

Somnum intermissum allic
çolpatli, quę iuxta formicar
xihuitl cum hirundinis felle
herbulę Huihuitzyocochizxi
expresso corpus ungi debet.

Somnolentię de

Somnolentias fugabis si tuo
nas projeceris et fumigantib
auribus suffimentum qu
facto [illegible] eis contentus, sei
leporem euulsi, et amput
prunas sine aqua coques in
eris cinerem in aqua bibe

科斯塔便在回程途中詳細寫下了《西印地亞斯自然和精神的歷史》。

阿科斯塔明白，讓印地安人改信的布道團，過去都因為無法了解其社會及語言本質而困難重重。人們太常在完全不知有眾多不同印地安文化、不知其多樣性就與植物種類一樣多的情況下，就做出關於「印地安人」的泛泛之論。阿科斯塔自認為，他從秘魯和墨西哥之行累積知識，而比其他觀察者走得更前面。他根據各個社會和民族住在城市的程度、接受法律的程度以及擁有更換或選舉領袖之制度的程度，把他所知的文化分成精細高超程度依序遞減的三個組。阿科斯塔的分類方式，是就目前所知第一個試圖創造涵蓋歐美亞之全球民族學的分類方式。他最先進的那組還包含了中國人。大部分的印地安群體都歸在阿科斯塔的第二組；他們活在一種有些許政府和家庭生活概念、但沒有複雜社會組織制度的群體中。第三組就是我們現在所謂的狩獵採集者。他們沒有穩定的家庭結構，將就地食用老鼠和蜥蜴等初階食物，而且本質上是流浪者。阿科斯塔認為，這是社會的原始形態，但大部分的印地安群體都已經跳出這種形態而進入第二組。一如社會組織形態一組一組各自不同，他們的宗教思想和語言精細度也是一組一組有別。

只要那種從一組爬向上一組的自然進展確實存在，印地安人準備好被帶進最高組別——也就是基督徒——的那一刻終會到來。這會是演化歷程的自然終點。一種可追溯至亞里斯多德的傳統認為，理性思考能力是存在的最高狀態。接受這套思路的神學家如阿奎那等，都相信這能力會使人認同單一上帝。那麼，一種基督教早期的信念就可以重生，也就是，上帝特地創造羅馬帝國，來提供一個散播基督教的搖籃。阿科斯塔主張，西班牙帝國是在上帝的命令下要履行同個功用。*

從《西印地亞斯自然和精神的歷史》同時包含印地安人口述歷史和作者對其社會之分析的這

一點來說，這本書是有意識地做出了突破。然而阿科斯塔十分仰賴古代作者。事實上，一位早期法國翻譯者認為這部作品的敘事和希臘歷史學家希羅多德有關，其分析則和普林尼的《自然史》有關；阿科斯塔自己則是致敬了泰奧弗拉斯托斯的植物學著作，也向亞里斯多德致敬。†他就像典型的耶穌會成員那樣，接受的訓練是阿奎那的經院亞里斯多德主義，但他也希望強調，亞里斯多德蒐集了眾多對自然世界的經驗觀察。他理所當然地該接受，就算有著精確觀察，印地安人生活的許多面相還是很難評估。對阿科斯塔來說，就有他所謂的「語言的一座森林」這個難題，在這座森林中，住處彼此相鄰的部族卻被互相無法理解的語言分隔開來。確實，阿科斯塔的著作有一大部分都包含了探索語言本質，以及它如何演變成那麼多不同的形式。究竟是所有語言背後都有一些普世共通概念，還是每種語言都發展了自己的獨特結構？

阿科斯塔越是深入探究印地安社會的本質，他就越察覺到當地文化有多麼地根深柢固。最早的觀察者假定「印地安人可以當作能寫上歐洲文明的白板（tabulae rasae）來對待」，實在是過於輕率。阿科斯塔譴責了那些毀滅阿茲提克文字紀錄而讓別人更難理解其文明的人。他主張，不與基督教衝突的

下頁：在這張大約1615年的版畫《美洲的寓言》中，舊大陸的亞美利哥·維斯普奇喚醒新大陸的美洲土著。這張想像的風景中包括了當地的動植物相，以及看起來像是食人餐宴的活動。

* 英國讀者會很熟悉愛國歌曲〈統治吧，不列顛尼亞！〉（Rule, Britannia!, 1740）的頭幾行，那便是把日後帝國強權興起的特質歸作上天授予：「當不列顛第一次受到天國的指引／從蔚藍的天空下崛起……」

† 希臘博學者泰奧弗拉斯托斯（西元前約三七一－約二八七年）從亞里斯多德手中接下了呂刻俄斯，因為植物相關的著作而被稱作「植物學之父」。

Ioan. Stradanus inuent.
Theodor. Galle sculp. Phls Galle excud.

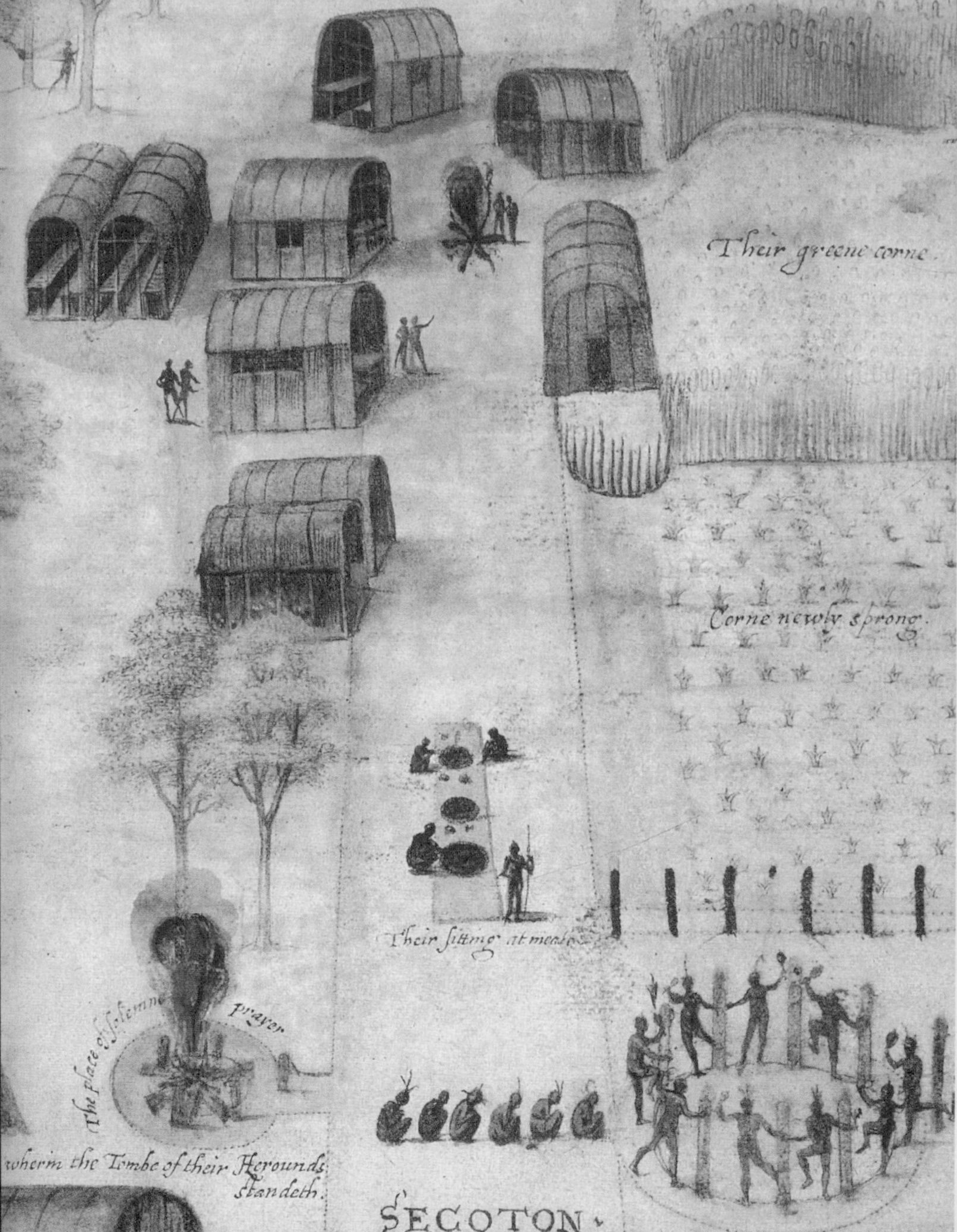
Their greene corne.
Corne newly sprong.
Their sitting at meate.
The place of solemne prayer.
wherin the Tombe of their Herounds standeth.
SECOTON.

土著風俗應該要讓它們維持下去，才能保留印地安社會的結構。基督教神學應該以一種契合既有信仰的方式呈現給印地安人。實際上來說，這意味著地方神祇可以與完全不同體系的基督教聖人聖女混合——就像在地中海一帶那樣，聖母瑪利亞就具有許多希臘羅馬女神的特徵。那群構成了歐洲天主教絕大部分的聖人，可以經過改編後，把印地安各宗教吸納進來。一五三一年一個有墨西哥人特色的女亡靈出現在今日的墨西哥城北部，而她就被認為是聖母瑪利亞，並在改信的阿茲提克人之間被稱作瓜達露佩聖母（Virgin of Guadalupe）來崇敬。那張畫像直至今日都還是大批朝聖者的注目焦點。[23]

阿科斯塔也討論了印地安群體的起源，看似離其他任何一種人類社會都相當遙遠。他同意傳統上人們所認為的，人和其他動物物種是在《創世紀》所描述的六天內創造出來的；另外他也同意在大洪水之後，挪亞所拯救的生命從亞拉拉特山（Mount Ararat）上方舟的最終停留處開始分散，然後重新住滿世界。但阿科斯塔駁斥了「印地安人不知怎麼辦到的在歷史早期某刻跨越了大西洋」概念，而他的根據是，這樣幾千幾百萬的移民不可能跨越海洋。他反而設想，印地安人應該是從亞洲北部的一條陸路進入了美洲。二十一世紀的正統學說主張阿科斯

前頁：英國移民約翰・懷特（John White）畫的水彩畫，畫出了北卡羅萊納州的塞克坦（Secotan）印地安人村落。懷特的繪圖以正面態度呈現了一個印地安社區，描繪出井然有序的村落生活。

23 見 Po-Chia Hsia (ed.), *The Cambridge History of Christianity: Volume Six*, Kenneth Mills, 'The Naturalization of Andean Christianities', p. 504，以及 Thornton, *A Cultural History of the Atlantic World*, chapter 10, 'Religious Stability and Change'。

塔的假設正確，人類的確是趁著海平面較低時，於西元前四萬五千年至西元前一萬兩千年間，跨越白令海峽從亞洲遷徙到北美洲。阿科斯塔還可以藉由主張美洲印地安人和中國人在生理上有些相似之處，來進一步證實自己的理論。既然遷徙涉及了游牧生活，那麼印地安人比較不進步的狀態，就可以用他們花了太多歲月在遷徙上來解釋。一直要等到他們定居下來，他們才能開始演進到更高階的社會水準；先是中國人那層次，然後是基督徒所享有的。阿科斯塔很睿智地無意追溯遷徙時間點，但他假定那是一個持續的流程：社會越游牧，遷徙就越晚近。

《印地安人通史與自然史》大獲成功。這本書於一五九〇年在西班牙出版，而到了一六〇四年便有拉丁文、德文、法文和英文版。這本書一直到十八世紀晚期為止，都是美洲印地安人群體的最權威紀錄。

本章所描述的事件，對於歐洲人甚至全球史的未來有多重要，是再怎麼強調都不為過的。就算從最基本來說，這也是一段無法對抗征服者火力的人們遭受壓迫、然後資源遭到剝削利用的歷程。他們被關進了一個屈從的狀態，許多人直到今日都還關在裡面——儘管奴隸制形式上遭到了廢止。基督教鞏固了自己身為最高階宗教生活的特質，但這多半是在歐洲才為人接受。由於新大陸上無主而可得的資源豐富地帶變得易取難守，歐洲各國間的戰爭也就一併出口到了那去。

歐洲人被迫思考生而為人的意義是什麼，以及一個社會剝削另

下頁：位於今日美國西南部亞利桑那州土桑（Tuscon）的巴克聖沙勿略布道所（Mission San Xavier del Bac）。堪稱西班牙布道所建築最佳範例之一的巴克聖沙勿略布道所，最初是1682年由耶穌會傳教士尤西比奧・弗朗西斯科・基諾（Eusebio Francisco Kino）所成立。

一個社會到什麼程度以內能算正當。他們面對了一個挑戰，要讓歐洲「價值」和截然不同的新大陸群體產生關聯。如果光是一趟哥倫布西行或者瓦斯科・達伽馬東行的旅程，就能夠把對人們對世界的知識革新到那種程度，那麼歐洲人本來的地位和權威，以及他們的知識成就，想必是非常脆弱。其中一位最早的新大陸編年史作者、為阿拉貢國王斐迪南彙編報告的皮特・馬特・德・安吉拉（Peter Martyr d'Anghiera, 1457-1526）就領悟到，這是歐洲人第一次能夠超越古典文獻知識的範疇。英國哲學家法蘭西斯・培根（Francis Bacon）在一六二〇年寫下的文字中主張「在一個物質地球的領域，也就是陸

地、海洋與星辰都敞開大門讓我們看見的時代，如果我們知識世界的極限還被古人狹隘的發現所限制，那就太丟臉了」。[24]就哲學和科學方面來說，古人權威面臨了此時可得的大量全新動植物相與地理資訊所挑戰。這就是顯微鏡和望遠鏡所發現之事物可以被人們接受，且「知識的開展永無止境」的概念獲得主宰地位的背景。就如法國人文主義者兼希臘文教授路易・勒・洛瓦（Louis Le Roy）於一五七五年所言：

> 有多少自然的祕密，是在這個時代第一次為人所知且被人發現。我來舉例就有，過去從未發現的新土地、新海洋，全新面貌的人、規矩、法律和風俗；新的疾病，還有新的解藥，新的天體海洋運作方式……那些現在仍隱藏著的，隨著時間過去將為人所知；而我們的後人將會納悶，我們怎麼對那些事都一無所知。[25]

接受知識會日益累積一事，是「西方心智重新覺醒」的一個關鍵部分。

---

24 Bacon, *Novum Organum*, Book 1, section 84.

25 *De la vicisssitude ou varieté des choses en l'univers*（一五七五年）的英譯本為*The Variety of Things*（一五九四年）。

基督教權威的改革和重振旗鼓？

對上帝的真正恐懼，還有慈善，都已經失去力量和溫度。儘管有多少人幾乎就有多少意見，但幾乎沒有哪個教派是不譴責所有其他教派並渴望獨霸的……如果你在一個城鎮或區域是正宗，你到了別地方就被當作異端……因此就出現了驅逐、枷鎖、監禁、火刑柱和絞刑架，還有我們眼見別人因為在「某些爭論了幾個世紀仍沒搞清楚所以迄今未知的東西究竟哪個比較偉大」方面看法不一而遭受一日又一日的刑罰，所產生的那種悲慘憤怒……連撒旦都設計不出那麼違背基督本性和意志的東西。

塞巴斯汀・卡斯特留（Sebastian Castellio，《論異端以及迫害與否》（*Concerning Heretics and Whether They Should Be Persecuted*, 1554））

前面幾章展現了中世紀和文藝復興時期的心智在全球大發現背景下的活力蓬勃。就如在第十六章看到的，平信徒為自己的宗教信仰負起責任方面，還有透過宗教社團有效執行慈善活動方面，都有著相當可觀的進展。這是一個不均勻的過程。隨著教宗統治的衰退，不論是薩佛納羅拉那種肆無忌憚的講道者，或者像西班牙那類獨裁君主，都可以利用這個真空地帶。但接下來基督教權威並沒有如人們所預期的進一步解體，而是以各種新形式重振旗鼓；那就是宗教改革，因為毀滅了在地的宗教表現方式（尤其是聖地、聖地藝術和珍貴的聖物普遍遭到毀壞）而名符其實。而天主教教會也會熱切而堅定地回應，針對自己原始教義的中心思想做出一次更新，也就是所謂的反宗教改革。簡單來說，一五五〇至一七〇〇年間歐洲思想的發展，是以四分五裂且缺乏互相包容的基督教各派信仰為背景而發生的。那種「宗教改革的本質導致智識和社會方面之進步」的傳統敘述根本站不住腳。許多方面來說，宗教與世俗民族主義的整合是限縮了思想自由，而不是促進了思想自由。接下來兩章，會呈現這些基督教演變中的重要發展有什麼樣的背景。2

儘管教會會議至上主義者、人文主義者、羅拉德派和胡斯派全都談過沒有教宗的教會，但真正發起行動、把教宗從歐洲北部大部分地帶成功排除出去的那個人，其實當初從來沒打算要摧毀教會。一四八三年馬丁・路德出生於薩克森採礦區一個比較富裕的家族中。這個年輕但飽受折磨的神學家是如何在不自覺間投身於對抗天主教教會的唇槍舌戰，這段歷程已經太常有人說過，也就不用在這邊完整重述。他留下的影響非常不同凡響，而且，因為如果沒有他的決心和固執己見，宗教改革就不可能貫徹始終，所以他那實在不吸引人的人格特質已經被無情地分析過了。3

路德一開始先是挑戰了「販售贖罪券好拯救落入煉獄的靈魂」這種普遍但剝削的行動。

一四七六年教宗西斯篤四世發布了一份教宗詔書，宣稱單靠教宗的權利就可以發售贖罪券並獲得利潤。富有到難以置信的奧格斯堡家族企業家雅各布・富格爾（Jacob Fugger），在他獲利最豐的其中一次交易中，從德國販售贖罪券賺的錢中揩了一筆。這筆錢接著又轉送到了羅馬，然後由此時的教宗，麥地奇家族出身的良十世（任期一五一三－一五二一年），來資助重建聖彼得大教堂。路德譴責這種做法的《九十五條論綱》（*Ninety-Five Theses*）不過就是辯論邀約，是一五一七年十月時依照傳統釘在威登堡城堡教堂大門上的文件。這一刻後來被神話化，說是宗教改革的起點。[4]辯論後來擴大到涵蓋對教宗權力和羅馬教廷的激烈猛攻。來自遙遠羅馬的回應既飄忽不定且笨拙。教宗良的詔書《主起來吧》（*Exsurge domine*）沒有針對路德的《九十五條論綱》做出妥當的神學回應（有學問的伊拉斯謨很快就指出了這一點），就只是進一步惹火了路德。面對每個朝他而來的反擊，他都以更挑釁的方式回應。他於一五二〇年公開焚毀那封

下頁：宗教改革出現了第一場小冊子戰爭。馬丁・路德是該時期最有效能的宣傳家，但這份1520年左右、言詞激烈的木刻版畫，則是描繪了新教改革者正與路西法交流。

1　這則短文《論異端以及迫害與否》是在巴塞爾匿名出版。它大半是反迫害的教父們之文章選錄。關於卡斯特留和他的宗教寬恕活動，見本章接下來的介紹。

2　關於宗教改革的文獻非常多。其中最權威的記述，可見MacCulloch, *Reformation*; Cameron, *The European Reformation*; Eire, *Reformations*。

3　近期的路德傳記Lyndal Roper, *Martin Luther: Renegade and Prophet* (London: Bodley Head, 2016) 特別優良。

4　全面的討論見Peter Marshall, *Martin Luther and the Invention of the Reformation* (Oxford: Oxford University Press, 2017)。

5　關於沃爾姆斯議會和查理的回應，見Parker, *Emperor*, pp. 116-26。

Luthers vnd Lutzbers

eintrechtige vereinigung/so in xxij eygenschafften sindt allenthalben gleychförmig verfüget/ Durch M. pet. Sylvium der Christenheyt zu seliger warnung trewlich beschriben/vnd mit Götlicher schrifft vnwidersprechlich ergründet/ wie es am letzten blat ist volkomlicher berürt.

驅逐他的教宗詔書，以及他於一五二一年在沃爾姆斯議會（Diet of Worms）上、與年輕皇帝查理五世的那場出了名的辯論，或許才是宗教改革的真正起點。[5]始終情感激烈的路德此時已沒了回頭路，又在許多德國小邦受到廣泛支持，於是就接下救世主般的角色，企圖創造一種新的基督教派，而拚命散發排山倒海般的大量傳單。就如安德魯・皮特格里（Andrew Pettegree）在他的研究著作《品牌路德》（*Brand Luther*）[6]中所證明的，他利用起印刷術可說格外有效率。有著引人注目的標題頁、內容短又強力的大量傳單，創造了自身的動力，吸引了更多的讀者。路德的許多神職人員夥伴都受到他的態度所鼓舞，而去表達他們自己對教會的失望。天主教教會始終都無法與他

本頁：1524年，在蘇黎世，宗教人像被投入火焰中。新教徒厭惡教堂內的大量聖物，宗教改革期間便出現了遍及各處的毀壞行動，甚至連有真憑實據的聖物也難逃一劫。

的宣傳作戰相匹敵，使得德國各邦內殘存的教宗當局個個潰不成軍。

路德的地盤，也就是長期脫離羅馬勢力的薩克森，支持這位被驅逐且非法的教士。很關鍵的是，威登堡的大學贊助人，薩克森選侯「智者」腓特烈（Elector Frederick 'the Wise'），提供了庇護，從而讓路德不至於淪落到上個世紀揚・胡斯那樣的下場。*後來路德就把他紛擾人生剩下的部分，在威登堡安然度過了。現在需要的是一個超越了傳統改革要求的神學，來創造一種與教宗權威的徹底分家。路德在這邊再度起了重要作用。他提出經文作為他神學的基礎：需要的是sola scriptura，「聖經而已」。因為無法閱讀熱羅尼莫拉丁文《武加大譯本》的人到此時還是懂不了《聖經》，所以這實在是相當革新的想法。路德主張，既然教堂背叛了經文宣告的教誨，那麼就必須將經文恢復為首要地位。他的觀點也激起了針對大學課程的攻擊。倫巴底人彼得的《四部語錄》應該以《聖經》取代，而亞里斯多德應該要遭到譴責。「這該下地獄的、自以為是的、無賴的異教徒，用他誤導人的寫作欺騙了太多優良的基督徒並讓他們出醜，令我悲痛至極。」[7]所以接下來就應該要有地方話經文，而路德便開始動手供應。他（譯自伊拉斯謨希臘文版）的《聖經》德文版，或許是「他最不朽的成就」，[8]特別是因為此版本的散文有著歷久不衰且影響力深遠的品質，儘管琳道・羅普耳（Lyndal Roper）也指出，路德「把他自己在神學上的理解置入他的翻譯中」，尤其是在處理「信仰」問題的時候。[9]*

「聖經而已」的概念，本質上是一個不穩定的概念，因為它會導致對聖經各段落之意義進行沒完沒了的爭論。路德主張，人應該透過實際閱讀文字來尋找基督救贖的中心思想，但他給予某些文字高過其他文字的地位，特別是保羅的《羅馬人書》就高過《啟示錄》等書。他也接受《舊約聖經》中的那些書（特別是《以賽亞書》）應該要詮釋為基督降臨的預言。但這要讓第一次讀《聖經》的人怎麼辨呢？路德這地方顯得矛盾。儘管他堅持，經文的中心思想是直截了當的，但他和其他宗教改革者遲早都得接受，需要有受過訓練的詮釋者來維持教義的連貫一致。[10]

路德派的其中一個矛盾就是，儘管路德把經文放在第一順位，但他又十分倚重奧古斯丁的原罪論——原罪使人類「徹底墮落」，並依賴著自己不配獲得但由耶穌贈予的上帝恩寵而獲得救贖。教會藉由承諾靈魂可以從煉獄中被釋放，並主張個人可以努力來換取自身救贖，而對人們蒙蔽了真相。只有透過擁有信念，「活生生地、大膽地相信上帝的恩寵」，人才能開啟自己獲救贖的機會。這是靠著sola fide——「唯獨信心」而稱義，而這就是路德主義的基石。善行，「公義」（righteousness）是因信念而生，而不是做了之後使人邁向信念或換取到信念。對路德這一點表示同意的法國宗教改革者約翰·喀爾文，會更鞭辟入裡地表達這個看法：「因信得義的，是那些被排除在（善）行之公義外、透過信念領略了基督的義，並穿戴著它，在上帝的視線中看起來不是個罪人而是義人的人。」[11]

---

6 Andrew Pettegree, *Brand Luther* (London: Penguin Books, 2016).

* 腓特烈始終還是天主教徒，至少到臨終前都還是。他與路德並沒有什麼私人接觸，但他覺得身為其統治者，他有職責要提供庇護。

7 引文出自Michael Massing, *Fatal Discord: Erasmus, Luther and the Fight for the Western Mind* (New York: HarperCollins, 2016), p. 396.

8 Roper, *Martin Luther*, pp. 227-28, 421.

9 同前注，頁二〇八。

* 路德的《新約聖經》譯本於一五二二年出版，完整《聖經》則是一五三四年。

10 Cameron, *The European Reformation*, chapter 11, 'The Reformers' Message: Scripture'，提供了傑出的概述。

只要一個人徹底仰賴上帝的恩典，那麼自由意志就是一個「沒有任何現實」的虛構，「因為意圖行善或惡都非人力可及。」[12]路德接著繼續主張，其實他很高興沒有被賦予自由意志，因為如果有的話他就會無法替自己做決定。他「這個人，對理性思考這種『淫婦』，維持一種健康的不信任」。[13]然而如果意志沒有自由，而接納「信念」是基督教信仰的基本要求，那何必去參與社會、貢獻社會？就實際面來說，不管為群體行善的人會不會得救，都得要給他某種獎賞。路德自己則是越主張越過頭，居然說行善其實是有罪的，因為那個人的真正動機是想獲得稱讚。這種對人類動機的詮釋，和文藝復興（以及古典時代）那種入世且有創造力的理想個人，可說天差地別。

這就激起了伊拉斯謨的反擊。在其後的辯論中，人文主義者引用許多經文中勸人行善的部分，來挑戰路德自己的立場。伊拉斯謨巧妙地反擊說，人類又不是一坨黏土，而是會思考有意志的存在。他們想必可以在自己的救贖中起點什麼作用。那些熱切的僧侶，跟那些深思熟慮且在知識方面切離情感的學者，在性格氣質上的不同就跟彼此的神學一樣天差地別，所以辯論起來也完全沒有一丁點機會能做出決議。當伊拉斯謨於一五三六年在沒有悔罪的情況下過世後，路德堅稱他會直達地獄。[14]

伴隨著否定自由意志而生的，是古代哲學的難題「預選說」（predestination），也就是上帝從始至終都已經知道祂會救誰而不救誰。不管一個人相信自己的條件在上帝眼中可能會是什麼樣，那都已經預先注定了。因此，上帝便知道誰會生來就不得救。這就留下了一個難解的神學問題，也就是有沒有神之憐憫這種東西。而路德就跟他的眾多前人一樣，對這個問題感到茫然，且很明顯地希望避免宣稱上帝是惡的製造者。在預選說的辯論中，他選擇強調獲得救贖的機會，而不是遭受譴責的可能性。後來喀爾文還會更無情，堅稱上帝確實是知道誰會被譴責而下地獄，而且這些人身為人之墮落的結果，根本沒辦法指望會有別的下場。[15]

路德就跟威克里夫這類先於他的改革者一樣，十分堅信神職人員和平信徒之間的區別必須消弭。要剝奪神職人員傳統的高尚地位，並把角色限縮於教師、講道者和聖禮主持者。他們現在可以結婚——路德自己就娶了一位前修女——而平信徒的聖餐儀式也不再僅限於麵餅，而是跟胡斯派一樣，可以包括葡萄酒。路德駁斥了聖餐變體論這條教義。*他反而教導說，基督在聖餐現場上會是「真實臨在」（Real Presence），而不是像他在新教徒這邊的大部分對手所認定的那樣，會轉化為麵餅和酒，或者只是象徵意義上在場。†路德後來整個執著於「真實臨在」這則教義，儘管說他無法向對手證明其正確性。他回頭把經文視為終極權威的做法，讓他質疑起天主教儀式中最為核心的七件聖事。他唯一找到有聖經文字支持的一件聖事，就是將上帝恩寵給予嬰兒的洗禮。基於個人不可能與群體隔絕而達到純潔，他譴責修行主義。這些基本道理構成了一五三〇年的《奧格

---

11 同前注，第十章，'The Reformers' Message: Salvation'，對改革派神學有非常好的陳述。喀爾文的引言可以在頁一四九找到。

12 出自路德的 *Defence and Explanation of all the Articles*（一五二〇年）。

13 這確實就是Roper, *Martin Luther*，頁四二三的結語。

14 Ozment, *The Age of Reform*, chapter 8, 'Humanism and the Reformation' 在探討這些問題上是非常傑出的一章。另見Roper, *Martin Luther*, pp. 285-90, 401，談路德譴責伊拉斯謨下地獄的部分。

15 關於預選說的一個難以相容的問題，並沒有明顯的解方：堅持上帝有愛，但也能使那些他決定給予恩典但不接受的人永遠受苦。Cameron, *The European Reformation*, pp. 155-59，探索了一些最終成為延續數世紀之大量神學辯論主題的題目。

* 根據教義，聖餐中的素材被祝聖後，會徹底轉變成基督的肉和血。

† 「新教」（Protestant）這個字來自那些「抗議」（protest）當局禁止路德派的德國政治領袖。

斯堡信條》（*Augsburg Confession*），至今仍是路德派（譯注：今日在華語中有「路德會」、「信義宗」等不同譯名）神學的首要文件。

路德思想的另一個關鍵面向，就是在他想像中路德教派和公民社會之間的關係。在他大受歡迎的一五二〇年演說《致德國基督教貴族》（*To the Christian Nobility of the German Nation*）中，他呼籲諸王成為「應急主教」來取代「敵基督」，也就是教宗。這就形成了一個在既有統治者的監督下持續演進的基督教群體（而如今神職人員改為仰賴這些統治者付錢）。會從中出現的，是一種既保守又權威的教會。在威登堡和其他地方，都有想要接納更極端改革方案的人。路德設法在威登堡約束這樣的發展，但在更遙遠的地方，還有托馬斯・閔采爾（Thomas Müntzer）這一類千禧年主義（Millenarian）布道者，同時吸引了都市的窮人和心懷不滿的農民支持。路德對教會階級的攻擊喚醒了他們心中的希望，相信他會在一場對貴族發動的全力總攻擊中支持他們。但當農民戰爭（Peasants' War）於一五二四至一五二五年間在圖林根（Thuringia）、弗蘭肯尼亞（Franconia）和施瓦本（Swabia）爆發時，他卻呼籲殘暴鎮壓。路德批評起他不同意的那些人時，可是相當凶狠的。湯瑪斯・阿奎那因為和異教徒亞里斯多德的學說妥協，以及他「非基督徒的、褻瀆上帝的、無意義的胡言亂語」而遭到譴責。而且路德對他的敵人也很小心眼，其中包括了在新教中創造了別種教派的人。他對猶太人抱有特殊的惡意。一五四三年路德發布的那份惡毒的小手冊《猶太人與他們的謊言》（*On the Jews and Their Lies*）後來被講道者公然當作納粹德國反猶太的正當證據。

路德教會的成功，靠的是統治者決定成為路德派信徒。在一場路德派信徒諸侯與皇帝的激烈衝突過後，雙方於一五五五年，也就是路德死去的九年後，在《奧格斯堡和約》（Peace of

Augsburg）之中協商出一個宗教協定。這份和約允許各統治者決定自己臣民得效忠的宗教，選項只有路德會和羅馬天主教兩個。所以，基督教在歷史上頭一次成為了地域性宗教，不同的領土配有不同的教派（因此讓選擇的教派和民族主義有了齊一的邊界）。路德從來沒解決（對於一個挑戰過教宗權威和教宗機構的人來說，這情況實在不太尋常）的難題，就是路德派要怎麼對付不令他們滿意的統治者。許多已是信徒的統治者承擔起路德派指派給他們的任務，而獲得教派的稱許。把修道院解散後，他們將財富分配給學校和醫院等公益事業。*他們這麼做就延續了一種上個世紀由宗教社團所建立的傳統。儘管德國還有大片領域（尤其是巴伐利亞）仍信奉天主教，到了十八世紀時，路德會和德國國體（在這邊指的就是普魯士國體）已經密不可分。普魯士的腓特烈大帝（Frederick the Great）稱路德是「祖國解放者」，而德國哲學家約翰・戈特弗里德・赫爾德（Johann Gottfried Herder, 1744-1803）則形容路德把「真正的言語能力」給了一個「在外國語言和風俗的軛下」沉睡的國家。[16]所以路德加入了德國民族主義神話，而基督教的分崩離析也向前踏了一步。

路德派靠著其本質以及在德國各邦公民階級內的根深柢固，而獲得人們的尊重，但卻缺乏活力。路德從沒為自己這項運動的存續制定任何準則。[17]丹麥、挪威和瑞典的統治者採納了路德派，

* 儘管路德認為修行主義是讓靈性遠離現世需求的不正當（而且《聖經》沒有的）分心行為，但有些修道院團體採納了路德主義並持續存活。

16 引文出自Marshall, *Martin Luther*, p. 115。

17 關於路德去世後的影響，見Roper, *Martin Luther*, pp. 406-23。

但除此之外，它在發祥地以外就沒什麼發展，不過後來倒是被德國移民帶到了海外。路德無法容忍任何反對聲音的態度，擔負了無法創造穩定宗教的風險（就如威克里夫追隨者的下場）。然而，在他死後，宗教改革的熱情本質讓激烈爭辯不可免地爆發。那些希望用一冊冊的路德著作加上大量人像來紀念並尊崇路德的人，以及那些像菲利浦・墨蘭希頓一樣拚命想創造一個徹底入世教會的人，有著天生的緊張關係。藉由使用聖衣、畫像以及（最重要的）音樂（未來將有巴哈的莊嚴樂曲）*來延續傳統宗教儀式，有助於鞏固路德派。

菲利浦・墨蘭希頓（一四九七－一五六〇年）是希伯來學者約翰內斯・羅伊希林的外甥孫，他沉浸於人文主義，且是自學而成的傑出希臘文學者（他更改的新姓氏，就是本姓「Schwartzerd」〔譯注：黑土〕的希臘化）。二十歲那年，他在獲派為威登堡希臘文講師時認識了路德，正好就在宗教改革開始時分。他在闡明教義方面有著至關重要的作用，特別是闡明一五三〇年的路德教會基本信條《奧格斯堡信條》。墨蘭希頓天性以和為貴，所以漸漸離開了路德那套小心眼神學，保留了一些空間給自由意志，並強調「行善是上帝恩寵散發之徵兆」的證據。他甚至和伊拉斯謨維持了良好關係。墨蘭希頓的教育家身分特別重要，不只是替各學校籌畫課程，還在德國大學的成立與改革方面都起著重要作用。他確實幫助路德主義更和諧地符合於德國社會，那些被路德粗野辯論文冒犯的英國新教改革者也很景仰他。最重要的是，路德主義是多虧了墨蘭希頓才得以存活下來。

路德的強硬態度，被新一波認為還不夠激進的新教徒所繼承。這波新運動後來被稱作改革派新教（Reformed Protestantism），其領頭人物便是約翰・喀爾文。一五〇九年喀爾文出生於法國北部。[18]在他長大並於巴黎念書的時候，第一波新教潮正開始橫掃法國，而喀爾文則是被迫逃去改革派已經掌控住的瑞士。投身於目標事業的他，寫下了著名的《基督教要義》（*Institutes of the Christian Religion*，一五三六年發行拉丁文版；一五四一年發行法文版），這是一本寫給那些正在研讀《聖經》的人的預備教材，替這種新神學提出了一種遠比路德這輩子試過的都還要有條理的表達方式。喀爾文從來沒受過正式的神學訓練，或許成就了這本書的優點，因為他不論是拉丁文還是法文的寫作風格，都極其傑出地簡約且合乎邏輯。該書的第一版，就產生了其他更傳統的神學大部頭書恐怕都無法產生的立刻影響。《基督教要義》要求對上帝的絕對奉獻，比路德更進一步去譴責任何不讚頌上帝榮耀且不打造基督教國家的統治者。儘管喀爾文曾受過人文主義教育，但他駁斥了那些「在純粹宗教中摻了劣質品進去」的「全體哲學家」。法律必須基於《聖經》前例。《基督教要義》激起了一波對經文的熱切研究，這又轉而導致經文的各章首度被切分成節，好方便讓人引用。

喀爾文就跟路德一樣深受奧古斯丁影響。有一位專注細節的學者數過，喀爾文著作中引用奧古斯丁的次數共有一千七百零八次。所以他相信人類因為原罪而徹底墮落腐敗，且完全仰賴上帝恩寵才能得到救贖。就如奧古斯丁所主張的，損害甚至延伸到了理性思考能力。以喀爾文自己的

---

* 路德是一位優秀的讚美歌作者，其中一首最知名的讚美歌就是〈上主是我堅固保障〉（Ein feste Burg ist unser Gott）。德國巴洛克派作曲家約翰・塞巴斯蒂安・巴哈（Johann Sebastian Bach）後來會在清唱套曲和神劇中納入路德的眾多讚美歌（或者聖詠曲）。

18 最好的傳記有可能是Bruce Gordon, *Calvin* (New Haven and London: Yale University Press, 2011)。

19 這出自《基督教要義》第二冊第二章，'Man Now Deprived of Freedom of Will and Miserably Enslaved', section 4。

說法便是，「人身上良好的理性能力遭到罪的嚴重損傷」，導致人類成了已經退化的存在。[19]天主教教會的腐敗和社會的邪惡，都是人類有罪的直接結果，如今必須恢復純潔。必須要拒斥的不只有教宗和其眾多權力，還有可能會擋在基督徒和造物主之間的任何實體物。他譴責畫像、祭壇、耶穌受難像和聖物為偶像崇拜，導致人們再三發動通常都很暴力的清洗行動，把上述物品通通掃出教堂。喀爾文自己寫了一篇大力譴責的《聖物論》（*Treatise on Relics*, 1543）；順帶一提，這本書倒是針對「朝聖者若行遍宗教改革前的歐洲，可以見到哪些聖物」做了一次非常了不起的調查。甚至連那些真實性獲得確認的聖物，也得集合起來銷毀。挑戰物質主義，對聖餐禮這項教義有著重大影響。喀爾文相信，基督本人不可能在聖禮上現身，除非是從精神層面來說。當然，這就不只是對聖餐變體論，也是對路德的「真實臨在」教義做出了強力駁斥。接下來的爭議又進一步惡化了喀爾文派和路德派的關係。

儘管路德在「如何辨認出上帝選民」一事上含糊其詞，但喀爾文卻為預選說這個概念帶來一股新動力。他在《基督教要義》中提到，上帝已經選好了祂要拯救並一起帶往天堂的人。那些沒被祂選擇救贖的人就會下地獄：「並非人人都以同等的條件創造出來，有些注定要永生，其他人則永遭天譴；而據說，因為每個人都被塑造成走往這兩個結局之一，所以我們能說，人已被預選為生或死。」[20]儘管這可能意指人類無能為力且做什麼都無法自救，但喀爾文的追隨者很快就開始相信，他們自己確實是上帝的選民。喀爾文在布道中說，他們會憑著自己在世間打造上帝之國的熱情，來證明這一點。因此，喀爾文派具有一種熱忱和奉獻心，而且會把它遠遠帶離原本的「首都」日內瓦，也就是喀爾文打從一五四一年出逃法國之後的最終歸宿。[21]

在薩伏依（Savoy）公國的領土大半遭法國占據後，日內瓦於一五三五年宣告脫離該國公爵統治而獨立。路德派於一五三〇年代獲得了該城多個公民集會的支持，而該城便成為了從維持天主教信仰地區逃出的人所聚集的中心。許多難民帶來了自身的技能，而喀爾文一安頓下來，就開始利用他們的特長（主要是印刷和法律）在日內瓦建立他的影響力，而成為該城的主宰人物。一五四〇年代至一五九四年間，該城沒有哪一個部長是本地人出身的。在喀爾文的統治下，日內瓦成了神權城市；此外它也成為新教的印刷業中心，而讓天主教的審查官憤怒不已。

日內瓦的緊密結實，使其成了一個可向外輸出的基督教社會模型。神職人員被安排在公民政務官旁擔任共同管理者，並有指定的專門功用，有人負責選拔神職人員、有人按照喀爾文的詮釋來講道，也有人監督群體道德規範。實際情況根本就不是新教把人從假定的天主教暴政中解放出來；如今信徒遭到管訓，私生活遭到監督，甚至有可能成為喀爾文定義下的異端邪說，而遭到處決。喀爾文特別嚴酷對待那些遵循已批可的禮拜儀式卻看不出內心有效忠的人，並把他不贊同的範圍擴大到法國的新教徒同道——雨格諾派（Huguenots）身上；這群新教徒持續出席天主教禮拜儀式，而和居優勢地位的信仰妥協。喀爾文命令雨格諾派公然表態為新教徒，讓他們和天主教徒產生對立。接下來法國在該世紀中會飽受宗教戰爭所害，眾多慘烈時刻中，就包括了一五七二年

20 這一段以及《基督教要義》中其他相關的段落，都出自第三冊第二十一章，'Of the Eternal Election, By which God has predestined some to salvation and others to destruction'，可於線上取得：https://web.archive.org/web/20060829234225/http://www.ccel.org/ccel/calvin/institutes.iv.iii.xxii.html。

21 見Po-Chia Hsia (ed.), *The Cambridge History of Christianity: Volume 6*, chapter 6, Robert M. Kingdon, 'The Calvinist Reformation in Geneva'。

天主教徒屠殺雨格諾派，被稱作「聖巴托羅繆大屠殺」（St Bartholomew's Day Massacre of 1572，見頁七七八至七九之插圖）而聲名狼藉。[*] 一直要到處事夠靈活的雨格諾派國王亨利四世（Henry IV）改信天主教，並於一五九八年藉由《南特詔書》（*Edict of Nantes*）給予雨格諾派宗教寬恕之後，法國宗教戰爭才來到尾聲。亨利四世這樣的主動出擊在「強化天主教法國君王身為國教權威者之身分」方面是一個重大時刻，而這是後來的國王路易十四會加以利用的方式（見頁八〇八－八〇九）。

喀爾文派的擴張主義者能量，把運動推到了蘇格蘭，那裡有位激情十足的講道者兼神學家約翰・諾克斯（John Knox）引入了改造後的準則；運動也透過德國難民傳來到荷蘭各地，替荷蘭人對抗西班牙統治的艱苦起義提供背後支柱。在中東歐，喀爾文派擅長在任何容許他們進入的政治或地理區位中創造群體。喀爾文派的思想遠渡到英格蘭，激勵了刻苦的清教徒運動，而那到頭來會成為既有教會的眼中釘肉中刺。喀爾文派教徒也在歐洲移民北美定居的過程中有突出地位，他們會在那裡讓宗教成為一股強大而且往往令人恐懼的力量。如今懺悔禮已經廢止，對上帝的恐懼於是改由講道和對性行為進行淫慾監控而傳播出去。

相對於各公國、主教教區和德國自由邦的混雜，英格蘭則是在都鐸（Tudor）王朝之下，發展出一個穩定而中央集權的君主政體。如果要在那個時代找一名最有效率的世俗君主，亨利七世（Henry VII，在位期間一四八五－一五〇九年）雖然採取了斯巴達式統治而引發大量不滿，但仍是最符合的人選。[22] 他的兒子亨利八世（在位期間一五〇九－一五四七年）在教宗拒絕解除他和第一任妻子「阿拉貢的凱撒琳」（Catherine of Aragon）的婚約之後，就開始了英格蘭宗教改革（English

Reformation）。他透過一五三四年的《至尊法案》，就任了英格蘭教會最高元首（Supreme Head of the Church）。（亨利的首席部長湯瑪斯・克倫威爾，曾經找人把十四世紀「帕多瓦的馬西略」的短文——挑戰教會實行法律或政治力之權利的《和平守護者》〔見頁三四九－五四〕——翻譯成英文，好讓該文論點能拿來支持實施皇家至高性。）亨利接連經歷了五段婚姻，但神學上依舊保守。那些已經滿腦子都是歐洲新教的更激進神學家，只有在亨利幼子愛德華六世（Edward VI）的短暫在位期間內（一五四七－一五四三年）掌握過權力。等到愛德華同父異母的姊姊、與天主教西班牙國王腓力二世結婚的瑪莉・都鐸（Mary Tudor，在位期間一五五三－一五五八年）上位，天主教的反擊就出現了燒死新教徒的行徑。如果瑪莉活久一點，英格蘭搞不好就一直是天主教國家了。但隨著瑪莉的同父異母妹妹伊麗莎白（Elizabeth，在位期間一五五八－一六〇三年）發覺可以強制施行一條審慎的新教和解協定，回歸天主教的情況再度逆轉；她的《宗教和解法》（Act of Settlement）以及一五七一年完成最終版本的溫和教義文獻《三十九條信綱》（*Thirty-Nine Articles*）所創建出來的教會，最終成為了一個英國國教，直到今日都還可以辨識出當年的形貌。該教會對於經文、傳統和理性思考這三個神學源頭的倚重，讓該教會得以成為一個牢牢嵌入英國農村生活主流的廣泛教會。

---

* 為了紀念這場屠殺，藝術家喬爾喬・瓦薩里受教宗額我略十三世（Pope Gregory XIII）委託，把這個場景記錄在梵諦岡的國王廳（Sala Regia）內。這幅畫至今依舊存在。

22 見 Steven Gunn, *Henry VII's New Men and the Making of Tudor England* (Oxford: Oxford University Press, 2016)。

宗教改革造成的英國社會動盪是不能低估的。彼得・馬歇爾在他那本嚴謹的英國宗教改革研究著作《異端與信徒》（*Heretics and Believers*）中，把它描述成一場「火山噴發般的改變，其驚天動地的衝擊力，是我們想徹底了解幾乎所有國家的後續社會政治發展時，都得憑藉的根本基礎」。[23]「盎格魯宗」（Anglicanism）這個英國國教會還要過很久才會採用的名稱（譯注：此處按詞意及本段脈絡翻譯，十九世紀以來中文稱英國國教為「聖公宗」），本來是一個由湯瑪斯・克蘭默（Thomas Cranmer）和休・拉蒂默（Hugh Latimer）[*]這一類高學歷核心改革者所支持的菁英主義運動，其成員中有許多人和墨蘭希頓等歐陸同行都有緊密聯繫。他們和亨利八世的大臣們（特別是國王的爪牙湯瑪斯・克倫威爾）共事，來實現推翻教宗權力並創造獨立教會的目標。至於傳統宗教儀式、宗教畫像以及瞻禮日的強力捍衛者，根據依曼・杜菲（Eamon Duffy）的研究證明，其實是平信徒。英國宗教改革的悲劇，就（跟新教歐洲大部分地方一樣）在於毀滅了以聖地和農民年間作息為中心而茁壯的地方基督教。[24]然而，也沒辦法再回歸教宗統治了。到了一五四七年，各式各樣的聖人、聖像和聖物大半都已被焚毀或遭玷汙，修道院則是在財富全被湯瑪斯・克倫威爾移至皇家寶庫之後遺棄，任憑頹圮。神職人員獲准結婚，而禮拜儀式會以地方話來進行。會成為盎格魯宗禮拜媒介的禮拜儀式神聖文獻——《公禱書》（*Prayer Book*）、《詩篇》和《欽定版聖經》，將提供英語中最漂亮的一些散文詞句。新教會信守三位一體、耶穌本質和原罪等基督教傳統教義。它保留了大主教、主教和神職人員的教會階級。最後這一階級會壓倒性地從中產甚至上流階級中選出，而且和周遭保守農村社會的領袖們良好契合。[†]中世紀英格蘭那些宏偉的主教座堂在關門大吉後保持完好。伊麗莎白支持了這些大教堂的唱詩隊，確保盎格魯教會音樂和合唱傳統成了時至今日仍餘音繚繞的豐富遺產。

伊麗莎白最優秀的本事，就是不必「打開男人靈魂的窗」就能保有權威。‡她的謹慎布署，讓天主教徒只要不支持海外派來的教士煽動人民反對她統治，就能夠（身為「不服國教者」〔recusants〕）在地下運作。人們假定這種教士勾結了一五八八年發動無敵艦隊（Armada）攻打伊麗莎白的西班牙天主教國王腓力二世，所以會被當作叛徒來殘暴對待。伊麗莎白的教會就這麼和民族認同合為一體。一九〇一年，學者兼主教曼德爾・克雷頓（Mandell Creighton）稱讚英國宗教改革讓「英國的民族精神變得更堅定、有冒險精神且實際」，進而使人「更誠實、更直截了當、更愛正義且民族道德標準更崇高」。[25]至於受約翰・喀爾文教誨啟發的清教徒，到此時還是一直令英國人惱火。在蘇格蘭，約翰・諾克斯在講道中提倡一種更加純潔許多的教會，沒有階級和裝飾

23　見Marshall, *Heretics and Believers*（引用的評價見頁五七五）。這是關於這些社會動盪的最佳調查。Diarmaid MacCulloch的兩本關鍵傳記分別是*Thomas Cranmer* (New Haven and London: Yale University Press, 1996)，以及*Thomas Cromwell: A Life* (London: Allen Lane / Penguin, 2018)。兩本都提供了豐富的背景細節。

＊　兩人都在瑪莉統治期間遭火刑處決。他們在牛津「殉教」的地點仍然有一座紀念碑供人緬懷。

24　見*Eamon Duffy's classic The Stripping of the Altars* (New Haven and London: Yale University Press, 1992)，及*The Voices of Morebath: Reformation and Rebellion in an English Village* (New Haven and London: Yale University Press, 2001)。

†　到了十八世紀時，如果沒有一個貴族贊助人支持你，你很難在英國成為主教。見Robert Ingram, *Reformation without End: Religion, Politics and the Past in Post-revolutionary England* (Manchester: Manchester University Press, 2018)。

‡　這些詞常常被認為出自伊麗莎白，但儘管這些詞反映了她的態度，但其源頭為何則無人知曉。

25　Mandell Creighton對於盎格魯教會和國家之間的看法，在兩篇論文中有出現：'The National Church: Its Continuity in Order'，以及'The Idea of a National Church'，收入*The Church and the Nation: Charges and Addresses* (London: Longman, Green and Co., 1901)。就我所知，這段引言來自他的其中一封信，但這些論文裡包含了同樣的看法。

物，不那麼與英國上流社會妥協。我們將在第二十七章的探索中，發現這些想法會是十七世紀政治中非常重要的部分。

當「替神學尋找穩定基礎」的難題攤到了檯面上，歐洲新教徒不可免地將進一步分裂。然而新教從許多方面來說仍然保守，從它們主張自己是在回歸已被教宗政府敗壞的早期教會理想，就尤其能看出這點。甚至連喀爾文都宣稱，他不是在發明一種新神學，而是回歸舊神學。它們仍然認定，讓基督和聖靈獲得與聖父同等尊貴和分量的唯一正規方式，就只有三位一體。沒有人想（像早期教會時期的某些人所提議的那樣）把《舊約聖經》當作猶太人過時的經文丟棄，也沒人去挑戰《聖經》的準則，因為它早在四世紀就已經定稿了。四五一年的迦克墩公會議神學結論獲得接納，該次會議頒布命令決定基督的人性和神性不可分割。至於那之後，有人主張，後來君士坦丁堡和羅馬兩地都樹立起專制主義，因此摧毀了古代教會的和諧。奧古斯丁仍被當作最權威的西方神學家而保留原位，而「墮落不配位的人類有著原罪、喪失尊嚴且永久無助」這則教義，仍然不得挑戰。地獄的永恆懲罰等著大多數人。上帝對亞當之罪的持續憤怒，讓憐憫慈悲沒多少存在餘地。

然而，教派之間的差異真實到足以在他們之間創造出捍衛起來不遺餘力的壁壘。「儘管有多少人幾乎就有多少意見，但幾乎沒有哪個教派是不譴責所有其他教派並渴望獨霸的」，我們在本章開頭讀到的這段引言，是塞巴斯汀・卡斯特留不抱希望的評估，他對彼此交戰的法國教會所做出的寬容呼籲遭到了忽視。[26]「所謂宗教改革」，迪爾梅德・麥克庫洛赫（Diarmaid MacCulloch）在他那本宗教起義史的權威著作中寫道：「或許真的可以就當成是兩百年的戰事。」[27]這些在法國、在荷蘭打了八十年、在中歐（三十年戰爭〔Thirty Years War〕，一六一八－一六四八年），以及在不列顛群島內的戰爭，都以殘暴而格外醒目。和這些衝突同時發生的，是一波穩定的迫害行動。讓許多信仰較寬容的基督徒所驚恐的是，喀爾文在眾多保守者支持下，默許了西班牙神學家兼人文主義者米蓋爾・塞爾維特（Michael Servetus）在主張《聖經》經文沒有支持三位一體後，於一五三三年在日內瓦被燒死。（他行經日內瓦被逮捕時，是正在逃離先前的教會譴責。）當重浸派（Anabaptista）這個頗受歡迎的教派宣布，應該把洗禮當作是成年人基於對經文的慎重理解而忠於基督教生活，他們便遭到了暴力迫害。面對挑戰，他們的回應方式是引用經文所教導的，迫害難免到來，屆時只能堅定挺立。其他教派殉道的人都沒有比重浸派多。*

讓塞巴斯汀・卡斯特留怒不可遏的，就是米蓋爾・塞爾維特遭火刑一事。卡斯特留（一五一五－一五六三年）出生於薩伏依公國的貧窮人家，但他傑出的智力很快就被發掘，讓他能在里昂富裕的人文主義環境中學習，並就讀那裡的市立大學。他後來改信新教，並來到日內瓦與喀爾文共事，但兩人很快就吵架了。在他看來，城內基督徒的種種行為都缺乏對自己的承諾，這令卡斯特留感到憤慨。對他來說，仁慈之心以及面對宗教差異保持寬容，都遠比教義來得重要。如果基督徒都能允許過著放蕩生活的人活在他們之間，那他們想必也能容忍那些用不同方式詮釋

26 我使用了Perez Zagorin, *How the Idea of Religious Toleraticn Came to the West* (Princeton, NJ, and Oxford: Princeton University Press, 2003), chapter 4, 'The First Champion of Religious Toleration, Sebastian Castellio'。引言出自頁一〇六。

27 MacCulloch, *Reformation*, p. 671.

* 堅持嬰兒受洗而非成年才受洗的一個結果是，大部分的孩子都被調教成只接受出生時的信仰，而從來沒有經歷別種基督教表現方式。

經文的人。

卡斯特留最終搬到了巴塞爾，在那裡成為了大學教授。他在一五五四年，也就是塞爾維特死後翌年出版的短文《論異端以及迫害與否》，詳細描述了那些曾經主張過宗教寬容的基督教思想家，證明了他們之中有多少人，包括路德和喀爾文在內，一旦為自己取得了權威後，就背棄了自己的立場。卡斯特留主張，異端的概念本身就是會流變的，通常不過就是非主要教義問題上的意見不同而已。知識的自由很重要，尤其是因為它讓意見不合的情況以辯論的方式公開說出。令喀爾文憤怒的是，他證明了《聖經》有多少段落模糊不清，而能開放多樣詮釋（伊拉斯謨講起路德時，也提過一樣的論點）。卡斯特留搶在十七世紀英國哲學家約翰・洛克之前主張，除非和平遭到破壞，否則審判異端就根本不是政務官的事。使用強制手段從來都不是改變信仰的方式。

接著，卡斯特留和喀爾文之間發生了尖銳的筆戰，其中後者的《駁斥塞爾韋特之嚴重錯誤，為三位一體之正統信仰辯護》（*Defence of the Orthodox Faith of the Trinity Against the Prodigious Mistakes of Servetus*, 1554）主張，每個在宗教上因為「犯了大錯」而有罪的人——明顯是指那些不追隨喀爾文的人——都該死。卡斯特留在一份喀爾文死後才新發表的回應短文中，聰明地引用《聖經》段落，來支援他那種不同宗教觀可以和諧並存的多元主義觀點。在他後來的文章中，他追隨伊拉斯謨而擁護自由意志，來反對喀爾文的預選說。卡斯特留的晚年，因為法國爆發宗教

下頁：十八世紀版畫描繪的西班牙神學家米蓋爾・塞爾維特。主張經文沒有支持三位一體的塞爾維特，在約翰・喀爾文的命令下於日內瓦遭到逮捕，並以異端邪說為由，於1553年10月在火刑柱上燒死。

MICHAEL SERVEIVS HISP DE ARAGONIA
C.Fritsch Sculpsit Hamburgi.

The Byble in Englyshe, that is to saye the content of all the holy scrypture, bothe of ye olde and newe testament, truly translated after the veryte of the Hebrue and Greke textes, by ye dylygent studye of dyuerse excellent learned men, expert in the forsayde tonges.
Prynted by Rychard Grafton & Edward Whitchurch.
Cum priuilegio ad imprimendum solum.
1539.
A me constitutum est decretum, ut in vniuerso imperio & regno meo tremiscant & paueant deum viuentem. Danie. vi.
Quod iustum est iudicate
Ita paruum audietis ut magnum.
Deut. primo.
VERBUM DEI
VERBUM DEI
VERBUM DEI
VERBUM DEI
Diuerte a malo & fac bonum: inquire pacem & persequere eam. Psalmo. xxxiii.
Obsecro igitur primum omnium fieri obsecrationes, orationes, postulationes, gratiarum actiones pro omnibus hominibus, pro regibus &c. 1. Timo. ii.
GOD SAVE THE KYNGE
GOD SAVE THE KINGE
VIVAT REX

戰爭而黯然失色。儘管十七世紀還有人讀他的著作，但他的聲音在動亂中逐漸消失了。對於擁護他的歷史學家培瑞茲・札格林（Perez Zagorin）來說：「他的重要性比較不仰賴他的影響力，而是更仰賴他思想的特質，以及他身為為宗教寬容奮鬥的偉大先鋒，在智識和道德上的堅定不移。」[28]和接下來幾章會提到的其他宗教寬容擁護者相比，被多數人遺忘的卡斯特留值得在這裡被我們記住。

日內瓦的嚴苛宗教環境確實不是哪邊都能複製的。強調十六世紀西歐的宗教衝突，讓我們看不到波蘭、外西凡尼亞和今日羅馬尼亞一帶的東歐統治者，為了在十六世紀大量滋生的諸多教派間維繫和平而做的妥協。舉例來說，外西凡尼亞的《托達詔書》（*Declaration of Torda*, 1568）就基於神職人員自身的信仰是上帝直接給個人的禮物，而承認他們根據自己對這份信仰的認識來講道的權利。因為在這裡，「衝突的徒勞無功」對局勢發展的影響力，並不亞於任何一種理想主義；而在接下來的一個世紀裡，隨著三十年戰爭結束，會出現諸多邁向宗教寬容的行動，也是同個道理。[29]

前頁：1539年《大聖經》（*Great Bible*）的書名頁；這本由邁爾斯・科弗代爾（Miles Coverdale）翻譯的《聖經》，是第一本官方批准版英文《聖經》。亨利八世被描繪成教會的最高元首。他被教士和廷臣圍繞，而下方的群眾則以「國王萬歲」（Vivat Rex）的呼聲讚美他。

28 Zagorin, *How the Idea of Toleration Came to the West*, p. 144.

29 Diarmaid MacCulloch, *All Things Made New: Writings on the Reformation* (London: Allen Lane / Penguin, 2016), pp. 7-8，以及*Reformation*, pp. 262-63。

慶祝路德將《九十五條論綱》釘上威登堡教堂大門五百週年的活動，又強化了一個歷久不衰的迷思：宗教改革是從迷信和天主教教會腐敗中解放出來的瞬間，也是西方世界的歷史轉捩點。必須謹慎看待這種觀點。[30]宗教改革確實證明了，要找到基督教信仰的一致教義實在是不太可能，因此就對傳統神學提出了一個巨大挑戰。然而，絕大部分的信徒不是去接受說，這有可能邁向卡斯特留所主張的那種相互寬容，他們反而是被困在自己出生地的教派內，如果試著逃脫就會遭到譴責。就如我們已在塞爾維特和卡斯特留的案例中看到的，寬容是在教會外，而不是教會內滋生。後面幾章會提供更多例子，描述哲學家是怎麼慢慢鑿開基督教堅決捍衛的權威主義架構。

畢竟，宗教改革所強化的奧古斯丁悲觀主義，確保了新教自己不太會是進步思想的媒介。至於神職人員或者他們的集會，面對社會變遷時到頭來還是保守到底。《聖經》裡可以找到前例（其中大部分來自《舊約聖經》），來把奴隸制（見頁六九三－九四）以及使用暴力達成上帝意志的行徑都正當化。奧古斯丁的正當戰爭理論仍然非常有力。喀爾文主義者對個人努力的強調，意味著「不配的窮人」不會獲得幫助；這種想法下，新教徒通常都不會比天主教社團來得慷慨。*在控制性行為這方面，他們的做法想法只能說是痴迷。社會學家馬克斯・韋伯（Max Weber）知名的假說——喀爾文主義者的工作倫理是現代資本主義發展的主要因素，如今已受歷史學家所質疑。羅馬帝國時代的自由企業制就已相當發達，而且實在很難主張說，義大利北部那些貪得無厭的天主教商人，在他

下頁：1794年約瑟夫・瑪羅德・威廉・特納（J. M. W. Turner）的水彩畫《廷騰寺：路口與聖壇，東窗望去》（*Tintern Abbey: The Crossing and Chancel, Looking towards the East Window*）。被毀棄的修道院裡那些「裸露、毀壞的唱詩班席位區」，在英格蘭風景中揮之不去。

們活動的市場內都算不上資本家。儘管新教徒大量散布了對比「清醒苦幹基督徒」和「懶散放蕩異教徒」的印刷品和版畫，但一六〇〇年後驅動新教徒國家經濟進展的，可能主要還是大環境變遷，以及新全球市場的開啟，讓大西洋沿岸有本事的人得以開發利用。

不論是路德或喀爾文都沒有展現出研究自然世界的興趣，但偶爾有人主張說，新教挑戰了天主教徒的超自然迷信，所以迎來了比較「科學」的時代。可是一六〇〇年以前，路德派比天主教教會更快也更強烈地譴責了哥白尼的日心宇宙說。雖然說，他們確實不再讓人透過聖者和聖母瑪利亞來通往上帝，但取代這管道的，卻是上帝逐步侵入一個人的內在良知。就整個世界來說，預兆，甚至疾病，都被視為上帝的行為。[†]更糟的是，人們相信個人可以被惡魔所附身。奧古斯丁曾經談過惡魔和服從惡魔者之間的契約，而這又是他被此時期新教徒所採納的另一個想法。採納這想法進而導致獵巫行動所造成的傷害（歐洲在一五〇〇至一七五〇年間可能有多達十萬「女巫」遭處死），挑戰了「可以說新教超越了迷信」的這種論點。它的信條是，人類活該要把自己看作是服從經文的、可悲而不配位的罪人。事實上，新教改革者根本沒開啟一個新的理性時代，而是不相信理性能當作一種尋求真實的手段。把理性思考稱作「蕩婦」的可是路德。就如奧古斯丁和喀爾文所主張的，亞當與夏娃原本獲得的理性思考能力，因為他們的罪而永遠遭到了削弱。這樣承認人類心智的無能力，對智識生活有著重大影響，而大部分宗教改革者堅持沒有自由意志這種東西，也有著一樣的後果。

然而，有幾小撮新教徒思想，可以看作是促進了科學進展。菲利浦・墨蘭希頓相信，上帝造物的奇蹟讓它值得進一步研究，十七世紀也會有其他人追隨這種想法。彼得・哈里森（Peter

Harrison）就在他的《人的墮落和科學的奠基》（*The Fall of Man and the Foundations of Science*）[31]中主張，「人類理性思考能力被原罪損害」的信念，促成了一種更熱切且更精準的實驗科學方法。難以釐清的問題有，基督教本身在鼓勵探索自然世界方面，是多大的一股力量；以及，比較深刻的心理特質，也就是被亞里斯多德視為普世性質的「天然好奇心」，在多大程度上是科學重生的催化劑。的確，就如艾薩克・牛頓（Isaac Newton）的生涯所證明的，一個人可以一邊進行高水準的科學和數學工作，同時不失去對經文的著迷以及接納。[32]這個問題值得在結論章節中進一步討論。這個論點複雜的地方在於，十七世紀沒有哪個「科學家」擔得起把自己的科學發現從基督教世界觀框架分離出來的後果。牛頓始終都沒能公開表達他自己基於多年研究的觀點，也就是經文裡沒有內容支持三位一體。

簡單來說，「宗教改革是光明戰勝黑暗，並讓歐洲步上現代之路」的看法，實在是簡化過頭。有太多精力被分散到維護自身權威與保守社會架構，還有和敵對教派衝突。最顯著改變的是，國

---

30 我推薦Peter Marshall (ed.), *The Oxford Illustrated History of the Reformation* (Oxford: Oxford University Press, 2015) 中，Alexandra Walsham, 'Reformation Legacies'，對這些問題的全面討論。

* 「在美國一次民意調查中，百分之四十六的基督徒說，個人的貧窮整體而言要歸咎於努力不足，相較之下非基督徒只有百分之二十九這麼說」（《華盛頓郵報》，二〇一七年八月三日）。

† 一九八〇年代爆發人類免疫缺乏病毒／愛滋病（HIV/AIDS）危機，且其中有許多男同性戀患病的那段期間，有些基督徒福音派人士就表達了「此疾病是上帝懲罰同性戀」的信念。

31 Peter Harrison, *The Fall of Man and the Foundations of Science* (Cambridge: Cambridge University Press, 2007).

32 我們總算有了對牛頓宗教信仰的徹底研究，畢竟牛頓對宗教信仰的興趣深厚並不輸給數學：Rob Iliffe, *Priest of Nature: The Religious Worlds of Isaac Newton* (New York: Oxford University Press, 2017)。

家政府現在掌管了宗教事務，結果就是在日後的衝突中（特別是三十年戰爭中），民族主義和宗教開始糾纏起來，並常常鞏固了彼此。隨著教宗權威衰退，不論在法國、西班牙等天主教國家，還是在信仰新教的新國家，情況都是如此。這就為歐洲政治添加了一個令人不快的層面。到了二十世紀初，以及一九一四至一九一八年歐洲大戰爆發的時候，每個國家都能呼喚基督教上帝來支持他們。

天主教更新下的世界

神聖的教會會議囑咐所有主教，特別要正式吩咐信徒勤奮地接觸聖者的代禱以及祈願；獻給聖物的敬意；以及合法使用聖像：教導他們說，和基督一起主導的聖者，為人們奉獻了他們自己的禱告給上帝；教導他們說，誠心懇求這些聖者，去求助於他們的祈禱、援助、幫忙，來從上帝獲得好處，是善且有用的……

關於「敬奉行為以及聖人之聖物及聖像」之命令，

特利騰大公會議第二十五會，一五六三年

當新教日漸與特定領土相連的同時，天主教教會則是得以向全球重申自己是西班牙和葡萄牙殖民的助力。傳統上來說，這樣的重拾行為被稱作「反宗教改革」，第一次有人使用這個詞是十八世紀。然而，這給人留下一種印象，覺得鞏固強化傳統天主教，就只是對新教改革的回應而已。事實上可以把它看作一個在更早期就有根源、面向更廣的改革過程。舉例來說，成立新的修會來激發改革，早在宗教改革時代就已經在進行了。新修會中最早的戴蒂尼會（Theatines），是由教宗克萊孟七世於一五二四年創始，而另一個嘉布遣修會（Capuchins），也是由同一位教宗在還不確定路德派會不會在德國盛行的情況下，成立於一五二九年。一五三七年時，教會階層內生出了一份極其一針見血的報告，是樞機主教加斯帕羅・孔塔里尼（前面已經提過他是威尼斯共和主義的擁護者）在法爾內塞家族出身的教宗保祿三世要求下寫的《糾正教會之建議》（*Consilium de emendanda Ecclesia*）。這篇文章痛批了教宗權力的世俗本質，以及其過於龐大的官僚體系對重稅的依賴。

學者夏伯嘉的著作《天主教更新下的世界，一五四〇－一七七〇》（*The World of Catholic Renewal, 1540-1770*）反映了思考十六世紀天主教時更開闊的觀點，被我挪用來當本章標題。[1]這個「更新」涵蓋了重申教宗職的至高地位、重述傳統天主教教誨，以及透過在特倫蒂諾（Trentino，亦稱特利騰）舉行的教會會議進行牧靈（pastoral）方面的改革。在這些措施以外，又成立更多新修會，其中最有動力的是耶穌會（Jesuits），但其中也包括了一些女性修會，好比說從事教學的吳甦樂會（Ursulines）。

特倫蒂諾是奧地利帝國底下位於義大利北部的一個政治體，受一名采邑主教所管轄。一五四五至一五六三年間，教會會議在該地舉行了三次。到了特利騰公會議開幕時，新教已經站穩腳步，會議形成一個和解論壇的指望也落空了。[2]相反地，會議首先專心釐清那些招致新教徒懷疑的天主教教義，特別是「稱義」，也就是因基督而解除人類罪之重擔的難題。[3]路德認為，稱義只能透過宣告信仰而達成。會議的教長（譯注：council father，也就是所有的主教）們想要強調，天主教徒在這個過程中有更積極主動的參與。所以，儘管遵循奧古斯丁的信念，認為不配的人類完全是靠上帝恩寵才獲得救贖，但主教們在詳盡無遺的辯論後，也接受了信徒有自由意志而能「藉由自由地同意並配合上述的恩寵，而改變自己而讓自己稱義」。這個針對奧古斯丁悲觀主義的回應，遠比新教徒布道的內容（以及路德自己所主張的因信得義）要積極主動太多。然而，會議卻發下命令指出，就算人們做了那些努力並行了那些善，還是沒有人可以確定自己屬於預先被選定會獲得救贖的人，而個人也可以自由拒斥上帝給予的救贖。這個關於稱義的命令，被視為是教會會審慎思慮的智識高點，但對這個問題的爭論還會再持續一百五十年。

就教義方面來說，會議強化了湯瑪斯・阿奎那神學（後來也被稱作湯瑪斯主義）的權威。這樣的一個結果就是，亞里斯多德經院哲學會成為正統天主教教育的標誌，其中還包括了亞里斯多德的宇宙學；而這一點事後來看就相當不妙了。七件聖事被認定有經文支持，而在聖餐禮的部分，聖餐變體的奇蹟再次獲得了確認。會議接受經文（從原典翻譯而來的《武加大譯本》）是基督

1 R. Po-Chia Hsia, *The World of Catholic Renewal, 1540-1770*, 2nd ed. (Cambridge: Cambridge University Press, 2005).

2 最佳記述是John W. O'Malley, *Trent: What Happened at the Council* (Cambridge, MA, and London: Belknap Press of Harvard University Press, 2013)。另見R. Po-Chia Hsia, *The World of Catholic Renewal*, chapter 1。

3 O'Malley, *Trent*, pp. 107-16.

XIV
I
II
III
VIII
XV
IX
IX
IV
VI
V
VII
X
XI
XI
XIII
D. O. M.
DIVISQVE DEI GENITRICI, IOANNI, VIGILIO,
SISINIO, MARTYRIO,

教教義的根本，但強調傳統也是重要的：教會贊同訓導權（magisterium），也就是據說源自使徒並一代代傳下來的教誨。議會下令任何人都不允許提供違背教會教義的個人經文詮釋，對路德做出了直接還擊。透過聖母瑪利亞和聖人們向基督說情的行為獲得了肯定，且會議承認透過藝術喚起宗教情感的重要性。取得贖罪券的行為獲得了重新支持——也就意指煉獄的存續再次獲得確認——不過贖罪券的濫用遭到了禁止（但濫用的定義有點模糊）。

沒有哪位現任教宗出席過任何一次會議（不過好幾名代表團成員後來倒是當上教宗），而會議也沒有對教宗權威做出任何正式聲明，但教宗庇護四世（Pope Pius IV）在一致同意的命令上加了最終的「印刷許可」（imprimatur），宣告應將這些命令發行出去。有別於康士坦茲公會議和巴塞爾公會議，特利騰公會議並沒有替自己訂定未來的延續任務。主教們假設教宗持有上帝神授的權威，而後來十六世紀的教宗則是藉由他們的行動來表明了這一點。有了道明會的支持，教宗保祿三世早於一五四二年就已設立了一個更有效率的羅馬宗教裁判所。一個於一五六五年由庇護四世在會議後發布的《特利騰相關*教義》（*Tridentine Profession of Faith*），包含了一條規定要神職人員承諾服從教宗。教義進一步強化教宗宣告誰得到了聖徒身分的權力，代價是損害了在地的自主權。並沒有命令要求教廷改革，事實上到了十七世紀時，樞機主教們甚至會採用更奢華富裕的生活方式，而那也是羅馬城宮殿建

前頁：尼可洛·多利加提（Nicolò Dorigati）所繪的特利騰會議開幕會（繪於1711年）。

*「特利騰相關」（Tridentine）這個詞，是專門用來描述特利騰會議上發布出去的教義。

築的偉大時代。羅馬城的貴族階級會變得越來越仰賴每任新教宗的大筆贊助。[4]

會中也毫無疑問地接受，是由各教宗發布《禁書目錄》。[5]一五五九年在教宗保祿四世的監督下編輯的第一份《禁書目錄》，既然是出自其中一位最嚴厲的教宗，其苛刻程度也不令人失望：有約五百位作者的全部著作遭徹底查禁，而目錄還包括了超過一百本零散作者著作，以及約三百篇匿名著作。此外，還有四十五種《聖經》譯本以及六十一名出版商的著作一併遭禁；那些出版商主要是來自德國和瑞士，而在瑞士，約翰・喀爾文所主宰的日內瓦，是新教徒文獻的主要來源。

《禁書目錄》的苛刻甚至引發教會內部抗議，但流程一啟動就勢不可當地增加下去。一五九六年更新的《禁書目錄》包含超過兩千項。它們包含了整排令人不知所措的標題和作者，主題從神學到哲學，義大利文學的大半範圍，甚至包括了但丁、佩脫拉克、卡斯蒂廖內的全部或者一部分著作，以及《聖經》的所有地方話譯本。對最後一項的查禁，更要以額外精力再加以強化。主教不再能准許神學家們研究這些譯本。審查活動穩定成長；一七〇七年《禁書目錄》包含了多達一萬一千個條目。

當然，要解決成堆累積的沒收書籍，最簡單的方法就是一把火燒掉。這種行動有經文在背後穩當撐腰。《使徒行傳》第十九章第十九節，講述當使徒保羅到了以弗所（Ephesus）時，那裡「平素行邪術的，也有許多人把書拿來，堆積在眾人面前焚燒」的情況。從教宗額我略一世（任期五九〇－六〇四年）燒毀異教徒在羅馬巴拉丁諾山（Palatine Hill）的藏書庫看來，他是認可了這種手段；而聖道明也強力推薦用焚書解決異端著作。隨著宗教改革到來，行動也加快了腳步。馬丁・路德的著作理所當然地燒掉了。（路德打算燒毀天主教神學家鄧斯・司各脫和湯瑪斯・阿奎那的著作來報復，但威登堡沒有學者同意交出手上珍藏的複本，使得計畫受挫。）充滿活力的樞機主教米凱蘭・吉斯萊里（Michele Ghislieri），也就是後來的教宗庇護五世（Pope Pius V），曾經自吹在一五五九年三月十八日的一天內，就在羅馬焚毀了一萬至一萬兩千本書。多年後的一六二〇年時，熱那亞的檢察官艾里西歐・馬西尼（Elisio Masini）痛斥了自己同事的懈怠。他深情回顧了先前燒書的那段日子，當時他把五千或六千冊書化為一股煙，藉此讓熱那亞清除了「阿雷蒂諾、馬基維利、布丹（Bodin）、薄伽丘以及其他上千名汙穢作者的著作，還有地方話《聖經》，還有歷史摘要，還有無數其他徹底遭禁的書籍」。[6]他這番大點名證明了檢察官的涉獵範圍有多大。阿雷蒂諾和薄伽丘代表了義大利文學，尼可洛・馬基維利和（法國思想家）尚・布丹（Jean Bodin）則代表政治哲學。禁止地方話《聖經》譯本對學識的破壞特別嚴重，因為安東尼奧・布魯西歐利（Antonio Brucioli）等人文主義學者都精通希臘文和希伯來文資料來源，而他們的義大利文譯本都堪稱權威可信。

教會對「科學」著作的態度就不一致了，多半是因為這門學科本身未有明確定義。瑞士人康拉德・格斯納（一五一六－一五六五年）那本成為接下來兩百年動物學「聖經」的大作《動物志》，因為格斯納本人的新教信仰，而列入了一五五九年《禁書目錄》，不過天主教作者的自然史

4　可讀一本傑出的書籍：Anthony Majanlahti, *The Families Who Made Rome: A History and a Guide* (London: Chatto and Windus, 2005)。

5　Christopher F. Black, *The Italian Inquisition* (New Haven and London: Yale University Press, 2009), chapter 7, 'Censorship'，有著不錯的記述。

6　同前注，頁一六八－一六九。

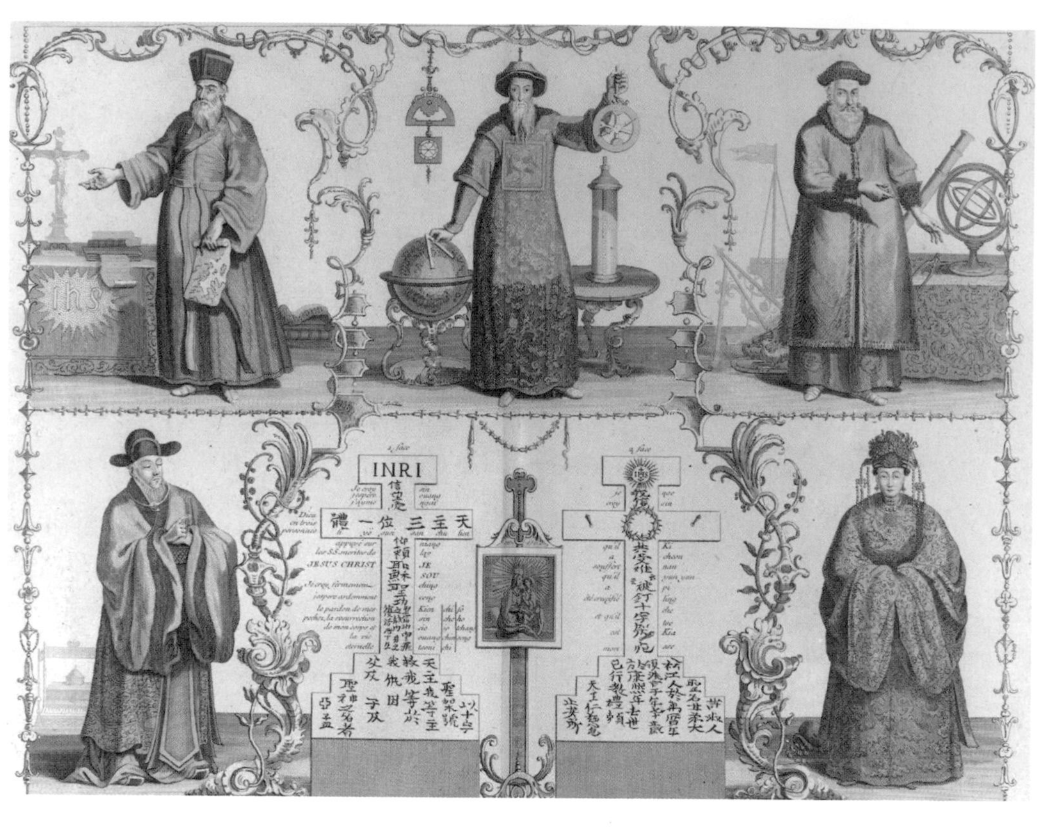

本頁：圖中三名前往中國的耶穌會傳教士，把「科學」帶給了兩位改信者，徐光啟和他的孫女。上排左側為利瑪竇，於1601年成為第一位進入北京紫禁城的歐洲人。

著作就毫髮無傷。至於我們下面會探索的修會「耶穌會」，則是對那股從亞洲與美洲倒灌回歐洲的動植物知識與民族誌洪流有著極大貢獻。更加了解植物特性對神學沒有任何威脅。另一方面，當一部科學著作挑戰了《聖經》文字時，經文便處於優先地位，而這就定下了哥白尼、德國天文學家約翰尼斯・克卜勒（Johannes Kepler）以及伽利略（見頁八八八－九二）的命運，他們的日心說著作從一六一六年起就上了《禁書目錄》，直至十九世紀為止。整個來說，《禁書目錄》對文化生活的損害，特別是對義大利文學豐富傳統的損害，是非常巨大的。

然而，會議也為教會改革預先做了準備。現在每個主教都得要留駐教區，而且不能擁有一個以上的教區。（說來也奇怪，這個主題的爭論非常踴躍，因為它挑戰了教宗職權能給主教「毋須留駐之特權」的傳統權利。）主教有義務在一年內造訪轄區每間教堂一次。每個教區要有一間神學院來訓練教士。*獨身禁慾神職人員的隔離還是維持不變。一個重要的措施，是擴大教堂對婚姻的控制；過往許多人是私下成婚的。如今婚姻必須要對外公開，並在教區教士主持的儀式中，被認可為一項聖事。

這些命令在最佳情況下，十分有效地確保行動發生。當樞機主教嘉祿・鮑榮茂（Carlo Borromeo）於一五六五年抵達米蘭時，他是八十年來第一個定居在城內的大主教（這讓我們留意到，即便是針對大城市的宗教督導都變得如此馬虎）。[7] 一五七六年米蘭爆發瘟疫時，許多領袖都逃走了，但鮑榮茂留了下來，這個舉動有助於在窮困者間恢復對教會的信心。（塞巴斯汀・卡斯特留聲稱，他譴責日內瓦喀爾文派的一個原因，是因為他們在城中有瘟疫時並沒有幫助患病者。[8]）他教區裡那些頹廢的神職人員、僧侶和修女很快就會發現，這人在改革教會的奮鬥過程中毫不妥

* 儘管隨著這門志業的衰退，它們現在成了空殼，我們還是可以在許多義大利城市中找到這些令人生畏的建築物。

7 J. Hedley and J. Tomaro (eds.), *San Carlo Borromeo: Catholic Reform and Ecclesiastical Politics in the Second Half of the Sixteenth Century* (Washington, DC: Folger Books, 1988)，對鮑榮茂的職涯有不錯的調查。

8 Zagorin, *How the Idea of Toleration Came to the West*, p. 99.

協。鮑榮茂拚了命改進神職人員的教育，清除放蕩的修道院（他發現僧侶們常常「懶惰、無知又不檢點」），並處理女巫、異端和新教徒，必要時甚至燒死他們。他針對教堂要如何興建及裝飾，制定了詳細指示。甚至連廁所（latrinas）的正確設計都有提到。鮑榮茂著迷於定期告解的重要性，而在許多天主教教堂裡至今仍能看到的、沿著牆邊築起的一間間告解室，就是根據他的設計修建的。他在瘟疫中起的作用，成為了他的聖人象徵*，而維也納那間為了感謝該城瘟疫結束的美輪美奐巴洛克風格教堂「聖嘉祿堂」（Karlskirche）就是見證。

除了有鮑榮茂這一類人在宗教精神面和行政管理面豁出全力之外，天主教更新的時代還成立了新的傳教修會，其中又以耶穌會最突出。[9]耶穌會標明了一種與既有修會（好比說本篤會）沉思生活的分道揚鑣。耶穌會的創辦人「羅耀拉的依納爵」（Ignatius of Loyola），是有軍事背景的巴斯克貴族。他在個人信仰危機的驅使下，從西班牙前往聖地然後又到法國，而他的指揮官氣質和苦行作風吸引了一小群仰慕者，一起像他一樣投身於貧民講道。教宗保祿三世察覺到他的天賦或許可用來成立一個致力於重溫使徒生活的新修會，儘管說耶穌會從沒像其他修會那麼要求強調清貧生活。關鍵的地方在於，一五四〇年成立的耶穌會直接聽命於教宗和依納爵，而他的繼承者則是總長（general superior）。該修會不需效忠任何特定的修道院，而擁有可觀的靈活度。修會可以把人移居到任何需要他們服務的地方。其後於十六世紀間，耶穌會成員在印度、日本和中國傳教大獲成功之處，不只在於使當地人改信，也在於他們不遺餘力蒐集工作圈內的民族情報。後來，他們在西班牙統治的美洲境內，也會成為一股強大力量。

和其他修會相比，廣義上的耶穌會會員職責，是在窮苦人之間以及監獄醫院等地傳教，或者擔任道德問題的仲裁者，但最重要的，他們是令人敬畏的教育家。十七世紀時，「耶穌會學院依舊是世界上最大且最一貫的教育體系」，[10]一六二六年時有四百四十四間學院和一百所神學院。在他們的訓練下，門徒對（基於阿奎那著作的）天主教神學的複雜度有著充足熟練的理解，並成為天主教菁英選擇教師的首選。一五五一年羅耀拉在羅馬成立的耶穌會羅馬學院（Collegio Romano），就教出了八位未來的教宗。在有百分之七十的貴族成了新教徒的維也納，耶穌會擔任了復興天主教的先鋒。到了十七世紀時，耶穌會已經準備好要在他們嚴格的課程中補上數學、科學和歷史。法蘭德斯的耶穌會會士約翰・伯蘭德（Johan Boland, 1596-1669）發表了《聖徒行傳》（*Acta Sanctorum*），一本聖人相關文件的巨大彙編本，日後還要花上好幾個世紀才能完工。但耶穌會的成功和它與教宗們的緊密關係，都引起了主教和其他老修會的不滿。事實上他們還真的於一七七三年遭到教宗查禁，一直要到十九世紀初才得以回歸。不過，儘管他們進行了那麼多活動，他們卻沒有擔任過宗教裁判所的職員。

天主教更新的成果以及其核心的矛盾，都可以在羅馬看見。從這座古城中央的耶穌廣場（Piazza del Gesù）就可以順路參訪「羅耀拉的依納爵」擔任修會總長時所居住的簡陋房間。他住在這裡時，於一五四八年在教宗保祿三世的支持下，首度出版一本有著一連串沉思和禱文的《靈

* 鮑榮茂於一六一〇年由教宗保祿五世（Pope Paul V）封聖。

9　John Patrick Donnelly, 'New Religious Orders for Men', chapter 10, Po-Chia Hsia (ed.), *The Cambridge History of Christianity: Volume 6*, pp. 170-76. John O'Malley寫了簡短的歷史故事，*The Jesuits: A History from Ignatius to the Present* (Lanham, MD: Rowman and Littlefield, 2017)。

10　引文出自Donnelly, 'New Religious Orders for Men', p. 174。

性修練》（*Spiritual Exercises*）。當耶穌會成員身為導師，指導那些參與一套帶他們各自更接近上帝的嚴格「修練」的人時，這套傳統上要獨處三十天來遵循的《靈性修練》，是其中一種和信徒溝通最有效率的方式。然而，這些不起眼的房間就位在羅馬兩間最華麗的教堂之間。第一間是耶穌堂（Gesù），是依納爵這個修會所擁有的奢華教堂。當人們走進這間興建於一五六八至一五七八年間的教堂時，效果是壓倒性的強烈。以鍍金臂柱和美妙拱頂層層繁複裝飾的這間教堂，也是依納爵他那使用大理石、青金石和青銅層層包裹的墓地所在處。這座宏偉建物的兩側都有雕像，主題為「宗教戰勝異端與愛慕信仰的野蠻人」（Religion Triumphing Over Heresy and Barbarians Adoring the Faith）可說再合適不過。墓的對面有另一座墓，安葬的是依納爵的夥伴，於果阿（Goa）傳教時死去的方濟・沙勿略（Francis Xavier）。他的手臂被保存在這裡一個豪華的聖物箱內，確認著特利騰公會議所決議的命令——聖物是通達聖人並藉聖人再通達上帝的有效手段。

一六二二年依納爵封聖，而人們決定興建一間新教堂「聖依納爵堂」（Sant' Ignazio）來向他致敬，而這間教堂也會為羅馬學院的員工和學生提供服務。它從各方面來說都和耶穌堂一樣華麗，裝飾著最稀罕的大理石，以及一幅相當不尋常的彩繪天花板，使用了視覺陷阱（trompe l'oeil）將目光向上吸引至天堂。繪者安德烈亞・波佐（Andrea Pozzo）就是修會成員，而這就是他的最高傑作，每個壁龕和圓頂的每個角落都用來創造無限空間的幻覺。從教堂內眾多圖像中凸顯出來的主題，是耶穌會的傳教工作和聖依納爵的勝利。在羅馬的其他地方有著同樣的奢華。年

下頁：羅馬耶穌堂美輪美奐的天花板；此處是耶穌會富麗堂皇的母堂。

IHS
NOMINI IESV · SACRVM

輕時以養豬為業的教宗西斯篤五世（任期一五八五－一五九〇年）才一就任，就開始籌畫將聖母大殿非比尋常的西斯汀禮拜堂當作他的墓。波格賽（Borghese）家族出身的教宗保祿五世也不遑多讓地在對面蓋了同樣奢華的禮拜堂，用的是那時代頂尖的藝術家和雕刻家。於一六〇五年讓全新聖彼得大教堂完工的就是保祿五世，而為教堂立面增色的不是《聖經》的某一節，而是他自己的名字。五十年後，聖彼得大教堂的前方將立起極好的柱廊，由巴洛克建築大師羅倫佐・貝尼尼（Lorenzo Bernini）所設計。[11]

然而，不管教宗職權力的背景有多奢華，教宗如今在歐洲仍然失去影響力。一六〇六年一場教宗保祿五世與威尼斯因城內教宗職權範圍問題而發生的對抗中，由神學家兼熱中支持共和政體的政治家保羅・薩爾皮（Paolo Sarpi）所領導的當地神職人員，站到了威尼斯這一邊。神職人員中只有耶穌會支持教宗，而他們立刻就被逐出城。保祿五世沮喪地發現，他甚至沒有法國和西班牙君主在背後撐腰，而得要在外交上做出恥辱的退讓。人們通常把這當作教宗權威進一步喪失的轉捩點，從此教宗們不再能使用逐出教會的威脅，或者對世俗國家施行禁止教務（interdict）。

一名教宗和支援他的教廷，可以透過《禁書目錄》以及宗教裁判所來發揮教宗影響力，以維持對信徒心智的控制，但就連這方面的權力也是有限的。舉例來說，在西班牙，如果沒有皇家批准，教宗詔令是不能發布的，而西班牙宗教裁判所是獨立於教宗的同名單位，且各個國王控制了指派高階宗教職位。法國和其他天主教國家同樣也不會讓教宗的異端檢查官入境，而會利用他們自己的主教，來代表國家維持天主教教誨和道德價值（有時候效率非常好）。就連在義大利，主教們也痛恨宗教裁判所侵擾他們的教區。事實上，人們對宗教裁判所有著普遍而強大的憎恨。只有在教宗國境內，才能說教宗不受阻礙地施行其恢復了的宗教權威，但即便在此處，他們的權威還是受到了挑戰。保祿四世於一五五九年死去後，一群羅馬暴民洗劫了宗教裁判所並摧毀了檔案。此外，貿易財富轉移至大西洋沿岸，導致義大利經濟逐步衰退，又使教宗權力進一步受阻。到了十七世紀中，教宗歲入的持續赤字、《西發里亞和約》（*Treaty of Westphalia*, 1648）鞏固了宗教和解，以及法國等國興起的專制主義，都讓教宗更加孤立。

義大利宗教裁判所雖然有樞機主教在羅馬營運，但還是要面臨一個挑戰，那就是為「在一個新想法如雨後春筍的世界裡，什麼可能是異端邪說」提供一致而穩定的定義。異端檢查官之間有太多細微的意見差異和私人對立，會影響任何一次判決的結果。伽利略成為了給教會造成最多混亂和挫折的科學家——他的「審判」將會在後面描述（見頁九〇二）。一個比較早期的廣泛爭議事件（cause célèbre），是焦爾達諾・布魯諾（Giordano Bruno）在羅馬遭受火刑一事。[12]

布魯諾是道明會僧侶，於一五四八年生於那不勒斯附近，並在當地受教育。他是一個衝動的人，傑出、想像力豐富但又好鬥，而他的一生就是不斷地在衝突。不論是在德國、牛津還是巴黎教書寫作，他那「對新事物徒勞而虛幻的想像」（出自一名批評者之口），都會惹毛遇到的人。[13]他封給他自己的眾多挑釁頭銜中，有一個就是「專門馴服自以為是和頑固無知」。[14]曾經在牛津大

11 關於這些富有的禮拜堂，見Steven Ostrow, *Art and Spirituality in Counter-Reformation Rome: The Sistine and Pauline Chapels in S. Maria Maggiore* (Cambridge: Cambridge University Press, 1996)。

12 關於布魯諾，見Yates, *Giordano Bruno and the Hermetic Tradition*；最新一部由公認權威所寫的研究著作是Hilary Gatti, *Essays on Giordano Bruno* (Princeton, NJ, and Oxford: Princeton University Press, 2011)。

學聽過布魯諾闡述哥白尼學說，後來成為坎特伯利大主教的喬治・阿伯特（George Abbot，任期一六一一－一六三三年）曾提到，並不是地球在動且宇宙固定不動，而是「他自己的腦殼在原地打轉，而他的腦子定不下來」。[15]

然而，從布魯諾對哥白尼的支持可以證明，他想到過一些重大的點子，儘管他多方博覽的閱讀和過度活躍的想像力讓他很難搞清楚那些點子。他認為神學應該徹底獨立於科學探索之外，而這觀點深受伊斯蘭哲學家亞維侯的影響；他還跨過了哥白尼的日心說，主張應該有眾多太陽系，甚至裡面可能還有外星生命。在一個亞里斯多德經院哲學仍從教會獲得強力支持的時代，布魯諾對亞里斯多德的物理學做出了銳利的批評，比較認為世界是徹底由原子相聚成物體而構成。這是西元前一世紀羅馬哲學家盧克萊修的看法；他的「科學」詩《物性論》隨著十六世紀的科學進展而變得更有影響力。（見頁六六五－六六六）。像布魯諾這種因為不斷質疑而替自己惹來如此麻煩的人，會去主張宗教間應彼此寬容，實在也不意外。

如果沒人理布魯諾的話也許就沒事了，但運氣不在他這邊。他自認為在威尼斯較寬容的氣氛下或許能保平安，但一五九三年羅馬宗教裁判所就是從那裡把他引渡過來的。因為他主張，身為哲學家，他對神學沒有興趣，就算他有，他所相信的也和天主教教導的不衝突，所以接下來他和宗教檢察官進行了為時數年的曲折爭論。他被下令撤回想法，況且審判過程中所謂的「想法」是聚焦在神學這邊，而不是哥白尼學說；但他還是拒絕撤回，而於一六〇〇年在羅馬鮮花廣場（Campo de' Fiori）上以異端之名遭處火刑。布魯諾至今都是世俗界的英雄，而剛統一的義大利王國於一八七〇年將羅馬納入國土後，其中一個新措施就是在火刑場址立起他的雕像，也是相當合情合理。到了這時已被困在梵諦岡的教宗，則是以一整天在聖彼得像前五體投地作為報復。[16]

基督教的宗教改革和反宗教改革有多大程度能當作是「西方文明」的核心？要肯定這句話，其實有幾個難處。到了一六〇〇年時，基督教已經四分五裂，而不同的分支此時都在和彼此競爭。如果我們去查一查當時供應了多少種可能——從喀爾文派到天主教，從在家徒四壁的禮拜堂裡忠貞行事的刻苦，到被動享受天主教建築與儀式帶來的豐裕和情感震撼——「基督教社會的本質是什麼？」的這個問題就會變得很難回答。當然，基督教的成功有一部分靠的是，它能夠以許多方式來表現或體驗，但這也讓我們很難將基督教對社會的貢獻一概而論。它的影響力實在是太五花八門。古怪的是，那位基督教知識分子中最孤立的奧古斯丁，那位影響力從未超出西方基督教世界以及海外傳教團以外的人，反而是全體的共通點。另外權威也是大家的共通點。改信代表要同意接受一整套不可討價還價的教義，且各教派的又各自不同。嬰兒受洗確保了大部分信徒都在不太了解競爭教派的情況下長大。你屬於哪個宗教以及你怎麼實踐這宗教，變成了日常生活的中心。

面對基督教權威主義，一個不可免的回應就是出現更多的祕密行徑，尤其是各種法律不允許

13 這是布魯諾於一五八〇年代晚期待在巴黎一間加爾默羅會（Carmelite）修道院時，某修士對他的看法。引文出自William Boulting, *Giordano Bruno: His Life, Thought and Martyrdom* (original edition 1914; republished by Routledge, 2013), p. 221。

14 來自一封信件，由David Wootton引用於*The Invention of Science*, p. 143。

15 同前注，頁一四四。

16 對布魯諾的致敬，在R. J. B. Bosworth, *Whispering City: Rome and its Histories* (New Haven and London: Yale University Press, 2011)，頁一〇七至一一一有很詳盡的描述。

的禮拜形式，從英國鄉間住宅的牧師洞（priest hole）到激進分子在城市偏僻小巷裡的祕密聚會應有盡有。有些小宗教團體，好比說西班牙猶太人或者法國雨格諾派，就非得要逃出家園或遭到放逐。研究文藝復興的學者尼古拉斯・特普斯特拉主張，「宗教改革時期脫穎而出，成為歐洲、甚至可能是全球史上第一個讓宗教難民成為大規模現象的時期……從來沒有擁有這麼多信仰的這麼多人——絕對有幾十萬人甚至可能有上百萬人——在宗教純潔的要求下被迫遷居。」[17]如果要了解美國宗教生活，就一定要認知到那股促使清教徒移民至新英格蘭建立社區的壓力。

到此時為止，公開表達個人宗教信仰——或者沒有宗教信仰——的自由，幾乎還是不可能存在。但基督教各教會也不可能真的控制個人心靈。是有一些哲學思想家發覺到，相信某種基督教優於另一種基督教，是多麼荒謬的一件事；但他們的想法還要花些時間才會為人接受。就如喬納森・以色列（Jonathan Israel）在他的啟蒙運動研究大作中的第二冊所主張的，基督教群體內沒什麼機會能誕生寬容：「每個地方都頑強地對任何一種有理論基礎的寬容保持抗拒，而這種抗拒就算到了失靈的時候，也只會被實質面壓力和哲學論點的堅固結合體所減緩。」[18]然而，當時的個人有許多方法，可以在探索自己的創造力時，幾乎不論及自己生來所處的基督教。其中兩個最出名的方法，就是下一章的主題。

17 Terpstra, *Religious Refugees*, p. 4. 他的引言可說特別珍貴。

18 Jonathan Israel, *Enlightenment Contested: Philosophy, Modernity, and the Emancipation of Man, 1670-1752* (Oxford: Oxford University Press, 2006), p. 136.

蒙田與哈姆雷特

孤獨者心中的平和還是動盪？

讓我們先把我們能在哲學家身上見到的那種無盡混淆的看法拋到一邊……真正最真實的推測就是，人們——我指的是最有學識、最有天賦且最聰明的人們——從來都沒能對任何事有一致看法，甚至連天空在我們頭頂都不一定。那些懷疑一切的人也懷疑那一點……有好幾次，我會出於鍛鍊的樂趣，站在和自己對立的看法（因為我就喜歡這樣）來試著辯護：接著，一旦我真心投入了另一邊，我就會堅定依附另一邊的看法，堅定到忘記自己為何一開始會支持原本那邊，也就因此把原本立場拋棄的程度。

米歇爾・德・蒙田，出自其散文《為塞朋德辯護》（*An Apology for Raymond Sebond*）

事物無好壞，看想法而定。

出自哈姆雷特台詞，《哈姆雷特》（*Hamlet*）第二幕第二場十六世紀頂尖知識分子當然都是滿腹古典學問，而其中有沒有誰能勝過米歇爾・德・蒙田（一五三三－一五九二年）。[1]「普魯塔克引頂我們，而塞內卡驅動我們」是這位名散文家對自己導師們的描述。蒙田出生於波爾多的一個小貴族家庭。這個家族累積以葡萄園為主的地產而逐漸發跡，並有多人踏入公職，擔任市長和地方法官。蒙田的父親本身不是學者，但很執著於教育兒子，執著到替他設計了一套嚴格的教學計畫，從他很小的時候就要求他只能說拉丁語——甚至連僕人都得學一點來跟他溝通。這個孩子有點孤立地長大，但覺得自己是個特別的人，而他也焦急地尋找一個能讓他超脫自己傳統出生背景範疇的角色。他從法律和地方政治起家，但到了快四十歲時，他卻被一連串悲慘而不安的事件所深刻動搖。一五六三年，他深受詩人好友艾蒂安・德・拉・波埃西（Étienne de La Boéti）之死打擊；兩年後他結了婚，但第一個小孩夭折（他的六個孩子只有一個長大成人）。他還有一次騎馬出意外差點就死了。接著，一五六八年他父親過世，留下他掌管家產。

這些事件接二連三的打擊，讓他變得對每日生活細節都十分敏感。他決定退出公眾生活，並在生活影響著自己的同時深思生活，獨自在位於多爾多涅（Dordogne）的私家領主城堡的一座塔上工作。「讓我們擺脫所有彼此的羈絆；讓我們從自己身上贏得真正獨自生活的權利，並不受拘束地那樣活著。」[2]當然，他吸收了古典傳統所提供的大量資源。他的塔裡有一千本書，是他深思時可以參考使用的；而那些思考內容，日後將成為不朽名作《隨筆集》。在蒙田安靜深思的文明世界之外，法國——也就是宗教改革運動的立即後果造成最大損害的國家——已經被後面幾章將提到的宗教戰爭所分裂。

《隨筆集》的其中一個標準版——由研究文藝復興的學者麥克・安德魯・斯克里奇（M. A. Screech）編輯並極其精心翻譯的「企鵝經典系列版」（Penguin Classics），達到了一千兩百五十頁。如果沒有被蒙田探索的任何一個主題吸引到，你實在很難隨便翻開這本大書就任意瀏覽下去。就如他在一篇散文〈談深情關係〉（On Affectionate Relationships）中所寫的：「說真的，我亂寫的這些文章，這些只能說怪誕醜惡的文體，這些由多個部分所構成、沒有任何確切人物，連意料之外的條理、一致、均勻也都沒有的文章，究竟算是什麼？」蒙田承認這些並不是正式的議論文（essay，譯注：essay一詞有多種含意，可指專題論文、散文或隨筆等）；它們通常沒有良好架構，而在這種日後稱作「意識流」的形式中，散文可能是一篇隨著一篇衍生出來的。英國小說家維吉尼亞・吳爾芙（Virginia Woolf）曾提到，這套散文集的第三冊，也就是最後一冊，是怎麼樣地做不出任何結論，就隨著蒙田的死而中止。[3]但這或許又太看不起人；蒙田的最後一篇散文〈論經驗〉（On Experience）看起來是有要在他健康狀況惡化時，為該書提供一則總結篇。但平心而論，《隨筆集》和先前文藝復興人文主義者那種自律的書寫有著對比。然而，這些散文卻因為其洞察力以及援引古例而吸引人，而這也是《隨筆集》於一五八〇年首刷就獲得初期讀者熱愛的一個理由。

1　M. A. Screech 翻譯並寫有引言的《隨筆全集》，通常被視為《隨筆集》的最佳版本，並使用於此處。Sarah Bakewell, *How to Live: A Life of Montaigne in One Question and Twenty Attempts at an Answer* (London: Chatto and Windus, 2010)，是讀來令人愉快的傳記。

2　引文出自Bakewell, *How to Live*, p. 29。

3　出處同前注，頁三六－三七。

我們可以理解蒙田最喜歡的作者為什麼是普魯塔克。至少有四百個地方提到普魯塔克，被形容為「只屬於我的普魯塔克，如此完美，如此傑出的行止鑑賞者」以及「教導我們什麼是純粹的那位哲學家」。[4] 儘管他們兩人在時間上相隔甚遠，但他們卻來自很類似的出身背景，由鄉村地產所支持，有扎實的古典基礎，以及投身公務——儘管到了後期蒙田盡可能避開了公務。他們對哲學問題有同樣的非教條探究方法，而且普魯塔克在他的《希臘羅馬名人傳》裡提供了許多例子，而蒙田可以用來替《隨筆集》舉證。無法閱讀希臘文原典的他，是透過賈克・阿米歐主教（Bishop Jacques Amyot）優雅的法文翻譯（一五五九－一五六五年），而邂逅了《希臘羅馬名人傳》。有人說，該書翻譯的品質激勵了蒙田以法文而不是本來該用的拉丁文寫下《隨筆集》。[*] 在散文〈論書籍〉（On Books）中，他稱讚普魯塔克筆下的眾生「更沉浸於動作而非事件，更沉浸於發自內在的事物，而非發生在外的事物」。

蒙田這種對內在生命的強調，有著他對斯多噶派和伊比鳩魯派的兼容擁護在支持。這兩種哲學合乎他那不帶感情的基調。他下定決心要克制自己的情感，並敞開心胸接受自然世界的節奏韻律。在此他遵循斯多噶派標準信念，也就是宇宙依循著一系列的起伏，新生命從舊生命中萌芽。

前頁：文藝復興思想家米歇爾・德・蒙田的祖地「蒙田堡」（Château de Montaigne）的南塔。蒙田就是在這裡藏書並寫下知名的《隨筆集》。

4 分別出於 Screech, *The Complete Essays* 之中的 II.2，散文 'Cn Drunkenness'，II.2，以及 II.32，散文 'In Defence of Seneca and Plutarch'。

* 阿米歐的翻譯又轉由湯瑪斯・諾斯（Thomas North）譯成英文（一五七九年），又從那注入了莎士比亞的劇作中。

TITI LVCRETII CARI DE RERVM NATVRA LIBRI SEX.

A DIONYSIO LAMBINO Monstroliensi litterarum Græcarum in vrbe Lutetia doctore Regio, locis innumerabilibus ex auctoritate quinque codicum manu scriptorum emendati, atque in antiquum ac natiuum statum ferè restituti, & præterea breuibus, & perquàm vtilibus commentariis illustrati.

PARISIIS,
Et Lugduni habentur.

In Gulielmi Rouillij,
Et Philippi G. Rouillij Nep.
ædibus, via Iacobæa sub Concordia.

CVM PRIVILEGIO REGIS.

宇宙中沒有一場驚天動地的最後審判能存在的餘地。不該試著顛覆或挑戰這段不可免的「出生、死亡、再生」過程。這是他那篇深思散文〈論經驗〉的其中一個主題：「我們的生命，就像世界的和諧一樣，是由各種不和諧所構成，也是由不同的聲調組成，甜美或刺耳、尖銳或扁平、輕柔或響亮。」我們必須要和這些不和諧共存。蒙田是透過盧克萊修的《物性論》而追隨了哲學家伊比鳩魯，此人欣然退出了公眾生活，且樂於採納一種對心靈愉悅的主動專注。希臘人反對伊比鳩魯思想的傳統論點是，這種哲學淡化了積極參與政治生活的重要性，而後來的讀者也常常譴責蒙田對周遭苦痛明顯地漠不關心。他的回應會是，涉入可能成就好事，但也同樣可能造成傷害。

蒙田意識到那股自從宗教改革過後就席捲國家的宗教緊張狀態，便維持著自己忠誠但毫無熱情的天主教徒身分。蒙田與調和兩種哲學的尤斯圖斯・利普修斯（見頁六六二－六六四）之間有過通信，鞏固了他對斯多噶主義的接納。[5]然而教會的教誨或者基督的生平，在他的作品中實在是一點也不顯著。相較之下希臘哲學家蘇格拉底就明顯太多了。如果是更忠誠的天主教徒，應該會對他們的死後生命展現出一點擔憂，但蒙田講起死亡就好像只是進入黑

前頁：蒙田《隨筆集》是因為研究普魯塔克和盧克萊修等古典作者而獲得啟發。此為蒙田自己持有的盧克萊修《物性論》。

5 通信的細節在Karl A. E. Enenkel and Mark S. Smith (eds.), *Montaigne and the Low Countries (1580-1700)* (Leiden: Brill, 2007)，所收入Jeanine G. De Landtsheer, 'Michel de Montaigne, Marie De Gournay and Justus Lipsius. Some Overlooked Particulars Preserved at Leiden University Library' 有所探討，頁六三－七八。有人假設蒙田率先寫信聯絡，然而利普修斯寫給這位哲學家的信件只有三封留存。Landtsheer的論文可以在線上閱覽：https://doi.org/10.1163/ ej.9789004156326.i-373.10。

暗而已。而他在散文〈論殘酷〉（On Cruelty）的開頭，就和傳統天主教神學分道揚鑣，談到「向善的傾向在我們內心與生俱來」，回擊了奧古斯丁的原罪概念。讀蒙田的作品，會感覺他藉由把上帝的啟示單純當作一種信仰來接納（這種教義稱作「信仰主義」〔fideism〕），而解放了他的心靈；這麼做就讓他得以脫鉤，而能專注在真正吸引他的哲學上：斯多噶主義、伊比鳩魯主義和懷疑論。《隨筆集》裡幾乎沒提到路德或者喀爾文，即便他們發起了蒙田那時代席捲法國的動亂。從許多同代人接受蒙田是忠實天主教徒，以及他於一五八〇年造訪羅馬時甚至被教宗額我略十三世接見來看，他採取這種信仰主義的姿態是有用的。然而，在十七世紀更加嚴峻的氣氛中，他對天主教正統的投入被視為三心兩意；而到了該世紀末，《隨筆集》甚至被列進了《禁書目錄》。

蒙田意外冒犯教會的其中一個觀點，是對動物的同情。這不僅僅是出自厭惡人或野獸遭殘酷對待，也是因為察覺到牠們擁有我們忽視的品質。他注意到動物和昆蟲都有合作行為，有著高明的本能，並擁有在人身上沒那麼發達的特質——好比說敏銳的嗅覺。在蒙田最長的散文，也是最完整表達對動物之觀點的《為塞朋德辯護》中，*他描述了大象在洗淨身體之後做出的、有如祈禱般的手勢，因而思考牠們是不是「參與了什麼宗教」。對現代讀者來說，以及對蒙田那時代的許多讀者來說，會這麼思考似乎是個自然反應，但他那些虔信宗教的詆毀者，卻把這些同情視為打破上帝在人和動物間設下的絕對屏障，甚至到了貶低人類的地步。就神學方面來說這點是不可原諒的，因此《隨筆集》在《禁書目錄上》待了將近兩百年。

雷蒙・塞朋德（Raymond Sebond）是一名十五世紀的加泰隆尼亞神學家，他的《自然神學》（*Theologia naturalis*）於一四八四年出版。蒙田替他父親把它從拉丁文翻成法文。塞朋德主張，有可能透過理性思考和自然經驗來證明上帝的存在。蒙田先是從支持塞朋德開始寫起，但該文的主題其實是，懷疑論為什麼有正當性。這是「一切都不可能有定數，除了（依蒙田所做的結論，只有）上帝的啟示」這個主張的一次最精采的闡述。他大幅使用了塞克斯圖斯・恩不里柯對皮浪主義的分析（見頁六六二－六六五）。

「辯護」的核心主題，也是蒙田最樂於探索的主題，就是幾乎所有事物都可以從不同角度審視。為了回到動物生命這個題目，蒙田提出了一個看法，就是他眼中的世界，和他的愛貓眼中的世界並不一樣。「當我和我的貓玩耍時，誰知道我帶給她的愉悅，會不會還不比她帶給我的愉悅多？」他和那些被法國船隻從巴西帶回歐洲的杜比南巴（Tupinamba）印地安人會面過數次，而那深深影響了他。[6] 他討論這幾次會面的散文〈論食人族〉（On the Cannibals）提到，譴責他們的生活方式實在就只是無知而已。事實上，他希望他們當初早一點被發現就好了，因為早幾個世代的人，可能會比現在這批沒那麼寬容的人更能欣賞他們的生活方式。蒙田熱切地寫著他們自由而無憂無慮的生活，因此有助於創造「高貴野蠻人」這種將在十八世紀哲學家之間變得很

下頁：法國天主教團體和新教雨格諾派的緊張關係，在1572年8月的「聖巴托羅繆大屠殺」變得一發不可收拾。在法蘭索瓦・杜布瓦（François Dubois）畫作的左後方，傳統上被認為是大屠殺教唆者的凱撒琳・德・麥地奇（Catherine de Medici），正檢查著一堆雨格諾派的屍體。

* 原書名中的Apologie指的是「辯護」而非「道歉」。

6 這次會面在Stuurman, *The Invention of Humanity*，頁二四七至五五有所討論。

出名的形象。儘管蒙田接受印地安人有包括食人在內的儀式，但他把這和歐洲人實行過的暴行並列，例如活活燒死異端：「我們大可從理性規則方面來說這些人是野蠻人，但不能說他們相較於我們而言是野蠻的；因為就野蠻暴行來說，我們各方面都超越他們。」一五七二年由狂熱天主教徒對新教徒發動的巴黎聖巴托羅繆大屠殺，特別令蒙田震驚。他在《為塞朋德辯護》中痛批西班牙的失敗，沒能夠藉由「在原本存於當地的那些美德中，增添希臘和羅馬的美德」來改善他們所發現的人民和土地。入侵者反而開始大肆破壞。

蒙田的懷疑論有更深刻的質問在支撐。《隨筆集》使用的少量《新約聖經》文字中，有使徒保羅對「智者的智慧」所做的攻擊，出自《哥林多前書》（第三章第十九節）。他主張，認為人類「有智慧」是一種狂妄自負的想法。若去檢驗古代哲學家的辯論，會發現他們從來沒得到一致的結論。邏輯似乎提供了一個堅不可破的方式來達到真理，但實際上邏輯學家看法並不一致。蒙田追隨赫拉克利特和柏拉圖這些談及感官不可靠性的早期希臘哲學家。《為塞朋德辯護》裡有一個發自內心的段落，在那之中他要求他的讀者這麼做：

> 把一個哲學家關進細金屬線做的籠子裡，每條線相隔距離極大；把他吊在巴黎聖母院的其中一座塔上。根據他的理性思考，他很明顯不會掉下去；然而當他從那個高度看下去時，他注定要驚恐到抓狂。

理性思考本身是不是被情感扭曲了呢？蒙田如此問道。人要如何找到一個判斷感受正確性的標準？於是就有了科學知識。蒙田提到了兩個太陽系的概念：傳統的地心說，或者哥白尼於一五四三年假設的日心系統。蒙田說，不只這兩個不相容，過了一百年之後兩個可能都會被新發現所取代。

十七世紀的每個文人都讀過蒙田的著作。他的《隨筆集》成為傳統教育的一部分，而他的相對主義則滲透了歐洲思想，直到啟蒙運動為止。在理查・波普金（Richard Popkin）影響力深厚的《懷疑論的歷史》（*The History of Scepticism*）中，他把蒙田在《為塞朋德辯護》中對懷疑論的分析，視為「當代思想成型的其中一股關鍵力量」。波普金主張，該分析強調了當時的三個關鍵哲學議題：被宗教改革推翻的神學議題；從彼此衝突的眾多古代作者中興起的人文主義議題；以及科學議題。「藉由把宗教改革危機、人文主義危機和科學危機中未明言的懷疑論傾向，擴大成全面的皮浪主義危機（**crise pyrrhonienne**），蒙田那天才般的著作《為塞朋德辯護》成為送給整個智識世界的慈悲一擊（**coup de grâce**）。」[7] 下個世紀，笛卡兒將執著於蒙田留下的難題：人要怎麼為任何一種確定性找到一個起始點。

蒙田傑出地示範了，一個敏感而原創的心智，如何能使用古典資料來源但又超越文獻。儘管名義上是天主教徒，他卻和他那時代的宗教緊張劃清界線，甚至劃清到被批評的程度。他並不嚴守單一哲學，儘管說他最喜歡的哲學都來自希臘化時期（西元前三三〇－西元三〇年）的學派。他藉由使用其他文化的範例來回擊歐洲社會的倨傲和死板，帶領我們進入新的境界。

7 Richard Popkin, *The History of Scepticism from Savonarola to Bayle*, rev. ed. (Oxford: Oxford University Press, 2003), p. 52.

* * *

或許可以說，蒙田的懷疑論方法在十六世紀晚期一部偉大劇作中有了進一步發展，那就是莎士比亞的《哈姆雷特》，可能是在一五九九或一六〇〇年時寫下了最初版本。

那時候，身處在伊麗莎白統治晚期的英格蘭，在搶奪目光而彼此敵對的團體間以演員身分出道的威廉・莎士比亞（William Shakespeare, 1564-1616），已經脫穎而出，成為一位才華洋溢的劇作家。一五八五至一五九二年間，他的動向成謎。這「消失的數年」一直衍生出大量學術推測，猜想著這份傑出創新的心智到底是怎麼演變而來的。他應該是沉浸於古代和當代的各種資料來源，或許甚至遊歷國外，並開始著迷於劇作主題內的心理衝動。研究莎士比亞的學者喬納森・貝特（Jonathan Bate）在《經典如何造就莎士比亞》（*How Classics Made Shakespeare*）中發現，詩人奧維德是莎士比亞劇作中最無所不在的影響力。[8]但他也發現了賀拉斯、西塞羅、塔西佗和塞內卡的蹤跡，而莎士比亞一如那年代的許多人一樣，對他們有著矛盾感受。莎士比亞非比尋常的地方，在於能使用十分多樣的資源——包括古典劇和古典詩，還有歷史年代紀、民間傳說和傳奇；然而，他並不是被這些資料所支配，而是把它們轉變成完全原創的作品。

莎士比亞演員生涯的根源，是在被塞內卡劇作所影響的復仇劇；而塞內卡劇作則是從一五六〇年代開始為英國人所知。受塞內卡影響的知名例子，包括了克里斯多福・馬羅的《馬耳他猶太人》（一五八九年）以及托馬斯・基德（Thomas Kyd）的《西班牙悲劇》（*The Spanish Tragedy*，一五八〇年代）。莎士比亞其中一部最早期的劇作《泰特斯・安特洛尼克斯》（*Titus Andronicus*，寫於一五八八至一五九三年間）就屬於這一類，但他別出心裁的想法早就把喜劇涵蓋進去，例如一五九〇年代初期的《馴悍記》（*The Taming of the Shrew*）。他那幾齣著名的歷史劇——《理查二世》（*Richard II*）、《亨利六世》（Henry VI）的其中兩部以及《理查三世》（*Richard III*）——隨後在一五九〇年代產出。這個人充滿了信心且涉獵廣泛。然而到了一五九九年時，伊麗莎白時代的天空暗淡了下來。鎮壓愛爾蘭的戰役難堪地失敗後，埃塞克斯（Essex）伯爵返回了英格蘭。女王當時健康狀況不佳，因此在相對穩定了四十年後，王位的繼承起了風波。《哈姆雷特》反映了這個時代的焦慮。

被某學者形容是「歐洲第一個偉大的個人成長故事」[9]的《哈姆雷特》，從最初上演時就令觀眾焦慮不安。光是從言語就能看出這點。這齣劇有六百個詞是莎士比亞以前從未使用過的，而其中三分之二以後也不會再使用。這部有三千九百行的劇作，也是他最長的劇作，就好像他是在做某種聲明，而不是提供什麼能在伊麗莎白時代劇院的慣例時限內演完的東西。一位劍橋大學的已故學者艾瑞克・古力菲斯（Eric Griffiths）主張，這一點會讓我們忍不住猜測，這劇作的真面目到底是什麼。他主張，《哈姆雷特》受歡迎的一個理由，是一直讓觀眾猜這些複雜的角色會如何發展下去。古力菲斯接著又說，這部劇是如何「滿滿地暗示了沒講出來的人生」。[10]劇作家湯姆・斯托

8 Jonathan Bate, *How Classics Made Shakespeare* (Princeton, NJ, and Oxford: Princeton University Press, 2019)。Bate討論了奧維德*passim*的影響但特別值得看的是頁一一、一九四－二〇三。

9 Barbara Everett, *Young Hamlet: Essays on Shakespeare's Tragedies* (Oxford: Clarendon Press, 1989), p. 30.

10 *If not Critical* (Oxford: Oxford University Press, 2018), Eric Griffiths, 'A Rehearsal of Hamlet', p. 109.

THE Tragicall Hiſtorie of HAMLET, *Prince of Denmarke.*

By William Shakeſpeare.

Newly imprinted and enlarged to almoſt as much againe as it was, according to the true and perfect Coppie.

AT LONDON,
Printed by I. R. for N. L. and are to be ſold at his ſhoppe vnder Saint Dunſtons Church in Fleetſtreet. 1604.

帕德（Tom Stoppard）就留意到了這種「暗示」，在一九六六年首演的悲喜劇《羅森克蘭茲和吉爾登斯坦死了》（*Rosencrantz and Guildenstern are Dead*）中，探索了《哈姆雷特》中兩名次要角色的奇遇。

莎士比亞使用了一部於一五八〇至一五九〇年代在倫敦的舞台演出過的復仇劇來當作資料來源，這部已失傳的劇作就包含《哈姆雷特》開場的幽靈場景。該劇故事情節起自一個遠比這齣亡佚劇作更遙遠的過往，來到十二世紀首度記載的、丹麥復仇者阿姆雷特（Amleth）的長篇冒險故事。哈姆雷特的叔叔殺了他父親，又娶了他母親。接著哈姆雷特就表現得彷彿瘋了一樣，好密謀為父親復仇，但在這部冒險故事中，他殺了叔叔並倖存下來稱王。莎士比亞知道的這齣亡佚劇作（學者們稱其為《原哈姆雷特》〔Ur-Hamlet〕）似乎不只包含了幽靈，也從中發展出哈姆雷特的裝瘋和死亡等主題。第三幕第二場知名的「劇中劇」，可能也是源自此處。

故事從赫爾辛格（Elsinore）的城垛上開始；哈姆雷特被他也叫哈姆雷特的父親以及母親葛楚（Gertrude）在這座城堡裡養大。此時已經死去的老哈姆雷特是位傳統君王，行事是如此地堅決，而在戰場上殺死了一名敵手，挪威國王福丁布拉斯（Fortinbras）。他現在以亡靈現身，述說自己被自封為王的弟弟克勞迪（Claudius）謀殺一事。因為叔叔篡奪丹麥王位而被棄之不理的兒子，和他父親截然不同。被奪去王位的他，得要在一個因叔叔在自己母親的援助下把持著不正當權力而充滿緊張的宮廷中，想出某種回應方式。然而，經歷了應該有好幾年的大學生涯（居然是在路德的

前頁：早期版《哈姆雷特》的書名頁，也就是所謂的「第二四開本」（Second Quarto），於1604／1605年出版。《哈姆雷特》是莎士比亞有生之年最受歡迎的劇作，也一直是所有作品中演出次數最多的一部。

大本營威登堡！）之後，他卻沒有決心。這位與本劇同名英雄的心理不確定性，是讓《哈姆雷特》始終令人著迷且引人共鳴的因素。就如一位研究莎士比亞的學者所言：「從一開始就彰顯出作者原創天分的地方，是他獨一無二地察覺到，是什麼讓經驗徹底地有人性、可共鳴但其要素又渾然一體。」[11]

莎士比亞可能認為觀眾早就已經熟悉情節，因此他可以重心聚焦於原創劇作，好專注於強調哈姆雷特在篡位一事上猶豫不決的心理劇。被「決心的天生光彩……被思維蓋上了一層蒼白」這般鮮明畫面捕捉下來的猶豫不決，化為一連串出了名的獨白。到底是要在一個錯誤的世界繼續活下去，還是自殺然後「當我們擺脫這將朽的皮囊後，會遇見什麼樣的夢」，深陷於兩難的哈姆雷特問道：「該苟活還是不要，實在是個難題。」整齣劇作中，死後生命再三迴盪。「喔……要是永恆真神沒定下禁止自殺的戒律」，哈姆雷特感嘆道，就好像那是不讓他自殺念頭成真的唯一理由。當哈姆雷特有機會趁克勞迪禱告殺死他時，他以這麼做會將克勞迪以淨化狀態送上天堂而非送進地獄為藉口，而縮手了。

哈姆雷特在行動和不行動之間徘徊，挑戰了傳統中那種殘暴處置違抗者時心中毫無愧疚的「馬基維利式」君王形象。就如研究莎士比亞的學者瑪格莉塔・德・格拉西亞（Margreta de Grazia）所言，「為何哈姆雷特行動遲了一步？」的問題，是「文學界的《蒙娜麗莎》」，已經爭論了兩百年。[12]莎士比亞呈現一名深深受困於懷疑中的王子，而這名王子受困得又如此精細微妙，以至於所有飾演哈姆雷特這角色的人，都面臨了太多可能的詮釋方式；這堪稱是實實在在的革新。儘管仍然在哀悼父親的哈姆雷特不可能不因他叔叔發動的殘暴政變而深受刺激，也必定會覺得自己母親對克勞迪明顯易見的色慾（這在劇作中的一段文字有所暗示，並成為了謀殺的起因）很噁心，但他仍然足智多謀，而能像那句名台詞一樣，提供一些「在他瘋狂之中的深意」。用研究莎士比亞的學者詹姆斯・夏皮洛（James Shapiro）的話來說，就是：「這種對內在本質的體悟，過往沒有哪個劇作家達到過。」[13]

然而學者們注意到，要到十八世紀的各家評論，才首次強調了如今最能打動觀眾的、哈姆雷特的內省和猶豫不決。艾瑞克・古力菲斯強調，哈姆雷特獨自一人在舞台上的部分只占全劇三千九百行中的兩百行，並因此主張，我們若把他看作是遠離宮廷團體紛亂的一名極其痛苦的局外人，或許是不對的。他畢竟是精明到可以操控行動，尤其從安排那齣國王演員灌毒藥到皇室對手耳中殺死他的「劇中劇」並在叔叔及葛楚等觀眾面前上演一事，就可以看得出來。哈姆雷特是不是被某些更深層的衝動所驅使呢？學者芭芭拉・埃弗雷特（Barbara Everett）提出一個想法，認為哈姆雷特行動的基本催化劑，是失去了就任丹麥王的權利。埃弗雷特提到，莎士比亞於一五九六年失去了唯一的兒子——十一歲的哈姆涅特（Hamnet），而同時莎士比亞自己的父親在多次挫折後總算獲得了一枚仕紳紋章作為賞賜。他被奪去了把這個新地位傳給兒子的機會，或許就是這個傷痛讓他創造出一個承受同樣損失的角色（而且名字也類似）。

11 Barbara Everett, 'Hamlet Growing', *Young Hamlet*, p. 16.

12 Margreta de Grazia, *Hamlet without Hamlet* (Cambridge: Cambridge University Press, 2007), p. 158.

13 James Shapiro, *1599: A Year in the Life of William Shakespeare* (London: Faber and Faber, 2005), p. 328.

哈姆雷特從英國回來，避開了他叔叔要殺掉他的陰謀後，對上了一群正在為一具屍體（此時他還不知道是誰）開挖墓穴的挖墓者。隨著挖墓者們挖出另一塊墓地裡的骨頭和顱骨時，哈姆雷特被迫要漸漸接受死亡；他腦中想到的人名是古典英雄，亞歷山大大帝和尤利烏斯・凱撒，那些生時偉大但一死也是化為塵土的人們。當哈姆雷特發現兒時有如父親的宮廷弄臣約力克（Yorick）的顱骨時，死亡的現實又更逼近了一步。

接著屍體就抵達了。那是歐菲莉亞（Ophelia），哈姆雷特本來要和她結婚，卻因為猶豫不決使她飽受折磨。她溺水而死使她可能無資格接受基督教葬禮；這裡選擇的解決之道，是把她埋葬在神聖土地下，但沒有一般的下葬儀式。當歐菲莉亞的弟弟雷爾提（Laertes）在墓中抱著她的屍體時，哈姆雷特跳進墓穴安慰他，這是一個罕見的情感強烈時刻，就好像他的缺乏決心總算被情感的力量克服了一樣。要釐清哈姆雷特的動機很難——沒有哪邊暗示他可能覺得自己對歐菲莉亞的死有責任，但在接下來他和其他大部分角色都會死去的高潮場面中，他似乎接受了天意的力量，「無論我們如何去濫造，形塑我們結局的還是神。」這勉強算是個解答，但整齣戲無所不在的難題懸而未決，也就是自由意志到底存在與否。

由於「深思死亡和其後」占了《哈姆雷特》那麼大一部分，所以學者們會猜測，這位劇作家是否讀過蒙田的散文。[14]哈姆雷特和蒙田都把死亡拉到了舞台前景，不是當成什麼必須要扔開的東西，而是當成不可免之事而時時牢記在心。就如斯多噶派哲學家塞內卡用自己在尼祿統治羅馬下的自殺所證明的，也有奪去自己生命這條路。然而，蒙田《隨筆集》的第一個英文版，也就是兼有義大利與盎格魯家世的約翰・弗洛里奧（John Florio）所翻譯並於一六〇三年出版的版本，是在《哈姆雷特》發表後三年才問世的。有一些間接證據證明莎士比亞寫《哈姆雷特》時，已經知道有弗洛里奧這位舉凡想更了解義大利就一定會去找的幫手。所以他在這時候可能有吸收一些蒙田的想法。但後來他就絕對是知道弗洛里奧這號人物；舉例來說，《暴風雨》（*Tempest*，約一六一〇年）裡面的段落，就看得出有直接取自弗洛里奧《隨筆集》譯本中的素材。[15]

就算莎士比亞沒直接聽說有蒙田這人，散文這種新文類的一些範例，在弗洛里奧的蒙田英譯本出版之前，就已經開始以英文出現了。一五九七年法蘭西斯・培根的《論說文集》（*Essays*）是已知最早的英文散文，而這些散文絕對有用到蒙田。散文這種可讓作者將個人想法直接傳給讀者的手法現身後，可能對莎士比亞造成了影響。《哈姆雷特》在創造獨白方面有驚人的概念躍進，但他能有寫出這些獨白的信心和高明技巧，可能是因為散文的觸發。

偉大的藝術作品常會因為模稜歧義而偉大，而這或許解釋了《哈姆雷特》橫跨數世紀的持續吸引力。不論莎士比亞是否知道蒙田散文的存在，這兩個人應該會一致認為世界充滿著困惑，既是為了時代的動亂而困惑，也是因為個人尋求確定性時面對種種挑戰而困惑。

14 舉例來說，Jonathan Bate就在*How the Classics Made Shakespeare*，頁一一至一二提出了這個問題。

15 Hilary Gatti在*Essays on Giordano Bruno*的一章，'Bruno and Shakespeare: Hamlet'，就提出了這個問題。弗洛里奧是布魯諾在英格蘭時最好的朋友，而Gatti發現哈姆雷特的思想和正在羅馬接受漫長異端審判的布魯諾有類似之處。

專制法國對荷蘭共和國

政治對照的研究

全能的上帝近來和全人類吵起架，就把韁繩給了惡靈去繞行整個地球；就憑這十二年來降臨在人類身上、不只發生在歐洲而是在全世界的最奇怪變革和最恐怖事情，我膽敢說，自從亞當墮落以來，都沒在這麼短時間裡這樣變革。

威爾斯講道者詹姆斯・豪威爾（James Howell），一六四五年[1]

十七世紀威爾斯講道者詹姆斯・豪威爾在一個宗教激烈衝突的年代說的話，很精準地歸納出歐洲這個紛擾世紀的前半段的諸多事件特徵。改革者強調了上帝對於亞當之罪的持久憤怒。現在基督教世界分裂成教義不相容的兩個陣營，每個都聲稱獨占了對人與上帝關係本質的理解，因此人們大可相信，十七世紀前半席捲歐洲的戰火是上天不悅的直接結果。宗教不論是透過引領政客和君主的良知或者透過嚙合於國家權威中，都在十七世紀的歐洲政治上起了越來越重要的作用。教宗權力不再能強迫施行宗教信仰。不論是天主教徒或新教徒，教派正統性都只能藉由政治機構以其通過之法律來強迫施行。就如法國律師艾蒂安・帕斯基耶（Étienne Pasquier, 1529-1615）所言：

（一個國家的）整體基礎，原則上仰賴宗教的建立，因為宗教的恐懼和敬畏能讓所有臣民維持不踰矩，效果甚至勝過君主的存在。因此執政官應該最優先避免宗教出現變異，或者同一國家內不同宗教的存在。[2]

對大部分統治者來說，宗教變成了一種對王國強加施行權威的手段。

這就為歷史學家留下了一個挑戰，也就是要區分民族主義和宗教在十七世紀各衝突中起的作用。歐洲國家之間的鬥爭，對操控宗教認同的仰賴程度，就跟仰賴有決心與領袖魅力的領導者能夠有效運用軍事資源一樣。過去在傳統上，學者們都把三十年戰爭終結於一六四八年指為世俗政治重要性終於高過宗教政治的一刻，但隨著人們認識到宗教（從十七世紀末一直到十八世紀）都持續有著突出地位，這種看法漸漸被瓦解。一六八五年，當歐洲最有權勢的君主——法國的路易十四廢除了保護雨格諾派權利的《南特敕令》，造成了新教歐洲出現的難民潮時，就讓我們知道實情便是如此。所有期待接下來這個世紀一定會出現宗教態度更寬容之政府的希望都消退了。

在這樣的背景下，很難看出有什麼跡象，會顯示歐洲正在掙脫教派教條主義及君主專制，去採納下個世紀伏爾泰會擁護的那種言論宗教自由。確實，就如我們等下便會看到的，路易十四能夠操控古典的前例，來維持君主專制，對古典資料來源的吹捧則是打開了復興羅馬帝國權威的機會。然而，皇家的專制也不是處處都能蓬勃發展。在英格蘭，人們通常認為一六八八年那場讓荷蘭省督「奧蘭治親王威廉」（William of Orange）和其妻子瑪莉上位的「光榮革命」（Glorious Revolution），讓大不列顛王國（Great Britain，在一七〇七年與蘇格蘭統一後形成）走上了完全國會民主之路。然而，即便在此處，就算英國比較早重新接納猶太人，並（於一七〇八年）立法允許數萬名法國流亡新教徒歸化，宗教偏見卻還是頑強健壯：王朝復辟（Restoration）的宗教協定雖然不像路易廢止《南特敕令》那麼嚴苛，但還是對羅馬天主教徒和不信奉國教者施行了限縮性的褫奪公權。

這裡篇幅有限，不太可能條理清晰地敘述那場恐怖的三十年戰爭（一六一八－一六四八年），我也不打算這麼做。[3]這場戰爭中有著不斷變化的一組組結盟關係，為歐陸大部分地區帶來了毀

1 引文出自Mark Greengrass, *Christendom Destroyed: Europe 1517-1648* (London: Allen Lane/Penguin, 2014), pp. 676-77。

2 同前注，頁三九五－九六。

壞。一六四八年《西發里亞和約》終結衝突之後，有三個國家崛起成為要角，分別是在母后攝政於一六五一年結束後很快就會由路易十四（一六三八年生）掌控的天主教法國；擴張到了奧地利和匈牙利之外、北至波希米亞的天主教哈布斯堡帝國；還有信奉路德派的瑞典，在下個世紀初被俄羅斯沙皇彼得大帝打敗前，它都是波羅的海的主導國。新教的普魯士人也開始了漫長的強權崛起之路，最終將於一八七一年把德國統一為一個帝國，但此時的德國仍分裂成眾多的小公國，且大部分地帶都在戰爭影響下被徹底摧毀。喀爾文派的荷蘭共和國也總算結束了和天主教西班牙的衝突，而能夠開啟一段「黃金時期」；這段期間，身為商業國家的荷蘭，繁盛興旺的程度遠遠超乎國土大小所能預見。十六世紀在南美洲進行了驚人的大開拓後，此時的西班牙早就處於衰退期，但他們仍然在西屬尼德蘭以及義大利部分地帶維持強勢地位，包括過去的米蘭公國以及義大利南部。弗朗什－孔泰（Franche-Comté）則接手掌管了南北之間的地帶。英格蘭那一連串大傷元氣的內戰則是邁入了第七年，並將於一六四九年經歷君主查理一世的處決。接下來十一年間英格蘭是共和制的共和國（Commonwealth），直到查理一世的兒子查理二世（Charles II）於一六六〇年復位為止。

法國和西班牙之間的戰爭持續到了《西發里亞和約》之後。西班牙迫切希望簽下協定，並把王女拿出來當籌碼，也就是西班牙國王腓力四世的女兒瑪麗亞．特蕾莎（Maria Theresa）。年輕法國國王的首席大臣馬薩林樞機主教（Cardinal Mazarin）對路易的健康有所顧慮，因此執意要他閃電成婚並留下後代。由此而來的一六五九年《庇里牛斯條約》（Treaty of the Pyrenees）為法國贏得了王女，但也公認了西班牙的衰弱，並確保了法國領土向南方以及一部分的西屬尼德蘭擴張，而後者就法國來說是最脆弱的邊界。

法國現在是歐洲最強大的國家，人口眾多，經濟相對穩健，還有一支與國力相符的大軍。而路易又鞏固得成功。隨著馬薩林死去，二十二歲的路易從一六六一年開始獨攬大權，此後這位剛毅的年輕君主為這個歷經長期內戰的王國帶來了穩定和動力。他散發出令人生畏而堅毅的形象，有著其他歐洲君主對手缺乏的領袖魅力和老奸巨猾。他的財務總管尚－巴蒂斯特・柯爾貝（Jean-Baptiste Colbert）培養了新的工商企業，而這些結合起來讓法國成了強大對手，已經站穩腳步準備進一步強化其國際地位。整個一六六〇年代，有條不紊的柯爾貝擴張了自己的責任範圍，幾乎涵蓋了作戰以外的所有行政部門。[4]他以極大熱誠去承擔的其中一個責任，就是監督該國文化生活。

事實上，路易是透過藝術、文學和學術來強迫推銷自己，宣揚他的每個成就，來昭告一種王（roi）、法（loi）、信仰（foi）合一的形象。*

他底下有一整隊傑出才俊在支持他：戲劇方面有拉辛（Racine）、莫

下頁：法國國王路易十四大量使用古典前例來宣揚他的統治。在這張1660年代由約瑟夫・維爾納（Joseph Werner）繪製的寓言畫作中，路易十四呈現為理性之神阿波羅，駕著太陽的戰車。

3 Peter Wilson, *Europe's Tragedy: A New History of the Thirty Years War* (London: Allen Lane / Penguin, 2009)，是對這一連串複雜的衝突和暴行最權威且最全面的記述。比較早先的Geoffrey Parker, *The Thirty Years War*, 2nd ed. (London: Routledge, 1997)，是比較簡要的記述。

4 Philip Mansel在*King of the World: The Life of Louis XIV* (London: Allen Lane / Penguin, 2019), chapter 7, 'Making France Work'，詳細描述了柯爾貝的成就。

* 據說，他的首席（可能也是最幹練的）王室情婦「蒙特斯潘夫人」（Madame de Montespan）在他們私下最親密的時候，只會叫他「法國」。

里哀（Molière）和高乃依（Corneille），音樂方面有尚－巴蒂斯特・盧利（Jean-Baptiste Lully）和馬克－安東尼・夏龐蒂埃（Marc-Antoine Charpentier），繪畫方面有勒・布朗（Le Brun），建築方面有勒・福沃（Le Vau，其作品包括凡爾賽〔Versailles〕巨大的新宮殿），以及勒・諾特爾（Le Nôtre）的正統庭園設計；而其中劇作又特別為古代希臘悲劇提供了新的詮釋方式。柯爾貝創立了一整組全新而不同凡響的學術院Académie），包含繪畫、雕塑、音樂和其他藝術。其中一間羅馬法蘭西學術院（Académie de France à Rome），有著強化法國與古城羅馬之文化連結的重要作用。* 科學院（Académie des Sciences）則是與一六六〇年英格蘭成立的皇家學會（頁九二九－三一）相輝映。法蘭西文學院（Académie des Inscriptions）整理出格言和適用的神話場景來描繪國王。學術院的成員得主動支持國王，國王則會給他們退休養老金來進一步保障他們的忠誠。

簡單來說，這是一個以「太陽王」（le Roi-Soleil，在他採用太陽為個人象徵符號之後就被這麼稱呼）路易的人格特質和雄心抱負為中心的君主制。他從小就被灌輸「王的權威幾乎都在於行動」，而他把這個角色發揮到極致，主政期間幾乎一週七天主持會議。[5] 儘管從路易的大臣總是對他卑躬屈膝，且他靠著一支龐大（至少很昂貴）的軍隊當後盾而保有影響海內外行政之權力來看，他的統治的確是專制主義沒錯，但他也是個講求實際的人。他可不是拿破崙或腓特烈大帝那種人。（最近一位替路易作傳的作者菲利普・曼瑟〔Philip Mansel〕替路易強化北方萊茵河前線的行動做了一個總結，說路易「對地理的了解優於拿破崙，後者相信法國延伸到了易北河和台伯

前頁：路易十四是高明的政治宣傳者。1671年，他藉由參訪科學院炫耀他的智識興趣。

河」。）[6]就如傑出的宮廷講道者賈克－貝尼涅・博須埃（Jacques- Bénigne Bossuet, 1627-1704）持續提醒國王的：或許他是上天派來統治法國的人，但他還是要尊重教會的教誨。在路易的統治下，對外擴張是以強化法國邊界為目標，而不是為了對外擴張而去征服領土。重點是放在能讓法國睥睨鄰國並對他們耀武揚威的外交關係上。

事後來看，西班牙的狀況可說嚴重衰落，即便那時看起來並不明顯。路易本來有可能經由結婚進入西班牙皇室，但法國仍把西班牙視為主要敵人。在一六四八年停戰後得以增長的另一股勢力——奧地利的哈布斯堡家族，則是太忙著在歐洲吸收新領土以及擊退土耳其人[†]，而無暇威脅法國。所以孤立西班牙是路易外政的首要焦點。這就意味著，要去和復位君王查理二世統治的英國人創造外交關係，並維持所謂的萊茵同盟（League of the Rhine），也就是五十個德國邦與法國在各邦承諾不允許哈布斯堡或瑞典等外國勢力經過其領土的條件下締結的同盟。到了這時候，西班牙的歐洲西北部勢力已被孤立在僅剩的屬地內，也就是尼德蘭南部和弗朗什－孔泰。而一六六五年繼位的新任國王，瑪麗亞・特蕾莎的同父異母弟弟查理二世（Charles II，譯注：西班牙語為卡洛斯二世〔Carlos II〕），繼位時年僅三歲，但當時就已經嚴重殘缺，一輩子都沒辦法自行統治國家。西班牙因此更加脆弱。一五八一年，被西班牙國王腓力二世併吞的葡萄牙（以及其非洲和拉丁美

---

* 現在在該城西班牙台階（Spanish Steps）頂端宏偉的麥地奇別墅（Villa Medici）裡頭，還可以找到這間學術院。
5 Philip Mansel, 'Making France Work', p. 51, 111.
6 同前注。
† 鄂圖曼土耳其人於十六和十七世紀還兩度圍攻維也納，分別在一五二八和一六八三年。

洲帝國）在法國支援下於一六六八年獨立，這又進一步羞辱了西班牙。

路易成功替自己「編造」了一個十分仰賴古典模範的形象。[7] 一六六二年六月，在慶祝兒子、也就是「海豚」（dauphin，譯注：法國王太子的通稱，取自維埃納伯爵居伊八世〔Guy VIII〕的盾徽，從一三五〇年開始使用）前一年出生的浮誇慶祝會上，路易就打扮成羅馬皇帝現身。他的當政再度證明了羅馬遺產為了服務政治而操作起來是有多麼地強大，儘管說這裡被拿來讚揚的是羅馬獨裁統治，而非佛羅倫斯讚揚的共和體制。奧古斯都，這個在尤利烏斯・凱撒的外孫屋大維於西元前二七年終結羅馬共和國內戰後，由感激不盡的元老院封給他的頭銜，提供了其中一個範例。其實奧古斯都相當殘暴地打敗了他的對手，但接著把自己展現為為國家帶來和平與光榮的人。他在把自己的名字連結到遍布帝國境內的神殿宗教信仰上可說特別成功，而他也率先以興建凱旋門來當作勝利象徵。* 儘管奧古斯都表現得好像羅馬元老院仍掌管各項事務一樣，但他其實很有技巧地在逐步累積自己的權威；其方法包括了尊重傳統羅馬宗教信仰、利用維吉爾這類詩人來讚美帝國，另外他還展開了一項宣傳活動，在各處樹立他身為「第一公民」的宏偉人像，來在帝國各處散布他的功績——也就是所謂的「已成之事」（Res Gestae）。

十七世紀的古典主義者很清楚奧古斯都這番豐功偉業。這位羅馬初代皇帝和他的波旁王朝模仿者有許多明顯不同之處。路易是合法的法國國王，而且不需要像奧古斯都那樣一路奮鬥到大位。他的專制主義隨手可得；它不需要在長期統治中慢慢鞏固，而且他還使用權力粉碎了法國高等法院（parlements，本質上是法院，儘管它們清楚意識到自己在政治上的舉足輕重）本來的任何抱負。然而，路易可以像奧古斯都那樣，利用人們經歷一場場分裂法國的諸多內戰後對和平的渴望，扮演建築、藝術和文學的贊助者，並透過凱旋門和雕像來宣揚他的勝利。他可以扮演傳統宗教的虔誠支持者，在這個例子中傳統宗教是指天主教；也可以像奧古斯都主張自己尊重羅馬共和價值那樣，扮演法國古老法律的恢復者。

一六六一年路易掌權時，是柯爾貝精心打造了路易的形象。宮廷畫家夏爾・勒・布朗（Charles Le Brun）替凡爾賽的新宮殿創作了一幅宏偉的天花板壁畫，其主題為：「國王接手管理其領土，並徹底投身於事務中。」路易掌著舵，顯示了他現在掌管了國家之船。一位擬人化的不和女神（Discord）被另一位代表法國的不和女神所征服，而其他擬人化的神，象徵智慧、勝利和名望的米娜瓦（Minerva，羅馬神話相對應的雅典娜），則是圍繞著一名被卡里特斯（Graces）所加冕的君主。天花板壁畫旁附著的金屬牌上，能看到皇帝恢復了秩序並讓自己貼近人民，也就因此呼應了人們期待羅馬皇帝應有的美德。

一六六五年，出現了讓國王炫耀自己是征戰英雄的機會，而征戰英雄可說是任何一名十七世紀成功君主都必須要有的公眾形象。在西班牙腓力四世過世的那年，路易決定透過他的妻子，也就是新國王的同父異母姊姊，來在西屬尼德蘭施壓索取更多領土。[†]其後的戰爭對法國而言是普通成功：在一六六八年的「艾克斯拉夏佩和平協議」（Peace of Aix-la-Chapelle，譯注：法語地名，此

7 Peter Burke的*The Fabrication of Louis XIV*（New Haven and London: Yale University Press, 1992），是對路易展現自己之方式的傑出調查。

* 最早的凱旋門範例在東北義大利的奧斯塔（Aosta），時間可追溯至西元前二五年。

† 西班牙從來沒出過她的嫁妝費用，有助於強化他的理由動機。

地多按德語稱「亞琛」〔Aachen〕）中，路易取得了里耳（Lille）而得以強化邊界。人們以太過頭的爆發式吹捧來慶祝和平協議，而在吹捧中現在人們讚揚路易繼承了一位比奧古斯都還偉大的征服者，也就是馬其頓的亞歷山大大帝。勒・布朗的畫作加上芭蕾舞以及戲劇，都不斷強調這種過度吹噓的、與古代偉大征服者的互相比較，其政治宣傳寓意又靠著羅馬意象而又進一步強化。歐洲打從羅馬時代終結以來最早建造的其中一座凱旋門，就是在巴黎建立起來的。*在凡爾賽宮的數次擴建中，有一次打造了一座全新的宏偉樓梯，也就是大使樓梯（Stair of the Ambassadors），受委託打造時，被吩咐要能匹配一位「從光榮征服戰爭中返歸」的君主。

然而一如往常地，一場戰爭總會引來另一場。路易的侵擾引發荷蘭共和國的怒火，而找了英格蘭和瑞典同盟組成三國同盟（Triple Alliance）逼他談和。一六七二年路易買通了英國人，承諾與他們瓜分荷蘭商業帝國，同時又攻擊荷蘭以報復他們反對他，儘管也有人說，他是想向他的新歡蒙特斯潘夫人炫耀他的雄風。一開始戰事大獲成功；法國拿下一個又一個城鎮，而荷蘭人則是一盤散沙。挽救他們免於兵敗如山倒的，是把低地淹沒的行動，以及民眾因為路易那份懷恨在心的投降條款爆發了怒潮。隨著描寫這場衝突的印刷出版品散播於全歐洲，法國部隊對平民百姓犯下的暴行便替路易塑造了一種殘暴形象，損害了他的名聲。[8] 然而，法國宮廷裡的政治宣傳家現在反而加倍奉承起他們的君主。當路易領著部隊抵達了羅馬帝國傳統上的邊界——萊茵河，並像尤利烏斯・凱撒當年那樣，在不需要築橋的情況下渡河時，戰事也來到了高潮。有些畫作描繪了路易騎在馬上立於河前，同時

下頁：在這張1687年的版畫中，路易十四接見暹羅國王特使。到了這時，歐洲勢力範圍已經延伸到了遠東。

Les VICTOIRES Remporté par les VENITIENS
La prise de la Ville de Napoli de Romanie
La prise du Château d'Argos et l'Armée des Turcs taillé en pieces.
La Reduction de la Ville de Napoli de Malvasia, par le General Cornare.
Conquerte dans la Dalmatie.
Dans l'Epire.
Sᵗᵉ Maure et l'Isle de Lefeada, Préuésa, Partie de l'Acarnanie, Modon, Argo, Iermis.
L'AUDIENCE donné aux Ambassadeurs Extraordinaires du ROY de SIAM
M. le Duc de Bourgogne
ALMANACH POVR L'ANNÉE M. DC. LXXXVII.

他的部隊全體游泳渡河。[9]有些還畫出了河神，在國王前瑟瑟發抖；其他畫則放上了永遠象徵著力量的海克力斯，以及用來代表他智慧的米娜瓦。一個新的要素加進了政治宣傳中；超越古人的君王。路易的一尊半身像還刻著「比奧古斯都更奧古斯都」（Augusto augustior）。宮廷政治宣傳家讚揚他的行為是「前無古人後無來者」。科爾貝精明地催促路易興建更多「勝過古羅馬人為羅馬建造者所興建的、將使陛下的光榮偉大更進一步的公共紀念碑」。[10]在那些立於巴黎的凱旋門中，聖馬丁門（Porte Saint-Martin）包含了一片路易接受手下敗將致敬的浮雕，一如先前圖拉真等羅馬皇帝給自己的描繪。[†]聖但尼門（Porte Saint-Denis）不只描繪了橫渡萊茵河，還在「路易大帝」（Ludovico Magno，比照查理曼的本意「查理大帝」〔Carolus Magnus〕）的題詞之外，雕滿了羅馬裝甲和獎盃圖樣。羅馬帝國到這時儘管已滅亡約一千兩百年，其影響力依舊強大。

儘管有這一大堆頌讚，在威廉三世這名意志堅定又足智多謀的新省督[‡]統治下，荷蘭度過一六七二年的災難後，狀況就逐漸改善，而路易的大軍也開始撤退。在一六七八年的奈梅亨條約（Peace of Nijmegen）中，法國把領土還給荷蘭，並恢復了原本的商業特惠，但他們在西屬尼德蘭有所斬獲。[§]儘管獲得這些讓步，威廉還是很執著要向法國復仇，而這種態度便支撐了他孤立法國的長期戰略。[¶]西班牙是最大的輸家，在脅迫下割讓了弗朗什－孔泰，讓法國的東北邊界更加安穩。有鑑於這些戰果只能說普普通通，政治宣傳家現在得要想點辦法來強調路易的中庸適度。事實上，路易的征戰英雄形象，跟那些戰爭如此昂貴而令國家元氣大傷的事實，從一六八〇年代以後越來越明顯不一致了。[11]政宣活動的背後策畫者柯爾貝以及畫家勒．布朗死後（分別於一六八三和一六九〇年），人們替太陽王設計了新的展現模式——其中最成功的一個就是畫他騎在馬上。在眾多古典範例中，一五三八年由米開朗基羅重新安置於羅馬卡比托利歐（Campidoglio）的西元二世紀皇帝馬可・奧理略銅像，是罕見留存的前基督教皇帝騎馬像。在一六八五至一六八七年的「人像計畫」中，路易十四騎馬像被發配至法國各省。其中最巨大的，是宮廷雕刻家弗朗索瓦・吉拉爾東（François Girardon）為巴黎大路易廣場（Place Louis-le-Grand）所製造的。¤一六九九年在盛大儀式下揭幕的這尊人像，藉由讓這位君主身著羅馬服飾，來遙遙呼應馬可・奧理略像。#

當路易形象傳遍法國各省的同時，他也開始了他最出名的大規模興建計畫，也就是凡爾賽宮。就如精明的柯爾貝老早看出來的，這個計畫無疑是為了路易個人榮耀。然而，他也是有意要

---

* 但不是羅馬之後的第一座。讚揚皇帝查理五世而於一五四八年興建的一座凱旋門，今日仍立於義大利南部雷契（Lecce）城的北面入口。

8 提出這觀點的是Mansel, *King of the World*, p. 173。

9 Burke, *The Fabrication of Louis XIV*, chapter 6, 'The Years of Victory'，好好記述了這些政宣，還包含了同時代畫作作為插圖。

10 Mansel, *King of the World*, p. 184.

† 圖拉真在羅馬的石柱描繪了西元二世紀初期圖拉真征服達契亞（Dacia，今日羅馬尼亞）的場面。

‡ 荷蘭省督（Stadtholder）是荷蘭的省執政官；威廉曾於一六七二年被指派為七省共同省督（見頁八一〇－一一）。

§ 馬克－安東尼・夏龐蒂埃寫過一首〈讚美頌〉（Te Deum）來讚美「勝利」，而它的前奏不可思議地成了歐洲歌唱大賽（Eurovision Song Contest）的主題曲，而持續為人傳頌。

¶ 後來，路易會提議把一個非婚生女嫁給威廉，來試圖修復關係。他獲得的回應不留情面：「我們家的人都和偉大國王的女兒結婚，不是他們的私生女。」

11 Mansel, *King of the World*, p. 277-78.

¤ 今日的芳登廣場（Place Vendôme）。

法國大革命時這尊騎馬像遭到摧毀，現在只剩小尺寸模型殘存。

對棘手的貴族階級宣告權威；這些人的紛爭早在他執政初期時，就於一六四八至一六五三年造成了號稱「投石黨之亂」（Frondes）的內戰。*歐洲最大的城市巴黎，是「同時有著君主的支持者和對手，而裝滿易燃制度的火上大鍋」。[12]一六四〇年代，巴黎強大的高等法院提出了一些跟英國國會一樣的不滿，特別是關於任意監禁和收稅的部分。儘管有著日後導致投石黨之亂的那些摩擦，君王與高等法院的關係，卻從來沒有出現英吉利海峽對岸那樣的嚴重決裂（就如曼瑟所言，「雙方是分居而不是離婚。」）。[13]一個靠貴族前往凡爾賽宮謁見國王來維護自身地位的皇家贊助體制，讓君王獲得了弱化貴族、巴黎和各省分之間連結的有利因素。在宮廷中，路易知道如何操作王權，要不透過滿戴珠寶長袍的華美來讓他的廷臣為之傾倒，要不就賞賜離譜的特權給他的寵幸者，好比說為皇帝舉燭照亮通往寢宮之路的榮譽。（「如國王在他的回憶錄中所吹噓的，他的權力最可見的一個效果，就是把『無限的價值』賦予某個本身毫無價值的東西。」[14]）這個名字來自一種用來投擲石塊的機弦的法文稱呼。

結果通常都是那些想要爭寵的人元氣大傷。簡單來說，凡爾賽宮是路易專制主義的關鍵成分：貴族地位在這裡得以保存，但只能在國王的掌控下保存。這裡不是埃斯科里亞爾（Escorial），那座位於馬德里北部、一個世紀前西班牙腓力二世當成皇居的陰沉修道院。儘管凡爾賽宮有一座禮拜堂，但地位卻低於皇家套間。議事廳是以異教諸神命名的：瑪爾斯（Mars）、維納斯、黛安娜、墨丘利、朱比特和薩圖恩，可能是呼應了佛羅倫斯彼提宮（Palazzo Pitti）的類似房間。[15]被路易擊敗的國家被陳列在戰爭廳（Salon de la Guerre），走上浮誇炫耀的大使館樓梯後就可以抵達。美妙的鏡廳（Hall of Mirrors）刻意被造成歐洲最壯觀的房間，可以清楚看見由地景建築師安德烈・勒・諾特爾（André Le Nôtre）所設計、馴服自然而成的庭園。在皇宮朝向巴黎的立面上，有八十四尊羅馬皇帝的大理石胸像，背後是法國皇冠和百合花飾。「你將會在（宮殿）那裡看見古代和現代的羅馬」，一名觀察者如此驚呼。[16] 儘管宮殿本身的勞動力最高峰時有三萬六千人，但另外又僱用了三萬人去興建一條運河，為一路開展至地平線的池塘（bassin）和噴泉提供水源。就連他們竭盡全力的結果，也只是讓水舞一次能進行幾個鐘頭而已。[17] 人們對於宮廷這種日常生活的態度，則是見仁見智。聖西蒙公爵（duc de Saint-Simon）令人著迷但並不正確的宮廷生活記述至今仍吸引人，但他在日記裡把這種生活形容成「世界上最悲慘不值得待的地方」。[18] 他是少數嘲弄宮廷寵臣的作者，那些寵臣在一個放蕩揮霍、機關算盡、假面扮相、姦情私通的環境中，反覆上演著荒謬的裝模作樣和無止境的爭權奪位。儘管有聖西蒙公爵的觀察評論，但不管是尖酸的旁觀者還是熱切的歡宴參與者，凡爾賽的任何人都不太可能感到無聊。

無論路易有多仰賴古典過往，他宗教政策的靈感還是只能來自基督教模範——而一名十七世

---

* 這個名字來自一種用來投擲石塊的機弦的法文稱呼。

12 Mansel, *King of the World*, p. 32.

13 同前注，頁二〇二。

14 同前注，頁二三二。

15 同前注，在頁一四五做了比較。

16 同前注，頁二二七。

17 同前注，第十二章，'The King Outdoors' 記述了這位國王的庭園和其他戶外休閒。

18 同前注，頁一四三。

紀的法國國王實在有太多前例可以選擇。墨洛溫王朝的克洛維一世是法國第一個採納天主教（西元四九六年）的統治者。一六五四年加冕時，十五歲的路易被塗上了據說是聖靈直接帶來給克洛維受洗用的油膏。查理曼是另一個明顯的模範，還有因為在第七和第八次十字軍運動中積極發揮作用而封聖的路易九世（一二一四－一二七〇年）。這三名先王都明顯地出現在用來把路易十四鞏固為傳統天主教維護者的政治宣傳中。一六七九年榮軍院（Invalides）完工於巴黎塞納河（Seine）左岸，是用來收容傷兵或榮民的巨大建築；此處的禮拜堂內，路易的濕壁畫旁安置著克洛維、查理曼和聖路易的濕壁畫。

路易堅定宣告天主教信仰的行動中，影響最深遠的是（在一六八五年的《楓丹白露敕令》〔Edict of Fontainebleau〕中）廢止《南特敕令》。[19] 稱作雨格諾派的大部分法國新教徒，都追隨約翰・喀爾文的改革派教會。（亨利四世於一五九八年發布的）《南特敕令》承諾給他們一些禮拜自由，但打從路易開始統治，他就在促進歧視，一有機會就關閉改革派的教會，並騷擾其信眾。他於一六八五年聲稱，大部分的雨格諾派都已經改信了天主教，所以就不再需要《南特敕令》了。事實上，那時候可能有約兩百萬雨格諾派仍在活動中，是法國人口的百分之十左右。廢止敕令在禁止禮拜儀式、學校和洗禮儀式時毫不留情。那些拒絕接受天主教「最後聖禮」——臨終塗油禮（Extreme Unction）的人，要是復原了，就會被抓去當划槳帆船的奴隸。儘管新敕令禁止人口遷出，但估計仍有二十五萬雨格諾派流亡國外，前往英格蘭、荷蘭共和國、瑞典和普魯士，有些人還渡海抵達美洲。這個技能傑出的群體把才能帶去豐富新家園的經濟，損害了法國經濟，又進而在歐洲新教徒之間損害法國形象——更廣義來說損害天主教的形象。而神職人員則是讚美路易毀滅異端，其中耶穌會成員又格外稱許。他被令人生畏的莫城（Meaux）主教博須埃（Bossuet）稱讚為「新狄奧多西」，因為那是第一名迫害異教徒的羅馬皇帝（在位期間三七九－三九五年）。儘管被這樣讚許，廢止敕令卻是一個魯莽的舉動，也是一個根本不可能強化路易仁慈名聲的舉動。法國在敕令之後重新燃起的新教徒迫害行動，激發了約翰・洛克和皮埃・貝爾（Pierre Bayle）等哲學家來詳盡闡述宗教寬容。廢止敕令促使路易的個人名聲和政治外交前途開始由盛轉衰。他在一六八八年（也就是他二度跨越萊茵河、打算從神聖羅馬帝國取得領土的那年）之後進行的戰爭，都對上了天主教歐洲和新教歐洲的堅定同盟。從這場「九年戰爭」（Nine Years War）開始，一直到他的統治於一七一五年結束為止，太陽王過往的萬丈光芒不斷大幅減弱。

＊＊＊

在這之前，同樣在他當政期間，宗教在那場一六七二至一六七八年對荷蘭的戰爭中，也有過顯著作用。儘管路易把這場戰爭弄得像是因為聯省共和國反對他入侵隔壁西屬尼德蘭，而必須給予懲罰，但意識形態差異在衝突中絕對很關鍵。組成這共和國的，可是一群商人（而且在一六六〇年後還超越了法國商人），再加上天主教專制者路易最痛恨之一切事物的代表者——喀爾文派。有兩百萬人口的尼德蘭七省聯合共和國（Republic of the Seven United Netherlands），[*]相較

19　同前注，第十六章，'The Huguenot Cataclysm,' 非常傑出，特別是在談對經濟以及法國聲譽的損害部分。

於法國的兩千萬居民，看起來似乎無足輕重，但他們在十七世紀那段黃金時代裡讓自己出類拔萃，其商貿企業、細緻都會生活風格以及歐洲最寬容社會的名聲，都讓他們有了許多仰慕者。有些觀察者強調了他們城市中秩序井然和環境整潔的風氣，也有人強調醫院和孤兒院的效率，還有人強調荷蘭人在藝術、哲學和科學上的成就。就如居中協調對法三國同盟的英國大使威廉・坦普爵士（Sir William Temple）於一六七三年的《尼德蘭聯省國觀察》（*Observations upon the United Provinces of the Netherlands*）中所津津樂道的，該共和國「創造了一種整體的自由和自在，不只是良知方面，而是所有其他用於生活舒坦平靜方面的事物都如此，每個人獨立行事，不去多管他人閒事，不太去打聽其他人的事」。[20]

這個小而活力十足的「荷蘭共和國」是怎麼現身，像皇家學會成員威廉・阿格利昂比（William Aglionby）所說的那樣，「無限超越所有古希臘共和國」？[21]就像古希臘雅典受到成功抵擋波斯入侵所刺激、中世紀佛羅倫斯受到擊敗對手所刺激一樣，荷蘭人從一五七二年開始真正反抗西班牙統治，也讓一種強烈的民族認同根深柢固。然而這是一個聯邦制的共和國。它有七個省，而其中以阿姆斯特丹為首府的荷蘭省（Holland），是十六世紀晚期凝聚力和實力都最強的一個省。每個省都有議會（States）。這些議會會在總議會（States General）見面，而隨著共和國日漸演變，這個總議會將逐漸吸收更多權力——對外政策、開戰議和決定、海運管理、教會事務、國家預算以及推動殖民擴張。在這些權力之外，各省還是控制著自己的生活。在成立條約的第十三條規定下，各省得選擇自己的宗教。每個省都有一名領導官，也就是省督，會指揮軍隊並監督司法行政權。省督也要負責解決議會內的紛爭。當初領導荷蘭起義對抗西班牙的是奧蘭治親王「沉默者威廉」（William the Silent），他的威望確保了隨著時間推移，奧蘭治－拿騷（Orange-Nassau）貴族王朝的數名成員將累積數個省督職位，[†]並因此成為國家非正式領袖群，並依照傳統地以合乎地位的方式生活著。

就如頭個世紀的佛羅倫斯一樣，某些意識形態的神話在背後支撐著荷蘭的愛國主義。人文主義者回頭望向巴達維人（Batavians），將他們神話化，塑造成一群刻苦耐勞的人，曾經挺身對抗羅馬，但後來又身為自由的盟友而與他們並肩作戰。人們稱讚巴達維人天生寬宏大量，並培養了對辯論的喜愛。人們聲稱，這些美德保存了千百年，好在後代對抗另一支擴張者大軍時激勵他們。這個神話與喀爾文神學的影響並存，而讓荷蘭改革派教會（Dutch Reformed Church）體制化。荷蘭人口有近百分之五十是喀爾文派，其中包含了絕大多數的菁英分子。他們認為自己和所屬民族是上帝選出來對

下頁：1651年，聯省共和國的總議會在海牙開會，討論省督威廉二世死後的憲法改革。巴爾托洛梅烏斯・范・巴森（Bartholomeus van Bassen）的傑出畫作，展示了內廷（Binnenhof，譯注：荷蘭國會議事堂）騎士廳（Hall of Knights）臨時裝飾上代表荷蘭各省以及它們與西班牙人戰鬥的旗幟。

* 這是該國一五八一至一七九五年的正式名稱（荷蘭文：Republiek der Zeven Verenigde Nederlanden）。

20 引文出自John Marshall, *John Locke: Toleration and Enlightenment Culture* (Cambridge: Cambridge University Press, 2006), p. 151。

21 引文出自Simon Schama, *The Embarrassment of Riches: An Interpretation of Dutch Culture in the Golden Age* (London: Collins, 1987), p. 223。這是歷史學大師的經典研究。關於荷蘭共和國的另一份基本資料來源是Jonathan Israel, *The Dutch Republic: Its Rise, Greatness and Fall, 1477-1806* (Oxford: Clarendon Press, 1993)。

† 一個人不可能同時擔任多個省督職位。

抗天主教暴政的人。他們同時對抗西班牙和法國這兩個歐洲領銜天主教國家的經驗，理所當然地鞏固了這種信念。拉斯・卡薩斯對西班牙諸暴行的公開批評（見頁六九九）很快就被翻譯成荷蘭文。歐洲已知的第一首國歌〈威廉頌〉（Wilhelmus von Nassouwe）把沉默者威廉和反抗暴政的象徵——《舊約聖經》的大衛王相提並論；但這樣的大衛不過就是又一個經人操作後的形象。從西班牙統治的尼德蘭南部遷徙而來的新教徒，被拿來和以色列人出埃及相比。這種高貴過往和基督教當前的組合，俐落地表現在一篇以民族歷史作結的祈禱文〈尼德蘭紀念歌〉（Nederlantsche Gedenck-Clank）之中。「喔主……祢造出各式各樣的事物，而儘管我們的敵人如此貪婪，祢卻仍讓尼德蘭的黃金自由與古法享譽世界：這是祢與信者所定契約之證明……」[22]

共和國政府有著商業成功在背後支撐。其根源來自一五九〇年代，當時有一股移民在尼德蘭與西班牙開戰後從尼德蘭南部流入，可能多達十五萬人。聯省共和國的城市快速成長，且因為宗教改革的關係，有一大堆不再使用的修道院建築給新企業提供了使用空間。一五九〇至一六四〇年間填海造出的近二十萬畝地，支撐了擴張行動。可以說，在建立民族認同上，對抗海洋的重要性並不亞於對抗西班牙人。潰堤時，會有鼓手呼喚社區成員，不分男女都來修補缺口。填海造出土地十分肥沃，可以餵飽成長中的人口。大量進口穀物讓荷蘭農人專精於其他利潤更高的作物，好比說啤酒花和亞麻。三十年戰爭期間德國境內動亂，導致人們迫切需要荷蘭能供應的食物。然而，如果海外活動沒有那場驚人的巨大拓展，南方移民對共和國的助益就沒那麼大了。貿易最顯著的轉變，是從荷蘭傳統（特別是在波羅的海）的散裝貨物、穀物、木材、鹽與漁獲貿易，轉變成以東印度群島、西屬美洲和地中海東側商路為基礎的所謂「發財貿易」（紡織品、絲綢、銅礦、白糖和菸草），而將財富帶回共和國。到了一六七〇年時，荷蘭商船艦隊已經比法國、英格蘭、西班牙和葡萄牙加起來還龐大。[23] 一六〇八年成立的荷蘭東印度公司（Dutch East India Company），把觸手伸遍了世界，從南歐到地中海東側，到紐約（原本叫作「新阿姆斯特丹」）再到南美洲，而最為人熟知的就是抵達遠東；在那邊硬從葡萄牙人手中奪來的香料貿易，帶來的利潤是支出的兩倍。荷蘭的造船業比對手報價更低，而阿姆斯特丹變成了全世界最成功的金融市場，最知名的就是提供保險。因此而獲得的財富又支持了專精奢華的貿易，如鑽石、高級家具和陶瓷（所謂的「台夫特陶器」〔Delftware〕）、緙織壁毯以及木造鑲嵌細工。歷程中有起伏波動，有戰爭造成的貿易衰落和中斷，但這是一個由大批技術高超的工匠所支持的繁榮狀態。一直要到十八世紀前半，荷蘭的商業霸業才遭到英國和法國挑戰。

這樣的大筆財富所回饋的那個社會裡，威望是歸於商人階級而非有地產的貴族。這兩個階級都很能接受彼此通婚。所以這就成了一個中產階級占大多數的社會，運作得當的家園就是運作得當的國家的微縮版。沒有人會假裝荷蘭女性在公眾生活中有獲得平等地位，但她們在持家方面有著支配地位，那時代的藝術家就清楚呈現了這一點。荷蘭藝術擺脫反宗教改革的奢華，專注於世俗場面、人物畫（當然，這之中的佼佼者就是心理層面洞察力非比尋常的林布蘭〔Rembrandt〕）、風景畫，或者約翰尼斯・維梅爾（Johannes Vermeer）和彼得・德・霍赫（Pieter de Hooch，上述

22 引文出自Schama, *The Embarrassment of Riches*, p. 99。

23 有一項估計是荷蘭有九千艘貿易商船，而法國只有五百至六百艘。Mansel, *King of the World*, p. 121。

兩人都在台夫特（Delft）活躍發展）畫到舉世聞名的那種安詳家庭室內畫。科學和哲學也在這個庇護異議分子的寬容創新社會中發揚光大。林布蘭其中一幅最出名的畫，《尼古拉斯・杜爾博士的解剖學課》（*De anatomische les van Dr. Nicolaes Tulp*, 1632），就以深入參與者內心的心理洞察力，把藝術與科學在畫中結合起來。

最能活生生呈現法國與荷蘭共和國本質之天差地別的方式，莫過於比較兩國十七世紀各自耗資最鉅的建築計畫。當路易在凡爾賽宮誇耀著專制主義時，荷蘭經濟圈中最富裕的阿姆斯特丹，正在興建一間巨大的市政廳，並將成為該時期最巨大的行政機關建築。建築師雅各布・范・坎彭（Jacob van Campen, 1596-

本頁：1610年的萊頓大學圖書館。楊・范特・伍德特（Jan van ‘t Woudt）展露了荷蘭共和國的秩序井然和認真，尤其作為學術研究場所更是如此。

1657）早年在義大利研究，吸收了拘謹的帕拉蒂奧古典主義風而原創的這座建築，作為一座共和主義象徵的影響力可說空前。從開啟和平的一六四八年開始打造、並於一六五五年在浩大聲勢中舉行落成典禮的這棟建築，有它自己的「鏡廳」，一間巨大的中央大廳，其桶形拱頂是法國對手的兩倍高。落成後加以裝飾的繪畫和雕像，對高貴巴達維人的強調程度更勝過《聖經》。這座市政廳的設計，也反映了共和國在全球海事上的主宰力並加以頌揚。觀看者可以從圓頂底下的窗戶看著商船和它們的賺錢貨物入港。自從路易・波拿巴（Louis Bonaparte）於一八〇六年被哥哥拿破崙封為荷蘭國王而開始占用此處之後，這地方就一直被當作皇宮。相比之下，奧蘭治家族的宮殿就比較低調了。

外來者一致同意，荷蘭共和國比其他國家更能接受宗教多元。但這可能比較不是因為公眾忠於一種理想，而比較是因為，這個國家的繁榮是多虧了一批效忠各路教派的人，而該國又以向全世界敞開大門而自豪，因此有必要寬容國內各個群體。[24]喀爾文派提供了獨立戰爭的背後支柱，還試圖透過荷蘭改革派教會，對一群不只包含了顯著的少數天主教徒，也包含了路德派、其他新教教派以及猶太人的人們統一施行喀爾文主義。然而，教會內部出現了重大分裂，特別是在於效忠「預選論」與否的問題，而預選論可是被喀爾文當作神學核心原則（見頁七三〇－三一）。由雅各

24 關於共和國內宗教寬容的研究，見Zagorin, *How the Idea of Religious Toleration Came to the West*, chapter 5, 'The Toleration Controversy in the Netherlands'，以及Eric Nelson, *The Hebrew Republic: Jewish Sources and the Transformation of European Political Thought* (Cambridge, MA: Harvard University Press, 2010), pp. 97-111。

布斯・阿民念（Jacob Arminius, 1560-1609）成立的分裂團體「抗辯派」（Remonstrants），讓「如果個人救贖已預先決定，自由意志的可能性就被否定了」的這種傳統異議復活。阿民念還找出了支持他說法的《聖經》文字。然而，早期的抗辯派嚴格來說並不算贊成信仰自由。他們的目標是在喀爾文派內追求更大的寬容，使他們的會眾能被包含在更廣義的教會中。他們主張，只要有接受喀爾文主義的核心宗旨，其他剩下的差異都可以進行善意的辯論。抗辯派也要求，宗教問題應該要由執政官而不是神職人員來評判，因為單靠前者就可以維護公共和平，而公共和平就是穩定社會的終極目標。

最激進且在神學上造詣最深的阿民念支持者，是賽門・伊皮斯科皮烏斯（Simon Episcopius, 1583-1643）。在萊頓大學當了一段時間的神學教授之後，伊皮斯科皮烏斯因為信仰而於一六一九年遭到放逐，一直要到人們減輕對阿民念主義的敵意後，才於一六二六年回到共和國。* 伊皮斯科皮烏斯返國後成為最突出的阿民念主義提倡者，又以《自由崇拜上帝》（*Free Worship of God*, 1627）和一六二九年的《為抗辯派辯護》（*Apology for the Remonstrant's Confession*）之中的文字最為突出。他主張，既然經文可以用各種方式詮釋，那麼神學辯論就應該獲得尊重，而且實際上是健康的活動。迫害各種另類看法，就是藉由製造不滿的少數人，來破壞國家的穩定和福祉。唯一不得寬容的宗教意見，就只有徹底褻瀆上帝而已。親身經歷信仰不寬容的伊皮斯科皮烏斯，長久以來念茲在茲的，都是宗教信仰應免於國家以及教會的脅迫。甚至說，只要天主教徒發誓效忠國家，他也願意接納他們。

伊皮斯科皮烏斯所期待的、對宗教多元與宗教異議的寬容，到頭來還是過於樂觀。依舊受益於公家支援和國家財政的改革派教會，仍然不為所動。即便如此，伊皮斯科皮烏斯和他的追隨者仍然有其影響。借用培瑞茲・札格林的話，「他們透過批評和其後的影響力，有助於弱化喀爾文主義的神學優勢，除了推動宗教自由的開展，也間接推動了一部分新教徒歐洲地區的智識自由開展。」[25]約翰・洛克的書架上就有伊皮斯科皮烏斯的著作。

到頭來，一種以實用主義來達到寬容宗教少數者的路線，還是占了上風。官方檯面上還是禁止天主教，但實際上，有大批天主教人口的地區不會受到干涉，而他們的會眾也開始增加。到了一六三〇年代，迫害抗辯派的力道已經減弱，但他們仍然不得興建自己的教堂。路德派和其他新教教派，以及一小群猶太人，也在這裡留存下來。一六七二年法國入侵期間，這些荷蘭猶太人以愛國而著稱，而這有助於扭轉傳統的反猶太主義。然而，改革派教會的支配地位依舊存在。它可以自由指控對手，但後者卻沒有回應的自由。改革派之外，唯一興盛起來的教派就只有天主教——但也是成果有限。隨著檯面下的宗教寬容逐漸擴散，抗辯派也失去了他們的動力（儘管說今日仍有一小群抗辯派存在）。喬納森・以色列在荷蘭該時期頗具權威的宗教調查研究結論中，談到一個「矛盾的半寬容……充斥著緊張的部分寬

下頁：林布蘭的《尼古拉斯・杜爾博士的解剖學課》（*The Anatomy Lesson of Dr Nicholaes Tulp*, 1632）。不論從肌肉和筋腱細節的正確度，或者從觀察者們的強烈興趣來說，這張作品都極其出色。

* 那段期間遭逮捕入獄並被迫流亡的人裡，還有卓越的法理學家胡果・格勞秀斯（Hugo Grotius，另見頁八五九－六〇）。

25 Zagorin, *How the Idea of Religious Toleration Came to the West*, p. 178.

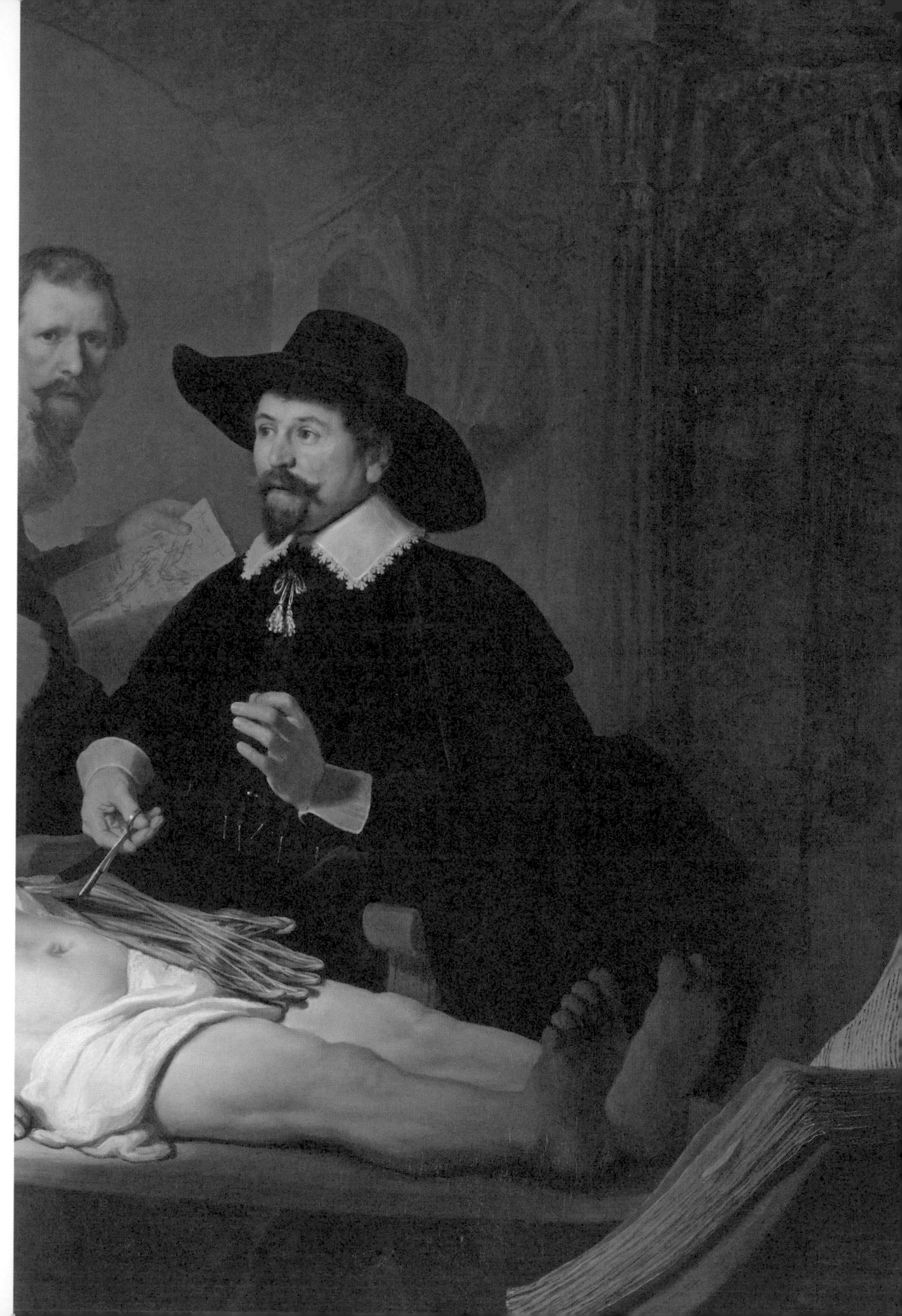

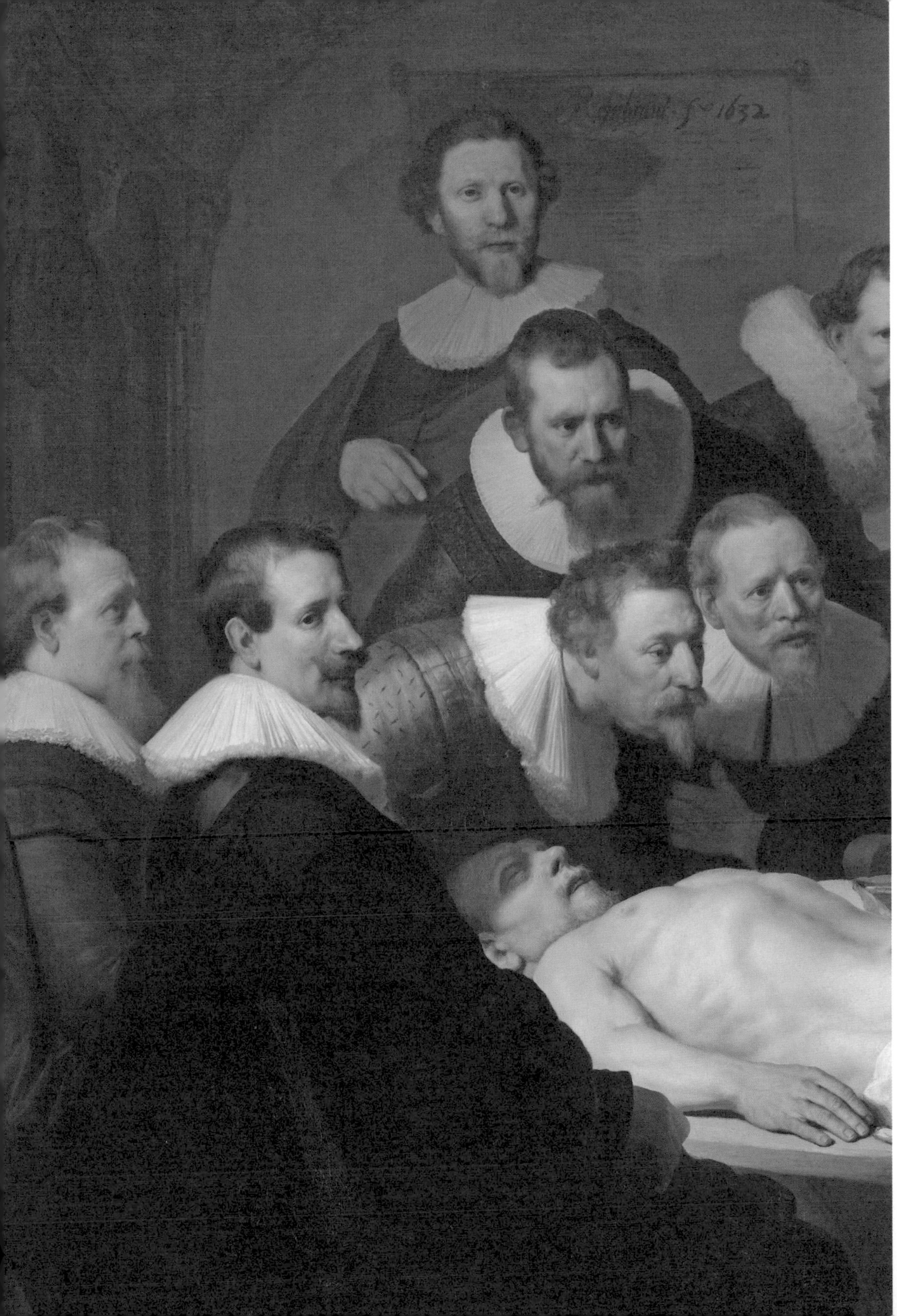

容」，一種外人美化這個共和國時並不一定會察覺的狀態。[26]然而，這就足以讓眾多激進思想家如勒內・笛卡兒（René Descartes）、約翰・洛克、皮埃・貝爾，以及流亡於國內的巴魯赫・斯賓諾莎（Baruch Spinoza）有了避風躲雨之處。（第三十一章會談達成宗教寬容的哲學方法。）

一六八五年時，「省督威廉三世會在三年內統治另一個比他自己王國還大上太多的王國」的這種想法，看起來實在很遙遠。英國國王查理二世在那年死去後，其弟繼位為詹姆士二世。威廉和詹姆士最大的女兒瑪莉結婚，如果他沒有兒子，那麼她就會繼承王位。然而，瑪莉這位荷蘭喀爾文派丈夫不太可能在英國受到歡迎，尤其兩國又因為商業野心而仇視了幾十年。策略上來看，不可能為了瑪莉而入侵英格蘭；畢竟，自從一〇六六年以來就沒人成功從歐陸入侵英格蘭，而英格蘭這邊也沒看到哪個陣營準備歡迎威廉。而在以共和國傳統而自豪的尼德蘭各省（又特別是在荷蘭省）這邊，威廉也從來沒能找到誰，來支持一場看起來就是出於私人目的而攻打強大鄰國的昂貴戰爭。然而，到了一六八八年時，情勢促使他發動了一場計畫精妙的跨北海遠征，最終導致了一場所謂的「光榮革命」（Glorious Revolution），是英格蘭憲政史上的分水嶺。

26 Israel, *The Dutch Republic*, p. 676.

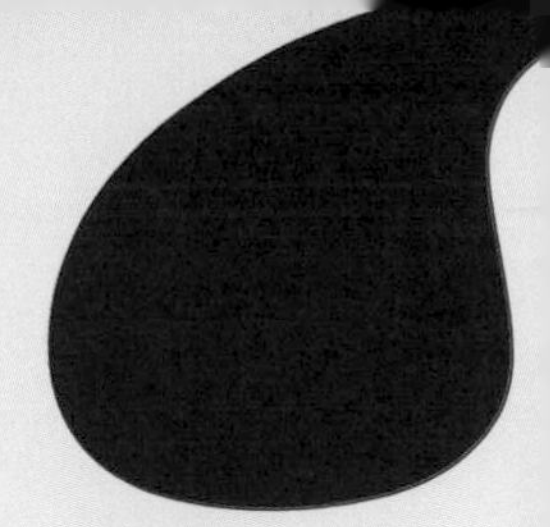

不列顛的革命世紀

所有人支持自由……而你們那些比較有錢的人看出了這點卻感到羞恥而不敢擁有自由，因為它穿著小丑的衣服而來……自由是會把世界上下顛倒的人，因此無怪乎他有敵人……真正的自由存在於精神的共同體以及人間至寶的共同體之中，而現在就是創世時傳遍各處的真正人子基督，正在把一切交還給祂自己。

傑拉德・溫斯坦利（Gerrard Winstanley），《給倫敦城的箴言》（*A Watch-Word to the City of London*），一六四九年[1]

「光榮革命」，這個用來描述一六八八至一六八九年間詹姆士二世（James II）的英國王位被瑪莉二世和丈夫奧倫治親王威廉的共同攝政所取代的詞，比較受「輝格黨」（Whig）歷史學家贊同；他們把英國歷史看作是遵循不可免的過程而一路邁向君主立憲制、啟蒙運動、自由主義和議會制民主，好比說托馬斯・巴賓頓・麥考利（Thomas Babington Macaulay, 1800-1859）等人。但「革命」這個詞，也被拿來談同個世紀裡更早先的一段時間內（一六四二－一六六〇年）、發生在英國內戰（English Civil War）至英格蘭共和國時期的諸多事件，尤其是馬克思主義歷史學家特別常這麼用。在分析一六八八年發生的事情所帶來的結果之前，值得先探索一下那場因國王查理一世於一六二五年登基並和國會決裂而產生的激進思想爆發。[2]

歷史學家們對於英國內戰的起因有過激烈的爭辯，但關鍵在於國王主張上天授予他統治的特權，以及英國國會維護自己的權利。國王在政治願景上的缺乏彈性與視野狹隘，又加劇了雙方之間的緊張。隨著國王與國會之間的對抗於一六二〇年代日漸加劇，議員們也復活了古代的自由傳統。[3] 儘管在這當下（而且絕對至少到一六四八年為止），絕大部分人還是希望保留君主制，但他們還是使用了各式各樣的資料來源，包括了古羅馬的判例，還有義大利北部特別是威尼斯[*]和佛羅倫斯的共和國範例，以及出自本土的各種聲明，追溯的範圍可以早至《大憲章》以及十三世紀律師亨利・德・布拉克頓的權威著作。[†] 布拉克頓於一二五〇年代完成的《英格蘭的法律與習俗》（見頁二二四），依循著查士丁尼的《學說彙纂》，強調自由人和奴隸之間的對比。布拉克頓擴展了羅馬對奴隸的定義，而納入了所有透過（好比說）封建上繳而被他人意志所限制的人。[4] 當查理於一六二七年的五騎士案（Five Knights Case）中聲稱，有權強行徵用民房給部隊住宿以及強行向臣民借貸、不聽令者將逮捕入獄時，這些擴充後涵蓋的例子，都是讓議會辯論活躍起來的資料來源。一六二八年的國會《權利請願書》（Petition of Rights），英國憲政史的一項重大里程碑，重申了「自由人」這種古代自由，尤其是沒有充分理由就不該入獄、不被迫與王國政府借貸或給部隊提供住宿的權利。國王駁回了請願書，主張他的特權否決了他們主張的自由，並試圖跳過國會來統治。‡一六四〇年當他沒錢的時候，他被迫放軟態度並重新召回國會。戰線到了這時候就畫了出來。就如一名國會議員狄格比勛爵（Lord Digby）所做的結論，他的不妥協意味著「我們的自由，我們幸福的精神與本質，應當讓我們有別於奴隸，展現我們為英國人的這種自由，就這麼被割離了」。[5]國會的政宣小冊作者亨利・帕克（Henry Parker）在他一六四二年的《觀察》

---

1 引文出自Christopher Hill, *The World Turned Upside Down: Radical Ideas during the English Revolution* (London: Maurice Temple Smith, 1972; Penguin Books, 1975)。引言來自Penguin edition, p. 107。

2 關於這段時期的兩份傑出介紹，分別是Barry Coward, *The Stuart Age*, 4th ed. (London: Routledge, 2012)，以及Mark Kishlansky, *The Penguin History of Britain: A Monarchy Transformed, Britain 1630-1714* (London: Allen Lane / Penguin, 1996)。

3 Quentin Skinner, 'A Genealogy of the Modern State'，是給英國國家學術院的演說，在這邊非常有意思。這篇刊登在Ron Johnston (ed.), *Proceedings of the British Academy* 162 [2008] Lectures (London: British Academy, 2009), pp. 325-70。

* 加斯帕羅・孔塔里尼為威尼斯共和國所做的知名辯護（見第六章，頁一九七）是於一五九九年首度有了英文版。

† 一直要到十八世紀，威廉・布萊克斯通（William Blackstone）的《英格蘭法律評論》（*Commentaries on the Laws of England*, 1766）才取代了布拉克頓著作。

4 見Skinner, *From Humanism to Hobbes*, chapter 7, 'Rethinking Liberty in the English Revolution'。Skinner主張，觀察誰才真正是「一個自由的人」的辯論時，這個差別很關鍵。

‡ 傳統上，輝格黨的歷史學家把這段時期稱作「十一年暴政」（Eleven Years' Tyranny）。歷史學家凱文・夏普（Kevin Sharpe）的研究著作《查理一世的個人統治期》（*The Personal Rule of Charles I*）則是採用了「個人統治期」這個比較中性的詞。

5 Skinner, 'Rethinking Liberty in the English Revolution', p. 143.

（*Observations*）提供了一個更高明的分析，主張君主權力不在於國王而是在上下議院。在後來的一篇短文〈人民的權利〉（Ius Populi, 1644）中，帕克主張「國會不過就是被定期選舉和代表發言所特地聚集或濃縮起來的那群人」，形成了一個「與大批普羅俗民成比例」的團體。[6]

這些由兩邊陣營所頑強堅守且無法共存的政府理論，讓一場內戰無法避免。到了一六四五年時，議會派所成立且由奧利佛・克倫威爾等將帥所熟練統率的新模範軍（New Model Army）已打敗了國王的部隊。一六四六年四月查理扮裝逃出他最後的「首都」牛津，並拒絕參與協商，獨留他的對手在政治真空狀態中。就是像這一類的脈絡，才催生了新穎而且通常很激進的想法。

一六四〇年選出的國會此時仍在開會（且會以一個縮水形式持續至一六五三年，因此給自己贏得了「長期議會」〔Long Parliament〕這個稱號），但其成員卻因為情況已變而被置之不顧。大部分的議員會樂見憲政上有所折衷妥協，也就是保留君王的許多權力，以及伊麗莎白一世宗教和解政策的必要要素，但又為君王的臣民確立具體的自由。其他少數比較堅決而直言不諱的議員，則希望除掉主教，並以蘇格蘭長老宗（Presbyterian）的模式來建立一個教會。反對主教制度的人也主張，主教因為是被君主指派為教會領袖，所以也對君主卑躬屈膝，也因此對「人民」的權利有害。然而，那些想要單一個由國家所管理、教條由國家所強制施行的統一教會的人，以及那些希望每個信眾都可自行其事的人，又進一步發生了分裂。後者很自然會支持思想與良心的自由。

在這個時候，以其成就自豪卻因為無法找到居留地而倍感挫折（也因為薪餉延誤而憤怒）的新模範軍，在國會企圖懲罰士兵並強迫他們投入愛爾蘭一場戰事卻適得其反的時候，瀕臨了叛變邊緣。各個軍團開始選出「煽動者」，去要求尊重軍隊勝利、改革國會、解散長期議會並舉辦投票人更普及的新選舉。這是政治思想史的一個重大時刻，堪比一三七八年佛羅倫斯的梳毛工起義；當時一個人們平常覺得是傳統政壇局外人的團體，因情勢所逼而構思了激進的政治建議。

在「軍隊會議」中成形的「煽動者」們最激烈的幾場辯論，是於一六四七年十月發生在普特尼（Putney），當時那裡是泰晤士河南岸的一個村莊。今日造訪這個建物密集的原址，實在很難想像當年的激烈場面，但很幸運的是，當時有替演說留下書面紀錄（並在十九世紀重新被人發現）。有一群激進分子搭上了士兵——他們被反對者稱作「平等派」（Levellers）——並帶來了他們自己的宣言《人民協定》（Agreement of the People），其中要求廢止君主制，並成立一個有最高管轄權的國會，投票權僅限成年男性且以財產所有權為基礎，並且投票者得要尊重宗教自由（還沒有人準備好把選舉權延伸到女性或者容許天主教徒投票）。就跟梳毛工一樣，平等派吸引了商人和工匠的支持。他們最有影響力的領袖，喜怒無常的約翰・李爾本（John Lilburne），是一名狂熱的政宣小冊作者，早已因為各種活動而多次入獄。*

接下來的辯論雖然激烈，但卻牛頭不對馬嘴。那些像托馬斯・雷恩巴勒上校（Colonel Thomas Rainsborough）的名言那樣，認為「英格蘭最貧窮的人該跟最偉大的人有一樣的權利過活」的人，以及那些支持選民應有財產資格的大部分軍官之間，出現了分歧。就如雷恩巴勒所言，就算是最貧窮的人也應該有權利來把他們的同意給予統治他們的政府，而他們如果沒有給予同意的話，就

6　由Skinner引用於'A Genealogy of the Modern State', p. 339。

*　Leveller原本是一個罵人的詞，而李爾本自己是討厭被這樣叫的。平等派崛起後，這個詞就失去了汙名，更正面地用來指那些為了產生劇變而奮鬥的人。

不應該被該政府的法律所限制。他的請願非常有說服力地懇求，在人與政府間建立有效的社會契約，而過去已有多位哲學家提倡這種社會契約論，只是形式各有不同而已（見第二十八章，頁八六二－八八一）。

軍隊勢力崛起，嚇到了國會裡那些仍希望達成溫和協議的人，以及地方上那些經歷了內戰後四年的重稅與紛亂，而渴望回歸穩定的人。查理笨拙地嘗試利用這種混亂局面，希望蘇格蘭支援他繼續稱王，而他承諾會把長老會定為國教（並廢除主教）來回報。然而，蘇格蘭支援查理進行的入侵，卻被越來越有影響力的奧利佛・克倫威爾所指揮的軍隊狠狠擊退了。保皇派在英國各地發動的一連串起義，都在一六四八年夏天遭到鎮壓平息。軍隊現在認為，多次勝利的自己，命中注定是這塊土地上的真正強權，是人民真正的代表，而其中的激進分子也前所未有地開始打造一份修正版的《人民協定》，而這份協定會要求審判國王、解散被視為追逐私利的腐敗國會，並要求透過成年男性選舉權（這一次的範圍達到了全體成年男性，除了僕役、乞丐和保皇派之外）選出新國會。他們強行肅清了比較溫和的國會成員，但國王之所以無法避免地遭到如今處於權力核心的少數共和派審判，是因為他態度始終強硬不肯妥協。當查理逐漸接受自己不管在哪種政治協定中都再也無法恢復本來地位之後，就開始把自己看作是殉道者。然而他不指望自己獲得同情。根據對查理的指控，他「不忠且惡意地對現有國會以及其代表之

下頁：在這張文策斯勞斯・霍洛（Wenceslaus Hollar）的版畫中，史特拉佛伯爵（Earl of Strafford）正遭受審判。為了將這位大臣以擔任愛爾蘭總督期間的「嚴重不法行為」加以彈劾而於1641年召開的國會，對於自身備受威脅的自由已經有了深刻的領略。史特拉佛伯爵最終會被剝奪公民權，並於1641年五月遭處決。

人民發動戰爭」。起訴書聲明，他「在上述戰爭中做出行動，而對本國犯下的所有反叛、謀殺、掠奪、焚毀、破壞、廢棄、毀壞以及損害皆有罪」。不可免地被判有罪的這名國王，於一六四九年一月三十日在自己位於白廳（Whitehall，譯注：此為路名，或指當地一塊行政機關集中區）的皇宮外遭到處決。

在不列顛以及歐洲各地，這場處決都使人震驚不已。共和主義者可以引用希臘羅馬的光榮前例，來提供「暴君」遭處決的例子，但君主制的光環在歐陸依舊十分強大。當時有對英國海運發動的報復行為，以及大量從這次事件的震撼來借題發揮的政治小

冊子。查理被處決的十天後，《國王肖像》（*Eikon Basilikei*）這篇聲稱是查理本人所寫、並把他描述成殉道者的保皇宣傳文章在英格蘭出版。《國王肖像》日後還會刊登出越來越精細詳盡的版本。它的卷首插畫呈現了查理直接與天堂溝通。《聖經》對君主的支持大部分來自《舊約聖經》的《列王紀》（*Books of Kings*），或者《新約聖經》中使徒保羅在《羅馬書》中所呼籲的尊重權威。然而，差不多每種政治體制都能在《聖經》找到前例，而那些在這段期間同樣發行大量小冊子的激進分子，也一樣能援引《聖經》前例發揮強大效力。這種短文的普遍手法，就是讓人心中浮現人類社會最初最簡單形態的想像圖：被逐出伊甸園之後的亞當與夏娃，或者洪水之後的挪亞與家人。如果不是透過奪取財貨以及剝削窮人，這些原始社會怎會變成區分為少數富人和多數赤貧者的階級社會？激進的傑拉德・溫斯坦利（一六〇九－一六七六年）在他的《英格蘭被壓迫貧民宣言》（*Declaration from the Poor Oppressed People of England*, 1649）中主張，少數人只有透過劍和殺戮，才能奪走人民的公有土地並傳給他們的子孫。這樣的一種情況會持續下去，「直到你血腥和偷竊的權力從這片土地上根除為止。」[7]

活力十足的辯論發生在一場宗教狂熱的大風暴中。就如本章開頭引用的、出自溫斯坦利《給倫敦城的箴言》的文字所主張的，基督也可以被轉變成一個極端分子。當然，福音裡總是不乏激進主義，但這種想法在過去幾個世紀的保守權威基督教中已不復存在。現在，這種想法得以復興。第五王國派（Fifth Monarchists）等千禧年主義團體，把國王的處決看作是基督即將到來的預兆。甚至連那些想法沒那麼誇張的人，都很歡迎有這個機會能根據福音的教誨創造一個完美社會。所有的萬年辯論題，如預選論和自由意志、洗禮的本質、經文的詮釋等等，也都再度浮上檯面。一股持續到今日的新基督教運動（其中有浸信宗〔Baptists〕和貴格會〔Quakers〕等派別），就是在這一刻於英格蘭踏穩根基。不可免地，這些教會個個都希望國家接納自己。但宗教寬容是否要延伸至這麼多對立的教派身上？每一種對福音的詮釋都可以獲得准許嗎？接下來兩百年裡，這將是英國政治的主要議題，在這段期間裡人們會漸漸接受國教盎格魯宗以外的其他教派。一六四〇年代發生在英格蘭的激烈辯論，以及新的「不信國教者」教派的出現，可以視為西方心智開展的一部分。

這段期間的激烈辯論擴展到了宗教之外，而納入了對律師與大學特權的抨擊。一個神話從中誕生；根據這神話的說法，盎格魯－薩克遜的自由於一〇六六年後遭到了一具「諾曼人（Norman）的畜軛」壓迫。這個神話最顯赫的擁護者——溫斯坦利主張回歸集體生活，然而他的追隨者，也就是那群名符其實的「掘土派」（Diggers），在成立農業公社時慘烈地失敗了。共和派詩人約翰・米爾頓（John Milton, 1608-1674）針對動亂提供了他自己的觀點：「比較公正的應該是，較少數人迫使多數人去保有他們的自由，而不是多數人迫使較少數人去當他們的奴隸。」[8]他這番話一直是一個值得辯論的主題。

米爾頓的聲音是英國這一代歷史中最有共鳴的聲音。在劍橋度過了多半令他失望的七年之後，他精通古典語言和沉浸於《聖經》文獻，使他變得全神貫注於暴政的本質。他在義大利旅行

7《英格蘭被壓迫貧民宣言》全文可以於線上閱讀：https://www.bilderberg.org/land/poor.htm。

8《建立自由共和國的方便簡單方法》，是一六六〇年二月米爾頓在政治真空期發表的短文，其後斯圖亞特王朝於五月復辟。

時認識的伽利略所面臨的下場，特別令他憂心。一六三〇年代，他開始尋找適合他的智識方向。到了一六四九年查理一世被處決時，他已經成為一名藝高人膽大的詩文作者，以自由為目標志向。他在一六四四年的《論出版自由》（*Areopagitica*）中熱烈主張言論自由，也支持伴侶離婚的權利。

米爾頓對處決國王一事的支持，替他在護國政府（Protectorate，譯注：指「護國公」克倫威爾統治下的英格蘭、蘇格蘭和愛爾蘭所組成的共和國政府）底下於一六四九年爭取到一個文官的位子，擔任外語祕書（Secretary for Foreign Tongues）。他接下來的著作中，有一篇是對《國王肖像》與人們假定的那位作者做出的強烈批評。但悲劇不久後便到來：一六五二年米爾頓徹底失明，還在該年裡承受了第一任妻子與初生兒子的死。他的敵人把這些苦難詮釋為一名憤怒神明給的正當報應，但米爾頓卻回應說，逆境只會讓他的心思更加內省，讓他能更加徹底專注。然而令他絕望的是，一六六〇年查理二世復辟了。米爾頓很幸運地免受復辟君主報復；他的著作被公開焚毀，他本人則短暫下獄。

米爾頓一併駁斥了盎格魯教會的階級制度和國家的君主制。然而，他卻是徹底投身於維護上帝的旨意。無論世上有什麼樣的邪惡，以基督的愛表現在世上的上帝之善，終究會顯現出來，但個人必須透過經文找到自己的路。他是宗教寬容的激昂使徒。米爾頓身為詩人所面對的問題是，如何把他的信仰精雕細琢，形成適當的戲劇性形式。他選擇復興「史詩」這種

下頁：《英格蘭紛擾的象徵》（*The Embleme of England's Distractions*, 1658），把奧利佛・克倫威爾描繪成耀武揚威的護國公，打敗了他的敵人，並憑藉天意來支持英格蘭的法律和自由。

ΜΟΝΩ
ΤΩ ΘΕΩ
ΔΟΞΑ
I will never faile thee, nor forsake thee
Bee still, and know that I am GOD
Per flatus per fluctus
Remora
Scylla
Caribdis
Ararat
Moria
Floreant Protector et Parliamentum Angliæ &c
Pro Deo lege et grege
Constantia Fortitudo
Lex Corona Columna
Salus Populi Suprema Lex
Magna Charta
Honos pro Bonis
Salvatur Insula Legibus Munita
Ex Charta Charitas
Fame
Anglia
Scotia
Hibernia
Vis unita fortior
Mons Sion
Error
Babilon
Latrant Latrones
Proditorum finis funis
The Embleme of ENGLANDS Distractions As also of her attained, and further expected Freedome, & Happines Per H. M. 1658.
They shall beat their Speares into Pruneing-hooks
Anglia ne mentas, sistis immota Triumphans Pacis Oliva tibi vere Olivarus erit.
And their Swords into Plowshears

古典前例：上帝會是英雄，而亞當和夏娃則會是撒旦的受害者，而撒旦駭人的腐化能力將在一場與上帝進行的天界搏鬥中遭到克服。（相當有可能）在他心中構思了數十年的《失樂園》（*Paradise Lost*, 1667），帶著巨大力量從他無意識的深處爆發，一六七四年的第二版已有一萬一千五百行。撒旦獲得了主要角色，他遭逐出天堂，但決心要向上帝復仇。所以，誘惑了亞當和夏娃並一手安排了「人之墮落」的，如今變成是口蜜腹劍的撒旦。某方面來說，他是這篇史詩的英雄，但最終獲勝的，是化為基督給予人類之最終救贖的神之旨意。

米爾頓的智力和學識在他那時代都無人能及；他體現了英國在智識、宗教和政治方面的激進主義，而到最後也證明了，就算到了聖經相關創作的影響力已經衰落的時候，他的激進主義依舊歷久不衰。他在這裡值得一席之地。

然而，迫在眉睫的問題是，在一個依舊十分保守而渴望和平的國家，能否出現一個穩定的共和政府。查理於一六四九年遭處決後的十一年裡，人們接連嘗試尋找共和主義與有效率領導階層的平衡點，但還是失敗了。殘缺議會（Rump Parliament，因為成員逐漸減少而得名）持續開會並維持著共和體制，但它卻遭受全方面的挑戰，有宣告查理的兒子查理二世為合法君主的愛爾蘭和蘇格蘭保皇派持續反對，有經濟危機，以及因貿易而與荷蘭共和國爆發的一場戰爭。儘管國會的大部分成員嘴上會說什麼需要徹底改革，但他們實在算不上是革新派人士，而且在創造一份有效的新憲法時又猶豫不定。始終嚷嚷不停的約翰・李爾本，已經在一旁準備好要用他的小手冊《發現英格蘭的新枷鎖》（*England's New Chains Discovered*, 1649）譴責殘缺議會的無力行動——也因此在他的眼裡就是延續暴政。李爾本因叛國罪受審並短暫入獄，而他的妻子伊麗莎白・李爾本

（Elizabeth Lilburne）則對此策畫了一次訴願，不只要求釋放她丈夫，還要求女性獲得平等權利，吸引了一萬人聯署。[9]

一六五三年四月二十日，奧利佛・克倫威爾在一次火速且關鍵的行動中，在火槍手的掩護下闖進議事廳，譴責了議員並加以解散。他指揮的是一支政治抱負依然未變的軍隊，這些年的局勢變化讓他不可能再擔任中間人角色，而他最終站到了軍隊這一方。

就跟羅馬共和瓦解那時的尤利烏斯・凱撒一樣，也跟後來一七九九年法國督政府（French Directory）瓦解時的拿破崙一樣，政治的崩潰給了克倫威爾（一五九九－一六五八年）透過軍事勝利崛起掌權的機會。他和那兩人不同的地方，在於他開始這麼做的時機。他在領導新模範軍而享譽盛名之前，就已經四十多歲；而他靠著一六四九年愛爾蘭那場暴行至今仍令人難忘的殘酷戰事，以及後來蘇格蘭軍接連於一六五〇年九月以及翌年分別在鄧巴（Dunbar）和伍斯特（Worcester）被擊潰，而在新生的共和國獲得難以定義但無法戰勝的地位時，已經五十歲了。

儘管克倫威爾的信件和談話都保留了下來，但後來證明，歷史學家想評估他拚命尋求政治角色時的心理動機，其實是一大挑戰。他不怕炫耀自己的勝利。伍斯特戰役後，他把四千名蘇格蘭

9 「這份釋放約翰・李爾本的請願書聲稱是英格蘭史上第一份全女性聯署請願書……伊麗莎白・李爾本和凱撒琳・奇德利於一六四九年四月二十五日將請願書呈給了下議院……議員們的反應是無法容忍，和兩名女性說：『女人不該請願；妳們應該待在家洗碗……我們要妳們回家，然後顧好妳們自己的事，去管妳們的家事。』一位女性回答：『先生，我們沒剩什麼碗盤要洗，沒洗的一定會去弄。』接著另一名議員說女人向國會請願很奇怪，其中一名女人則回答：『你們砍國王的頭才奇怪，但我猜你們會讓那變成正當行為。』」這是出自Elizabeth Lilburne的一篇傑出文章，可以在線上閱覽：www.spartacus-educational.com。

戰俘抓去倫敦遊街。少數沒被他賣出的英王畫作收藏中，有一幅是安德烈亞・曼特尼亞所繪的絕佳場景畫《凱撒的勝利》（*Triumph of Caesar*，繪於一四八四－一四九二年間），就很能反映實際情況；於是這幅畫就這麼放在漢普敦宮（Hampton Court Palace）直至今日。約翰・米爾頓把這些成功稱為「正在發展的羅馬」。然而，克倫威爾也堅持畫他就要「不加掩飾」，這就和荷蘭人安東尼・范・戴克（Anthony Van Dyck）等宮廷畫家筆下查理一世的美化肖像有了天差地別的對比。可以引用他自己的話來描述他，也就是「一個誠實的人，知道自己為何而戰，也喜愛他所知道的事」。他的「誠實」深深根植於他的宗教信仰，使他投身於創造某種「敬畏上帝的」社會。他的對手主張，這只是用來掩飾他渴求權力的一張面具，而隨著一六六〇年君王復辟，他的名聲將會敗壞到無法修復。一個比較持平的觀點是，克倫威爾確實有一個對社會的願景，政治人物的貪婪和濫權在他那社會中會消滅；但他企圖達到這個社會的努力，卻因為他被迫要和一個關注穩定勝過改革的民選英國國會共享權利，而遭受了挫敗。

一六五三年七月，克倫威爾試圖以圈定的方式成立一個新國會（所謂的「小議會」〔Barebones Parliament〕）卻於同年十二月夭折，隨後克倫威爾底下屬於諮詢性質的國務會議（Council of State）領頭成員約翰・蘭伯特（John Lambert）便起草了一份新的共和憲法。《政府約法》（Instrument of Government）提供了一個一院制的大會（上議院被殘缺議會所廢除），每三年選舉一次，每年會期至少要五個月。選舉大多是由各郡選出，但選舉人僅限擁有兩百英鎊財產的成年男性。國會有權選出護國公（Lord Protector），結果當然是選出克倫威爾，而他還有一個當國會非會期時有權發布法令的諮詢會議支援他。而最有趣的條款，就是要求適度寬容宗教差異。儘管天主教遭到禁止，主教也不得復位（盎格魯宗內的傳統高教會派〔譯注：high church，指新教內部較崇尚古儀和天主教式傳統的信念和實踐方式〕也因此不得復位），但其他教派只要不威脅和平，就能獲得寬容。（護國公時期的一個成就，就是迎回了猶太人。中世紀時他們遭到驅逐，但從一六五六年起，他們就獲准在英格蘭定居，並進行宗教活動。）在這個架構下，地方仕紳持續獲准提名神職人員，儘管審查驅逐委員會（Commission of Triers and Ejectors）有權將認為不合適的牧師免職。盎格魯宗信徒可以繼續在他們的鄉間宅邸裡進行禮拜而不受騷擾。然而，隨時間過去，對激進基督教教派的態度逐漸強硬起來，而禁止「褻瀆上帝」（這個用語頗有彈性，其實也允許人野蠻對待不服從的異議者）的法律又重新出現了。一六五六年就有國家力量鎮壓貴格會，該會因為拒絕付什一稅並拒絕傳統社交行為，而越來越被視為一股顛覆勢力。

讓新政權行不通的是它的矛盾。政府大幅避免了貪腐，而且面對《濟貧法》（Poor Laws）等問題時，具有行政能力。至於外政方面，它對抗荷蘭相當成功，擁有日漸擴大的海軍和前途無量的貿易。然而，鄉村仕紳在保守的選舉權中選出國會，加上軍隊仍然緊握著帶來勝利者的特權地位不放，這兩者和克倫威爾開始進行的國家道德行為改革之間，永遠都不會有妥協折衷的辦法。護國公不同意的國會成員抵達倫敦之後，被拒於門外。試圖以十個軍政監（major-general）統治地方層級，來強迫施行改革，這種笨拙嘗試換來了人民的痛恨。上議院的恢復，以及向克倫威爾提議由他就任世襲君主（但他拒絕），都顯現一種回歸準君主立憲制度的趨勢。一六五八年九月克倫威爾死後，他的兒子理查（Richard）繼位，但統治期間連一年都不到。護國政府於一六五九年垮台，讓查理一世的兒子查理二世有了機會，於一六六〇年重回王座。從此英格蘭便維持君主制直至今天。

＊　＊　＊

歷史學家對於這二十年動亂政治造成之影響的本質為何，並沒有一致看法。馬克思主義者克里斯多福·希爾（Christopher Hill），是一九六〇年代對本段時期的智識生活有著最細緻分析的其中一人，在《天翻地覆》（*The World Turned Upside Down*）中主張，這是一段有著深刻變化的時代，「一個有著輝煌的變動且智識上令人興奮的時期……當時（一六四五至一六五三年間）對英格蘭的一切都有著重大的顛覆、質疑、重新評價。」[10]《天翻地覆》是一本影響力極其巨大，與一九七〇年代初期的讀者有所共鳴的書（但也被批評是在好幾種搞不好根本不存在的激進分子中尋求一致性）。研究本時期民眾起義的培瑞茲·札格林，把一六四〇至一六六〇年描述為「當代革命趨勢的第一個重大表現」。[11]同一時期的作者約翰·里斯（John Rees）則支持平等派為「革命政治組織的先鋒……留給我們一個激動人心的、民主思想的意識形態遺產」。[12]希爾十分仰賴出版資料來源（大量的小冊子），而史丹佛大學的教授大衛·科莫（David Como）則是在《激進國會議員與英格蘭內戰》（*Radical Parliamentarians and the English Civil War*）[13]中探索了草根意見，特別是在倫敦欣欣向榮的街上；在那裡，人們對於查理日後報復的恐懼，早在一六四二年就十分凸顯了。科莫替激進思想設想了一個更根深柢固且更早先的成因。

簡而言之，或許可以主張說，戰爭的衝擊、君主的處決和解放出大量激進另類選擇，都挑戰了傳統的思想，就像法國大革命徹底改變了人們對政治可能性的看法那樣——而法國大革命也同樣結束於保守君主復位，也就是拿破崙稱帝。

然而，就像克里斯多福・希爾在《天翻地覆》的結論章中感嘆的，一六六〇年回歸君主制以及恢復傳統盎格魯教會階級制度，扼殺了前面幾年在政治和宗教方面的眾聲喧譁。（事實上，希爾認為最早從一六五六年開始，這種壓迫就出現了。）而回歸君主制之後，當然也不會有宗教寬容。《市政當局法》（Corporation Act, 1661）與《審查法》（Test Act, 1673）要求那些想要加入城鎮局或文官或公職的人，必須是盎格魯教會的虔誠成員，所以就排除了天主教徒和持異議的新教徒，現在他們被稱作不信國教者。神職人員得要透過主教來授予聖職，而約有兩千名不服從的神職人員，在一六六二年所謂的大驅逐（Great Ejection）行動中被拒於教會外。

儘管有上述這些限制，經歷了一六四九至一六六〇年這些事件後，公共事務中還是有更多的大眾參與。在這段空位時代，保皇派仕紳通常都被排除在本來傳統功用之外，而這就讓城鎮的積極活動分子有機會涉入在地政治。他們成了市長或者高階市政官，成為民兵領袖或者地方保安官。一旦涉入之後，他們似乎就一路活躍到了王朝復辟之後。殘缺議會（於一六五〇年十一月通

---

10 Hill, *The World Turned Upside Down*, p.14.

11 引文出自Steve Pincus, *1688: The First Modern Revolution* (New Haven and London: Yale University Press, 2009), p. 480。Pincus主張光榮革命其實比一六四〇年代的「英格蘭革命」更為重大。

12 John Rees, *The Leveller Revolution* (London and New York: Verso, 2016), p. 348.

13 David Como, *Radical Parliamentarians and the English Civil War* (Oxford: Oxford University Press, 2018).

過）的一道法案，要求所有法律訴訟都必須使用英文而不是拉丁文或法文，而有一些證據證明（儘管滿難確定數量有多少），這段期間公眾更加了解法律議題。保安官這個日常司法不可或缺的核心，開始從更廣泛的群眾中招募。嗝布先生（Mr Gobble）這名「隨便撿起一些法律用詞，藉著和低薪寫手以及律師底下最低階的書記員聊聊天」，[14]就得以成為保安官的出身低微製襪工，是小說家托比亞斯・斯摩萊特（Tobias Smollett）所寫出的角色（只不過是一個世紀後才寫出的）。在各大城市中，咖啡館成了新的辯論中心。咖啡很便宜而各個階級可以相聚一堂——就如一位法國訪客所觀察到的，「一名船夫和勛爵可以在同張桌邊一起抽菸。」「（一六五〇年代起）咖啡館的出現，改變了英國民族文化，也成了英國民族文化徹底轉變的象徵，其程度恐怕勝過任何其他機構。」[15]那個爭議僅限於受教育社會菁英彼此用拉丁文溝通的文藝復興世界，如今已消逝不再。一六七九至一六八一年的王位排除危機（Exclusion Crisis）就清楚展現了這種情況；當時，輝格派這個新政治派系，在一場企圖把查理二世的弟弟詹姆士排除在王位外但最終失敗的嘗試中，把大眾的支持組織起來。（他們的對手托利黨〔Tories〕以支持繼位來反擊，而這兩個鬆散的派系，在接下來一百八十年裡都會是英國政治生活中最顯著的兩個行動者。）

歷史學家保羅・史萊克（Paul Slack）在《發明進步：十七世紀英格蘭的情報和物質進展》（*The Invention of Improvement: Information and Material Progress in Seventeenth-Century England*）[16]這份重要的研究著作中主張，這段期間人們相信並投身於一種速度穩定的「進步」。他把實用主義當作這種進步的特色，促進了經濟各層面的技術，從更有效耕作到投入工商業等等，範圍十分廣泛。這裡的一名關鍵人物是威廉・配第（William Petty, 1623-1687），他發起了一門所謂的「政治算術」（political arithmetic），把統計學應用到計算國家的財富，其中暗示著成長是可以測量的。十四世紀佛羅倫斯的喬萬尼・維拉尼，試圖透過把一整列從布料生產捲數到教育參與人數等等的數字列成表，來精確描繪他所在的社會；而配第則是顯示了再向前的一步，把物質進展的可能性整合到了他的經濟計算中。配第強調，財富本身不是目的，而是享受生命中出色事物並滿足智識好奇心的一種手段。他透過自己的活動提供了一個模範。身為布料商之子的配第，是皇家學會的創會會員，擔任醫學和音樂的教授職位，甚至出任過國會議員。他以一六五〇至一七〇〇年間收入會增加百分之五十的估計，來證實自己對於社會正在進步的信心。

所以一六八八年的「光榮革命」要怎麼納入這種「進步」文化？一六八五年二月詹姆士二世繼承兄長王位，當時五十一歲的他下定決心要以他的同代人路易十四為模範，創造一個更有效率的中央集權政府。然而，從中出現的專制主義，卻有著不顧大眾而一意孤行的風險；而前面已討論過，大眾的政治意識如今已更為強烈。詹姆士的主要目標是恢復天主教。他相信，一旦移除了法律上的歧視，天主教會自然就會復活。出於這雄心壯志詹姆士催促國會廢止《市政當局與審查法》並支持愛爾蘭的天主教領袖——這是個高風險且不受歡迎的策略。當權的盎格魯教會，以及詹姆士打算用承諾給予寬容和贊助來籠絡的不信國教者團體，都強烈反對這做法。一六八五年

14 出自 *The Adventures of Sir Launcelot Greaves* (1762), chapter 11, 'Description of a Modern Magistrate'。

15 Pincus, *1688*，頁七四至八一有一段談咖啡館的重要性寫得不錯。引言出自頁七七，以及頁七四。

16 Paul Slack, *The Invention of Improvement: Information and Material Progress in Seventeenth-Century England* (Oxford: Oxford University Press, 2015).

撤銷《南特敕令》，以及後來大批雨格諾難民抵達英格蘭，都讓這種做法在政治上不可行。而另一位也叫詹姆士的男性王位繼承人於一六八八年六月出生，這就意味著，天主教君主制可能會永遠持續下去，這使反對方態度更加強硬。

這些情況都讓革命甚至遜位勢在必行。詹姆士有一支常設軍隊，而且人們打從心底害怕國家重新陷入內戰。此時推了一把的力量，來自發現直接干預英國政治有其好處的奧蘭治親王威廉。當然，威廉透過妻子而與英格蘭有一線相連，後者因為小詹姆士的出生而喪失了繼承權，但從一六七二年法國入侵荷蘭的經驗來看，威廉的主要動機，還是擔心法國擴張。他理解到「切斷詹姆士與路易十四的既有關係」以及「與英國結盟對抗他自己最難對付的敵人」有多重要。對威廉來說，讓英國海軍中立化格外重要，因為它一旦加入法國就會孤立荷蘭人，並使其海軍相形見絀。一六八五年後湧入荷蘭的雨格諾難民潮，進一步讓荷蘭民意轉而反對法國，並有助於消除國內反對威廉這場冒險一搏的計畫。

前頁：在詹姆斯・桑希爾（James Thornhill）替格林威治皇家海軍學院（oyal Naval College, Greenwich）彩繪廳（Painted Hall）天花板繪製的飾圖（1707-1726年）中，威廉和瑪莉擊敗了暴君。被擊潰而在威廉底下瑟瑟發抖的人物是他的頭號敵人，法國國王路易十四。

然而，就算有透過祕密會議得到英國反對派承諾支持威廉，就實際面來說，這次入侵還是野心過頭，而且在籌畫和執行上都充滿風險。威廉有可能其實只想迫使他岳父去接受自己得和國會妥協而已。檯面上，他只會承認是要去英格蘭調查公民和宗教自由。然而，如果詹姆士做了抵抗，而把整個國家拖進一場他可以召集支持者來對抗入侵者的內戰，那會發生什麼事呢？結果運氣和精心策畫一起發揮了效果。法國被巴拉丁（Palatine）方面的戰事（譯注：又稱「大同盟戰爭」〔War of the Grand Alliance〕）轉移了注意力。有利的風向讓英國艦隊困在港中，倒把荷蘭艦隊吹過了英吉利海峽，讓威廉和部隊可以毫無反抗地在英格蘭西南部托貝（Torbay）登陸。喬納森・以色列在權威著作《荷蘭共和國》（*The Dutch Republic*）中的評價是「一六八八年十一月這場被評斷為組織籌畫之成就的荷蘭入侵英國，標記著荷蘭共和國身為歐洲強權的效能高點……這可以說是任何一個初期現代政權所能達到的一次最令人印象深刻的組織佳績」。[17]最重要的是，詹姆士的軍隊開小差，讓威廉長驅直入倫敦。不想再替斯圖亞特王朝製造一名殉道國王的威廉，勉強同意讓詹姆士流亡到法國，接受盟友路易十四的庇護。

王位如今空著，唯一維持政治穩定的方法就只有透過威廉和瑪莉繼位。威廉堅持自己應該要和妻子一同獲得君主之全權來共治。結果，最終證明瑪莉會默默支持她丈夫，對於改造皇宮以及管理慈善活動的興趣勝過政治。五年後她過世，年僅三十二歲。別無選擇下，英國各陣營找到了解釋他們之所以默許的理由：托利黨說，總得要有人來填補真空狀態；而輝格派則主張，詹姆士的專制行為打破了君權與人民之間的契約。

一種類似的模稜兩可，瀰漫在聲稱要訂立威廉與瑪莉統治原則的《權利宣言》（Declaration of Rights，後來變成了《權利法案》〔Bill of Rights〕）中。關鍵的地方在於，該宣言並未企圖在王權上添加新的限制。它「不是要創造新法，而是宣告舊法」，並提供一個機會，來解決斯圖亞特王朝早期當國會堅守自身認定之權利時，所出現的眾多不滿。宣言保留了君主選出大臣以及宣戰講和的權利，允許威廉把英國的對外政策轉向反法。他獲得了一筆一致同意的支出總額，如果沒有國會的同意不得再籌措更多錢。如果沒有國會的同意，就不能維持常備軍，而且君主不能任意廢止法律。儘管說威廉統治期間並沒有有效使用，然而，他透過贊助在國會中發揮影響情況的權力還是保留了下來。其他權利，好比說參選國會的自由、國會內言論自由，以及終結殘酷和過度的刑罰，就比較含糊地帶過了。關鍵的條款限制了繼承權，第一順位是瑪莉皇后的妹妹安妮（Anne），同時未來的君王都不能是天主教徒或者與天主教徒結婚的人。這暗中意味著國會控制了繼承權，因此形成了立憲君主制。宣言在儀式上宣讀給威廉和瑪莉聽，在儀式中他們接受了王國官方所提的要求，但他們並沒有給王國官方正式的同意。一六八九年宣言以《權利法案》為名公布後，在那份至今都還有一大半未成文的英國憲法裡，它會被視為當中最重要的文件之一。

然而，這實在不算是一次「光榮革命」。同年（一六八九年）一份所謂的《寬容法案》（Act of Toleration），其實也只限盎格魯宗信徒能全權參與公眾生活，而不信國教者的禮拜只是勉強獲得接納，他們的場地還得申請許可證，而禮拜儀式還得開放審查。其目標是給不信國教者一點小惠，希望他們站在反對天主教這一邊。在愛爾蘭這邊，被詹姆士所鼓勵的天主教領袖，在一場征服戰役中，遭到了威廉御駕親征，以及他最有本事的將領約翰・邱吉爾（John Churchill），也就是未來的馬爾博羅（Marlborough）公爵一同殘忍擊潰。關鍵的博因河戰役（Battle of the Boyne, 1690），直至今日都還在天主教與新教徒群體間有著深遠影響。在蘇格蘭，詹姆士黨（Jacobite，這個詞來自拉丁文的詹姆士〔Jacobus〕）的事業依舊堅強，而大部分的蘇格蘭高地到頭來還是無法

17 引言來自Israel, *The Dutch Republic*, p. 850。

統治。要到威廉的後繼者安妮，也就是詹姆士二世的女兒、瑪莉的妹妹在位時，《聯合法令》（Act of Union）才於一七〇七年打造出大不列顛王國（Great Britain）這單一國家。

所以，它在多大程度上算是一個標記英國歷史轉捩點的革命性協定？十九世紀英國最偉大的其中一位歷史學家托馬斯・巴賓頓・麥考利會提出光榮革命為關鍵轉捩點的看法，對許多人而言，它會成為英國歷史傳統敘事的一部分。[18]「輝格派歷史理論」認為，所謂的歷史開展，就是在描述一段「國家逐漸遠離君權神授，邁向國會始終至高的更世俗國家」的不可避免進程。對麥考利來說重要的是漸進論，與其相對的就是法國大革命的暴力激變——不妥協且不適任的君主在一場政治劇變中被推翻，而這場劇變又以恐怖統治為頂點然後終結。對麥考利而言，一六八八年是英國歷史的關鍵轉捩點，而他是從一六八五年開始寫《英格蘭史》（*The History of England from the Accession of James II*），並以一七〇二年威廉的死作結。他把這段時間強調出來，是正確的嗎？

史蒂芬・平卡斯（Steve Pincus）在他的《一六八八，第一場當代革命》（*1688, The First Modern Revolution*）中挑戰了這種連輝格黨都支持的傳統觀點——從光榮革命相較之下沒怎麼干擾英國一般生活來看，它基本上是個保守的解決方式。（克里斯多福・希爾更進一步把它描述成「傳統統治階級的恢復掌權」。）[19]平卡斯探索了一種更加深層的、對他稱為「詹姆士的現代化政策」的民怨。[20]他聲稱，詹姆士下定決心要果斷行動，以路易十四為模範打造一個更專制的政權，而一六八八年基本上是人們對此的反應。然而，對於平卡斯來說，這樣的不滿有著更深的根源，「在一六二〇年代遍及各地的危機中開始發動」，[21]而本章就是從這些危機開始講起的。平卡斯因此把革命時期整個拉長，並看到英格蘭選擇的道路和歐陸選擇的相比，有著打從根本的轉移。他把一六八八年稱作「第一場當代革命」。

沒有什麼能削弱一六八八年這場政治變化的非比尋常本質，畢竟那可是一名不受歡迎的君主由一對夫婦和平（儘管只是在英格蘭境內和平）繼任，其中一人還是荷蘭的喀爾文派，居然被仕紳與貴族心甘情願地接受。然而我們也可以懷疑，「光榮革命」是否真像平卡斯主張的那麼激烈地改變了英國社會。大眾參與議會政治的情況實在沒什麼增加。選民限定為有財產的成年男性（每個自治區的選舉權又各自不同），僅占總人口的百分之四・三。這個範圍到一八三二年《改革法案》（Great Reform Act）之前都不會有所擴張。國會由貴族階級所主宰，靠著世襲穩居席位的貴族控制著下議院的眾多席位。就如平卡斯所注意到的，商人擔任下議院議員的百分比幾乎沒有增加。[22]然而，一六九四年的一條法令規定，每三年就要舉行一次選舉，且國會每一年都要開一次會。在這種情況下，當原本支持詹姆士二世繼任其兄，並抓著強勢君主制的想法不放的保守保皇派「托利黨」，對上了支持國會至上並更加寬容不信國教者的「輝格派」，就形成了一種更有活力的集會。儘管威廉企圖讓各部門保持平衡，但在他以及繼任的安妮主政期間，政治始終不穩，直到輝格派在喬治一世（George I）於一七一四年登基後占了優勢為止。

18 這裡的關鍵文章是Macaulay的*The History of England from the Accession of James the Second*（一八四八年）。
19 引文出自Pincus, *1688*, p. 480。
20 同前注，第五章，'The Ideology of Catholic Modernity'，以及第六章，'The Practice of Catholic Modernity'，有探索這些部分。
21 同前注，頁四八三。
22 同前注。Pincus援引的數字是一六六〇至一六八九年占全體百分之九，而一六九〇至一七一五年占全體百分之十・七。

一六八八年的革命有其他因素支撐。焦點從君主制轉移到國會的一個理由是，對法戰爭的沉重財政需求，需要國會持續給予許可。這種政治動力的變化一路走來能平順不受干擾，是受到該國財富增加與產業成功的大幅相助。另一個關鍵因素是，君主願意接受他們權力受限的新地位；先是安妮，然後是斯圖亞特王朝倒台後繼任的那幾位漢諾威（Hanover）王朝的喬治國王。在這方面，英格蘭相當幸運。只要來一個不讓步的君主，就有可能毀掉「光榮革命」的成果。一七〇八年安妮拒絕御准蘇格蘭民兵法（Scottish Militia Bill），是英國君主最後一次實行君主否決權。基本上，這是一個保守的解決方案，提供了一個穩定的框架，讓國會可以在框架中掌握主動權。儘管一六八八年的「革命」不能說是專門設計來讓大不列顛帝國走上議會制政府，但它卻提供了各種手段，讓開展中的工商業國家可以達到這種制度。歐洲沒有別國採取了這條路，在這地方平卡斯的論點就有正確性了。一七〇〇年之後荷蘭共和國開始衰退。威廉三世於一七〇二年死後，隨著保守派和共和派爭權奪利，許多省都出現了對傳統省督權力的反彈以及秩序崩盤。西班牙王位繼承戰爭（War of the Spanish Succession）是荷蘭共和國最後一次主要強權身分參戰的歐洲戰爭。隨著商業競爭者迎頭趕上，它的商業領頭地位也逐漸遭到削弱。[23]

麥考利誇大論點的地方，是假定上述進展是一六八八年不可免的直接結果。十九世紀可以說是進步的時代，但也帶來了工業化催生的恐怖都市貧困、自由放任經濟的不公不義，以及愛爾蘭饑荒的惡夢。輝格派的歷史理論，在赫伯特・巴特菲爾德（Herbert Butterfield）的《輝格派歷史詮釋》（*The Whig Interpretation of History*, 1931）中遭到猛烈批評。在歷史學家大衛・康納丁（David Cannadine）於一九九二年所寫的、另一位輝格派歷史學家喬治・麥考利・泰瑞維廉（George

Macaulay Trevelyan，麥考利的外甥孫）的傳記中，他抨擊了這種概念：「簡單來說，輝格史是面對過往時一種極度偏袒的觀點：渴望提出道德判斷，受到目的論、不合時宜和現時觀念所扭曲。」[24] 輝格派歷史學家減輕了鎮壓愛爾蘭的重要性，即便從十七世紀至二十世紀初主宰愛爾蘭的「新教優勢」（Protestant Ascendancy）會留下持久的仇恨和偏見遺毒。但這也不該掩蓋英國國會到了十九世紀得以對英國社會造成巨大進步的事實；這包括了擴大選舉權（雖然到一九一八年都還拒絕女性投票）以及廢除對天主教徒和不信國教者的限制。十七世紀的英格蘭革命是有正當資格說，它成功地挑戰了專制主義並讓其他意識形態得以表達。然而，承受了新教徒以殘暴手段重申至高地位的天主教愛爾蘭人，就不會同意這種說法。

23 Israel, *The Dutch Republic*, part 4, 'The Age of Decline, 1702-1806'，詳盡處理了這部分。
24 David Cannadine, *G. M. Trevelyan: A Life in History* (London: HarperCollins, 1992), p. 197.

在十七世紀設想一個理想社會

如前所述，所有人生而自由、平等且獨立；除非個人同意與他人協議共組群體，使人人共同擁有舒適、安全、和平的生活，安穩享受其擁有之權利財產，並獲得更大保障，免於群體以外的人侵犯，否則不能使任何人脫離這種狀態之外，而受制於他人的政治權力。不論人數多寡都可以組成這種群體，因為這不傷害群外人的自由；他們依舊處在自然的自由狀態中。當一群人都十分同意要成立一個群體或政府，他們就因此立刻結合而組成了一個政治體，在那之中占多數的人有權行動並為其他人做決定。

約翰・洛克，《政府論次講》（*Second Treatise on Government*, 1689）

前面幾章談到的劇烈政治事件，不可能對政治思想毫無影響。十七世紀時，人們針對統治權的本質、參與政府的權利，以及或許能作為理想社會樣板的潛在規則，展開了激烈的辯論。新的問題浮現出來。在什麼樣的時間點上人有權利，甚至是義務，來抗拒統治者？上帝是不是終極的權威來源，而這是不是代表，人民無從質疑的服從要歸功於祂的命令（不論人們認為是什麼命令）？或者，世俗哲學能不能協助定義政治行為的規則？宗教改革以前，或許還能說人們普遍同意法律的本質必須合乎（天主教）上帝，但路德派、喀爾文派或盎格魯派的上帝會不會有不一樣的概念？如果你是服從新教統治者的天主教徒，或者反過來的情況，那你對誰有義務？不難看出為何哲學家探索了許多新的觀點，不只探索國內統治者與被統治者的政治關係，同時也在一個眾多國家競爭商業利益的世界中，探索不同國家之間的種種政治關係。

義大利馬凱大區（Marche）的小鎮上，照理來說應該不會冒出一個紀念十七世紀牛津法律教授的紀念碑，但幾年前我與家人在聖吉內肖（San Ginesio）的大廣場吃午餐時，卻看到了一個。聖吉內肖是法學家阿爾貝利柯・真地利（Alberico Gentili, 1552-1608）的出生地，許多人認為他是國際法的創始者。[2]真地利在佩魯賈讀完法律，並深受羅馬法以及十四世紀著名法學家巴托魯斯・德・薩索斐拉多對羅馬法的保守詮釋之影響。他總是偏好古代資料來源，原因就在於「我們堅信它們擁有的、以及歲月輕易添加在萬物上的那種威望程度」。[3]他強調羅馬法是一種有別於教會法的傳統，並強烈反對宗教對法律原則的影響力。拋棄了自身天主教背景的真地利，遭到宗教裁判所的騷擾，而於一五七九年逃出義大利。流浪了一段時間後，他抵達牛津大學，以學識讓大學對他的印象極其深刻，而得以於一五八七年獲任欽定民法教授（Regius Professor of Civil Law），而他直到死前都一直擔任這職位。他在牛津時，他的義大利同胞焦爾達諾・布魯諾正好也在那兒。不管是因為他和布魯諾的交集，還是因為他跟天主教教會翻臉，總之真地利的所有著作都於一六〇三年列入教宗《禁書目錄》中。[4]

一五八四年，當天主教針對伊麗莎白女王的「斯羅克莫頓陰謀」（Throckmorton Plot）敗露後，真地利獲得政府召喚，針對如何處置牽涉其中的西班牙大使一事給予建議。真地利主張，涉事大使應該驅逐出境，而不該像輿論要求的那樣，在英國法庭接受審判。這就立下了一個外交慣例上的重要先例。大使的人身是不能侵犯的。

真地利在牛津大學期間，會產出不少影響力深遠的國際法著作。他不受其他壓力影響而獨立論證自己論點的能力，讓他越來越受人尊重。他在遠離自身義大利背景的地方吸收了新的影響，特別是法國政治理論家尚・布丹（一五三〇－一五九六年）那裡；此人支持以一種比之前巴托魯斯更靈活且實用主義的方式，來使用羅馬法。布丹在《共和六書》（*Les six livres de la République*,

1 這篇專題論文的背景，可見以下說明，以及Roger Woolhouse, *Locke: A Biography* (Cambridge: Cambridge University Press, 2007), pp. 185-90。

2 Ursula Vollerthun, *The Idea of International Society: Erasmus, Vitoria, Gentili and Grotius*, ed. James Richardson (Cambridge: Cambridge University Press, 2017)，本書裡有一個章節談真地利，頁一〇六－四四。另見Claire Vergerio, *Constructing the Right to War: Alberico Gentili and his Receptions in International Law* (Oxford: Oxford University Research Archive, 2017)；Rafael Domingo and John Witte, Jr (eds.), *Christianity and Global Law: An Introduction* (Cambridge: Cambridge University Press, forthcoming 2020)，所收入之Rafael Domingo and Giovanni Minnucci, 'Alberico Gentili and the Secularization of the Law of Nations'。

3 引文出自Vollerthun, *The Idea of International Society*, p. 112。

4 同前注，頁一一〇。

1576）中支持每個國家要有絕對主權，而每個群體都需要有一個含有強制執行法律之權力的強力政府。這十分符合真地利在周遭見到的情況——民族國家興起，並在全球的尺度上與彼此競爭。他察覺到，若要發展出管理彼此關係的規則，就得要有一些基礎，但他堅持神學不得插手其中，而說過一句名言——「沉默吧，神學家，在與你無關的事情上」（silete theologi in munere alieno）。真地利以及其追隨者，和湯瑪斯・阿奎那這類神學家不同的地方，在於他們假定，不一定要把自然法詮釋成由上帝所訂立。這是法律世俗化的一個重大時刻，也讓真地利和道明會的弗朗西斯科・德・維多利亞（見頁六八九）有所區分，後者是在阿奎那神學觀點之內立論來捍衛權利。但對真地利來說，法律體系反而需要以實用主義態度奠基於文明國家的實際行事上。宗教僅是個人與其上帝之間的私人問題。

對真地利來說，重要的是尋找一種方法，讓傳統自然法這種「對所有人而言都自始至終為真」且將人想活在和平理性社會秩序中的欲望加以調節的「一套原則」，能夠併入國際法之中。

就如前面所見，自然法的概念要追溯至古代，來到好比說斯多噶派的觀念。西塞羅在他談論羅馬政治的對話《國家篇》（*De re publica*）裡寫下呼應了斯多噶派的這段話：「真正的法律是與自然一致的正當道理。它不論何時在所有國家都合理有效。人類的立法不能廢止這樣的法律。我們藉由內省而知道這一點。」真地利十分倚重《查士丁尼法典》，他在佩魯賈所受的教育就是以該法典構成基礎，而他相信那包含了自然法的價值。他堅決為此辯護：

以下這些出自查士丁尼法典的原則，難道不能適用於主權國家嗎？體面地活著、不要冤枉他人、憑公道對待人；保護人的孩子；保護人不受傷害；認可與所有人的親切關係；並維護商業關係，以及幾乎構成了整本法典內容的其他同源類似問題？這些都屬於國際法以及戰爭法。[5]

因此，真地利的方法，就是把各國不管出於哪種宗教信念的主權國家權利，和他所認為的羅馬法原則結合起來。儘管他接受有邪惡的統治者，專心致志於毀滅其他統治者，但他相信，自然法如果用作倫理生活的基礎，就會不只在國內形成和諧的生活，也會在國家之間達成和諧狀態。他提倡把貿易關係當成一種協助維繫友誼的手段。真地利強調了以外交避免衝突的重要性：「那些逃避……仲裁，且立刻訴諸武力的一方，或許了解到他們是在強烈反對正義、人性和良好先例。」[6]

有時候戰爭是有正當理由的，但要合乎正義地發動戰爭，也是有一些方法。真地利於西班牙無敵艦隊造成動亂時在英格蘭寫成的《戰爭法三書》（*De jure belli libri tres*, 1588-1589），闡述了他的看法。《戰爭法三書》十分倚重羅馬共和國與羅馬帝國的政治範例。真地利儘管對羅馬政策有著多方面的批評，他還是崇尚羅馬法提供了文明生活的基礎。第一本書處理邁向戰爭的權利，第二本書談實際作戰（「一如你謀畫戰爭時應遵守正義，你發動並執行時也應公平正當」），而第三本則是談如何終結衝突並恢復和平。真地利獨特的主張在於，如果先發制人合乎自衛這個合法目

5　引文出自Domingo and Minnucci, 'Alberico Gentili', p. 12。
6　引文出自Vollerthun, *The Idea of International Society*, p. 140。

的，那這種攻擊就是正當的。那時他理所當然會惦記著西班牙的侵襲，但他仍是用一種通論式的詞語來闡述他的論點：「不能讓一個人有至高無上的權力，且不能讓全歐洲屈服於單一個人的主宰。」[7]這是一個重要的聲明，因為它採用了權力平衡的概念。*真地利藉由強調需要比例性，來緩和他提出的方法。不應該攻擊婦孺，不應毀壞土地或是公共建築。應禁止使用酷刑。戰俘應該人道對待。進行戰爭時不應留下阻礙和平恢復的憎恨。所以聖吉內肖的真地利像底下有一塊記錄了英國逃難者感謝二次世界大戰期間馬凱人民提供庇護的牌匾，看來也相當合適。

真地利不把宗教當成政治重要因素，意味著他超越了他那時代的激烈爭論。（他也是「受宗教騷擾的經驗促使人盼望宗教寬容」的一個例子。）因此，國家之間的宗教差異本身並不是一個戰爭的正當因素，除非這些差異對別國構成了威脅。真地利因此摒棄了許多同代人支持的觀點——如果對抗鄂圖曼帝國的主要目標是讓鄂圖曼土耳其人改信基督教的話，對他們發動的戰爭就有正當性。然而，就如諾爾・麥爾坎（Noel Malcolm）在《有用的敵人》（*Useful Enemies*）中證明的，[8]真地利樂於把十六世紀末看起來仍要進一步向歐洲擴張的鄂圖曼帝國，列入值得先下手為強的國家。他從來不特別覺得哪種形態的政府比別種好；他最關心的就是統治者不正當使用權力。

我很高興能找到真地利的紀念碑，也樂於在此主張，他在全力駁斥馬基維利政治學方面的重要性。對真地利來說，重要的是正義和人性，而這些價值在他死後僅十年內就爆發的、自始至終殘暴不已的三十年戰爭中會徹底缺席。然而，大幅使用了真地利來闡述自己那套國際法的荷蘭人胡果・格勞秀斯（一五八三－一六四五年），很快就會使他黯然失色。一直要到十九世紀，真地利的著作以及其重要性才會為人重新發現。

格勞秀斯的傑出從他小時候就讓所有人驚豔：他十一歲就在大學念書；他十六歲出版了第一本書，談烏爾提亞努斯・卡佩拉的七藝；三十歲時就當上了鹿特丹的行政首長（Pensioner，也就是市長）。[9]他因為被請去協助解決與英格蘭的商業糾紛，而成為了公海自由原則的擁護者，在他一六〇九年的著作《自由海論》（*Mare Liberum*）特別能看出這點。人雖然可以占有一塊土地或一件物品來捍衛私有財產權，但海卻沒辦法用這種方法圈起來，所以它看起來似乎不是任何人擁有的財產。海不屬於任何人的這種概念或許有些自肥，因為荷蘭打破遠東眾多貿易壟斷的行為，就可以用這說法來正當化。英國人挑戰了這種概念，主張不列顛周邊三海里（譯注：約五・五六公里）範圍內的海洋，也就是可以靠岸上大砲防禦的距離，是他們自己帝國的一部分。接下來還需要一段時間，才會以條約定下海洋沿岸國家有管轄權的「領海」原則，但格勞秀斯的觀念，也就是海洋不論平時戰時都應該要開放給所有的人，會被一九一八年美國總統伍德羅・威爾遜（Woodrow Wilson）的《十四點和平原則》（Fourteen Points）當作關鍵要素而採納。

格勞秀斯那時代的宗教衝突令他驚駭莫名，也使他相信，除非基督徒能一致同意某種基礎信

---

7 同前注，頁一一四。

* 一七一三年歐洲的一份協議第一次使用這個詞，但就歐洲各國而言，這個原則是由真地利和其他人於十七世紀所建立。

8 Noel Malcolm, *Useful Enemies: Islam and the Ottoman Empire in Western Political Thought, 1450-1750* (Oxford: Oxford University Press, 2019), pp. 125-30, 247-50.

9 Vollerthun, *The Idea of International Society*, chapter 5，頁一四五至二〇三花了一整章談格勞秀斯。Jon Miller 和史丹佛哲學百科分別在史丹佛哲學百科和網路哲學百科上寫了相當不錯的格勞秀斯生平概述。

條，不然就不可能達到和平以及宗教寬容。他在荷蘭省主張寬容猶太人，基於他們對神有一種成熟的體悟。然而，人們認為他的觀點太激進；而在一六一九年，也就是阿民念主義在荷蘭共和國引發了民政和宗教當局之間衝突（見頁八一七－一八）的時候，他遭到審判並入獄。

他逃出了牢房，躲在照理來說要裝書的箱子裡，並成功逃到巴黎；到了那裡，他總算可以專心寫他最重要的著作，也就是於一六二五年出版的《戰爭與和平法》（*De iure belli ac pacis*）。這本浩大的著作立刻替他贏得了名聲，而此時的強國瑞典更聘請他擔任駐法國大使，而這職位他一做就是十年。即便三十年戰爭就在他身邊激烈開戰，他還是從來都沒放棄他熱情的信念，認為基督徒是可以和好的。

哲學上來說，格勞秀斯對自然法的概念做出了一個重要的貢獻。儘管他願意接受自然法或許會展現上帝意志，但他主張，就算上帝不存在，自然法的準則依然為真（這對許多同代人來說非常有爭議）。自然法對人類存在來說太本質了，就算上帝都不能改變它。「就像連上帝都不能使二乘二不等於四那樣，祂也沒辦法使本質惡的東西不惡。」[10*]因此有些人認為格勞秀斯標記了道德哲學的一個新起點，「美德的世俗化。」[11]他把自然法準縮為兩條：自保的權利，以及與他人往來而共活的權利。格勞秀斯很清楚，這兩個準則要小心加以平衡：自保的權利必須受限，好讓它不要和社會關係起衝突。換句話說，你可以為了「追求無害的利益」而行動，但行動不能傷到他人。但個人沒有義務幫助別人去取得他們的「無害利益」。格勞秀斯相信，他的準則在調節國際關係上的重要程度，就跟在調節人際關係上一樣重要，而他最讓人記住的成就，就是國際法的其中一位創始者。

當格勞秀斯要解釋這樣一種法律的正當基礎時，他接受習慣法（ius gentium）是有效的。（譯注：此處原文中同時寫出英文的「習慣法」〔customary law〕以及拉丁文的「萬民法」〔ius gentium〕。）它會涉及條約法以及國家透過交換大使而締結關係等項。這些可以藉由協議來更改。然而還需要某種更深刻的東西，而格勞秀斯對自然法的詮釋就是在這裡變得重要。他把自保的權利轉化為國家自我防衛的權利。同樣地，一個國家就像個人一樣有權去取得財產的損害賠償。格勞秀斯又更進一步發展出「國家有權維護自然法而去懲罰那些觸犯自然法的國家」的概念。這個問題就很大了。格勞秀斯承認，這種權利的行使很容易淪為混亂狀態，所以他把懲罰權保留給主權國家，而沒有留給個別私人。即便如此，如果用這種理論來說「歐洲各國為了把基督教『文明』帶給『野蠻人』而去占領非歐洲人土地並懲罰當地居民」是正當化藉口，還是簡單過頭了。學者之間的一個主要辯論話題，就是格勞秀斯究竟在多大的程度上，仍然打從根本地是個觀念始終出自於祖國自利考量的荷蘭民族主義者。舉例來說，當格勞秀斯讚美商業成果時，他很明顯是在概述會讓其祖國迅速發展的貿易得以欣欣向榮的原則。[12]

若說到實際進行的外交政策，格勞秀斯就會忠於他的信念，也就是調解和適中都不可或缺。終究來說，身為一名基督徒，他相信上帝的法則要人以人道對待他人。他呼籲人們追求更高的道

10 同前注，頁一六九。

* 這裡就呼應了拉丁亞維侯主義者（見頁二八三－八四）。

11 Stuurman, *The Invention of Humanity*，頁二六八至七二對於格勞秀斯哲學的這個面向有著不錯的討論。

12 Vollerthun, *The Idea of International Society*，頁一八〇至八五討論了格勞秀斯對商業的看法。

德感。†他主張，戰爭的衝擊始終都該限制於達成想要的目的為止，勝利也不會正當化帝國主義的占領，而一旦執行完「懲罰」，就應該盡所有努力恢復和平關係。所以不應該殺害老弱婦孺，不能讓神職人員和「文人」受傷，而戰俘必須要妥善對待。不應摧毀土地，聖物也該原封不動。可以奪取的敵人財產價值不應多於敵人造成的損害。

對格勞秀斯文字更帶批評的一種分析，讓學者們在「他是否真正對一套融貫的國際法理論有所貢獻」方面看法分歧。[13]然而，儘管格勞秀斯光是在自己有生之年就很有影響力，對十八世紀啟蒙運動思想家也絕對影響深遠，但他其實是對後來十九世紀的和平運動特別有鼓舞作用。一八九九年的海牙和平會議（Hague Peace Conference）上，美國代表安德魯・迪克森・懷特（Andrew Dickson White）支持格勞秀斯為「國際法現代科學的真正創立者」。人們認同是他把一種道德上的必要責任引入了國家之間的關係，而儘管他的原創性有可能高估（就如我們前面看到的，真地利比格勞秀斯早幾十年就在主張一種更合乎倫理的發動戰爭方式），但他關注範圍之廣，以及他哲學中遍及全面的人性，都無可否認地令人印象深刻。*

格勞秀斯也關注個人可以把權利或自由交給政府的程度。基本上他接受可以轉移權利，甚至到了可以徹底交出權利的程度。但說到權利可以收回的情況或者統治者阻止人收回的情況時，格勞秀斯就沒那麼明確了。人與國家之間定下契約的觀念，是十七世紀政治思想的一個關鍵特色。而就如我們見過的，人們對於王權適當界限的看法不一，促使君主和國會關係決裂，並導致了英國革命。社會契約論找到了其中一名最有影響力的擁護者，那就是英國哲學家湯瑪斯・霍布斯（Thomas Hobbes）。

在無敵艦隊那年，也就是一五八八年霍布斯出生於威爾特郡（Wiltshire），聲稱自己從母親那裡吸收了當年的緊張氣氛。[14]他也無疑受到他那位神職父親的反覆無常人生所影響；他與神職同袍發生激烈衝突後，就漸漸淡出周遭視線。不管童年受到什麼影響，霍布斯後來看起來都是一個失意的人，總是準備好要跟那些覺得是對手的人進行沒完沒了的辯論。在牛津大學，他覺得亞里斯多德的相關課程了無生氣。他對經院哲學的譴責，特別是對語言使用不精確的譴責，是非常深刻而持久的，而這也讓他對宗教有著根深柢固的懷疑。幸運的是，霍布斯一生都與卡文迪許（Cavendish）家族有良好交情，而這個貴族家庭後來會成為歷代德文郡公爵（Duke of Devonshire）；這讓他有（擔任卡文迪許家族年輕人的家教而）遊歷各地的機會，也有了一個比較安全的基地來從事工作，並從近距離調查政治局勢。他最早的其中一本出版品（一六二九年），是修昔底德的《伯羅奔尼撒戰爭史》譯本——第一本希臘文英譯本。修昔底德對克基拉島（Corcyra，今日稱科孚島〔Corfu〕）內戰的描述，傑出地分析了一個社會有多麼容易淪於分崩離

† 我們並不清楚為什麼這個「道德感」要和那些基於自然法建立的準則區分開來。

13 舉例來說，在這裡引用的章節中，Vollerthun就結論道（頁一〇三）：「這裡曾有人主張說，徹底讀過格勞秀斯的文字之後，還要把他歸於以他為名的這項傳統，恐怕是站不住腳的說法。」

* 伊萊休・勞特派特（Elihu Lauterpacht），一九六〇年代末期我在劍橋讀國際法時的導師，就是格勞秀斯的大粉絲；而他父親，也就是在菲利浦・沙茲（Philippe Sands）近期出版的回憶錄《人權的條件：定義「危害人類罪」與「種族滅絕罪」的關鍵人物》（*East West Street*, 2016）中有著重要分量的知名法學家赫希・勞特派特（Hersch Lauterpacht）也是格勞秀斯的大粉絲。

14 有一本標準傳記是A. P. Martinich, *Hobbes: A Biography* (Cambridge: Cambridge University Press, 1999)。關於《利維坦》，見Peter Anstey (ed.), *British Philosophy in the Seventeenth Century* (Oxford: Oxford University Press, 2013), chapter 22, Catherine Wilson, 'Thomas Hobbes' Leviathan'。另見Richard Tuck, *Hobbes: A Very Short Introduction* (Oxford: Oxford University Press, 1989)。

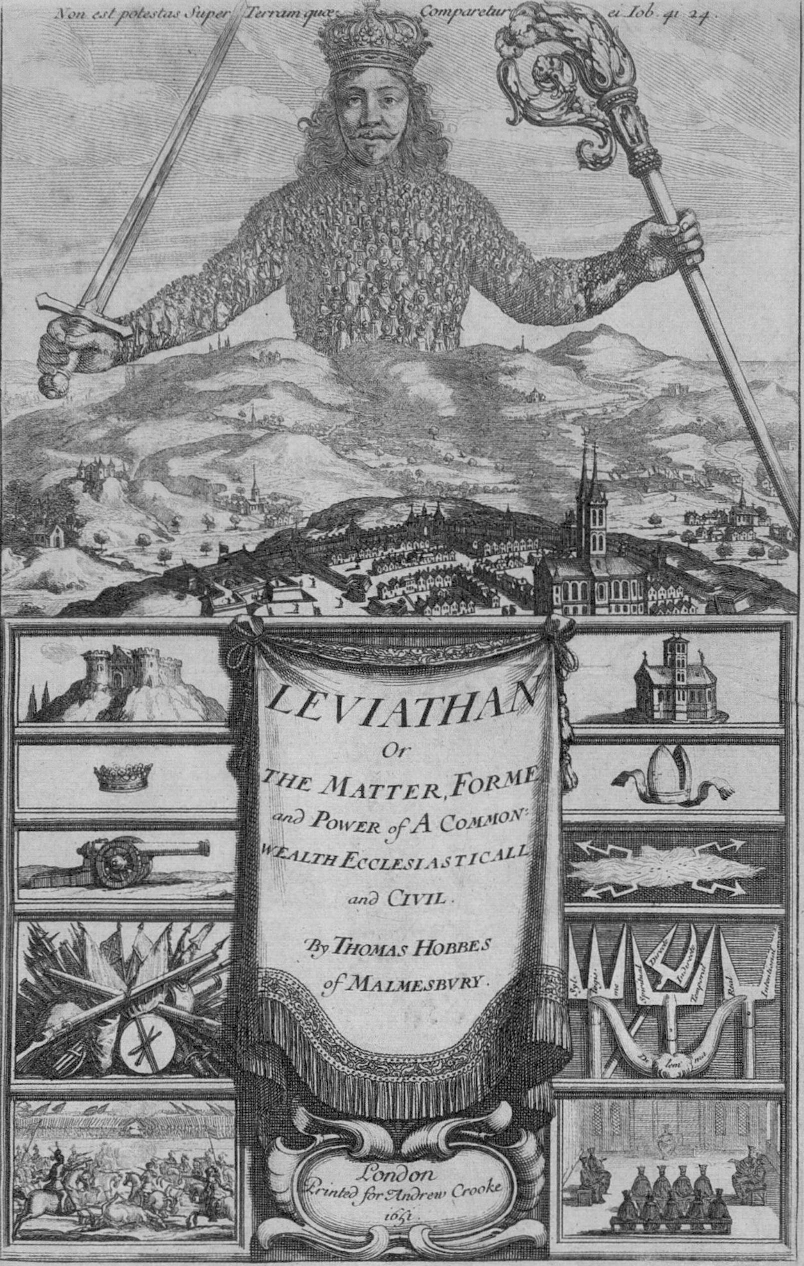
Non est potestas Super Terram quae Comparetur ei Iob. 41. 24.
LEVIATHAN
Or
THE MATTER, FORME
and POWER of A COMMON-
WEALTH ECCLESIASTICALL
and CIVIL.
By THOMAS HOBBES
of MALMESBURY.
London
Printed for Andrew Crooke
1651.

析且每個派系都在將自身暴行正當化的情況。或許修昔底德《伯羅奔尼撒戰爭史》中的另一個精采場面（也是冰冷政治現實的經典案例研究）——也就是他對雅典人和米洛斯（Melos）統治者之間的協商（後來雅典在頑固的米洛斯人拒絕其條件後殘暴地征服島嶼）所做的誇大描述——創造了霍布斯的憤世人性觀，不然就是讓他本來就有的這種觀念更加確定。

儘管既有的宗教讓霍布斯失望透頂，但他還是開始替人類知識尋找更能夠捍衛的基礎。歐幾里得從基本原理獲得數學知識的方法給了他靈感，而這也讓霍布斯確認了幾何學作為科學思想基礎的關鍵重要性。霍布斯也明顯受法蘭西斯・培根的經驗主義所影響（見第三十章）。一六三〇年代，霍布斯漸漸對最新的科學觀念非常感興趣，尤其是光學。他有好幾年都住在巴黎，跟他的知識分子同儕進行摩擦不斷的對抗，且十分不同意笛卡兒的心物二元論，因此與他的對抗又特別激烈。（關於笛卡兒的心物二元論，見頁九五四－五八。）他也與伽利略相識，另外就所知他也對威廉・哈維發現的血液循環印象深刻。所以，他是個學術興趣廣泛的人，但我們主要關注的是他的政治思想，而那在《利維坦》（*Leviathan*）中又特別突出。一六五一年霍布斯已六十出頭，在英格蘭共和國初期出版的《利維坦》，書名指的是《聖經》中的海怪——在此被當作主權國家的象徵。

霍布斯是唯物論者。他深受盧克萊修所影響，到了在一六八六年版《物性論》前言中提及「霍布斯先生的仰慕者或許輕易看出他的政治學就是盧克萊修的放大版」的程度。盧克萊修所描述的「文明起自一個原始社會」，和霍布斯自己的看法一致。儘管仍是信徒，他卻不信任基督教和

前頁：湯瑪斯・霍布斯《利維坦》的卷首插畫，展現了至高統治者由臣民構成，而人（左）和神（右）的權威平等地競爭認可。

其牧師的「夢」。[15]（他有次把神學家比作笨手笨腳的鄉下人進宮，難堪地被自己的帽子和長袍纏住。）他也不接受柏拉圖和亞里斯多德這類哲學家所謂「有些人天生低於或從屬於其他人」的看法。對霍布斯來說，所有人都是平等的，[16]且沒有天然階級存在；他的世界裡，英雄或天生領導者都沒多少容身之處。這看法倒不那麼基於高調的平等主義原則，反而更基於他承認所有人都一樣脆弱易傷。[17]《利維坦》最引發爭端的部分，就是凶猛而尖酸嘲諷地攻擊大學與教會的勾結，以及它們因吹捧亞里斯多德而敗壞知識。霍布斯始終對於他無法在牛津大學研究幾何一事憤恨不已。他後來會主張，航海、「地表上」的知識，以及貿易能力這一類技能，都是不可或缺的。

霍布斯的一生經歷了三十年戰爭及英格蘭內戰——那些戰事的殘暴，看起來應該和他在修昔底德作品中見到的戰時人性描繪很一致。那麼，或許就可以理解《利維坦》之中那段最出名的話；那句話把人類生活原始狀態描述為「孤單、可憐、糟糕、野蠻，而且匱乏」。有些人認為《利維坦》某種程度上是對歐洲當下事務的哲學深思。霍布斯遵循這種悲觀的生命描述，其前提是，人類活著若沒有法則，好比說處在自然狀態的話，絕對有充分理由不去相信彼此，因為這種狀態下沒辦法有效約束人不去殺害另一個人，或者偷走他們的東西。他承認個人的自保權利，但要用什麼方法，來避免有人藉著殺害威脅自保權利者，來強迫行使自保權？「壞人的邪惡也迫使好人得為了自保而求助於戰爭的美德，也就是暴力和欺騙。」[18]少數人的邪惡行為讓所有人都變得一樣容易受害。在這一點上，霍布斯特別不接受國會小冊子作者亨利・帕克（見頁八二七－二八）那套「『人民』在某方面是個團結一致甚至仁慈的群體」的理論。

人面對這一切的自然反應，或許會是躲進洞裡然後期待有好事發生，但霍布斯提供了一個解方。他不相信能透過理性建立道德價值——這情況不符合他悲觀的人性觀——因此唯一的解方就是以政治解決。他主張，因為社會崩潰實在太恐怖又很可能發生，所以在某個時候，人類同意把自己外顯的自由，交給一個對他們有絕對主宰權的統治強權。就如理查・塔克（Richard Tuck）曾經斷言的：「這該算作是霍布斯對政治理論最獨特的貢獻。」[19]（儘管霍布斯傾向君主這類單一統治者，但他確實接受可以有其他形式的終極權威。）最終結果就類似於諸王身上的神授地位，在這地位中統治者有絕對權力，實行時只對一個更高的權威負責。這套說法甚至讓他得以擔任少年查理二世的導師。然而，霍布斯是在給同一種權力提供一種世俗的正當性，其中會把權利全部交給最高主權者，並希望他會明智地行使他的權力。不過，舉凡有一個社會契約，這契約就只存在於選擇交出權力的個別人民之間，而不存在於人民和主權者之間，後者完全不受契約的約束。要等人民把他們個別的存在交給了最高主權者，眾人才會達到一致。然而，把相互敵對的個人，轉變成一致同意接受一名最高主權者統治，究竟有什麼辦法能達成這情況？在《利維坦》的尾聲，霍布斯

15 霍布斯對宗教的觀點，在Tuck, *Hobbes*，頁八三至一〇四有著詳盡的記述。

16 霍布斯對女性的態度是爭論巨大的學術主題。他說女性「生而平等」但許多著作卻假想了一個父權社會。見史丹佛哲學百科中，Sharon Lloyd與Susanne Sreedhar寫的文章，'Hobbes's Moral and Political Philosophy'，chapter 11，可於線上瀏覽：https://plato.stanford.edu/entries/hobbes-moral/#HobWomFam。

17 Martinich, *Hobbes*, pp. 143ff有所記述。

18 出自Dedicatory Letter to William, earl of Devonshire，收入霍布斯的*De Cive*（一六四二年）中，是原本以拉丁文寫成的短文，後來於一六五一年翻譯成英文，內容預示了日後《利維坦》裡的眾多概念。

19 Tuck, *Hobbes*, p. 67.

似乎接受說，這樣的一致很少達成。[20]霍布斯承認，因為領導失策，各國往往會彼此征戰。[21]

然而，霍布斯是在提倡某種理想——一個所有人在最高主權者之下將會平等、並共同以高效能合作的社會。這就是國家，或者共和國（commonwealth）——也就是利維坦本身——一個同時獨立於統治者和被統治者之外的實體。為了這個社會而成立的國家的組織原則，也就是他所說的「更高權威」，就會是自然法。霍布斯並非採取理想化觀點，把這些自然法當成不證自明或者約定俗成的規則，而是採取實用主義的觀點，認為它們是那種讓人能如願生活而不需害怕被他人剝削利用的法律。他的出發點是「每個人都試圖保存自己的存在」這個前提，而這種前提應該由統治者來集體強迫施行——而這名統治者也關心他自身的自保。因此，正義和慈悲這類價值在社會中就有一些存在餘地，而公平公正應該透過公平分配財物來尋求。就如研究霍布斯的學者凱撒琳・威爾森（Catherine Wilson）在一篇談《利維坦》的論文中主張的：「（霍布斯的）法則是一個分配規則極其平等、司法制度公正無腐敗、個人關係親切有禮、因此秩序井然且效能優秀之社會的基本規範。」[22]這個在總結霍布斯思想時往往被忽視的理想，十分樂觀地主張，由一名最高主權者完全施行絕對統治，會對其臣民施加一種正面的影響，不這麼做的話這些人會互相殘殺。

還有一個問題是，最高主權者在保護臣民生命的需求之外，可以把它的權力行使到什麼地步。霍布斯並未主張個人有超乎保存自身性命以外的權利。就如他在《利維坦》談言論自由時所說的：「主權者有權決定哪些意見和教條有害或有益於和平。」[23]可以理解霍布斯思想的這個面向會招來批評，但他會採取這樣一種權威的立場，很有可能是那時候寫作《利維坦》時正在大量流通的，那些激進的、特別是宗教類的小冊子所影響。他比同時代的多數人都更深刻懷疑宗教教條主義，而他想必希望他的君主會強行推動一個會維持和平的公民宗教。

個人因期望自保而把權利交給君主後，如果他們的自保遭受侵犯（舉例來說，他們要被殺掉的時候），就有了抗拒君王的正當性。然而，霍布斯主張，與其他人結盟來抵抗最高主權者是沒有正當性的。霍布斯對於契約的神聖不可侵犯有著深刻的信念，而他堅信上述那種結盟必然會導致內戰。在這種情況下的唯一選擇，就是試圖用另一個最高主權者來取代眼前這個，而這兩個統治者就會在接下來的內戰中一決勝負。當然，這就是他寫《利維坦》時正在發生的事。

霍布斯的哲學包含了一個會證明其弱點的矛盾。他應該已經知道歷史充滿暴虐統治者的先例，而他的理想社會不可能由單一個有絕對權力的統治者打造出來。斯圖亞特君主和克倫威爾絕對有許多差異，但根據霍布斯的哲學，兩者都有權專制統治。他相信查理的處決是不正當的，但既然他相信了主權是事物的自然狀態，那新的最高主權者會出現也就不意外了。這就只是一個（不相關的）統治者取代另一個統治者的案例而已。因出生而決定的皇族世襲權對霍布斯來說毫無意義。他也不贊成（那種鞏固了一六八九年《權利宣言》的）憲法不可侵犯的概念。因此有人批評霍布斯在這主題上無法解釋政治義務的哲學論點。為什麼不管我們有什麼自由，都非得交給一個很有可能會濫用我們自由的獨裁主權？難道就沒別種管理權力架構的辦法，是能捍衛自由並

20 霍布斯在《利維坦》的〈綜述與結論〉的開頭段落中，探索了這些困難。

21 他把戰爭的起因指為競爭同一份資源、不信任人類同胞以及渴望榮耀。Martinich, *Hobbes*, p. 145。

22 Wilson, 'Thomas Hobbes' *Leviathan*', p. 530.

23 *Leviathan*, chapter 18.

確保權力和平轉移的嗎？在著迷於宗教的十七世紀，霍布斯最冒犯讀者的地方，是對神職人員的攻擊，以及他對上帝功用的模稜兩可心態。一六六六年當下議院的一個委員會試圖禁止《利維坦》時，他們是基於該書的「無神論、褻瀆言行以及瀆神意圖」。結果，霍布斯在過往學生——國王查理二世的庇護下，免於被起訴異端邪說。但從那時候一直到他死於一六七九年為止，國內都被禁止出版他描述人類行為的任何著作。

霍布斯和馬基維利相似的地方在於，人們往往只知道他一個概念——在一個不穩定的時代，專制統治者是唯一維護秩序的手段。就如一名批評者，瑞士的新教徒尚・巴貝拉克（Jean Barbeyrac）於下個世紀所言，按照霍布斯的說法：「我們所謂的正義與不義，甚至是宗教，全然由主權者的意志來定義。在利維坦基於權威甚或恣意獨斷地讓特定神啟獲得法律效力以前，任何神啟都不足以拘束個人良心。」[24]偉大的蘇格蘭哲學家大衛・休謨（David Hume）曾抱怨「霍布斯的政治學只適合推廣暴政，而他的倫理學只適合鼓勵放縱」。[25]就像馬基維利一樣，對霍布斯其實是有辦法做出更細膩的評價。雖然沒有人懷疑霍布斯是個令人火大的人，但面對統治上的諸多難題，他確實展現出一些洞見，而且也確實維持了一種理想：最高主權者出於保護臣民個人存在的名義而強迫施行的堅定命令，是為了公眾的善。霍布斯應該要放在他所生存的時代脈絡裡看，當時他面對社會崩潰和戰爭暴行的殘忍現實，而宗教在戰爭暴行中又起了重要的作用。在這樣的背景下，他自然會渴望替政治權威創造一個良好的理論基礎。

同時代有一位思想家在人類天性殘暴一事上不同意霍布斯，他就是賽繆爾・馮・普芬多夫（Samuel von Pufendorf, 1632-1694）。現在沒什麼人認得他，但這位德國哲學家在當時以及其後的一百年裡都有極大影響力，尤其對那些啟蒙運動哲學家和美國開國元勛特別有影響。普芬多夫出生在信奉路德派的薩克森，當初是以神學家的身分開始研究工作，但就跟這世代的眾多傑出智者一樣，他很快就開始廣泛涉獵，遍及至哲學、法理學和歷史。他針對哈布斯堡帝國的政治架構寫了一篇頗具爭議的批評，而在後來的日子裡，還寫了一套三十三冊的當代瑞典史。然而，他對自然法的專注實在是太顯著，以至於這學門的第一個教授職就是海德堡大學替他設的，而他便在那裡從一六六一年教自然法教到一六六八年。當他在德國的地位維持不下去後（他常發現自己處在爭議的中心），他便改在瑞典的隆德（Lund）大學教同一門學科，執教的二十年間獲得了尊敬與庇護。他在一六七二年出版的《論自然法與國家》（*De jure naturae et gentium libri octo*）中詳述了他臻於成熟的政治哲學，並於一六七三年的《論人與公民的義務》（*De officio hominis et civis*）中做了摘要概述。

普芬多夫十分仰賴被他視為先鋒而仰慕的格勞秀斯，以及當時仍在世的霍布斯（他要到一六七九年才過世）。不過，普芬多夫打從根本上和霍布斯不同，前者相信人類天生是友善合群的。也因此，「自然法的基礎就是，每個人都應該要盡可能培養並保護社交能力。」[26]這個「基本法則」源自把人創造成善於社交者的上帝，但自然法的準則也可以透過理性思考來理解。普芬多

24 引文出自Tuck, *Hobbes*, p. 106。
25 同前注，頁一〇七。
26 出自‘On the Law of Nature and Nations’, Book II.3.15。

夫依循格勞秀斯，假定這些準則即便上帝不存在也是不證自明的。事實上，他很自豪於自己的理論能獨立於神學而有效，卻又基於一個也善於接納他周遭社會經驗的「科學」方法。這裡也是對霍布斯的一個呼應。

普芬多夫同意霍布斯的說法，認為沒有天然的階級。任何地位差異，都源自於人們一致同意階級在個人間產生的結果。因此，理想的政治體制會尊重所有人平等生存且彼此和諧的權利。人類對彼此有謹慎責任（譯注：不讓他人受傷的義務責任）。但不管再多個人想這麼做，這種和諧還是不會自然發生。在個人彼此關係中，「好的東西也要賦予其他人，至少當人們的心智被一個更緊密的羈絆結合起來的情況下該如此。」[27]個人因此接受了一種道德目的。需要有一個統治權力來維護和平，且在和平遭到威脅的時候有權利施行制裁。這就是一個獨立於統治者和被統治者之外的「國家」實體，跟霍布斯所想像的非常相似。

普芬多夫並沒有像亞里斯多德那樣認為國家是自然生成的，而是設想國家的成形會以兩階段發生。首先，政府所需要的一致同意流程必須發生，發生後就是把權威賦予一個統治單位。這裡，普芬多夫又和霍布斯不一樣，他並不堅持要有一個絕對的最高主權者。他拒絕相信最高主權者和人民是不同的實體，不是一方對另一方行使絕對權威。事實上，他們是單一國家內的一體。一名君主、一個貴族政體或者甚至一個民主政體，都是合法統治一個國家的方式，而一個國家的權力範圍可以由人民來限制。普芬多夫是在提倡一種社會契約。國家一旦掌權，基本上就有責任要強迫施行自然法，到了有義務要維持臣民之固有社會性的程度，但那之外，就能自由制定法律。一旦個人權利自由地交了出去，基本的義務就是要去服從。普芬多夫覺得抵抗會導致混亂。

他只贊同當國家成形時所做的原初協定被統治權威破壞時，可做出有限度的反抗。

普芬多夫將自然法的概念延伸到了民族國家，所以就在正當戰爭之類的領域拓展了格勞秀斯（以及真地利）的概念，而產生了重大進展。在《論人與公民的義務》的第二章裡，普芬多夫堅持，基本上應該透過仲裁來平息國家之間的糾紛，但以戰爭來自保、防衛入侵，或是用來收取戰損賠償，都是正當的。就算正當，戰爭的實施還是要有所管束：「出於人性的指示，在武裝衝突允許的範圍內，我們施加在敵人身上的損害，不會超過為了防衛、或者證明自身權利、以及確保日後安全所需而給予的損害。」[28]在這地方他就和格勞秀斯很接近。

普芬多夫的文筆清晰，且詳細地完成他的論證。智識面來說，這些論點意義深遠而且合乎當時的需求，提供了更良性的人性觀，以及一個不那麼僵硬的方法，來了解人類之間的關係以及他們選擇來統治自己的權力形態。根據昆丁・史金納的說法，普芬多夫是第一個把「公民國家」設想為一個有單一意志的實體的哲學家。他的文字有著適度又能引人注目的爭辯和爭論，所以他的著作翻譯遍及各地。一位喜歡上這些著作、喜歡到了把這些著作當成入門文章來推薦給英國讀者

---

27 引言值得完整引用，因為它主張人有義務要積極行動來讓群體團結。「然而，不傷害他人或不剝奪他人應有之尊嚴，是不夠的。這樣只是移除了仇恨的正當理由而已。好的東西也要賦予其他人，至少當人們的心智被一個更緊密的羈絆結合起來的情況下該如此。沒有藉由某種敵意或忘恩負義行為把我趕走的人，並沒有還清他的社交之債，他反而應該提供一些有益的東西，好讓我覺得其他與我共享本性的人也一起活在這世上是件值得欣慰的事。另外，人藉由天性建立的親密感，也必須以自然義務的方式來實行。」出自Pufendorf的*De jure naturae et gentium* (1672), part 3, pp. 1-3。

28 出自Pufendorf的*De officio hominis et civis juxta legem naturalem* (*On the Duty of Man and Citizen According to the Natural Law*; 1673), Book 2, chapter 16。

的英國哲學家，是約翰・洛克。洛克從沒見過普芬多夫，但曾仔細讀過他的著作：有一份學術評論說「對普芬多夫作品有所鑽研的讀者，會發現這位德國思想家的蹤跡遍布於洛克的政治學相關寫作」。[29] 所以說普芬多夫的重要性值得我們認可。

一六三二年洛克出生於英格蘭西部地區（West Country）的布里斯托（Bristol）附近。在西敏公學（Westminster School）受過傳統經典典籍教育後（據說當查理一世被砍頭時，公學附近群眾的怨嘆聲讓他頗為不悅），他接著前往牛津，而他對經院哲學課程的印象，就跟霍布斯當時一樣地不以為然。用他令人聯想到佩脫拉克和伊拉斯謨的文字來說，他只「學了胡說八道的話」並發現大學導師們「用難解的詞語編出稀奇古怪且莫名其妙的網，來掩蓋他們的無知」。[30]（到了十八世紀，亞當・斯密和愛德華・吉朋這兩位當時最傑出的人物，會覺得牛津大學比洛克這時更死氣沉沉。）被比較實際的問題吸引住的他，先是專注於醫學，並同時在大學內執行行政職務。他對科學的興趣，讓他和羅伯特・波以耳（Robert Boyle）以及羅伯特・虎克有了聯絡（見頁九二四－三四）。但在目前這個階段，沒有證據顯示洛克懷有任何激進想法——事實上，一六六〇年他還歡迎王權復辟。

改變他一生的，是一六六七年偶然和樞密院成員安東尼・艾許利・庫柏（Anthony Ashley Cooper）相遇。艾許利・庫柏會步步高升，成為沙夫茨伯里（Shaftesbury）第一代伯爵，然後還會成為查理二世內閣的大法官，而洛克則會隨著他搬到倫敦去擔任一名文書，編輯經濟方面的文獻，同時持續向他那年代的頂尖醫生學習。後來會成為輝格派顯赫成員的艾許利・庫柏，大幅改變了洛克的看法。他的態度轉變可以從《論宗教寬容》（*Letter Concerning Toleration*, 1689，另見頁九六三）中看出；信中他對異議者的看法比他早年（未發行）的小冊子更寬大。艾許利・庫柏只當了一年的大法官（一六七二－一六七三年）就被國王免職，但這就讓洛克免於行政職責，而能夠在法國待上三年。他的心思現在轉向了更深的哲學問題。他投身於笛卡兒的著作，儘管此人二十多年前就過世，但影響力還是非常巨大。普芬多夫也是在這時候出版了他最卓越的著作。一六七九年回到英格蘭後，洛克發現英格蘭正處於王位排除危機中，也就是輝格派企圖以詹姆士為天主教徒為由，把他排除在王位之外。沙夫茨伯里伯爵領導輝格黨，但行動失敗後，在托利黨報復下被控叛國而被迫離開英格蘭。洛克捲入了這場一敗塗地的行動中，於一六八三年九月自己流亡到荷蘭。要在「光榮革命」之後，他才於一六八九年回到英格蘭。

第三十一章會更完整描述洛克的哲學。而在處理自然法和社會契約的本章中，我會聚焦於他的《政府論》（*Two Treatises of Government*，或直譯為《政府二論》）。儘管這些內容是於一六八九年（匿名）出版，並且有談到一六八八年的革命，但大部分的文字應該都是在沙夫茨伯里伯爵的影響下，於一六七九至一六八三年間寫下的。這時候沙夫茨伯里伯爵正積極嘗試將詹姆士排除在王位之外，所以洛克自然很有興趣替這種反抗權威的行動尋找一種哲學上的正當性。《政府論》的迫切攻擊目標，尤其是第一講的目標，不可免地就是神授的君權。支持君權神授這信條的影響力

29 Michael Zuckert, 'Pufendorf: Some Comments on His Intentions and Significance'。發布於 *The Online Library of Liberty*，二〇一六年一月，可於線上取得：https://oll.libertyfund.org/page/liberty-matters-knud-haakonssen-pufendorf-on-power-and-liberty#response2。

30 Woolhouse, *Locke*，記述了洛克對牛津的不滿，頁一五一－二〇。尤其見頁一八對課程的評論。

深遠著作《君長》（*Patriarcha*，又稱《天生王權》〔*The Natural Power of Kings*〕），已經在一六八〇年出版了。其作者羅伯特・菲爾默（Robert Filmer, 1588-1653），早在那之前就過世了。他有可能是在一六四二年以前寫下他的著作，那時候反保皇者的情緒正在滋長，而在王位排除危機期間，君主制主義者印刷這種文章似乎正是時候。菲爾默的基本原理大半是基於《舊約聖經》的前例。他聲稱亞當身為父親，對他的家族有著絕對的權力，而這種權力傳了下來，在大洪水之後被挪亞和家族承接過來，接著又世世代代傳遞下去。由此類比，國王便對他的臣民有絕對的權力（譯注：absolute可指「絕對」或「專制」），而臣民則無權對他的權威有異議。

洛克《政府論》的首講就是在駁斥菲爾默。這件事並不困難。洛克一而再再而三揭露出來的基本問題是，就算亞當真的有絕對權力好了，這也不能拿來證明任何君主的專制權力。此外，《聖經》上沒有證據顯示上帝有給亞當絕對權力，更不用說統治整個世界的權利了。同樣地，也沒有證據顯示上帝有意要亞當，這個因自身之罪而有所損減的人，把他身上有的什麼權力都傳給他的後代；而且，就算他有，也無從知道那些後代會是誰。結尾處，洛克以上帝的選民希伯來人為例，這群人的歷史只有三分之一經歷了君主制政府。這件事本身就明顯顯示了，君主制並不是一個上帝授予的政治體制。儘管論證有力，洛克的《政府論首講》並沒有成功摧毀菲爾默的名聲，而《君長》一直到十八世紀仍然有著巨大影響力。

《政府論首講》讓洛克得以帶出他最重要的論題，也就是他會在《政府論次講》中進一步詳述的論題。人類根本不是像菲爾默主張的那樣，生下來就是無助的奴隸並一輩子持續那樣的屈從狀態，而是在原本的「自然狀態」下自由而平等，且是上帝當初就創造成這樣的。（洛克欣然接受自然法是由上天所創立並永久存在，而且可以透過理性思考來辨識，「並未成文所以無從尋找，但存乎於人心。」[31]他想像中的第一個人類群體，是一個資源足夠所有人使用、且每個個人*有權「指示自身行動，並按意願處置自己的所有物和人身」的群體。洛克認可（他主張最初是透過勞動所累積的）私人財產的重要性，以及透過繼承傳交私人財產的權利。他支持女性擁有自己的財產。然而，自然法要求我們不要拿太多而到了要搶奪別人資源的地步，也要求我們不浪費所有物。個人的自主性，以及個人保護「所有事物」（property）——不只包括財物，也包括我們的狀態——不受侵擾的權利，提供了洛克政治哲學的基本核心。他堅定無比地表明根據，讓那些主張「有讓奴隸制或王權存在的天然階級（如亞里斯多德就認為有天生奴隸）」的理論沒有容身之處。就跟普芬多夫一樣，洛克贊成人是社交生物，而人人互相尊重時，社會就會欣欣向榮。

洛克的「自然狀態」描述中，明顯會有很多想像成分的理想主義，而他有著要證明這種社會存在的壓力。他拚了命在世界各地尋找範例，這可以從他大量的相關旅遊藏書證明。洛克相信，隨著社會發展，活在人人都有自保權和自主權但不侵犯他人同樣權利之「自然狀態」下的種種難處——用洛克的說法就是「不便之處」——終究不可免地會使眾人普遍同意，應該要有一個高於一切的政府。一六八八年洛克在英格蘭將文章完稿，假定這個政府會由一個立法議院所構成，而

31　出自《政府論次講》，第十一章。

*　就跟霍布斯一樣，洛克對女性的態度也曾有很多學術上的討論。儘管他在理論上把她們當作和男性同等，但他的許多文字都暗指她們會處於屈從地位。

TWO TREATISES OF Government:

In the former,

The false Principles and Foundation

OF

Sir *ROBERT FILMER*,

And his FOLLOWERS,

ARE

Detected and Overthrown.

The latter is an

ESSAY

CONCERNING

The True Original, Extent, and End

OF

Civil-Government.

The Second Edition Corrected.

LONDON, Printed for *Awnsham* and *John Churchill* at the *Black Swan* in *Pater-noster-Row*, 1694.

該議院又有一名貫徹法律的執行者所支持。他依循普芬多夫，設想了一連串的階段：人民同意組成一個政治實體，然後決定要採取哪種形式的政府，最終執行授權給立法機構的行動。在每個情況中，同意都是不可或缺的。洛克發現，很難在歷史中找到這種轉移實例發生，所以他得依靠「穩定的社會本身就是這種（默許）同意的證據」的論點。洛克的批評者質疑這種同意有無正當性，尤其當人民除了同意之外別無選擇時正當性在哪。

當臣民可以自由交出權利給這個集會的時候，它獲得的管轄權也就只限於保護那些權利，並立法達成該目標。就如洛克在《政府論次講》中所言：

> （立法者）為其他人的行動所定下的規則，以及他們自己和其他人的行動，都應該符合自然法——也就是，符合上帝的意志，因自然法就是上帝意志的聲明——而最基本的自然法就是保護人類，違抗這一點的人為強硬措施都不會是好或正當的。[32]

這個集會不能獲取個人須給予之權利以外的權利。也因此，集會不能擅自行事，而只能透過「頒布的法律和獲得授權的法官」來行事。政府的公正很關鍵。因為集會的權威直接來自人民，所以集會沒有把立法權轉移給任何其他人或單位的權力。這就讓集會的強制權力懸而未決。儘管說

前頁：約翰・洛克《政府論》第一版（1690年）的書名頁。

32《政府論次講》，第十一章。這章'On the Extent of the Legislative Power'，洛克論共識之重要性的主要陳述。

移給政府。

「自然狀態」中確實存在著一種自我防衛權，但集會有權利去懲罰冒犯者嗎？為了要維持他的邏輯一致，洛克得要創造一個原初的權利——是懲罰其他人而維護自然法的權利，而這種權利可以轉移給政府。

洛克自然法理論中很基本的一點是，若集會或者實際貫徹法律的執行者濫權時，便有權把交給集會的權利收回來。一六八九年《政府論》出版前，他替這本書作結時的主要目標，可能是證明一個特定案例有正當性，也就是詹姆士二世到奧蘭治親王威廉的權力轉移。當「領袖不是將（自然）法而是將自己的意志作為規則；而他的命令和行動並不是去保護人民的所有事物，而是滿足他自己的野心、復仇、貪婪或其他任何不合常規的愛好」[33]的情況下，他訴諸於反抗權。

多少由於匿名的關係（洛克只在遺囑中揭露了自己的作者身分），《政府論》沒產生什麼立即效應。為了全體的善而可交給政府、但如果遭濫用可以透過反抗取回的「不可剝奪之權利」概念，要花一段時間才會進入政治哲學的主流。但長期來看，洛克的影響力可說壓倒性地強。「就只因為出生，所以人的『天生』權利會歸於每個人身上」、對於「政府必須由眾人同意而建立，且這種同意可以收回」的堅持、對於「任意使用權力為非法」，以及「政府必須徹底公正地為整個群體行事」的要求，這些概念都成為了西方民主傳統的基本特色。洛克也主張宗教寬容，因為試圖為個人實現救贖並不是政府的適切目標，而且沒有哪個政府有任何辦法強行使人對宗教堅信不疑。（這個主題會在第三十一章進一步探索。）關於個人與政府權利的本質和範圍，還有許多要回答的問題。自保的權利是否能讓人自由持有武器？如果徵稅侵害了私有財產權，那政府享有多大程度的徵稅權？不受控制的資本主義和為了群體好處而使用財貨，兩者之間能有效畫出分界線嗎？暴力革命到了什麼情況下會變得有正當性？洛克構思了能把這些問題放進來討論的背景，而這就是他身為政治哲學家的恆久遺產。

33 同前注，chapter 18, 'On Tyranny'。

29

從自然哲學到科學

眾天文學家

幾年前，如尊貴的陛下所熟知，我在天上發現了許多在我們這代之前從未見過的東西。這些東西的新穎程度，以及一些從它們而來、並與學院哲學家們普遍抱持的物理概念相違背的結果，煽動了我與為數不少的教授們對立，就好像是用我自己的手把這些東西安在天空中，好去擾亂自然並顛覆科學似的……他們猛烈地罵出眾多指控，並出版了無數寫滿徒勞論點的著作；而且他們還犯了大錯，就是用取自《聖經》的段落來揮灑這些論點，但他們自己也沒有妥當了解這些段落，也不符合他們要的目的。

伽利略・伽利萊（Galileo Galilei），致佛羅倫斯大公夫人克莉絲汀（Grand Duchess Christina）信，一六一五年[1]

十六和十七世紀，人們對自然世界的興趣出現了急遽成長，特別是因為歐洲人發現了美洲而引燃。這是打從古代結束之後，人們第一次熱情投入可由經驗得知的周遭世界事物。企圖了解知識源頭的探索行動日益興盛，又因為望遠鏡和顯微鏡這類新儀器讓人做出更正確的觀測，而變得更簡單。數學將會有重要的作用，為一個如今認為是在統一法則（而艾薩克・牛頓將會以傑出的方式定義這種法則）下運作的宇宙提供模型。人們了解到物質可以由不同化學「元素」的小粒子所構成，進而用這種概念取代了亞里斯多德的土、火、氣、水四元素。科學家——或者當時所稱呼的「自然哲學家」——渴望找到證明他們理論的方法，因此為新理論的發展提供了基礎。實驗因此風氣大開。當然，只有事後來看，才能看出哪些實驗在正確呈現現實方面有所成就，而哪些徒勞無功。這會讓科學知識的發展成為一個累積過程，一個歐洲思想史上的關鍵發展，日後也證明這發展將歷久不衰。

本章要討論的人物有一個共通點，就是一種根深柢固的、想要了解宇宙本質的欲望。這種欲望的源頭很難定義，因為人人各異其趣；但這些科學革命時代的天文學家、物理學家和數學家對觀測與計算的忠實投入，卻是全體有志一同。就如我們等下會看到的，其中有些人是忠貞的基督徒，而有些就不是。形式五花八門的各派宗教，不論在鼓勵或妨礙科學進展方面，似乎都不是個強大的力量（第三十章末可見本問題的進一步討論）。

當你要講述自然哲學轉變為「或可視為科學之物」的歷程，會碰上許多複雜的問題，尤其是因為，有太多自然事件除非假定是被超乎人類觀測的各種力量控制，否則看起來就是無法說明。會不會有哪種古代智慧來源——舉例來說，馬爾西利奧・費奇諾所擁護的赫密士・崔斯墨圖著作——搞不好其實掌握著知識的祕密？由英國人威廉・吉爾伯特（William Gilbert, 1544-1603）所寫、關於磁性的影響力深遠著作《論磁石》（*De Magnete*, 1600）就提問道，一個物體（磁石）怎麼能在沒有實體連結的情況下影響另一個物體？吉爾伯特把磁石的行動，和某些物質一旦攝取進來之後可以對人體產生的效應（好比說大黃〔rhubarb〕的通便影響），以及月相和潮汐之間的關係拿來相比較。上帝是不是以某種方法透過物體來行事，還是說自然世界中潛藏著某種看不見的力量，會呈現在某些特定物質裡面？吉爾伯特做出了自己的主張：「我們認為整個宇宙是活生生的，而所有的天地球體，所有的恆星，以及高貴的地球，都是從一開始就被它們自己獲派的靈魂所支配，而有自我保存的動機。」[2]

相對於吉爾伯特的「活生生」宇宙，笛卡兒則是提出了宇宙為一具機器的概念，在這機器中每個粒子都與彼此相連接（見頁九〇七－九〇八）。至於其他人，好比說天文學家約翰尼斯・克卜勒（見頁八九六－九七下述），則試圖把自然現象依照上帝創造它們的情況來分類。鍊金術士依舊是物理世界中影響力巨大（儘管說只能有內行人才懂）的調查者，其處理金屬方面的技能又格外重要。同時，那些使用經驗法的人所得到的結果，通常和古典的資料來源有所牴觸，使人們開始對每一份資料來源的權威有所疑慮。針對（此時是菁英文化生活一大特色的）私人藏書庫的分

1 這是伽利略的重要陳述，談他對科學與《聖經》相對地位的看法。信件全文可於線上閱讀：https://sourcebooks.fordham.edu/mod/galileo-tuscany.asp。其背景在Heilbron, *Galileo*，頁二一一至二一二有所討論。

2 引文出自Coward, *The Stuart Age*, p. 47。

類系統所做的研究發現，自然與宇宙方面的研究要整理成清晰可辨的學門，過程其實非常緩慢。有些學者並不打算定義一個傳統上要叫「科學革命」、且發生在十七世紀前後的一連串連貫事件，他們比較喜歡指認出（用科學史學家史蒂文・謝平〔Steven Shapin〕的話來說，就是）「一整批形形色色的，以了解、解釋和控制自然世界為目標的文化實作，每個都有著不同的特徵，且每個都經歷著不一樣的變遷模式」。[3]我們今日所知的「科學」這個比較連貫一致的用語，「對自然世界的現象和規則所進行的有紀律探究」，是拚了命從許多不同的哲學和經驗來源生出來的。

許多「現代」科學史是起源於一五四三年哥白尼提出地球與其他行星繞太陽而行的假說。但還有人在他之前。「薩摩斯的阿里斯塔克斯」（Aristarchus of Samos，西元前約三一〇－約二三〇年）就曾假設過以太陽為中心的行星系，而哥白尼是知道這件事的。然而，希臘地理學家兼天文學家托勒密那精細而以地球為中心的宇宙描繪，自從西元二世紀以來就一直居主宰地位。在《天文學大成》（見第七章）中，托勒密利用這個已知宇宙的地心式模型，來解釋六個已知行星（水星、金星、地球、火星、木星和土星）以及日月的運行。托勒密堅信，所有行星都是以正圓軌道在運行。一旦接受了正圓軌道和地球中心這兩個概念，托勒密就得打造精細的模型，來解釋行星曾被記錄下來的觀測結果。在以幾何學為基礎的托勒密宇宙中，行星以順時針方向繞著本輪（epicycle）這個小圓軌道，而同時又以順時針繞著一個稱作均輪（deferent）的較大圓形軌道。事實上，這套模型早已被希臘天文學家用了好幾個世紀，但對托勒密來說，難題在於它並沒有完全符合當時行星運行速度的相關觀測資料。為了讓行星運行和他的等速圓周運動假說一致，托勒密發展出均衡點（equant）這個數學概念，這個點接近地球但在地球之外，在這個點上一個行星看起來會一直以等速運動。這確實能說明許多天文觀測結果。

沒幾個中世紀天文學家有辦法在拉丁文譯本中理解托勒密著作的深度，這也是能夠理解的情況。被人們接受的行星運行解釋，其實是亞里斯多德式宇宙，行星在那宇宙中是在多個同心球體內運行。一方面比托勒密早了數世紀、且又沒有那麼多持續觀測資料，使得亞里斯多德主張行星的路徑是完美不變的。一旦被至高移動者啟動之後，這些行星就只會一直運動下去，每個行星都完全在自己所屬的球體內行動。地球因此是被同心球體所包圍，每個行星自有一個球體，至於那之外，在基督教對這系統的詮釋中就是天堂。儘管亞里斯多德談到了在包圍地球的火、氣、水之上的以太，但人們還是紛紛猜想著每個天球實際上是由什麼物質構成。有一個主張是，那種球體是由一種看不見的晶體所構成，而行星就是在那種晶體中行進。人們一致同意的是，沒有哪個行星或其他的恆星可以逃脫出自己的球體。宇宙本身是有限的，恆星各自在自己的天球內，離行星並沒有那麼遠。（亞里斯多德式星球系統會展示在頁三三六－三三七但丁頭上的天空中。）

不論托勒密的系統有多複雜，它都能宣稱自己優於較簡單的亞里斯多德系統，因為它是基於大量的觀測，有些還是採用自巴比倫的資料來源；托勒密列出了包含在四十八個星座裡面的一千零二十二顆恆星。然而，它的問題也日漸明顯。人稱「雷吉奧蒙塔努斯」的德國天文學家約翰內

3 引言出自Steven Shapin, *The Scientific Revolution* (Chicago and London: University of Chicago Press, 1996), p. 3。這一段的主題在Katherine Park與Lorraine Daston的'Introduction: The Age of the New', *The Cambridge History of Science: Volume 3*中有所記述。也可在Lawrence M. Principe, *The Scientific Revolution: A Very Short Introduction* (Oxford: Oxford University Press, 2011)讀到概述。

斯・繆勒於一四六二年完成（但要到一四九六年才出版）的《天文學大成》摘要（*Epitome*），他在書中提到，若根據托勒密的邏輯，月球在軌道上運行到靠近地球時應該看起來要大上許多。他開始懷疑托勒密的幾何模型到底行不行得通。天文學研究已經停滯了好幾個世紀，大學的文獻不足，且人們更關注占星學，尤其是根據星圖替各種個人疾病的進展所做的預測。德國天文學家約翰尼斯・克卜勒後來會說，占星學就像是一個愚笨但有錢的女兒，天文學若沒她幫忙真的會餓肚子。就算是在教宗的宮廷裡，十七世紀時還是會畫上星圖（而羅馬全新的聖彼得大教堂還挑了一個吉日來安放基石）。

哥白尼（一四七三－一五四三年）就讀於祖國波蘭的克拉科夫大學（University of Cracow，譯注：現稱亞捷隆大學〔Uniwersytet Jagiello ski〕）時，開始對天文學產生興趣；儘管說他在義大利費拉拉大學拿的博士學位，其實是教會法博士。*在義大利時，他也去波隆那讀了人文學科，並在帕多瓦讀了醫學，但他早已投身於理解行星運動，而且不是因為月球的大小問題讓他煩惱，而是托勒密系統的缺乏連貫一致讓他失望不已。在他看來，那系統是東一塊西一塊堆起來的，而非擁有一種和諧一致的單純。講白一點，那很不優雅，吸收了柏拉圖主義的哥白尼無法接受。

一五〇三年，哥白尼回到老家波蘭。儘管在此身為神職人員而忙碌，但他仍持續天文研究，並第一次假設，一個以太陽為行星中心來當基礎的系統，能夠更優雅呈現托勒密的觀察結果。不過，哥白尼對後者的批評，在

下頁：波斯科學家兼天文學家納西爾・丁・圖西（1201-1274年）和同事在馬拉蓋的天文台工作。他有可能率先對托勒密提出了反駁，內容後來被哥白尼採納。

原創性上有一些疑慮。針對伊斯蘭天文學家著作的研究，證明了他們有察覺到《天文學大成》的問題，特別是均衡點的問題；這個點怎麼看都只是為了「搶救現象」才加進去的，換句話說，就是提供一個人為的解方來解釋能觀察到的結果。納西爾・丁・圖西（Nasir al-Din al-Tusi, 1201-1274），當時最負盛名的伊斯蘭學者，假想了另一套據他宣稱也合乎托勒密觀察結果的旋轉球體系統，而對托勒密做出了更根本的挑戰。這些旋轉球體是以他在那間一二六九年興建於馬拉蓋（Maragheh，位於今日伊朗）的天文台所做的觀察為基礎。不可思議的是，哥白尼對托勒密的批評似乎是基於同一份觀察資料，而學者們也熱烈討論著，哥白尼或許算不上一位先鋒，搞不好反而「可以被視為馬拉蓋學派的追隨者，就算不是最後傳人，至少也絕對是最出名的一個」。哥白尼不懂阿拉伯文，但他很有可能找了能接觸馬拉蓋學派文獻的中間人，來將文獻轉給他。[4]

不論哥白尼是從阿拉伯世界取得他那套假說，還是憑自己的天才而自創，那之中都沒有多少新的觀測結果。他提出的基本上是一個數學解方；因為解方是把太陽放在行星系統中心，於是它一方面符合了（哥白尼接受為可靠的）托勒密的觀察結果，但又加上了「解釋行星排序以及它們與太陽之相對距離」的好處，而這是托勒密系統做不到的事。留意到每個行星的速度後，哥白尼可以看出，那些行進得比較慢的行星，應該是離太陽最遠的行星。地球可以在眾行星間找到自己的適當排序，就排在金星和火星之間。其他托勒密系統中的反常現象，好比說一顆行星看起來像是在逆行的時期，可以用「因為是從地球觀察該行星」來解釋；而到了這時候，地球已被假定為一個會移動而非恆定的觀測平台。到了這時候，人們已徹底接受地球是一個球體，而不是亞里斯多德那種土、氣、火、水的四重地球球體，所以「一個轉動的地球會在水下滑動」的論點就不再有意義了。本質上來說，哥白尼的發現包含在一個更大的趨勢中，趨勢中的人們漸漸開始尋找能夠反映現實的數學式理解，而不是尋找能夠融入基督教神學的看法。現在的問題是，新的觀察結果會不會確認他的假說。

一個以太陽為中心的宇宙，對那些相信《舊約聖經》故事裡上帝在戰役中停住了太陽（《約書亞紀》第十章第十二至十三節）的人來說，是十分可惡的。如果太陽在宇宙中心不動，那麼，既然它一開始就沒在動，也就不會被停住了。一五四三年哥白尼出版了徹底說明其計算的著作《天體運行論》，當時作者已離大去不遠。它的立即影響力很有限。一名叫安德烈亞斯・奧西安德（Andreas Osiander）、負責在印刷廠端審查該著作的路德派牧師，察覺到了哥白尼的理論對那些熟讀《聖經》的人來說有什麼樣的含意。保險起見，他加了一段未署名的引言，聲稱本書不過是一種假說，或許能從中做出更有效的宇宙數學模型。光是哥白尼提出的數學計算分量，就已經有助於掩蓋該著作的重要性；但即便如此，最初的複印本確實應該有人讀過。[5]然而，到頭來證明奧西安德是正確的。路德派很快就譴責了《天體運行論》，發聲者包括路德本人和菲利浦・墨蘭希

---

* 主教座堂有設一塊銘牌紀念他在該校研讀。

4 關於哥白尼得益於阿拉伯天文學家的觀點，是在Saliba, *Islamic Science*, chapter 6, 'Islamic Science and Renaissance Europe: The Copernican Connection' 提出。另見Bala, *The Dialogue of Civilizations*, chapter 7, 'The Narrow Copernican Revolution'。Bala也討論了印度對哥白尼數學的貢獻。哥白尼和馬拉蓋學派的這段引言，是引用自Bala的頁八三，其出處是N. M. Swerdlow and O. Neugeberger, *Mathematical Astronomy in Copernicus's De Revolutionibus* (New York: Springer, 1984), p. 295。

5 Gingerich, *The Book That Nobody Read*.

頓。天主教教會多花了一點時間才有所回應。天主教的回應比較溫和的一個理由，是天文學的地位在這邊比較低，以及光是說服人們相信地球像哥白尼要的那樣順軸心自轉，就已經很困難了。就是沒證據證明需要急著行動。有一個研究主張，一六〇〇年之前，已知只有十名思想家接受了哥白尼理論在物理上的真實。[6]

有四名關鍵的天文學家認真地處理哥白尼的解答，並接納了它留下來尚未解決的問題。其中一人是丹麥人（第谷・布拉赫），另一個是日耳曼人（約翰尼斯・克卜勒），第三個是義大利人（伽利略・伽利萊），而第四個是法國人（勒內・笛卡兒），而拉丁文依舊是他們進行學術溝通的語文，這某方面也表明了歐洲學識的廣度。十七世紀的科學發展是一個遍及全歐洲的事業。

第谷・布拉赫（一五四六－一六〇一年）運氣很好，出生在富裕家庭。十三歲時，因為正確預測了一次日蝕而充滿熱情的他，開始在晚上觀測星星，即使在白天開始研讀法律後也持續一併進行。他於一五六三年發行的第一本觀測結果，證明了哥白尼提出的行星表有多達兩天的誤差。布拉赫如今開始著迷於正確性，最終成為了他那時代最熟練的天文觀測者。他在此證明自己夠資格當德國地圖繪製者彼得魯斯・阿皮亞努斯的擁護者（已知他讀過了他的《宇宙誌》）。一五七二年出現了一次突破，當時布拉赫觀測到一顆在月球之外的新恆星。他於一五七三年出版的《論新星》（*De nova stella*）就算沒有立刻獲得重視，也是一本全盤革新的書，因為亞里斯多德始終主張月球以外的宇宙是永遠不變的，不可能發現任何新的恆星。一五七〇年代晚期，丹麥國王弗雷德里克二世（Frederick II）出錢為布拉赫在文島上興建了一間天文台。雖然阿拉伯天文學家早在十三世紀就享有國家出資的天文台，好比說馬拉蓋的那間，但文島這間卻是歐洲首創，而且大幅提升了天文學的地位。被布拉赫稱作烏拉尼伯利（Uraniborg）的這間美妙建築聚集了一批工匠和知識分子，他們會共同合作來讓他的儀器盡善盡美。他現在可以重新評估眾星的位置；被他標出位置的七百七十七顆星取代了托勒密先前所製作的目錄。布拉赫不只在天文學方面有影響力；他也展現了正確測量的重要性，而這種重要性將會隨著天文儀器、時鐘和其他測量裝置進步，而延伸到其他科學領域。[7]

一五八八年以「發現結果」為形式於出版的內容中，布拉赫描述了一顆被他觀察到正從月球的遠端之外穿過去的彗星，而這又是一大突破。到此時為止，人們都還假定彗星是發生在靠近地球處的大氣現象，但布拉赫現在證明了這顆彗星穿越了亞里斯多德宣稱是封閉球體的多個範圍。這是一大進展，證明恆星有可能是依照獨立的軌跡運行。這對固定不變宇宙的概念又是一大打擊，在亞里斯多德哲學中造成了一場破壞程度幾乎不亞於哥白尼學說的危機。至少一百八十種不同的刊物討論了布拉赫的這顆彗星，也可以從中看出印刷業到了那時候有多穩固。有趣的是，布拉赫並沒有被哥白尼的激進解答所說服。他堅持地球仍是宇宙中心，日月都繞著它運行。他一開始只跟《阿拉提亞》（見頁

下頁：尼古拉・哥白尼《天體運行論》的書名頁；這位波蘭天文學家在書中概述了他的日心論，以多到令人印象深刻的大批數學計算在背後支持。

6 這是Robert Westman的計算，被John Henry, *The Scientific Revolution and the Origins of Modern Science*, 3rd ed. (London: Red Globe Press / Macmillan International Higher Education, 2008)，頁一三所引用。

7 Park and Daston (eds.), *The Cambridge History of Science: Volume 3*, chapter 27, Jim Bennett, 'The Mechanical Arts'寫得不錯。

NICOLAI COPERNICI TORINENSIS DE REVOLVTIONIBUS orbium cœlestium, Libri VI.

IN QVIBVS STELLARVM ET FIXARVM ET ERRATICARVM MOTVS, EX VETERIBUS atq; recentibus obseruationibus, restituit hic autor. Præterea tabulas expeditas luculentasq; addidit, ex quibus eosdem motus ad quoduis tempus Mathematum studiosus facillime calculare poterit.

ITEM, DE LIBRIS REVOLVTIONVM NICOLAI Copernici Narratio prima, per M. Georgium Ioachimum Rheticum ad D. Ioan. Schonerum scripta.

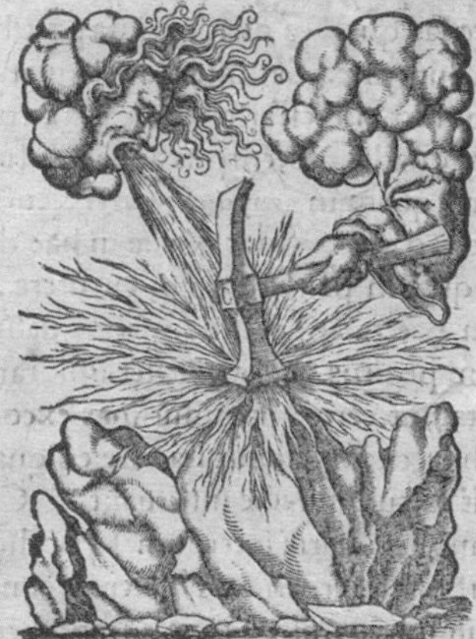

Cum Gratia & Priuilegio Cæs. Maiest.

BASILEAE, EX OFFICINA HENRICPETRINA.

EFFIGIES TYCHONIS BRAHE O.F.
ÆDIFICII ET INSTRUMENTORVM
ASTRONOMICORVM STRVC TORIS
A°. DOMINI 1587 ÆTATIS SVÆ 40

九四）一樣把金星和水星放在繞日軌道上，後來也把火星、木星和土星放了過去。布拉赫依舊留意著那些描述地球為靜止的經文的權威性，同時又面對地球似乎不像有在旋轉的難題，因此基本上是夾在托勒密和哥白尼之間。但他僅僅用裸眼就發現的事物，已同時對亞里斯多德和托勒密的星球系統提出了挑戰。

隨著弗雷德里克二世過世，給烏拉尼伯利的資助也沒了，於是一五九九年布拉赫搬到了布拉格，成為魯道夫二世（Rudolf II）的皇家天文學家。他在這裡招聘到一位年輕的助手，約翰尼斯・克卜勒（一五七一－一六三〇年），此人雖然出身貧苦，卻在圖賓根大學（University of Tübingen）獲得了學位，並成為數學教師。克卜勒讀過哥白尼的假說也對此信服，但布拉赫並未因此不認同他的才能，仍舊僱用了他。一六〇一年布拉赫死去後，克卜勒接任皇家天文學者，並繼承了前者一絲不苟的火星觀測成果。接著他發現了關鍵大事：布拉赫的觀測結果和所謂圓周式行星運行並不一致。若要相符，火星（進而延伸到所有行星）繞行太陽的軌道就得是橢圓形而不是圓形。太陽並不在橢圓形的中心點上，而是離該點有些距離（而處在一個稱作焦點的位置上）。克卜勒假設了某種來自太陽的磁力或者光線，吸引或排斥了繞著太陽的行星，來解釋這種情況。（他是知道威廉・吉爾伯特的磁力相關著作的。）他提出了他的第一條「定律」，也就是行星軌道是橢圓形的，而太陽會處在兩個焦點中的其中一個上頭。他的「第二定律」是關於行星的軌道繞行速度，那會因為與太陽的遠近而有所不同：近的比較快、遠的

前頁：第谷・布拉赫位於丹麥文島的天文台──烏拉尼伯利，是歐洲第一間專門打造的天文台，樣貌呈現於第谷著作《新天文學儀器》（*Astronomiae instauratae mechanica*, 1598）的版畫。

比較慢。但克卜勒還繼續向前推進。哥白尼已經發現，行星離太陽越遠，繞完一圈的所需時間就越長。克卜勒發現了造成如此的算術規則。所以，如果隨便挑顆行星，把它運行的一段時間（好比說一年）加以平方之後，就會和那一年裡該行星與太陽之平均距離的三次方始終成正比，不管哪顆行星都一樣。* 這就是克卜勒第三定律。「觀測到的現象實在是太恆定，以至於去假定在同樣條件下必定會出現」的這種科學定律概念，是一個重要的發展。這讓科學家可以有信心地做出預測。

克卜勒的最後一本著作，《哥白尼天文學概要》（*The Epitome of Copernican Astronomy*, 1618-1621），反映了他的（新教徒）信仰，也就是上帝是安排了天體的偉大的數學家，所以眾天體都會依循規律的方式運動。他產出了精巧的論點，來支持上帝不多不少就創造了六個行星的明顯事實。（當然，那時候還沒人知道有第七和第八個行星，也就是天王星和海王星。）他結論道，這是（被克卜勒設想為幾何學者的）上帝能組成宇宙的唯一方式。然而，他自己的行星運行相關著作卻更像是物理學家之作，而在《哥白尼天文學概要》之中，他則是更完整解釋他的「定律」，來詳細闡述行星的運動。問題是在於，他自己根據布拉赫觀測結果而做出的假說，能不能更正確地呈現太陽系。一六二七年克卜勒草擬了新的行星表，而在他死後，針對行星之間關係所做的新觀測，結果出來幾乎就和他預測的一模一樣。事實上，他的行星表比哥白尼提出的還要準確三十倍。於是人有了進步。

* 繞行地球的人造衛星也一樣如此。

比克卜勒年紀更大的同代人伽利略・伽利萊（一五六四－一六四二年），又把哥白尼的理論再向前推進。伽利略出生於比薩的音樂世家，但他最早是在當地的大學學醫。[8]然而，他後來變得對數學、又尤其是該學門與亞里斯多德著作相關的地方充滿熱情，而且名聲也越來越響亮；他先是在比薩成了數學教授（一五八九－一五九二年），後來又去了帕多瓦（一五九二－一六一〇年）。伽利略對亞里斯多德越來越抱持批評態度，而後者在保守的大學學術圈內依舊獲得強力捍衛。有一個（或許堪稱傳奇般的）實驗，是把不同重量的球從比薩斜塔丟下去，證明亞里斯多德「不同重量、落下速度也不同」的主張是錯的。在眾多古代科學家中，伽利略的欽佩不是留給亞里斯多德，而是數學家阿基米德。他對復興阿基米德研究過的問題做出了很大的貢獻（一六一二年花了一篇論文來討論不同的物體怎麼浮在水上）。

伽利略聽說有人開始粗略嘗試把鏡片放在管子內，來讓遠方的物體看起來比較近，是他在帕多瓦的時候。他憑著自學研磨鏡片，來打造一支能放大二十倍的「望遠鏡」。現在他能開始以肉眼從來達不到的清晰度看見行星和恆星。他發現月球就像地球一樣有著凹凸不平的表面，而且可以看見四個「月球」（譯注：moon亦指衛星）繞著木星。有一大票新星進入了他的視野。這些發現挑戰了亞里斯多德的「各包含一顆行星的行星運行球體」以及「恆星位置數量皆固定不變」的概念。這些發現也證明了一顆行星可以吸引並留住比較小的「衛星」，也就代表宇宙的中心不論是太陽還是地球，它都不會是星球運行的唯一中心。這些發現的廣泛程度讓伽利略開始質問，宇宙有沒有可能是無限大的，而這觀點也曾是博學者焦爾達諾・布魯諾的眾多猜想之一（見頁七六三－六四）。很明顯地，亞里斯多德那套天界和地界構成材質徹底不同的理論也變得無用武之地。伽利略是一個精明的宣傳家，而他把這些發現詳細寫在他獻給托斯卡尼大公科西莫二世・德・麥地奇（Cosimo II de' Medici）的論文《星際信使》（*Siderius Nuncius*）中。他很精明地把木星的衛星命名為「麥地奇星」。這種精心算計的奉承得到了回報；伽利略被任命為科西莫宮廷數學家兼哲學家，於一六一〇年從威尼斯領土又回到了老家托斯卡尼。他餘生都會以此處為主要活動地點。

伽利略可能早於一五九六年就確信哥白尼是對的。進一步使用望遠鏡觀察後，證明了金星會展現從新月到滿月依序漸進的「月相」明暗，唯一的解釋就是它繞著太陽行進。這是托勒密的觀測結果第一次遭挑戰成功。到此刻為止，人們都還認為托勒密的觀測能同時和哥白尼與布拉赫的假說相容。這又是另一個重大突破：由「薩克羅博斯科的約翰」寫的、那本幾世紀以來在各大學都太有影響力的標準教科書（見頁二四八），其權威在這時期迅速崩盤。當然，伽利略有察覺到他的發現觸犯了經文。在本章開頭引用的、寫於一六一五年的《致佛羅倫斯大公夫人克莉絲汀（也就是科西莫的母親）信》中，他主張經文並不能對抗「感官體驗和自然展現」，或許某些經文段落得要重新詮釋，好能符合實際上看到的事物。雖然信理部門（也就是宗教裁判所）可能不太擔心那種深奧到沒幾個人能懂的宇宙假設理論，然而，一旦伽利略看似有意要挑戰經文，並因此挑戰到特利騰大公會議所立出的、融合了亞里斯多德主義和天主教正統的教規的話，他就岌岌可危了。關於這封信的消息很快就傳到了羅馬。伽利略前去替自己辯護，但由於傲慢又愛爭論，所以

8 這一部分我大量使用了海爾布朗的 *Galileo*。另見David Wootton, *Galileo: Watcher of the Skies* (New Haven and London: Yale University Press, 2010)，以及Michael Sharratt, *Galileo: Decisive Innovator* (Cambridge: Cambridge University Press, 1994)。

很可能讓自己更處於劣勢。結果宗教裁判所反而開始有興趣了。一六一六年二月，哥白尼系統被宣告為異端邪說，而哥白尼的《天體運行論》以及克卜勒的《哥白尼天文學概要》被列入了《禁書目錄》。仍在羅馬的伽利略，被召喚來加以警告，說他不得「支持、教導或辯護」哥白尼系統。他到底確切被禁止做哪些事，一直都有些不清楚。

無法表達真正思想的伽利略，開始了一項將會讓他的方法進入科學方法的新工作。以義大利文寫成的一六二三年作品《試金者》（*Il Saggiatore*，意思是指衡量金屬品質的人），基本上是伽利略把自己當作受迫害的天才而劍指敵人的激烈爭論。他批評的對象也包括布拉赫和克卜勒，前者是因為他的行星排列方式。研究伽利略的權威約翰・海爾布朗（John Heilbron）描述了《試金者》是怎麼「讓伽利略的朋友樂開懷，讓他的敵人倍增，且（因為他使用了地方話而）替他帶來了新讀者；這些新讀者可以欣賞他的傑出風格，以及那些讓本書摘錄的部分成為科學史上老生常談的那些題外話」。[9]《試金者》在它最出名的段落中，確認了數學在宇宙研究中的新地位：

哲學被寫在宇宙這本持續向我們的凝視所敞開的大書中。但人除非先學著理解寫成本書的語言，閱讀構成本書的文字，否則就無法讀懂這本書。它是用數學的語言寫成，而其字母是三角形、圓形以及其他幾何形狀，如果沒有了它們，人就會連一個詞都沒辦法懂。[10]

過去撐起了萊昂・巴蒂斯塔・阿伯提等人在透視法上的進展，並替地圖繪製者呈現更正確地表圖像的成就打下基礎的「數學嚴謹」，如今就這麼抵達了宇宙學舞台的中心。他們重視數學嚴謹，就等於回歸了教導「理性思考之道始於幾何學」的柏拉圖、回歸了阿基米德，也一如既往地回歸歐幾里得的《幾何原本》。古代的資料來源在此刻重振了自己的價值，證明了自己的知識品質與洞察力。

雖然《試金者》裡有些地方暗示了哥白尼學說，但後來並沒有惹來麻煩，而且同一年伽利略還因為溫和又博學的馬費奧・巴爾貝里尼（Maffeo Barbarini）獲選擔任新教宗烏爾巴諾八世（Urban VIII），而大受鼓舞。巴爾貝里尼是藝術和自己家族的資助者。在二十年的教宗任期中，至少有百分之二十五的收入被他的兄弟和甥姪輩吸走。由貝尼尼和博羅米尼共同興建的、宏偉的巴爾貝里尼宮（Palazzo Barbarini），今日仍留存於羅馬。始終樂觀的伽利略把《試金者》獻給了烏爾巴諾，而教宗很喜歡書中那些帶刺的話——尤其是刺中他所鄙視的耶穌會的那些話。伽利略回到羅馬，而對他明顯很感興趣的烏爾巴諾至少召見了他六次。烏爾巴諾和伽利略一樣是托斯卡尼人，對他們的關係頗有幫助。他讓伽利略了解到，只要他避免又開啟哥白尼的這個問題，且不刻意挑釁他的敵人，他就可以繼續寫。

然而，伽利略自信過了頭又輕率大意，居然連表面上默認都不要。他接下來的著作，後來所謂的《關於托勒密和哥白尼兩大世界體系的對話》（*Dialogue Concerning the Two Chief World Systems*），基本上是將哥白尼系統和托勒密與亞里斯多德的傳統概念做比對討論。裡頭有三個角色：支持哥白尼、因此可以被說是代表伽利略立場的薩爾維亞蒂；代表繼續支持托勒密和亞里斯

---

9 Heilbron, *Galileo*, pp. 246-47.

10 出自*The Assayer*, p. 184。就如海爾布朗在*Galileo*，頁二四七指出的，有些學者認為伽利略是從柏拉圖的《蒂邁歐篇》中採用了這個概念。海爾布朗本人認為這是對第谷・布拉赫的反擊，伽利略聲稱此人不了解幾何學的基本原理。

多德的人所抱持的傳統觀點的辛普利邱（Simplicio）；以及沙格列陀（Sagredo），他試圖保持中立，但隨著文字進展，他顯然是被薩爾維亞蒂的論點所說服。如果伽利略只提出別種立場，不要擺明偏袒它，應該就沒事了；但辛普利邱這個名字沒什麼好懷疑，就是伽利略對那些擁護傳統觀點者的看法，而伽利略描繪的這個人也確實名符其實（譯注：義大利文的「簡單」為semplice）。儘管如此，伽利略還是設法替他的著作取得了一個「印刷許可」，[*]而一六三二年這本書在佛羅倫斯首刷（並獻給科西莫大公的兒子費迪南多〔Ferdinand〕）時，也沒引起什麼立即爭議。

當書抵達羅馬，一向對伽利略反應都很快的烏爾巴諾察覺自己可能被當作辛普利邱時，一切才風起雲湧。而伽利略居然極其不明智地，把他和烏爾巴諾的對話放入了辛普利邱的敘事中。當烏爾巴諾得知有一六一六年的禁令時，很明顯地已經有太多人被伽利略冒犯（尤其是耶穌會成員），而教宗則把問題交給宗教裁判所處理。一六三三年，伽利略奉命前來羅馬接受審問。已經快七十歲的他遭到了威嚇，直到最後終於勉強讓步，承認教會遵循亞里斯多德是對的。一六三三年六月二十二日，伽利略被宣告犯下了「疑似異端邪說」的罪行，而被迫「公開宣布放棄、詛咒並厭棄上述的錯誤及異端邪說（也就是太陽為世界之中心且並未移動），以及在一般情況下，對其他每一個反對神聖教會的錯誤、異端邪說和教派，也應比照行事」。[†]接下來八年他被軟禁在他於托斯卡尼的家中，而他所有談哥白尼的著作都遭到查禁。那些震驚不已而藏起自己對哥白尼的支持的人裡頭，有當時另一位顯赫的知識分子，就是當時正在鼓吹一個機械式宇宙模型的勒內・笛卡兒。

宗教裁判所對伽利略的譴責，變成了十七世紀宗教與科學對立的象徵。但這樣的觀點，就簡化了一個複雜的個人案例。地心宇宙觀是一個特定問題，是早已沉浸於經文權威和亞里斯多德經院哲學傳統的教會覺得必定要捍衛的。教會面對到可以被證實為經驗上不可挑戰的新知識時，始終脆弱易損。人類知識量可以逐漸累積進展的想法，在一六三〇年代時才剛萌芽，況且教會太根深柢固於其傳統意識形態，而無法順應改變。在反宗教改革的世界裡，沒有哪個科學家或思想家有那種本事，膽敢在挑戰（特利騰相關的）正統的底線時，不去耍點伎倆應付一個保守教會的必然反應以及其宗教裁判所的調查。伽利略實在不太可能不知道施加在異端思想家身上的懲罰，好比說焦爾達諾・布魯諾的下場；然而他堅持要以一種極度挑釁的方式，來呈現哥白尼學說這種迄今沒捋到多少正統派虎鬚的理論。就算退一步來說，這樣做也是很不謹慎，特別是因為，其實從來沒人清楚知道哪種新概念可能會被懷疑為異端邪說。另一方面，在新研究不與既有教誨衝突的地方，教會並沒有出面干預。舉例來說，耶穌會在自然史和數學方面就進行了重要的新工作，卻沒有遭受正式指責。

只要伽利略不表達那些當時被視為異端邪說的看法，他的寫作生涯都還不會結束。他的《關於兩門新科學的對話》（*Dialogue of the Two New Sciences*, 1638）回歸他另一個重要研究領域，也就是力學。[11] 薩爾維亞蒂、沙格列陀和辛普利邱再度成為主角。他們的討論發生在有秤桿、空吸泵和

---

* 「印刷許可」（imprimatur，「將其印刷」）是天主教教會核發的許可，用來確認一部著作並沒有違反天主教教誨。

† 學者們注意到哥白尼學說在這之前並沒有被譴責為異端邪說，而只有被譴責為「違背經文」。

11 Heilbron, *Galileo*，頁三三一至四四徹底描述了這場辯論。

Contemplatio
Attollite in sublime oculos vestros, et videte quis creaverit ista
Esai. 40.
IOHANNIS HEVELII,
SELENOGRAPHIA:
sive,
LUNÆ DESCRIPTIO;
tam macularum
quàm motuum diversorum,
aliarumq́ omnium vicissitudinum,
phasiumq́ Lunarium,
telescopii opē,
deprehensarum,
delineatione accuratâ,
atq́ locupleti,
rerum Coelestium,
auctario exornata:
prodiit,
GEDANI.
Anno, à Christo nato, 1647.
Autoris sumtibus,
Typis Hünefeldianis.
ALHASEN.
RATIONE.
GALILÆUS.
SENSU.
Adolf Boÿ delineav.
J. Falck Polonus sculps.

繩索來供實驗的威尼斯碼頭上。《關於兩門新科學的對話》是以為期四天的討論構成，每一次都集中於兩門「新科學」（物質的強度和物體的運動）裡的不同領域。這三個分別代表伽利略人生不同階段的角色，對伽利略希望找到答案的眾多問題進行辯論。他們根據施壓位置和斷裂位置來比較不同物質的抗拉強度。看來是代表伽利略最晚近思考的薩爾維亞蒂，不停地談著「為了大幅增加強度而不增加重量的目的……所使用的……空心固體的強度；可以在鳥類骨頭以及多種又輕又耐彎耐折的蘆葦稈中，看到這種結構的實例」。在掉落重物的實驗中，（用薩爾維亞蒂來表達自己觀點的）伽利略證明了，重物不管多重都會用同樣的速度掉落，但他也得承認有一些來自空氣的阻力（解釋了為何羽毛是會向下飄落）。第三天，薩爾維亞蒂繼續思考，當一個物體被拋下之後速度是怎麼隨著時間流逝而增加，而重力是怎麼影響一個金屬球從斜坡上滾下。他發現，對於球的速度來說，重要的是開始下坡的高度，而不是斜坡的陡峭度。（潛伏在這些物體運動觀測結果背後的，是哥白尼以及先於他的尼可拉斯・奧里斯姆都有發現的難題：地球怎麼有辦法依自己的軸心自轉，卻又對上頭的物體沒有任何明顯的擾亂。）伽利略得以證明，所有的運動都需要一個外力，來打破那種無視地球轉動而存在的物體間穩態關係。他在探索「推動力」這個可能有受中世紀哲學家影響（儘管證據模糊不清）的問題時，解釋了空氣阻力和重力這兩股力量是如何讓一個移動中的物體落到地面。如果這些力量不存在的話，該物體的移動會永遠持續下去。

前頁：但澤（Danzig）天文學家約翰・赫維留斯（Johannes Hevelius）的著作《月面，或月球研究》（*Selenographia, sive Lunae description*, 1647）書名頁，顯示了海桑（左）和伽利略（拿著望遠鏡）相對。

《關於兩門新科學的對話》也描述了使用擺錘的實驗，實驗中測量擺錘長度與運動速度的關係。只要擺錘重到能克服任何空氣阻力，就可以計算它的速度。伽利略長久以來都著迷於擺錘，而到了一六三七年時，他察覺到不管擺錘的振幅大小，擺錘的擺動週期差不多

本頁：伽利略於1632年首印的《關於托勒密和哥白尼兩大世界體系的對話》，基本上是探索有別於亞里斯多德和托勒密的哥白尼系統。使人從傳統主義者辛普利邱的看法聯想到教宗烏爾巴諾八世，保證會在梵諦岡惹出麻煩。

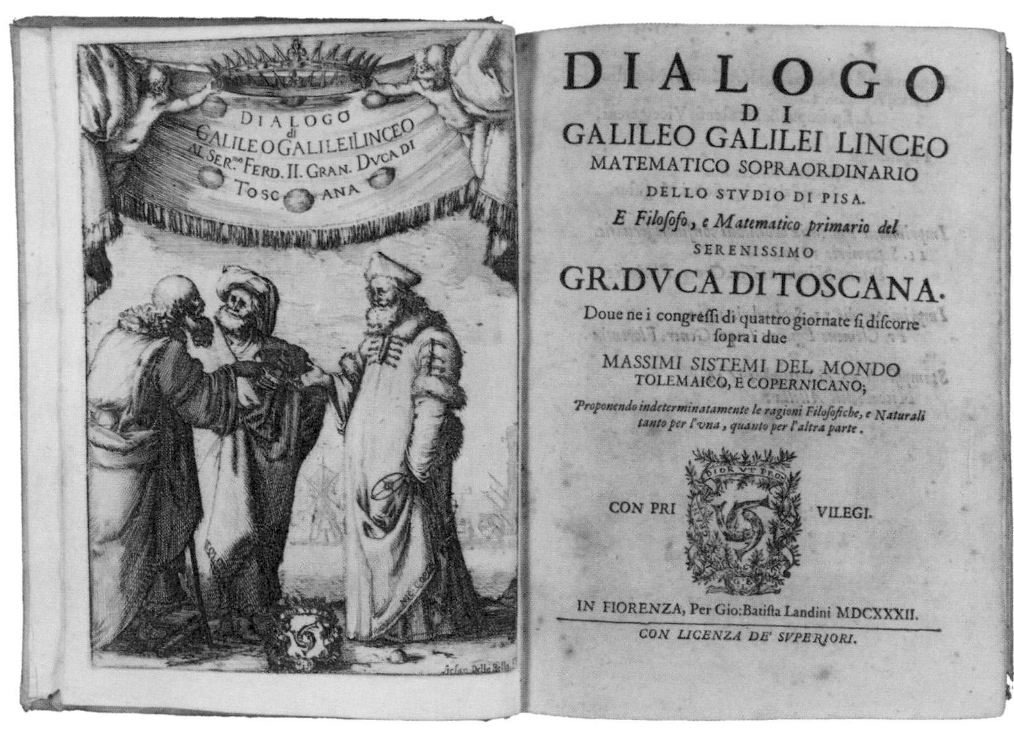

DIALOGO
di
GALILEO GALILEI LINCEO
AL SER.mo FERD. II. GRAN. DVCA DI
TOSCANA

DIALOGO
DI
GALILEO GALILEI LINCEO
MATEMATICO SOPRAORDINARIO
DELLO STVDIO DI PISA.
E Filosofo, e Matematico primario del
SERENISSIMO
GR.DVCA DI TOSCANA.
Doue ne i congressi di quattro giornate si discorre
sopra i due
MASSIMI SISTEMI DEL MONDO
TOLEMAICO, E COPERNICANO;
Proponendo indeterminatamente le ragioni Filosofiche, e Naturali tanto per l'vna, quanto per l'altra parte.

CON PRI　VILEGI.

IN FIORENZA, Per Gio:Batista Landini MDCXXXII.

CON LICENZA DE' SVPERIORI.

都是一樣的。這個發現讓荷蘭人克里斯蒂安・惠更斯（Christiaan Huygens, 1629-1695）得以於一六五六年發明擺鐘。惠更斯的長遠意圖，是以擺錘方面的工作為基礎，來發明可實用的海上精密時計，但在海上的測試中，他的模型卻因船隻在惡劣天氣中搖晃而無用武之地。儘管如此，在陸地上的計時正確性，還是從一天誤差十五分鐘進步到僅僅誤差十五秒。

在《關於兩門新科學的對話》中，伽利略證實了某件對未來科技至關重要的事：實作的實驗產生基本定律，而基本定律可以指引力學這門科學的方向，讓新設備得以發明出來——好比說時鐘。就如沙格列陀在《關於兩門新科學的對話》所言：「當這些論證傳到了其他心性善於思考的人手上，它們就會成為通往其他更美妙事物的路徑。」[12]因此人們察覺了發起一場科學革命的機會，而古代作者的權威又更加衰退了。

《關於兩門新科學的對話》的原稿第一次付印，並不是在威尼斯或巴黎進行，而是在新教國家荷蘭共和國的萊頓大學。伽利略被宗教裁判所譴責，使他成為新教徒們心中的殉教英雄。伽利略垂垂老矣時，激進的英國詩人約翰・米爾頓以及哲學家湯瑪斯・霍布斯都來拜訪，而他的天才也獲得普世認同。他證明了實驗法不可或缺的重要性，而是在建立一套「把物體間關係解釋成有如機械中彼此連接運作之部位」的機械哲學的過程中，他也起了關鍵作用。這是對亞里斯多德那套物體內自含力量的觀點（見頁三二二－二二四）所做出的激烈反駁。而這又和回歸原子論者的趨勢並肩前行；這些哲學家包括了德謨克利特（西元前約四六〇－三七〇年）、伊比鳩魯（西元前

12 同前注，頁三四〇。

三四一－一二七〇年）以及盧克萊修，他們認為世界是由無法再分割的原子所組成。

勒內・笛卡兒（一五九六－一六五〇年）主要以哲學家著稱，而我們會在第三十一章就哲學部分來探索。儘管他在機械哲學方面的看法很快就證明站不住腳，但他在這門哲學的發展中也是一個重要人物。他的看法的基礎是，如果一個人從簡單的原理或公理開始，他就可以從那邊進行推理，就像歐幾里得在他的《幾何原本》中為數學所做的那樣。笛卡兒是從「沒有虛空這種東西」這條公理（一種繼承自亞里斯多德的看法）開始。因為虛空真的存在，這個論點其實是無效的，但它對笛卡兒這套「由填滿每個空間的粒子所構成的宇宙」的概念來說，是最基本的。任何東西除非透過直接接觸另一個粒子，否則都無法移動。笛卡兒以這論點反駁了「存在著不可見的力量導致物體彼此吸引或排斥」的概念。並沒有一個巨大的無差別空間，粒子是累積成漩渦，一個像渦流那樣的循環流。較大粒子來自行星那類密度較高的物體，這些粒子在自己的漩渦裡面流動，撞上較小粒子的渦流，因此維持它們的運動。一些比較小的行星被掃進較大行星的漩渦中，就如繞著行星的衛星或者繞著太陽的行星那樣。一旦上帝啟動了宇宙，下一刻祂就立即保留了那個動作。這樣的思考有很大程度都是猜測，但結果卻有很大的影響力。笛卡兒似乎是把物理和力學結合在一起，所以植入了「世界是一具機械，每個要素某種程度上都和其他要素相連接」的概念。他甚至主張，動物不過就是機械，因此駁斥了亞里斯多德認為牠們有某種靈魂的想法。（人類如何合於這個顯然沒有上帝的宇宙，將會在頁九四九－五九討論。）笛卡兒的唯物論哲學不意外地引發天主教怒火，而他的著作也於一六六三年被放進了《禁書目錄》。他的漩渦科學後來會被羅伯特・虎克和艾薩克・牛頓推翻。

如果宇宙現在被當成一具完美運作的機械，那上帝作為其創造者兼工程師的概念就得要重新調整。這又反過來激勵了在假定宇宙這台機械平順運作的前提下，來探索這機械的各種新方法。物質世界裡面是否有力量的問題依舊未解，而笛卡兒的機械哲學駁斥了力量存在的這一方看法。舉例來說，法國傳教士皮埃爾・伽桑狄（Pierre Gassendi, 1592-1655）就假設原子內部持有某種生命力量，且是由上帝所置入，藉此嘗試把伊比鳩魯的原子論和基督教結合起來。「透過這股打從開始就持續從上帝獲得的力量，它們（指原子）把運動給了所有物體。」[13] 伽桑狄主張原子會「將自己脫離、釋放、跳開、撞擊其他原子，排斥它們、遠離它們，且（它們）同樣有能力快速抓住彼此、吸引彼此、結合彼此、絆住彼此」。[14] 當然，因為還沒能看見原子，所以不可能從經驗上來給予評斷。伽桑狄得用推理和伊比鳩魯以外的古典資料來源，來主張某些原子應該有一些天然的動力，來讓它們移動或者從種子中開啟新生命。所以，他主張，在一個本質上屬機械論的宇宙內，上帝是可以有創造力地行事。

從二十一世紀的得利觀點來看，這些看起來都是檯面下促使了現代科學誕生的重大發展。然而，對十七世紀的觀察者來說，它們卻常常挑戰傳統思考方式而令人憂慮。就如法國數學家布萊茲・帕斯卡（Blaise Pascal, 1623-1662）所言：

13 引文出自Park and Daston (eds.), *The Cambridge History of Science: Volume 3*, chapter 2, Daniel Garber, 'Physics and Foundations', p. 62。

14 這段引言出自對伽桑狄概念的徹底分析文，'Pierre Gassendi'，作者為Saul Fisher，文章可於史丹佛哲學百科閱讀：https://plato.stanford.edu/entries/gassendi/。

當我思考我這段被永恆過去及未來所吞沒的短暫一生，想到我所填充的這塊小小空間，甚至連我能看見的範圍，都被我一無所知的、也不知我存在的無限巨大空間所吞沒時，我感到驚恐……這些無盡空間的永恆沉默使我驚恐。[15]

15 出自Pascal的*Pensées* (1670), trans. W. F. Trotter (1958)，引文出自Wootton, *The Invention of Science*, p. 448。

是否真有英國科學革命？

若要解釋「物體的冷卻，是否就如人們相信物體加熱是因為火原子那樣，是因為某種特殊的冷原子進入」這個問題，我們便造出兩個一樣的玻璃長頸瓶，兩瓶的頸子都造得非常精良。兩個都用火焰燒熔密封，然後我們把一個放在冰上，然後把另一個放在熱水上，讓它們各自立在那一陣子。接著把兩個瓶子的頸都在水底下弄斷，我們觀察到過剩的物質滲入了熱的瓶子裡，猛烈地噴出容器外……我們之中的一些人看來，打開冷瓶子時應該也會發生一樣的情況，裡面的空氣冷卻起來應該也會以一樣的方式進行……但結果完全相反。

西芒托學院（Accademia del Cimento）的《智者》（*Saggi*, 1667），以《自然實驗論文》（*Essayes of Natural Experiments*）為名於一六八四年出版[1]

在湯瑪斯・史普拉特（Thomas Sprat）《皇家學會史》（*History of the Royal Society*, 1667）的卷首插畫中，贊助學會的君主——查理二世的胸像旁邊有兩個人。一個是學會的首任主席布朗克子爵（Viscount Brouncker）；另一個是四十年前過世的法蘭西斯・培根。畫中展示的書籍中就有他的書，與哥白尼以及首位描述血液循環的威廉・哈維（一五七八－一六五七年）的書並陳。測量儀器掛在牆壁和柱子上。這是張合乎新科學時代的插圖。

法蘭西斯・培根（一五六一－一六二六年）是這群新學者團體的智識英雄，他成立了英國第一個徹底投入科學的學會。* 由於父親早逝，自己又是第二段婚姻的次子，他因此得要自立自強。培根的父親曾是掌璽大臣，而他的姨丈伯利男爵（Lord Burghley）是伊麗莎白女王的重要政務委員；雖然這兩件事多少有些幫助，但培根還是靠著才智讓自己的法律生涯早早成功，也在僅僅二十歲時成為國會議員。然而他直白的話語冒犯了伊麗莎白女王，使他長期鬱鬱不得志，直到女王的繼任者詹姆士一世察覺他的才華而加以提拔。一六一八年培根當上了大法官，終於爬到了司法階級的頂端。接著他成為了上議院議員，並於一六一八年成為維魯拉米恩男爵（Baron Verulam），然後於一六二一年成為聖奧爾本斯子爵（Viscount St Albans）的他身在政治與法律事務的中心，勤奮不懈並有能力看穿問題核心，並在他龐大的著作中清楚表達。他的《論說文集》（*Essays*）涵蓋了種類驚人的主題，而且藉由培根高雅的散文秀逸地表達。至今仍有人堅信培根還在他忙碌的一生中寫了莎士比亞的劇本。然而，他的職涯於一六二一年在公眾醜聞中終結。他收了兩名案件受審者的禮金；在那時代這還在可接受範圍內，而且就培根這邊來說也不是關鍵貪腐證據，但在詹姆士時期的政治狂熱氣氛下，他的敵人就逮到了攻擊機會。他徹底垮台：他被逐出國會，背負大筆罰金（後來解除）並遭禁止進入宮廷。然而，斷絕公眾生活讓他得以將餘生——從一六二一至一六二六年死去為止——奉獻於他的熱情所在，也就是科學哲學。

培根從來都不是個活躍的科學家。他似乎對於同代人的偉大著作都沒什麼深入了解，好比說吉爾伯特談磁力、哥白尼談太陽系或者伽利略的著作等等。在一個知識越來越常以數學用語表達的時代，他的數學能力可說薄弱。他的成就，是綜合先前談實驗法的著作，特別是英國天文學家兼神祕學研究從業者約翰・迪伊博士的著作，他展現了數學如何能應用於實作技術，包括測量勘查和航海；此外還有來自卡拉布里亞的波納蒂特・特勒肖（Bernardino Telesio, 1509-1588）這類歐陸哲學家，而此人則是想擺脫傳統亞里斯多德主義的束縛，並重新發現被經院哲學掩蓋的希臘哲學家經驗主義。

培根的第一本主要科學著作《學術的進展》（*The Advancement of Learning*, 1605），以亞里斯多德式學術永遠無法產出新知識為由，駁斥了它的狹隘。它太倚重演繹邏輯：也就是說，從基本原則開始往下推演一切。歐幾里得在他的《幾何原本》中也遵循這個方法，但不管推論多正確，也永遠

下頁：湯瑪斯・史普拉特《皇家學會史》的卷首插畫（1667年）。由法蘭西斯・培根（右）的追隨者所成立、以推廣物理科學討論為目標的此學會，於1662年獲得了查理二世的特許。

1　一六五七年西芒托學院由伽利略的追隨者成立於佛羅倫斯，專注於此處寫到的這類實驗。皇家學會藉由翻譯其程序而採納了許多理念。引言來自Peter Dear, *Revolutionizing the Sciences: European Knowledge and its Ambitions, 1500-1700*, 2nd ed. (London: Palgrave Macmillan, 2009)。

＊（一六〇三年成立於羅馬的）猞猁眼學會和（一六五七年成立於佛羅倫斯的）西芒托學院，都有權主張是歐洲更早成立的學會。

NVLLIVS IN VERBA
CAROLVS II. SOCIETATIS REGALIS AVTHOR & PATRONVS
SOCIETATIS PRÆSES
Ld Brouncker
ARTIVM INSTAVRATOR
Ld Bacon

S.r Francis Bacon, Lord
Keeper and afterwards
Lord Chancellor of
England, 1617

無法進展到當初原則涵蓋範圍以外的地方。培根說得簡潔明白：「我們現在有的科學，不過就是過往發現之事物的優雅安排，而不是發現事物的方法或者得出新結果的指針。」[2]他接著又提供一個適當的比喻。蜘蛛用自己肚子裡的材質織網；儘管該材質現在看來是蛛網的模樣，但網本身並沒有原本不屬於那材質的東西。這就只是重編了原本的材質而已。蜜蜂就與其相反，牠不停外出，從草木花朵上採集花粉，並回到巢中創造新東西——營養的蜂蜜。這是培根式科學的模範。和亞里斯多德的自然觀相比，培根更偏好希臘原子論者德謨克利特和伊比鳩魯的自然觀。這就讓他和該時期其他自然哲學家一樣，開始猜想粒子會不會含有某種推動活物的內在靈魂。

培根式方法的根本，是有條理地蒐集材料。他在周遭世界中看到新發現和新發明：發現新大陸當然占了最重要的地位，但也有技術革新，好比說印刷機，以及更先前的火藥。這些新事物沒有哪個是從基本原則推演出來的；它們是在實作的世界中產生，靠的是親自實踐的工匠和探險家。實質上的新發現，往往起於意外。如果哥倫布沒在大西洋西岸登陸，歐洲人不知有美洲存在的時間可能還要更長。對培根來說，「科學的真正目標就是把新發現和新資源給予人生」，而為了達到這個目標，有效的方法論便不可或缺。

培根花了幾十年在研究科學哲學。他的最後一個大計畫《大更新》（*The Great Instauration*，名稱反映了人類能恢復人類墮落時失去的知識）並沒有完工。培根計畫將它以六冊出版，呼應了上帝創世的六天。即便時光荏苒，他的概念仍連貫一致。舉例來說，《大更新》的第一冊——《科學

前頁：博學的法蘭西斯・培根（1561-1626年），支持以經驗方法取得科學發現，而皇家學會在他過世約三十年後繼承了這套方法。

的區分》（*Partitions of the Sciences*, 1620），就是一六〇五年《學術的進展》的擴大版。第二冊《新工具論》（*Novum Organon*），相對於亞里斯多德的「舊」《工具論》裡，有部分的內容將他的科學方法做了最詳細的闡述。培根著作的中心主旨，可能也是他最歷久不衰的成就，就是「知識持續進步，使得一個過往從未實現過的、可以讓已啟蒙的理解者（以及國家〔培根是這麼認為的〕）在其中施展力量的更美好世界有機會實現」的這種概念。這和亞里斯多德設想的宇宙不變本質就有了明確分歧。駁斥經院哲學後，培根也不再像人文主義者那樣只一心一意專注於歷史及文學的文獻：「他們（人文主義者）追尋字詞甚於問題。」要優先專注的應該是自然哲學。在學識方面先前有過兩場革命，第一場在希臘，第二場在羅馬帝國時代，而現在是第三場：他自己這時代的「更新」。這種樂觀看法——人類日漸增加的知識，有著促進社會、科學和技術領域進步的潛力——會大幅強化培根日後的風行程度。

然而，培根敏銳地察覺到尋找新知識的困難。他注意到有些人有炫耀自己學識的心理需求，而其他人則是深陷於自己學門的細枝末節。培根在《新工具論》中詳述了他所謂的「偶像」，那些處在心靈與現實之間的阻礙。他說，感官始終是不可靠的：我們會被那些與已相信之事物相符的資訊所誤導，且很容易因坊間意見而動搖。把科學知識和基於文獻權威而非實體證據的神學信仰分開，是很重要的事。然而，培根的體系裡終究還是有上帝存在的餘地：「當（神之）造物在自然中被人找到時」可以在「造物上的真正簽名和標記中」找到某些知識，且「一切的知識看來都是

2 *The New Organon*, Book 1, 'Aphorisms Concerning the Interpretation of Nature', aphorism 8.

FRANC. BACONIS
DE VERULAMIO/
Summi Angliæ
CANCELLARII/
Novum Organum
Scientiarum.

Multi pertranſibunt & augebitur ſcientia.

LVGD. BAT.
Apud Adrianum Wijngaerde,
et Franciſcum Moiardum. 1645.

上帝個人栽植的植物」。祕訣就在於修補心智的「破碎鏡子」，好把上帝確實創造之物和僅僅為徒勞想像之物區分開來。

培根概述其歸納論證法時，顯現了他的主要目標是根除草率思考。他痛斥那些試圖不用圓規畫圓或不用尺畫直線的人。舉一個不是引自培根本人、而是遵照他典型論證法的例子：我們看到面前有一些白色的天鵝，並以此為根據，斷言所有的天鵝應該都是白的。這對培根來說就不夠好。我們應該把用來當判斷基礎的證據母體拉大；換句話說，試著盡可能地多看天鵝。我們有可能在這過程中逮到一隻黑天鵝，因此損害了原本主張的有效性。一旦蒐集到了充分材料形成合理假說，假說本身就要接受檢驗。對培根來說，找到駁倒假說的證據，就跟找到確認假說的證據一樣重要。這是培根對科學方法的最重要貢獻。* 他的方法近似布拉赫・第谷在烏拉尼伯利成立的事實發掘團體，但該團體缺乏哥白尼或伽利略的那種想像力躍進。培根也從來都沒有思考過使用數學來創造一個模型然後接受檢驗的這種可能。他蒐集的材料往往來自自然科學——物理學、化學和生物學。

培根式方法的一個缺點是，儘管只需要一個反論就可以摧毀一個假說，但我們無從得知一個人要看多少天鵝才能確定地說「所有的天鵝都是白的」。我們大可花上一輩子記錄大量的白天鵝——這種天鵝出現的比率看似會讓「所有天鵝皆白色」成為一種必然——卻永遠遇不上一種

全歐洲各地都有人閱讀法蘭西斯・培根的《新工具論》。1645年版的卷首插畫有一則標語，「行遍四方，知識增長」（Multi pertransibunt et augebitur scientia）。

* 培根可以看作是哲學家卡爾・波普（Karl Popper, 1902-1994）的先行者，後者闡述了幾乎一樣的方法。

黑天鵝，因為牠們只棲息在遙遠國度，若要說真實情況的話，就是只在澳洲才有。當然，人到了某個時間點，也得要判定說，現在可以合理假定某個結論為正確了。艾薩克・牛頓會在《光學》（*Opticks*）中把這個問題以實用主義的方式總結：

> 儘管從歸納得到的經驗和觀察所做出的論證，不會是總體結論的展現；然而它還是事物本質所容許的最佳論證方式，而且可以從歸納有多全面，來看這論證能有多強。而如果現象中沒有出現例外，那就能宣布這結論是普遍結論。[3]

根據約翰・奧布里（John Aubrey）的《名士小傳》（*Brief Lives*）所述，培根死去的方式就合乎一名樂於用經驗檢驗假說的人：他把一隻雞塞進雪裡，試圖了解雪能不能保存肉類，因此得了風寒而死。他留下了一本烏托邦小說《新亞特蘭提斯》（*New Atlantis*），於翌年（一六二七年）出版。故事中，一群漂流太平洋的船員終於遇上了一座島嶼——島上居民的語言稱其為「本薩冷」（Bensalem）。就跟湯瑪斯・摩爾的烏托邦一樣，那是一個良善又成果豐碩的地方，「擺脫所有的汙染和骯髒卑鄙」，但它最重要的群體，是一個在薩洛門（也就是所羅門）之家組織起來的科學研究團體。其主管跟敘事者說，他們的目標是獲得「諸多起因的知識」以及「物體的祕密運動」（令人想起十七世紀人們一心思考著無法觀測的力量）。所羅門之家具備精密複雜的現代科學研究設施所具有的眾多特質。受過訓練的科學家團隊蒐集資料並進行實驗。用「薩洛門之家父長」的話來說就是：

> 我們有十二個人航往外國……為我們帶回各地的書籍，還有抽象概念，還有實驗模式……我們有三個人蒐集所有書中的實驗……我們有三個人會……把實驗……畫成圖表，讓人更方便把觀測結果和公理從中取出……我們有三個人熱中於關注同儕的實驗，並從中找出一般生活可實用實作之物。[4]

這裡可以看到培根兩個至關重要的面向：透過合作聚積新知識，以及把最重要的地位給了實驗的設計和應用。在這方面，他和伽利略可說是齊心協力。

培根死後那陣子沒什麼人讀他的著作，但三十年後人們開始把他當作英雄，是新智識年代的發起者。[5]在日記作者約翰・伊夫林（John Evelyn, 1620-1706）記述中的培根，「知識若有個帝國的話就會為他慶賀……有學問的人光聽到他的大名就起身致敬。」在荷蘭，他的著作到了一七〇〇年時有四十五刷。德尼・狄德羅（Denis Diderot）構思的知名《百科全書》（*Encyclopédie*，一七五一至一七七二年間共完成二十八冊，以狄德羅為主要貢獻者）就充斥著培根主義。他就跟任何充滿想像力的思想家一樣，不同的讀者讀他的著作會得到不同的洞見，但到頭來，所有想一起來發現新知識造福人類的人，都會從他這裡得到啟發。當清教徒覺得自己或許能根據上帝的意

---

3 出自牛頓《光學》第一版（一七〇四年），query 31。

4 《新亞特蘭提斯》的文字出自Bruce (ed.), *Three Early Modern Utopias*, pp. 167-68。

5 見Joel Mokyr在*The Culture of Growth: The Origins of the Modern Economy* (Princeton, NJ, and Oxford: Princeton University Press, 2016), chapter 7, 'Francis Bacon, Cultural Entrepreneur', pp. 70-98所做的評價。

志來再造自然世界的更偉大知識時，他們就更加喜歡培根了。（見頁九四〇－四一）

最先立即追隨培根腳步的科學家，是羅伯特・波以耳（一六二七－一六九一年）。[6] 波以耳是愛爾蘭冒險家理查・波以耳（Richard Boyle）的第十四子，此人曾不擇手段地一路往上爬（包括了安排妥當的賄賂），在詹姆士一世統治期間爬到了科克伯爵（Earl of Cork）的高位。一六四〇年代，當英格蘭內戰即將爆發時，羅伯特被他父親送去歐洲各地遊歷。有人說，他對科學的熱情，是在造訪佛羅倫斯並認識伽利略的成就時燃起的，而他也曾熱切地讀過他的著作。最終他得以在牛津自行興建了實驗室，並開始做實驗。他很清楚伽利略實際做過的重物實驗，但他也受培根那套透過觀察蒐集證據的方法啟發，只是說，波以耳始終會強調自己是無師自通。

波以爾最出名的實驗，是把水銀倒進一個密閉的J形管裡，並觀察封在管子的末端空氣是怎麼在水銀的壓力下收縮的。在一個簡潔到美妙的實驗中，他證明了水銀壓力加倍會讓空氣體積減半。因此就有了波以耳定律——說明氣體占據的體積和給予其上的壓力呈反比。一六六二年，波以耳在《新物理力學實驗，涉及空氣彈力及其效應》（*New Experiments Physico-Mechanicall, Touching the Spring of the Air and Its Effects*）的第二版裡發表了這定律。波以耳利用一套由助手羅伯特・虎克替他製造的空氣泵浦，另外進行了一些氣壓實驗。（見頁九三一－三三）他們發現，氣壓越低，水沸騰的溫度越低，而抽離了空氣的泵浦會向內收縮。儘管波以耳沒有發現氧氣本身，但他的許多實驗都主張，空氣中有什麼維持了生命，並讓火焰持續燃燒。波以耳的另一項發現是，聲音需要靠空氣傳播。然而，

下頁：波以耳1662年版《新物理力學實驗，涉及空氣彈力及其效應》描繪了他的空氣泵。

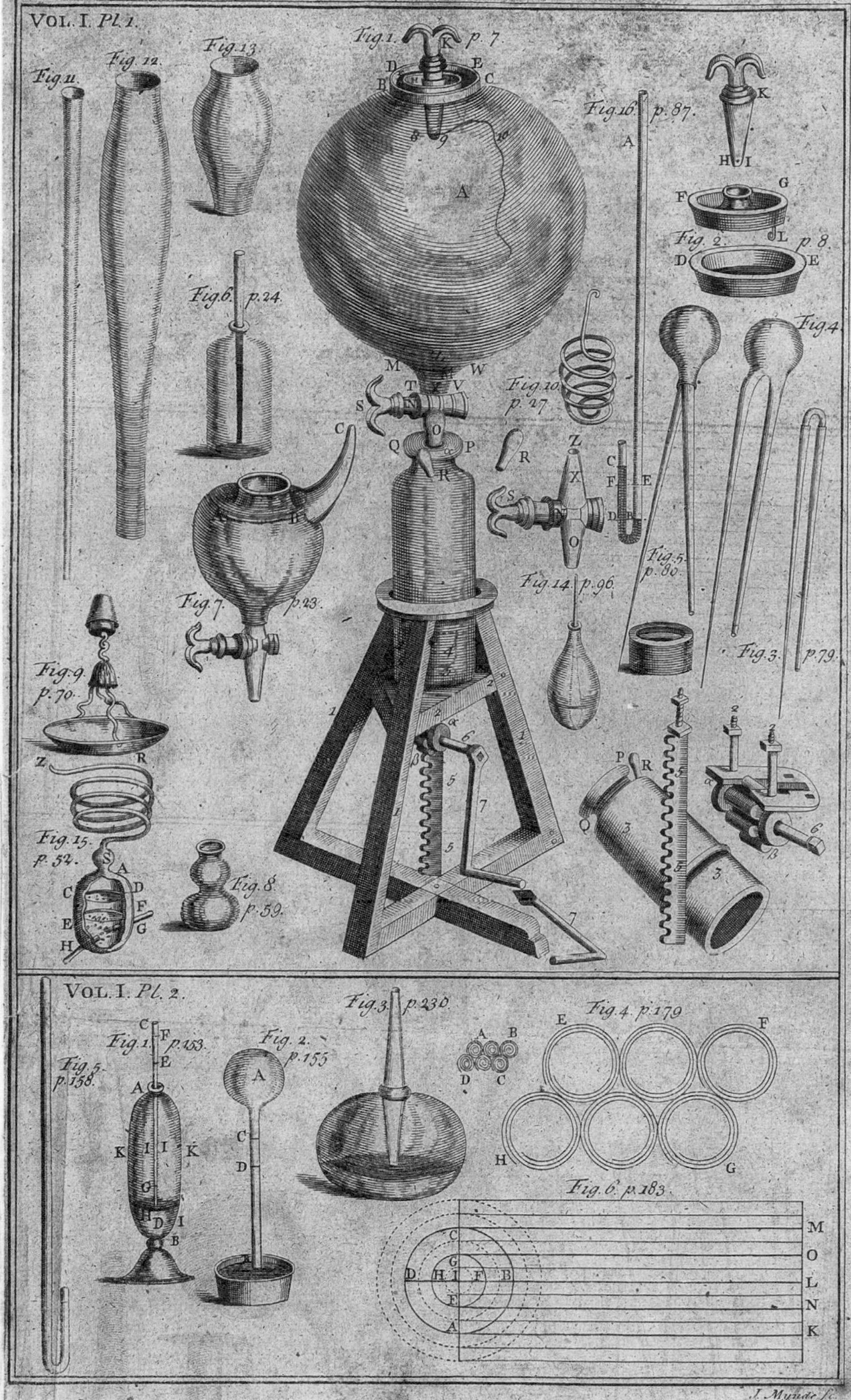

VOL. I. Pl. 1.
Fig. 1. p. 7
Fig. 2. p. 8
Fig. 3. p. 79
Fig. 4.
Fig. 5. p. 80
Fig. 6. p. 24
Fig. 7. p. 23
Fig. 8. p. 59
Fig. 9. p. 70
Fig. 10. p. 27
Fig. 11.
Fig. 12.
Fig. 13.
Fig. 14. p. 96
Fig. 15. p. 52
Fig. 16. p. 87
VOL. I. Pl. 2.
Fig. 1. p. 153
Fig. 2. p. 155
Fig. 3. p. 230
Fig. 4. p. 179
Fig. 5. p. 158
Fig. 6. p. 183
J. Mynde sc.

波以耳並不是第一個使用泵浦實驗的科學家，也不是第一個用水銀管的。一六五〇年代德國發明家奧托・馮・格里克（Otto von Guericke）率先發明了空氣泵，而托斯卡尼人埃萬傑利斯塔・托里切利（Evangelista Torricelli），伽利略的朋友兼學生，則以真空管內的水銀進行了實驗，進而於一六四三年發明了氣壓計，遠早於波以耳。

儘管一開始沒人意識到這一點，但波以耳其實當上了嘗試了解物質構成方式的先驅；這後來會被稱作化學（chymistry），和處理動態物質的「物理」相對。他的著作《懷疑派化學家》（*The Sceptical Chymist*, 1661）支持把化學從（大幅仰賴神祕知識而不是實驗的）鍊金術中分離出來。波以耳攻擊了亞里斯多德的四因說，按照該說法，每個物質都要以它的質料、形式、效用目的和最終目的來分析。* 有一場更廣泛的運動，將會用「解釋這個本質上是機械論的宇宙是怎麼運作的法則」來取代這些「背後原因」，而波以耳可說是其中的一個環節。波以耳在《微粒哲學》（*Corpuscular Philosophy*, 1666）中主張，所有的物質都只能透過「它們自身成分（微粒）的運動、大小、形狀和設計構造」來運作。萬物最終都會分解成「微粒」（corpuscles，這是波以耳對原子的稱法），而不是亞里斯多德主張的土、水、火、氣，也不是痛擊蓋倫派醫學的帕拉塞爾蘇斯所主張的鹽、硫黃和水銀。他主張，應該有某種「原始且簡單或完美無瑕的物體」，換句話說就是我們現在所謂的「元素」，儘管要到十九世紀才會給元素做出定義。

儘管鍊金術因為試圖重新混合金屬並使用「賢者之石」來獲得黃金而名聲不佳，但波以耳仍相信有辦法達成金屬轉化，儘管他證明了黃金的密度實在太高，

下頁：1643年埃萬傑利斯塔・托里切利展示了後來會從中發明出氣壓計的實驗。

Iconismus X. pag. 185.

以至於比較輕的金屬永遠沒辦法把它煉出來。但金屬轉化並沒有乍看之下那麼純然猜想。任何鑄造金屬製品的人都會知道，把錫加進銅會大幅降低

本頁至下頁：羅伯特・虎克那本插圖精美的《顯微圖志》（1665年），為許多讀者開啟了新世界。日記作者山繆・皮普斯就是難以自拔的其中一人。

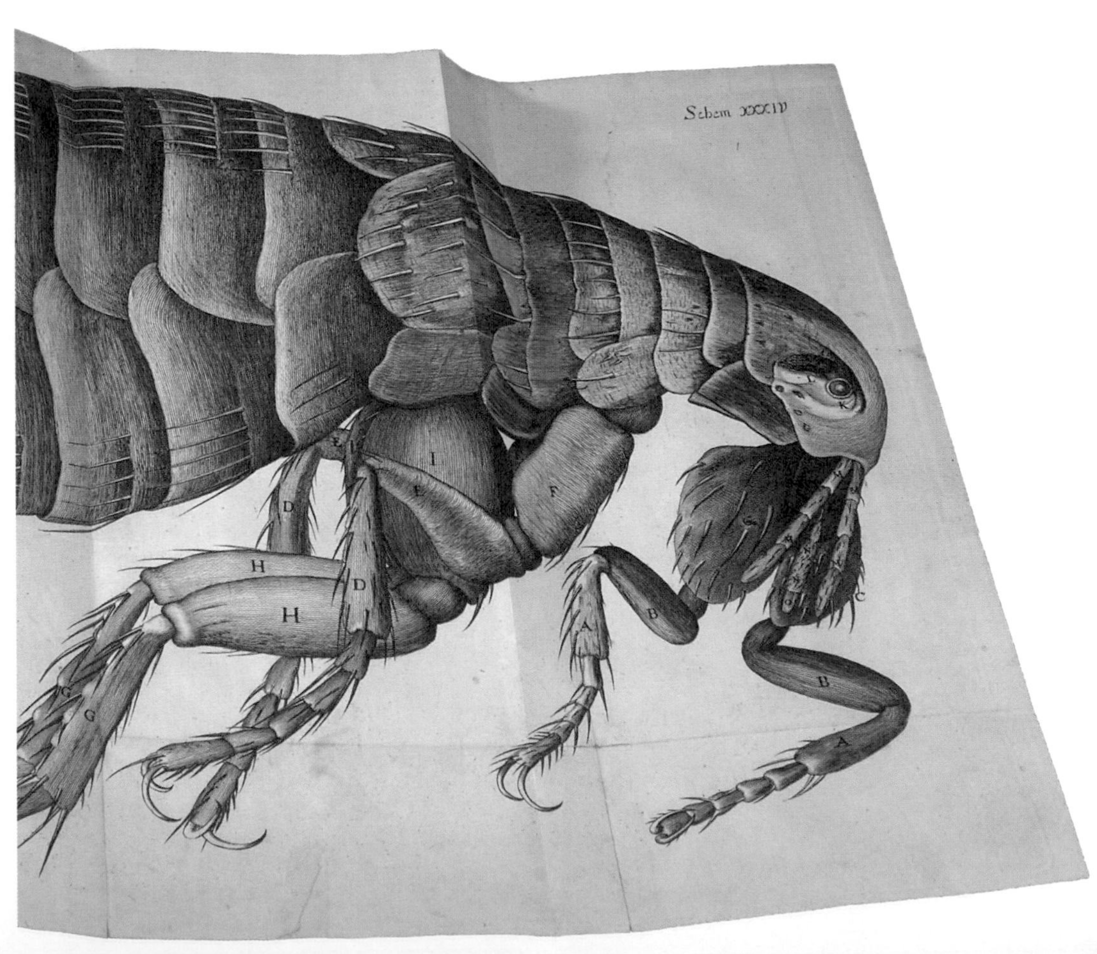

熔點及凝固點，並創造出一種延展性更好的材質，也就是青銅。波以耳分析物質可能的構成方法，若不是個別成分在混合中失去本性的化合物，就是每種成分都還保留其個別特性的混合體，這樣的成果使他獲封「化學之父」。至於仰賴古老赫密士主義文獻和祕傳流程的鍊金術，到了十八世紀初期已經名存實亡了。*

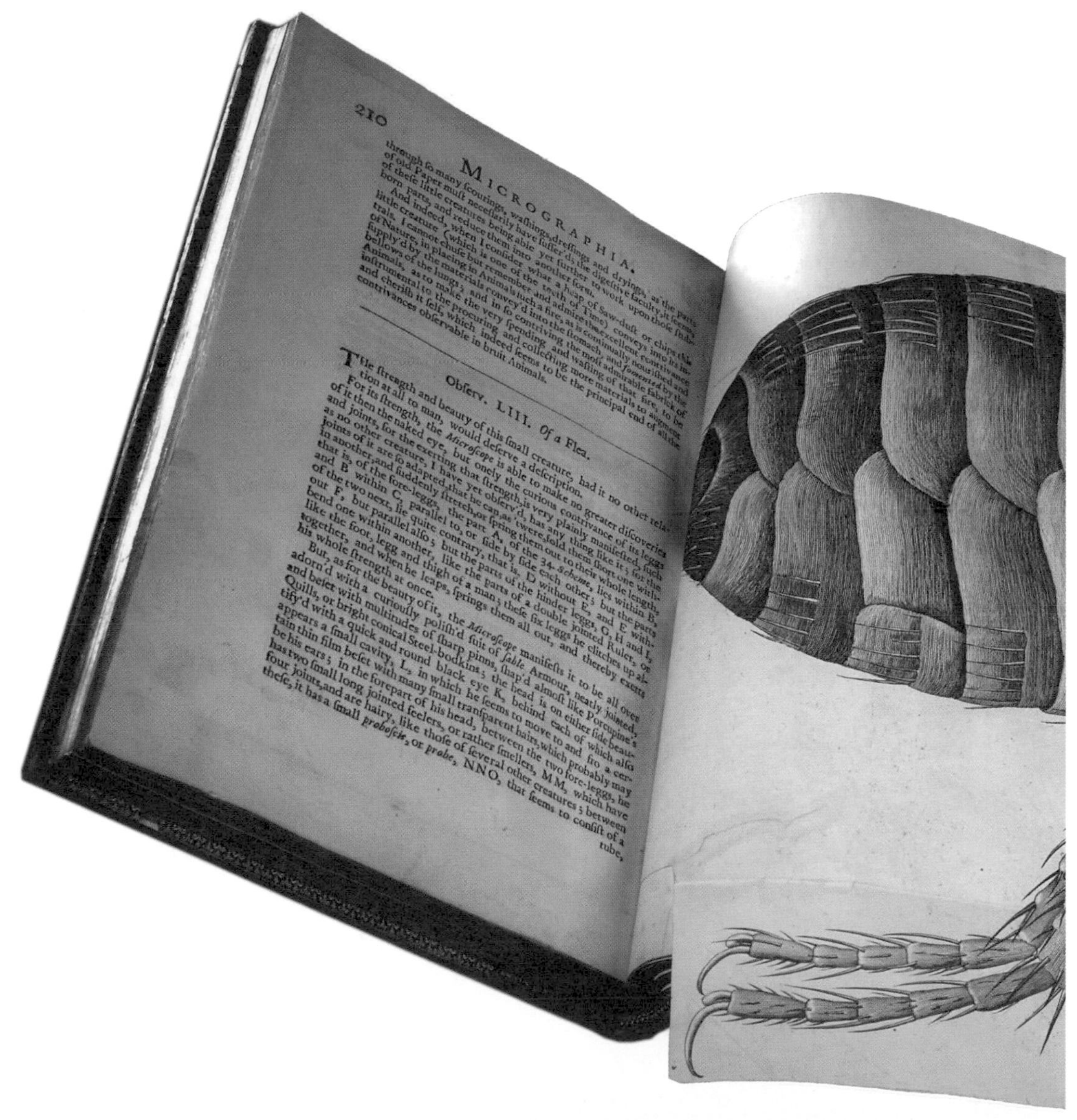

210

MICROGRAPHIA.

through ſo many ſcourings, waſhings, dreſſings and dryings, as the parts of old Paper muſt neceſſarily have ſuffer'd; the digeſtive faculty, it ſeems, of theſe little creatures being able yet further to work upon thoſe ſtubborn parts, and reduce them into another form.

And indeed, when I conſider what a heap of Saw-duſt or chips this little creature (which is one of the teeth of Time) conveys into its intrals, I cannot chuſe but remember and admire the excellent contrivance of Nature, in placing in Animals ſuch a fire, as is continually nouriſhed and ſupply'd by the materials convey'd into the ſtomach, and *fomented* by the bellows of the lungs; and in ſo contriving the moſt admirable fabrick of Animals, as to make the very ſpending and waſting of that fire, to be inſtrumental to the procuring and collecting more materials to augment and cheriſh it ſelf, which indeed ſeems to be the principal end of all the contrivances obſervable in bruit Animals.

Obſerv. LIII. *Of a Flea.*

The ſtrength and beauty of this ſmall creature, had it no other relation at all to man, would deſerve a deſcription.

For its ſtrength, the *Microſcope* is able to make no greater diſcoveries of it then the naked eye, but onely the curious contrivance of its leggs and joints, for the exerting that ſtrength, is very plainly manifeſted, ſuch as no other creature, I have yet obſerv'd, has any thing like it; for the joints of it are ſo adapted, that he can, as 'twere, fold them ſhort one within another, and ſuddenly ſtretch, or ſpring them out to their whole length, that is, of the fore-leggs, the part A, of the 34. *Scheme*, lies within B, and B within C, parallel to, or ſide by ſide each other; but the parts of the two next, lie quite contrary, that is, D without E, and E without F, but parallel alſo; but the parts of the hinder leggs, G, H and I, bend one within another, like the parts of a double jointed Ruler, or like the foot, legg and thigh of a man; theſe ſix leggs he clitches up altogether, and when he leaps, ſprings them all out, and thereby exerts his whole ſtrength at once.

But, as for the beauty of it, the *Microſcope* manifeſts it to be all over adorn'd with a curiouſly poliſh'd ſuit of *ſable* Armour, neatly jointed, and beſet with multitudes of ſharp pinns, ſhap'd almoſt like Porcupine's Quills, or bright conical Steel-bodkins; the head is on either ſide beautify'd with a quick and round black eye K, behind each of which alſo appears a ſmall cavity, L, in which he ſeems to move to and fro a certain thin film beſet with many ſmall tranſparent hairs, which probably may be his ears; in the forepart of his head, between the two fore-leggs, he has two ſmall long jointed feelers, or rather ſmellers, MM, which have four joints, and are hairy, like thoſe of ſeveral other creatures; between theſe, it has a ſmall *proboſcis*, or *probe*, NNO, that ſeems to conſiſt of a tube,

波以耳是個多產的作者，能夠清楚表達自己想法，也因此吸引了廣泛讀者。他也是虔誠的盎格魯宗信徒。除了眾多科學著作外，他的作品還包括神學論文，探索了宗教和（他身為先鋒從業人員的）新科學之間的關係。他是倫敦皇家自然知識促進學會（Royal Society of London for Improving Natural Knowledge，譯注：皇家學會全名）的創會成員，該會於一六六〇年舉行創會大會，並於一六六二年首度獲得皇室贊助。[7]皇家學會是由其成員所資助營運，這些人主動招募他們認為

本頁：由荷蘭科學家安東尼・范・雷文霍克送交皇家學會的兔與狗精子繪圖。范・雷文霍克寫給學會的信件於1687年發行。

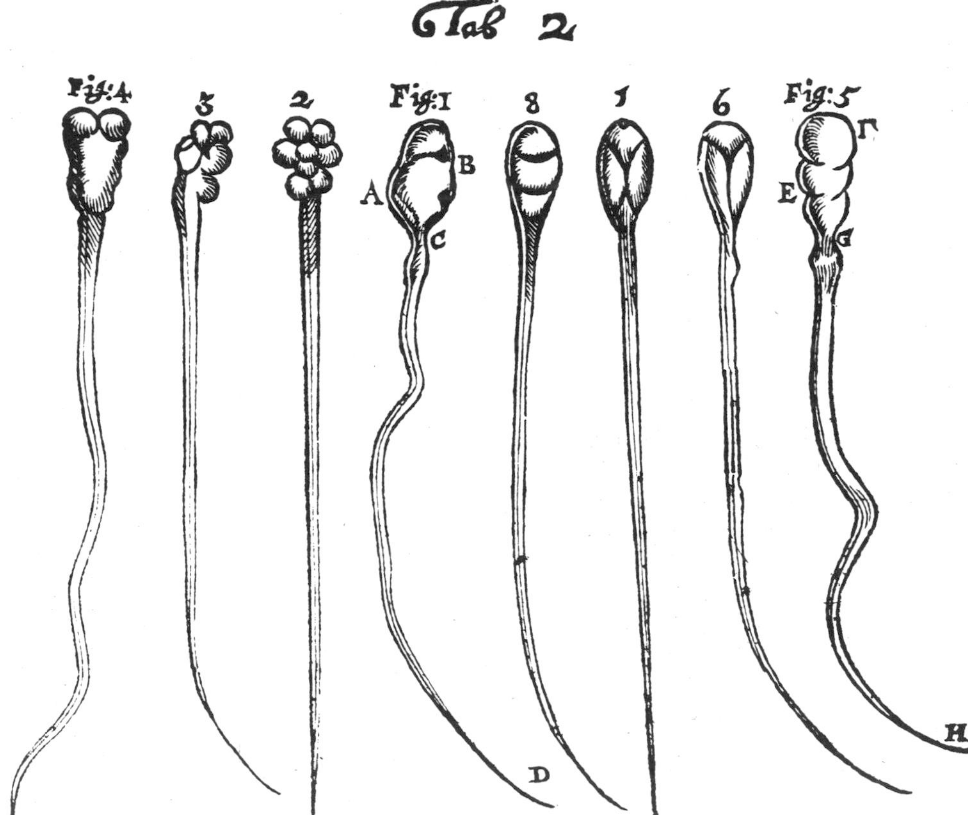

在其關注領域內表現傑出的人士，直至今日仍是如此。學會有別於既有的大學，禁止宗教和政治討論，以及任何一種教條主義，因此到後來培根派科學對該學會特別有吸引力。成員得要提供實驗結果而不是理論。大衛・伍騰（David Wootton）在《科學的發明》（*Invention of Science*）中，把人們第一次以「一種需要確認或駁斥的觀念」這種當代意義來使用「假說」（hypothesis）這個詞的時間點，追溯到了皇家學會早期。[8] 一批像波以耳那樣對自身能力極度謙卑的同行，有助於創造一種有教養的對話氣氛。湯瑪斯・史普拉特在《皇家學會史》中講到了「呼吸更自由的空氣，平和地彼此交談，而不涉及那惡劣年代的狂熱和瘋癲，所帶來的一種滿足」。一六六六年時，路易十四（在財務大臣尚－巴蒂斯特・柯爾貝的建議下）依循查理二世的範例，在巴黎成立了法國科學院，而克里斯蒂安・惠更斯（見頁九〇七）在那兒成了領頭人物。儘管其成員人數有限制，且有等第分層制，但其目標卻非常類似皇家學會：以集體研究的方式，透過散布科學知識來增進國家福祉。為了使法國科學院免於宗教影響，耶穌會成員禁止入會。

皇家學會需要行政人員、祕書和一名實驗評議員來監督所有實驗進行，並提出報告。羅伯

---

6 John Gribbin, *Science: A History* (London: Allen Lane / Penguin, 2002), pp. 126-42，對波以耳的生平和成就提供有用的調查。

* 照此說法，人像是由青銅所製（其「質料因」）；接著以此創造了人像（「效用目的」）的雕塑家設想了「形式」；「最終目的」則是完成了的銅像本身。

* 赫密士主義難以看透的本質，被保留在「密不透風地封住」（hermetically sealed，原意為「有如赫密士般封住」）這個片語中。

7 見Adrian Tinniswood, *The Royal Society* (London: Head of Zeus, 2019)，以及Bill Bryson (ed.), *Seeing Further: The Story of Science and the Royal Society* (London: Collins, 2010)。

8 David Wootton在*The Invention of Science*, pp. 383-91，描述了這個過程。

特・波以耳推薦他的助手，懷特島（Isle of Wight）牧師之子羅伯特・虎克（一六三五－一七〇三年）擔任評議員。虎克當初幸運地撐過幼年疾病，雖然後來被一位同代人形容為「有點歪歪扭扭」，但他已經健康到可以活出一段令人敬佩的科學活動生涯。[9]小時候，他就已經著迷於實作實驗，給自己做出了許多玩意，甚至包括一個精密計時器。他是在牛津大學基督堂學院（Christ Church）擔任唱詩班學生（choral scholar，譯注：以參與校內唱詩班獲得獎學金的學生）的時候，接觸到了他那時代的科學家們，其中包括了波以耳。他於一六六三年正式獲選皇家學會院士。一六六五年他成為倫敦葛雷夏姆學院（Gresham College）的幾何學教授，並將終生擔任此職。他最知名的其中一條「定理」描述了拉長的彈簧是如何擁有一股阻力，和拉長的長度成正比。他對於自身成就總是十分敏感，特別是因為他出身較卑微，使他與那群顯貴的皇家學會院士同袍相處時，會自覺在社交上遭到孤立。

虎克影響力最深遠的著作《顯微圖志》（*Micrographia*, 1665），精采地描繪出透過顯微鏡發現的成果。人們一旦領略了鏡片可以放大影像的道理，就可以用一種從未想像過的方式來觀看比較小的物體。一位先鋒，荷蘭的安東尼・范・雷文霍克（Antonie van Leeuwenhoek, 1632-1723），甚至還首度瞥見了精子，因此證明了男性會產出活生生的生命體，或者雷文霍克口中的「小動物」（animalcules）；不過受孕和生產的謎團還要再過一段時間才會獲得解釋。以副標題《以放大鏡完成的一些微小體之生理學描繪。附相關之觀察與調查》（*Some Physiological Descriptions of Minute Bodies Made by Magnifying Glasses. With Observations and Inquiries Thereupon*）精準描述其內容的《顯微圖志》，製作精良且徹底吸引了讀者。日記作者山繆・皮普斯（Samuel Pepys）一六六五年一月二十一日的日記條目中說道：「我上床前直到兩點為止都在我的房間裡坐讀虎克先生的顯微鏡觀察結果，這本我一生讀過最巧妙的書。」軟木的特寫被虎克描述為「細胞」（cell，原意為「小房間」，源自修道院裡的修士個人小間），十九世紀人們確認了這是所有生物的基本單位後，名稱就定了下來。虎克準備要提出自己對顯微鏡下所見之物的詮釋：因此他主張，化石曾經是活著的生物，而海洋可能一度覆蓋著陸地，而光穿過昆蟲翅膀這一類非常薄的物質時會折射。像這樣充滿想像力的猜測，激勵其他人各自進行科學調查。

一六七〇年代，虎克把專注目標轉移到行星運行。他駁斥了「笛卡兒渦流」這個笛卡兒的物質宇宙概念（見頁九〇七－九〇八），支持另一種假設，認為有一股力量同時讓物體固定在行星表面，但也以某種方法吸引了其他行星。這股力量導致行星永遠以圓或橢圓運行，不然的話它們就會直線運動。此時地位穩固又備受尊崇的虎克，發現有一名叫艾薩克・牛頓（一六四二－一七二七年）、於一六六九年成為劍橋大學第二任盧卡斯數學教授（Lucasian Professor of Mathematics）的年輕知識分子，居然在光線折射的題目上挑戰他，因而大發雷霆。在《顯微圖志》中，虎克提到發射出去的白光邊緣有彩虹色澤出現，但沒有進一步探究。他也把光的散播和水波運動相比。一六七二年牛頓提交了一份光學的論文給皇家學會，主張光是由粒子構成的。他描述他如何使用一套精細的方法，組合多個稜鏡來讓光在更長的一段距離中傳遞。牛頓證實，白光可以被分為光譜上七種不同的顏色，而這些顏色接著可以穿透另一個稜鏡而再度合為白光。他利用

9　關於虎克，見Lisa Jardine, *The Curious Life of Robert Hooke: The Man who Measured London* (London: HarperCollins, 2003)。

了他的知識發明出一種望遠鏡，能消除掉擴散的色彩導致望遠鏡視野邊緣模糊的情況。於是牛頓於一六七二年入選皇家學會院士，就在虎克入選的九年後。

虎克不同意牛頓的粒子理論，而且太明白地表達他的懷疑，因此引發了一場激烈的對立，將會打亂皇家學會喜歡自視為招牌的冷靜討論。虎克最終承認牛頓在光學研究的進展上超過了他，但牛頓卻苛薄地寫道，他能進展到更前面，是因為他站在「巨人的肩膀上」，而有些人解讀這句話是在刻意羞辱身材矮小的虎克。兩人爭辯的另一個起因是行星運行。一六七九年時，虎克寫信給牛頓，說他相信重力靠的是一個平方反比的定律，而這樣的關係可能也主宰了行星的運行。牛頓進一步推展了這個觀念，但在虎克看來，牛頓並沒有充分將功勞歸於虎克的洞見。他把《自然哲學的數學原理》（*Principia Mathematica*, 1686）第三冊提到虎克的部分全部移除，而且一直到一七〇四年，也就是虎克過世的一年後，才出版自己光學方面的主要著作。

牛頓在林肯郡的童年十分孤獨，但他受了良好教育，並於一六六一年在一位名叫韓佛瑞・巴賓頓（Humphrey Babington）的院士贊助下，在劍橋大學的三一學院（Trinity College）開啟生涯。[10]剛開始，牛頓的情況看來有些慘澹，有一部分是因為牛頓是一個全心思索的不合群者，偏執地在同代人面前捍衛自己的想法。到了一六六三年時，他開始在智識方面走自己的路，在大學課程外還自行閱讀了笛卡兒、哥白尼、克卜勒和伽利略。到了一六六〇年代後半，當他才二十幾歲時，就已經產力豐沛：他於一六六五年發現廣義二項式定理，那年也獲得了學位。吸引他注意的也不只數學和物理；他也稍稍涉獵鍊金術，然後花了好幾年證明，把耶穌的地位提高到超乎任何經文證據的三位一體，是一項錯誤的教條。要不是他把這種一位論（Unitarian）觀點留在自己心底，他大有可能會失去過公眾生活的資格。[11]

除了光學著作外，在牛頓的物理學這邊，他漸漸著迷於重力問題，儘管說，因蘋果從樹上落下而獲得啟發的這個故事，真實性永遠無從得知。牛頓所了解到的，或者說從閱讀同代人著作所了解到的，是物體離地球越遠，重力的力道就會減輕。關鍵在於，這個減輕可以精準定義。或許有人會假定，如果海平面的重力力量為X，那麼，把此處與地心的距離加倍直入天空的話，就會讓X減半，就是海平面重力的二分之一或一半。然而，數值是落在一除以距離兩倍的平方，所以不是一半而是四分之一。如果有人把地球以上的高度再延長一個距離單位，而來到了海平面以上兩單位、而從地球中心算起三單位距離的話，重力就會是一除以三的平方，也就是原本海平面重力的九分之一。這就是所謂的平方反比定律，解釋了為什麼太空中會有無重力狀態，因為重力已經減少到幾乎沒有。然而，同樣的那一股力量讓石頭掉到了地表，也就終於摧毀了亞里斯多德的「天界與地球的物理性質截然不同」主張。另一股力量，由地球（或者太陽和其他行星）轉動造成的離心力，迫使物體向外移動。在海平面上，因為重力是地球自轉離心力的好幾倍，所以沒什麼影響，會讓物體朝地球落下並停留在落地點上。然而，當一個人進一步遠離地球時，會有那麼一刻，弱化了的重力會等於離心力，於是處在這位置的一個物體，就會被拉進一個無止境的圓形或

10 比較近期的牛頓傳記，是Niccolò Guicciardini, *Isaac Newton and Natural Philosophy* (London: Reaktion Books, 2018)，Guicciardini的序章，'Images of Newton'，描述牛頓想法在有生之年和死後的遭遇方面特別優秀。James Gleick, *Isaac Newton* (London and New York: Fourth Estate, 2003)，是牛頓生平的傑出介紹。另見Gribbin, *Science*, chapter 5, 'The Newtonian Revolution'。

11 幸運的是，他在這方面的寫作留存了下來，近期更由Iliffe, *Priest of Nature* 做了探索。

橢圓形路徑中。牛頓這時面臨的挑戰，是以數學展現這情況。他就是在此時發明了微積分，藉由這個步驟，就可以從一個定點算出一個東西隨時間過去的運動變化，而行星的位置也是如此。他證實了克卜勒最先觀測到的橢圓形軌道，是數學上唯一可能的行星繞日方式。

牛頓所設想的宇宙和笛卡兒的實在天差地別。牛頓描繪的不是一個塞滿了你推我擠的漩渦的宇宙，而是一個大半空盪、其中只有孤立行星的宇宙。這些行星個個都有吸引彼此的力量。在牛頓的宇宙中，彗星在可預測其週期性的軌道上朝太陽靠近，然後又遠離。牛頓的同代人，天文學家愛德蒙・哈雷（Edmond Halley, 1656-1742）用更先前的紀錄——當時最新的是一六八二年——證明了這樣一顆彗星會相隔七十五年再度出現，而它下一次回歸就會是在一七五八年。「哈雷彗星」確實在那年回來了，但哈雷自己沒能活到那時候去親眼目睹這顆今後以他命名的天體重新出現。一旦辨明了互相吸引的原理，大量的其他現象也都有所解釋了。來自月球（以及太陽）的力量拉抬了海水，造成潮汐。古代世界其中一個偉大的觀測結果，也就是希帕恰斯（於西元前約一六〇－約一二五年間）所觀測到的、導致地球在軸心上搖擺的「二分點進動」，就可以用月球和太陽對地球的拉力來解釋。

一六八七年牛頓的偉大著作《自然哲學之數學原理》中，把他的各個理論集結起來，但這本數學實在是太雄厚，以至於一開始人們並沒有完全意識到作者達到了什麼成就。*但如今，從該書以一種能用數學驗證的方式徹底解釋宇宙運作來說，我們可以認為這本書代表了世界歷史上一次最偉大的智識突破。就如當代的科學史學家約翰・葛瑞賓（John Gribbin）所言，牛頓他：

立定了整個物理學的基礎，不只是詳細說明他那描述宇宙萬物行動的重力反比定律和運動三定律的含意，而且還清楚地讓人們知道，物理定律確實是影響一切的萬有定律……《自然哲學之數學原理》的出版，標記了科學這種智識學科的成年時刻，拋開年輕時大部分的愚蠢念頭，並安頓下來成為對世界的成熟探查。[12]

至於吸引力源自於何處，則仍然不確定。舉例來說，牛頓就沒辦法辨別說，一顆行星與另一顆行星的接近，是因為一顆行星有比其他行星更強的吸引力，還是有第三顆行星把頭兩顆之中的其中一個推向對方。對於吸引力終極源頭的缺乏解釋，讓偉大的德國數學家兼哲學家戈特弗里德・威廉・萊布尼茲（Gottfried Wilhelm Leibniz, 1646-1716）筋疲力竭（見頁九七一－七二）。萊布尼茲早就已經為了誰第一個發現微積分而跟牛頓結下了梁子。這項成就的殊榮事實上屬於牛頓，但他並沒有把這項發現出版，反而是獨自發明微積分的萊布尼茲率先將這項發現出版，而且他那套標記系統更優秀。現在這兩個人又為了上帝在推動宇宙中的作用爭論起來。牛頓主張宇宙很需要祂的涉入來整頓不合規則之處，而萊布尼茲則主張，一旦一位完美上帝開啟宇宙之後就不再需要進一步干涉。就如他在一封批評牛頓派人士的信件中所寫的：「根據他們（牛頓以及其追隨者）的教條，全能的上帝隨時都想要上緊祂的手錶發條：不然它就會停止運作。顯然，祂沒有充

* 有紀錄指出「劍橋大學的學生們說，有個人寫了本書，不論是他自己或者其他人都沒一個能看懂」。引自 Guicciardini, *Newton*, p. 151。

12 Gribbin, *Science*, pp. 186-87.

PHILOSOPHIÆ NATURALIS PRINCIPIA MATHEMATICA.

Autore *JS. NEWTON*, *Trin. Coll. Cantab. Soc.* Matheseos Professore *Lucasiano*, & Societatis Regalis Sodali.

IMPRIMATUR.
S. PEPYS, *Reg. Soc.* PRÆSES.
Julii 5. 1686.

LONDINI,
Jussu *Societatis Regiæ* ac Typis *Josephi Streater*. Prostant Venales apud *Sam. Smith* ad insignia Principis *Walliæ* in Cœmiterio D. *Pauli*, aliosq; nonnullos Bibliopolas. *Anno* MDCLXXXVII.

足的先見之明，沒去把那手錶做成永動的。」[13]

儘管牛頓和萊布尼茲意見分歧，但他們都接受上帝是實際存在的。從一七〇三年開始至一七二七年過世為止都擔任皇家學會主席的牛頓，在《自然哲學之數學原理》第二版（一七一三年）中認定「有個睿智而強大的存在……永恆、無限、絕對地完美」。然而，這番爭論顯示了科學的進展是多麼過分地迫使神性方面的新概念誕生。

* * *

基督教在多大程度上促進現代科學誕生，曾是人們激辯的主題。若想提出任何認真的回應，就一定要把原本主張中的用語加以解構，並反過來問：「哪一個基督教？」另一方面也要問：「十七世紀各式各樣的活動中，哪些可以被描述為科學？」兩股如此截然不同的力量之間的關係，很難用「因果」這樣粗略的用詞來簡單扼要概述。「曾經有兩個各自都連貫一致的實體（『宗教』和『科學』）互相衝突」的這種觀念，是十九世紀編造的。若要領略十七世紀智識生活的多元面貌，這可不是一個有用的方式。然而，還是得做出某種評價才行。

不用說，基督教最關注的當然是確保信徒獲得救贖，而不是理解自然世界。《聖經》中的勸

前頁：艾薩克・牛頓《自然哲學的數學原理》第一版書名頁；該書認為行星運動和重力相關。許多人認為牛頓的這本代表作標記了現代科學的到來。

13 Guicciardini, *Isaac Newton*, pp. 224-25，引用了信件全文。

誡沒有一條是要人研究自然，儘管奧古斯丁曾經主張，應該要進行這樣的研究，好促進人們更加了解經文。然而，不管科學探問者屬於哪一派，上帝這個概念都得要有個地方好好安置。十七世紀的氛圍是不可能提倡無神論的，所以科學家用來解釋全能上帝的方式，就被迫要和越來越集中於經驗研究與實驗的發現結果相符合。對此的一個回應是自然神論（Deism），這種信念認為上帝是某種終極力量，與物質世界的接觸小到極致。這讓科學家能夠放手去發現世界的運作方式，但他們有可能被正統基督徒譴責，說他們在掩飾自己的無神論。就如一名英國的小冊子寫手於一六九五年所痛批的，「在這時候，無神論被那些確實是無神論者的人狡猾地稱作自然神論：他們會用一個假名來掩飾它，並因此藏匿了它的可惡。」[14]

基督教越來越深植於特定政治宗教權威架構的方式，都把宗教與科學之間的任何關係弄得更複雜，而那又讓人更難鑑別出宗教的直接影響力。書會被禁是因為包含了科學，還是為了其他（往往是政治）理由？在天主教教會的名義下，宗教裁判所和《禁書目錄》譴責了範圍大到不正常的書籍和人士，其中有不少是與科學相關，但絕大多數都無關。哪一種科學探究會被禁，而哪一種又會獲准進入學校和大學，變得很隨人而定。蒙田的《隨筆集》因為認可動物有情感而被禁；其他某些科學著作被禁，則只因為作者是路德派。在新教徒的世界裡，舉凡表達無神論或者缺乏宗教正統性，都比隨便哪本科學著作更容易遭譴責。如果牛頓對三位一體的看法給別人知道的話，他就會被趕出劍橋大學並禁止就任公職。

一九三八年，美國社會學家羅伯・默頓（Robert Merton）出版了《十七世紀英格蘭的科學、技術與社會》（*Science, Technology and Society in Seventeenth-Century England*）。[15] 他有點謹慎地假

設，英國清教徒和科學興起之間有所關聯。近期，喬爾・莫基爾（Joel Mokyr）在《增長的文化：現代經濟的起源》（*Culture of Growth: The Origins of the Modern Economy*, 2016）[16]中，探索了莫頓的論點。莫基爾承認，許多清教徒專注於《聖經》和形上學問題，而不是科學。他也注意到，在其他脈絡下，舉例來說在德國路德派虔敬主義者的脈絡下，清教徒看起來是同時阻礙了科學和經濟進展，而不是在鼓勵。法蘭西斯・培根自己不是清教徒，但莫基爾認為，培根的方法有可能激勵英國清教徒邁向一種辛勤工作的倫理觀，並促使他們仔細觀察自然現象；因為他們相信，越是了解自然世界就越能提高他們對上帝榮耀的察覺力：「在他們對經驗主義者的強調、對機械知識的仰慕、對實驗發現的信仰以及對教育的投入中，他們對提高科學的聲望做出不少貢獻。」[17]儘管莫基爾接受說，到了十八世紀時，宗教在推動科技進展方面的動力已逐漸失去能量，但在十七世紀的脈絡下，他在有限的程度內，贊成「清教徒」和「『經濟與技術的進步與上帝的意志相一致』這種意識形態的推廣」之間，是有透過培根思想而有所連結。然而，這並不代表這種連結有優先地位。（成立於一六三六年的）哈佛大學的頭三年課程都在學習希伯來文、希臘文和拉丁文，目標在於徹底了

---

14 引文出自Jonathan Rée, *Witcraft: The Invention of Philosophy in English* (London: Allen Lane / Penguin, 2019), p. 97。

15 Robert Merton, *Science, Technology and Society in Seventeenth-Century England* (Bruges: St Catherine Press, 1938). 另有一個新版本為Harper and Row，一九八〇年於紐約發行。

16 Mokyr, *The Culture of Growth*, chapter 13, 'Puritanism and British Exceptionalism', pp. 247-66.

17 同前注，頁二三八。

* 一六四二年通過該大學首場測驗的九個人，能夠繼續進修四年的課程，包括了邏輯、自然哲學與道德哲學、算術、幾何學和天文學。關於新英格蘭的學習變遷，見Rée, *Witcraft*, pp. 63-68。

解經文。哈佛的早期畢業生大部分成了牧師，而他們的牧師訓練是大學的學術優先事項。*

如果要替宗教對科學探索的貢獻做辯護，也可以引用宗教改革神學家菲利浦・墨蘭希頓的話：「為了與上帝的意志一致，我們得藉由研究科學，在這個世界上追隨祂的足跡。」這和一個世紀後法蘭西斯・培根的看法差異不大——仔細調查世界，就是試著辨明上天造物的基礎。英國牧師兼博物學家約翰・雷（John Ray, 1627-1705）於一六九一年首度出版的《體現於造物中的上帝智慧》（*The Wisdom of God Manifested in the Works of the Creation*），很快就刷了十一版。當然，「足跡」也同樣可能是伊斯蘭或猶太神祇留下的，因為這兩個宗教也產出了許多偉大的科學家。因此，我們很難去主張說，為科學發現提供了一股特殊推力的是基督教，而非該教的一神論關係。十七世紀的科學革命時代，還有更廣泛的各種文化影響力也在其中運作，而同一股力量也曾影響過中世紀早期的阿拉伯科學家，以及古典世界的希臘人。希臘人在「了解並測量自然世界」以及「創造致力於調查的學術科目」方面的成就，範圍都可說廣大無邊，並證明了基督教和「科學」方面的好奇心並沒有必然的相關性。對歐洲人來說，「知識不管是源自神學還是古典資料來源，都並非一成不變」的這種信念，其關鍵起因很明顯就是發現美洲和美洲住民。*

儘管把那些受自己的基督教信仰所激發而去研究自然世界的早期科學家舉出來，是有些啟發意義沒錯，但也有那些熱情純粹來自好奇心的科學家。就如亞里斯多德所承認的，「人天性好奇」，我們千萬不要低估這種驅動力。本章我們已經見識了幾位傑出人物，他們出於各種不同理由而投身於自然世界研究，其中許多理由已經超出了補償心理或者尋回歷史之類的動機。其實找不太到證據證明基督教是普遍推動力。「發現新大陸在智識和情感上的衝擊」或者「單純對夜空感到讚嘆」，似乎比起宗教提供的任何一切，都還要堪稱是科學進展的催化劑。「驚嘆」於自然世界的莊嚴，並不一定會使人信仰上帝。

的確有許多例子，是基督教當局並未禁止特定科學進展，也有許多教士接受了科學新發展，但這並不代表基督教就是惠更斯、虎克、牛頓和萊布尼茲等人的主要推手，儘管羅伯特・波以耳的情況還真的就如此。就如我已在本書各處不斷主張的，從來都沒有一個連貫一致或者一塊鐵板的基督教調教了人類的思想方式，就連在中世紀都沒有。任何對基督教與科學之間問題的認真研究，至少都得要先把那些比較贊同科學的基督教教派（或許包括十七世紀的英國清教徒？），以及並不贊同的教派區分開來。迷信依舊存在。在北美洲，一六八二年哈雷彗星的出現仍被當作天譴預兆，而不是天文現象（見皮埃・貝爾對本事件的觀點，頁九七七）。創造論者和演化論者的持續衝突提醒了我們，還有不少重要的基督教團體仍在駁斥科學發現，而且在某些社會裡還是大宗。說到底，會提供有助改善人類生命的科學真實，並提供持續進行研究之動力的，是經驗主義和實驗法，而不是基督教。我們藉由理解存在於現實的世界，而能為了行善或行惡去有效操控世界，這樣的一段過程證明了科學行得通。

面對這樣的成就，神學家曾經得要迎頭追趕，持續修改神的概念，好跟緊科學進展。過去比德所說過的、創世與基督到來之間的三千九百五十二年間隔，一八六二年時被喀爾文勛爵擴張到

＊ 這是大衛・伍騰《科學的發明》（特別是第三章〈發明發現〉〔Inventing Discovery〕，以及第四章〈行星地球〉〔Planet Earth〕）的主題。

† 今日，宇宙的年齡定為將近一百四十億年，而地球則是四十五億年前出現的。

了介於兩千萬至四億年。†過去奧古斯丁認為原初的亞當和夏娃兩人造出來時完美無缺，但他們及其後代卻因為不服從之罪而永久衰退，但這套看法已被「不完美的人類透過演化而現身為更先進的形態」所取代，可說是神學對人類發展之看法的徹底轉型。在這個意義下，科學對解釋神學一事上所施加的影響，不亞於神學對科學所為。只要神學家們在智識上保持靈活彈性，他們就可以避開科學逐漸擴張的視野與他們自身信仰之間的衝突。

大衛．伍騰在《科學的發明》中引用了一位年輕教士威廉．沃頓（William Wotton）的話；這位皇家學會院士在《反思古今學問》（*Reflections on Ancient and Modern Learning*, 1694）中，總結了至十七世紀尾聲為止所達到的成就。[18]「物質與運動」取代了「神祕的特性和特質」，對亞里斯多德這類權威有了強上許多的批評態度，數學被視為「在理解一切自然之物中的自然法則時絕對不可或缺」，而更古早的假說則被實驗和觀測證明為誤。人們對自然世界的運作方式有了一些了解，特別是透過望遠鏡、顯微鏡、擺錘和氣壓計，以及更有效運用數學。伍騰在結論中也提到，當設想問題的方法如今順應了「假說」、「科學定律」和「事實」等詞彙時，整個科學語言是如何隨之變化。

然而保守力量依舊強大。在我們當今定義下的那些重大突破，那些能讓人對物質世界建立更深刻理解的現實呈現，過去未必也被當成如此。人們要經歷很長一段時間，才會把蒸氣當作一種比長期用於機械的傳統風力和水力更有效的能源。[19]尼可洛．圭恰迪尼（Niccolò Guicciardini）在他的牛頓傳記序言中，證明牛頓的科學遺產在《自然哲學之數學原理》出版後，被眾多反對者和熱心人士弄得支離破碎。[20]把這兩章討論的成就稱作一場「革命」，或許言之過早，而且也只是後見之明。科學到了這時候，都還沒被有意識地當作一種改進人類生活條件的手段，也還沒達到能在自然世界中施行力量的程度，所以在真正發生革命的那一刻前，我都覺得不要先用「革命」這個詞比較好。因為革命發生時，才是真正有了突破的那一刻。

18 Wootton, *The Invention of Science*, pp. 454-58.

19 同前注，第十四章，'Knowledge is Power' 做了探索。

20 Guicciardini, *Isaac Newton*, pp. 7-21.

十七世紀是否經歷了當代心智的創造？

理性是使人誤入歧途的指引；而哲學可以和某些毒粉相比，那種東西侵蝕性太強，以至於它們一旦侵蝕了傷口上感染的肉，接著就會活生生吞噬血肉、使骨骼腐敗，並侵入髓中。最初哲學是在駁斥錯誤。但如果它不止於此處，接著就會攻擊真實。如果坐視不理，它就會越離越遠，以至於不再知曉自己身在何處，且找不到停止處。

皮埃・貝爾，出自他的《歷史與批評詞典》（*Dictionnaire*）

描述這段智識生活時期的書籍中，最有分量且最有啟發性的，或許是喬納森・以色列的《急遽啟蒙：現代性的哲學與其成形，一六五〇－一七五〇》（*Radical Enlightenment: Philosophy and the Making of Modernity 1650-1750*）。[2]當我們談啟蒙運動源頭時，以色列要求我們把眼光跨出英格蘭的洛克和牛頓，以及法國百科全書派（Encyclopedist）之外，去察覺到這是一場「從西班牙的深處一路演到俄羅斯，從斯堪地那維亞一直到西西里的一齣智識大劇」。[3]他更進一步地主張：「自從羅馬帝國滅亡之後，歐洲主要的文化轉型所展現出來的任何東西，都無法和十七世紀末至十八世紀初歐洲智識文化令人印象深刻的凝聚力相比。」[4]在該書以及其後的著書中（特別是《質疑啟蒙運動：哲學、現代性和人的解放，一六七〇－一七五二》），[5]以色列最一貫的主張，就是曾經有過一場以荷蘭哲學家巴魯赫・斯賓諾莎創始的激進物質主義為基礎的「激進啟蒙運動」，以及一場以約翰・洛克等人為先鋒的較溫和啟蒙運動。這兩場啟蒙運動的差別，大幅取決於上帝在多大的程度上仍是終極權威和知識來源。以色列感嘆，十八世紀時，溫和派終究勝過了激進派。

這是一個智識活力翻騰的時代，期刊、報紙、沙龍和咖啡館都催化著觀念醞釀。激烈的辯論震盪了社會。這是西方思想中「令人恐慌的裂隙」[6]開始撕開各種傳統權威架構的時刻，尤其是宗教權威。一九三五年，比利時思想史學家者保羅・亞哲爾（Paul Hazard, 1878-1944）出版了一本創舉之作《歐洲意識的危機：一六八〇－一七一五》（*La Crise de la conscience européenne*），強調了哲學和神學的衝突。[7]從一六三〇年代左右開始，在「哲學」已經好幾個世紀不當神學的丫鬟之後，「哲學家變成了一個新品種，和過往卑躬屈膝且抽象的理論家有著驚人的不同。」[8]為這一類哲學家做個概述，很適合替這本「西方心智重新覺醒」的記述著作作結，即便出於篇幅的關係，我只能把範圍限於五位最重要的思想家：勒內・笛卡兒、約翰・洛克、戈特弗里德・萊布尼茲、皮埃・貝爾以及巴魯赫・斯賓諾莎。頭三人仍在基督教的框架裡論證；而最後兩人已經準備投入更激進的思考。[9]

「我們一生中一定要把一切顛覆過一回再從基本重新開始。」這確實就是勒內・笛卡兒打算做的事。他於一五九六年出生於法國一個在都爾和普瓦捷之間的小城鎮。他的母親在他十四個月大時就過世了，而他和再婚的父親沒什麼聯繫。他是被有錢的親人帶大的，並在羅亞爾河谷（Loire Valley）拉弗萊什（La Flèche）那間備受尊崇的學院裡，由天主教頂尖教育單位——耶穌會指導，接受傳統的經典、數學和哲學教育。在這些年間，笛卡兒在古代哲學以及正統天主教對這些哲學

---

1 出自《歷史與批評詞典》書中條目。Uriel Acosta或Uriel da Costa（一五八五－一六四〇年）是葡萄牙哲學家，從天主教改信了猶太教。他在挑戰猶太教基本信條之後遭逐出群體，最終自殺。有些人認為他是斯賓諾莎的先驅。

2 Jonathan Israel, *Radical Enlightenment: Philosophy and the Making of Modernity 1650-1750* (Oxford: Oxford University Press, 2001).

3 同前注，頁七。頁三至二二的序章在列出問題方面特別優秀。

4 同前注，preface, p. vi.

5 Jonathan Israel, *Enlightenment Contested: Philosophy, Modernity and the Emancipation of Man, 1670-1752* (Oxford: Oxford University Press, 2006).

6 Israel, *Radical Enlightenment*, p. 14.

7 Paul Hazard, *La Crise de la conscience européenne*（一九三八年）：英文新版 *The Crisis of the European Mind, 1680-1715*, trans. J. Lewis May, 附有Anthony Grafton寫的前言（New York: New York Review of Books Classics, 2013）。

8 Israel, *Radical Enlightenment*, p. 10。

9 涵蓋本章主要人物而使用於本處的兩本書，分別是Anthony Gottlieb, *The Dream of Enlightenment: The Rise of Modern Philosophy* (London: Allen Lane / Penguin, 2016)，以及Anthony Kenny, *The Rise of Modern Philosophy: A New History of Western Philosophy, Volume 3* (Oxford: Oxford University Press, 2006)。

的回應方面，都獲得了紮實的基礎知識。他在普瓦捷短暫研讀法律，但此外就沒跟任何大學有進一步聯繫了。他開始深刻懷疑起傳統教育方法，後來還會產生一股雄心壯志，要全部替換掉整個亞里斯多德式經院哲學。他在這點上不會成功，然而他將他那套另類哲學表達得如此清楚，以至於該哲學到今日都還是爭辯焦點，到了讓他被稱作「現代哲學之父」的程度。

笛卡兒本人則始終是個謎。他始終健康不佳——他寧願在床上待到日上三竿才起來，宣稱是在思考。然而，一六一七年他卻以荷蘭某省督旗下出身顯貴的傭兵身分拋頭露面，而他大半輩子都會以荷蘭共和國為家，成為一名身在喀爾文主義國家的虔誠天主教徒。他聲稱，聯省共和國比較寬容的智識氣氛是較有利於工作的氣氛，但他也遊走於德國和義大利，並有幾年回到出生的法國。甚至連在荷蘭的他都頻繁搬家，顯示他有種坐立難安且孤僻的性格。在他的《談談方法》（*Discourse on the Method*, 1637）中，他形容自己「在人生所有喜劇中是一名旁觀者而不是一名演員」。他終身未婚，但據所知他讓女管家給他生了一個女兒，儘管她只活了五年。他是出了名地容易因批評而動怒。

一六一八年十一月在駐防城市布雷達（Breda）和一位很有造詣的荷蘭數學家以撒・貝克曼（Isaac Beeckman）偶遇，似乎是笛卡兒生命有了目標的一大關鍵。「尋找確定性」開始主宰他的想像，而數學提供了他渴望的精確和邏輯。他於一六三七年出版的《幾何學》（*La Géo-metrie*），

前頁：弗蘭斯・哈爾斯（Frans Hals）繪製的勒內・笛卡兒肖像。這位荷蘭畫家於1648年替笛卡兒的朋友快速畫了一張肖像。許多呈現這位神祕法國人的畫像都是哈爾斯原畫的複製，但這些畫還是替我們留下一張人稱「當代哲學之父」的代表性肖像。

是一篇附在他最知名著作《談談方法》上的論文；該文把代數和幾何統一為單一個學科——分析幾何學，光是這成就就足以讓他影響力深遠。他從一六二〇年代開始更廣泛閱讀科學和哲學，檢驗光學領域的問題，包括了彩虹（確認了十三世紀中羅傑・培根的發現）和水中折射。他甚至還解剖了動物，而就如《談談方法》的內容所顯示的，哈維發現血液循環的論文出版沒幾年，他就知道有這項發現。這行動乍看之下毫無頭緒可言，但笛卡兒的傳記作者阿德里安・巴耶（Adrien Baillet）描述了一個發生於一六一九年聖瑪爾定節（St Martin's Day，譯注：每年十一月十一日）的插曲：

> 一六一九年十一月十日，他滿是熱情地躺下，而且心中滿懷著在那天發現了美好科學之基礎的這種想法，而接連做了三個夢；然而那些夢極不尋常，到了讓他想像那是上天送給他的一樣；他想像自己透過那些夢的影子看見了上帝為他勾勒出來的路徑軌跡，要他在他的生命抉擇中表現他的意志；並尋問真理，也就是他一切不安的理由。[10]

這一連串的夢給了笛卡兒目標：就是從哲學的基本基礎開始，並從那邁向一個可以涵蓋所有知識的體系。然而，他滿懷雄心壯志想集大成的初步嘗試，也就是包含了一套日心宇宙說的著作《世界》（*The World*，寫於一六二九至一六三三年間），卻因為聽聞伽利略在羅馬遭到譴責，而被他放棄。笛卡兒和教會的關係始終不安穩，而在這個例子中，逐出教會的威脅使他退縮了。

一六三七年，笛卡兒出版了科學論文選集，但經得起時間考驗的反而是選集的附文《談談方法》。他是用法文書寫，而不是預期中的拉丁文，而其穩定的步調和條理一貫的論證，讓他的概念容易理解。他一開始先駁斥他受的傳統教育，接受它有一些價值，但並沒有提供令他滿意的真實。接著他主張，獨自運作的心智遠比一整群學者更有可能達到一套可以理解的哲學定理體系。到了《談談方法》的第二部分，他列出自己這套哲學始終會遵循的四個標準。那些標準從我們今日看來幾乎可說平淡無奇，但把它們列出來還是很重要。

第一個是，只有確切知道為真才接受為真。第二個是，面對任何問題，都把其內在困難盡量分解成最多個部分。第三個是，從最簡單的對象開始，然後從那往更複雜的對象前進。最後，切記要處理一個問題的所有面向，確保沒有遺漏的地方。

然而，到了《談談方法》的第四部分〈關於上帝與靈魂〉時，笛卡兒得出了那個讓他家喻戶曉的觀念。他一開始（而這裡看起來有可能是受蒙田《為塞朋德辯護》〔見頁七七六－七七〕的影響）先證明了理性思想本身不會有任何結果，而且最重要的是，感官是不可靠的。人永遠沒辦法確定他是醒著還是在做夢。人唯一可以確定的事情是人有在思考，而「思考」這個行動就意味著此人必然存在。**Cogito ergo sum**，「我思故我在」。然而，如果笛卡兒沒有繼續替上帝的存在創造一個論點的話，上述那句話就不會讓我們更靠近一個更全面的哲學體系。他從一個觀念開始——有一個完美的存有（being），一個比他笛卡兒更完美的存有——但主張，得要那個完美的存有

10 出自*La vie de Monsieur Des Cartes* (1691)：*The life of Monsieur Des Cartes containing the history of his philosophy and works: as also the most remarkable things that befell him during the whole course of his life*。可於線上閱讀：https://quod.lib. umich.edu。

一開始就把該概念植入我們的心中，該想法才能成立。所以，「想到『一個完美的存有』這種概念」的這個行動，就強烈主張一個完美的存有必定存在。就如《史丹佛哲學百科全書》（*Stanford Encyclopedia of Philosophy*）簡潔的說法，「用來直接推斷出『上帝存在』的事實就是，『存在著一個至高完美存有』這個明確清楚的概念內，就包含了必然的存在。」[11]笛卡兒用的是一個幾何學的類比。人可以想像一個三角形，但隱含在「該三角形」這概念內的，是其角度加起來為一百八十。就像一個人若是不接受「本質上它會有一百八十度」就沒辦法去想像一個三角形一樣，一個人若是不承認完美上帝一定存在，就沒辦法去想像一個完美的上帝。笛卡兒的論點可以拿來和比他早很多的安瑟莫本體論論點（見頁一六四）相比較，但它可以被（也的確有被）批評說，它提出的不過就是一個「上帝存在」的直覺罷了。

一六四一年笛卡兒在出版《第一哲學沉思集》（*Meditations on First Philosophy*）中，最徹底地表達了這個論點。這次他是用拉丁文寫成；法文譯本要到一六四七年才會發行。書中有六個「沉思」，在其中最有影響力的頭兩個沉思裡，笛卡兒重申了尋找確定性時會遇到的哲學難題。對笛卡兒來說，知識的最初來源，是他主張不可能會欺瞞人的上帝所啟蒙的人心。但這並不代表哲學家就沒有義務把理性運用到可以抵達的極限。知識的水準仰賴知者的認知特質。然而心智是非物質的，甚至到了可以在肉體死後留存的地步。「這個我之所以如此的『我』全然有別於肉體，而且沒有肉體也可以存在。」[12]笛卡兒如此一說，就有可能確保他會被視為一名接受心智／靈魂存續的正統天主教徒，但徹底分離心智和物質肉體的概念，或者後來所謂的「心物二元論」，就成了他哲學的一個關鍵特色。簡單來說，心智就是「機械裡面的幽靈」。*笛卡兒從來都沒能徹底解決「幽靈」和「機械」實際上怎麼彼此相連的難題。儘管他接受上帝可以透過感官對心智起作用，但他仍對感官實際上能告訴我們的事不抱信任。描述物質時，他只能接受數學特性——（在「物體之間的關係始終處在變化中」這種意義下的）質、形狀以及動作。人對光、色彩和聲音的感知太不穩定，而不能提供任何確切知識。（這裡有柏拉圖的影子在，儘管說笛卡兒喜歡宣稱自己是原創。）在人類心智之外，所有的物質都會處在像第二十九章我們探索過的那種宇宙漩渦裡，以全體相連結的機械物體狀態存在並運作。笛卡兒有別於同時代的大多數人，他沒去探索上帝的終極目的，也沒去解釋靈魂在物質宇宙中擔任什麼樣的角色。

笛卡兒把《第一哲學沉思集》寄給他在巴黎的摯友，一名叫作馬蘭・梅森（Marin Mersenne）的方濟各會修士，是十七世紀知識分子之間一位知識廣博的主要人脈運作者。梅森也是拉弗萊什校友，對新科學發展有興趣，而且是一名創新的數學家，但他最為人所記得的是散播各種新觀念，其中伽利略的新觀念在法國得到的反應就比在羅馬溫暖多了。梅森之前就已在巴黎知識分子圈中散播笛卡兒的《談談方法》。當他散布《第一哲學沉思集》時，他甚至更進一步要讀者清楚說明任何他們對著作的反對意見，然後一併印出與笛卡兒自己冗長而難以讓反對者滿意的回應。湯

11 這段引言是取自Lawrence Dolan於二〇一五年九月寫於史丹佛哲學百科的文章'Descartes' Ontological Argument'，可於線上閱讀：https://plato.stanford.edu/entries/descartes-ontological/。

12 引言出自'Meditation, No. 6'。

* 這是牛津大學哲學家吉爾伯特・賴爾（Gilbert Ryle）在他批判笛卡兒心物二元論的作品《心智的概念》（*The Concept of Mind*）中使用的描述方式。

RENATI
DES-CARTES,
MEDITATIONES DE PRIMA PHILOSOPHIA,
IN QVA DEI EXISTENTIA ET ANIMÆ IMMORTALITAS DEMONSTRATVR.

PARISIIS,
Apud MICHAELEM SOLY, viâ Iacobeâ, sub signo Phœnicis.

M. DC. XLI.

Cum Priuilegio, & Approbatione Doctorum.

瑪斯・霍布斯就是被梅森央求評論《第一哲學沉思集》的其中一人。

笛卡兒在人生的最後七年中（一六四三－一六五〇年），與帕拉丁（Palatinate譯注：德語為普法茲〔Pfalz〕）選侯腓特烈的女兒——伊麗莎白公主（Princess Elisabeth）共享成果豐碩的書信往來。伊麗莎白有一種本事，是能準確抓出笛卡兒哲學的難處。她評論笛卡兒那套「非物質心智和物質肉體之間的分隔」時說：「在我看來，一個非物質的東西不可能接觸到任何別的東西。所以我要你給靈魂一個定義，要比你在《第一哲學沉思集》裡給的定義更徹底集中於靈魂本質。」人們普遍相信，笛卡兒沒辦法提出一個精確的回答，而且必定不是一個能滿足伊麗莎白公主敏銳心思的回答。在一本他寫給她的小書《論靈魂中的激情》（*The Passions of the Soul*, 1649）中，笛卡兒承認她的「精神力量是如此不同凡響，以至於她可以輕易了解那些在我們飽學博士們眼中非常困難的問題」。

或許笛卡兒宣稱伊麗莎白樂於接受他的哲學時，是在吹捧公主智慧高超。他始終覺得他（且只有他一個人）即將發現一個體系，它只要聲明「上帝所提供的心智可以透過自身的理性思考來發現自己的存在」就能解釋一切。當初於一六四四年寫給伊麗莎白的《哲學原理》（*The Principles of Philosophy*）之中，他詳述了機械宇宙實際運作的原理。他描述了一棵哲學之樹，扎根於形上學，樹幹在物理學，而枝葉涵蓋了所有其他科學，包括醫學和力學，知識的真實果實。笛卡兒相信一個哲學上統一的知識體，而他希望這個知識體能夠在大學課程中取代亞里斯多德的經院哲學。在一個知識分子對大學課程的狹隘感到越來越失望的整體環境下，笛卡兒思想的這一方面，

前頁：1641年勒內・笛卡兒的《第一哲學沉思集》最全面地闡述了他的哲學，並主張徹底分離心與身。思考的心智是所有知識的基礎。

有助於解釋他為何到了一六五〇年開始廣泛受到歡迎。

當笛卡兒完成了《論靈魂中的激情》後，他並沒有把這篇論文獻給伊麗莎白，而是給一位沒那麼強悍的哲學書信往來者，瑞典的克莉絲汀娜女王（Queen Christina of Sweden）。笛卡兒心不甘情不願地前往瑞典教導她，但她的生活實在太充實有紀律，因此只能把課排在早上五點。不管是要歸咎於斯堪地那維亞的冰寒、他虛弱的體質或者太早起床的打擊，總之笛卡兒於一六五〇年二月死於肺炎。

笛卡兒因為堅持讓哲學重新開始，而發出了挑戰狀；一定會有人做出反應。從現在開始，任何寫作者或哲學學生都很難閃躲他。許多人展現輕蔑態度。伏爾泰就用他獨樹一格的機智做出評論，說笛卡兒「生下來就是要發現古代的錯誤，且同時用他自己的取代」。[13]其他人則主張他是在重複前人論點，沒有像他自己宣稱的那麼打從根本創新。笛卡兒對此非常敏感，當貝克曼後來堅持自己有提供新觀念給笛卡兒時，他便以口誅筆伐回擊。對保守天主教徒來說，他攻擊大學根深柢固的亞里斯多德經院哲學，就足以使他遭到譴責。支持奧古斯丁人類墮落說的楊森主義者（Jansenists）*在法國復興了「自由意志存在與否」的古老辯論，而在辯論中他們指控笛卡兒支持奧古斯丁的反對者，也就是異端伯拉糾。其他人則主張笛卡兒的物質機械概念包含了否定聖餐變體論教義。笛卡兒著作於一六六三年列進《禁書目錄》，有著耶穌會在當中運作；有些新教徒則發現，笛卡兒的理性上帝概念否定了宗教較為神祕的一面。一六四二年，喀爾文派烏特勒支大學的校長耶斯貝特・福圖斯（Gisbert Voetius）說服大學理事會對笛卡兒發出譴責，並對他的哲學施行禁止教授令。這標記兩人水火不容的起點。

儘管各路宗教權威列隊反對笛卡兒，他的觀點在法國和荷蘭還是很受歡迎。這些觀點廣泛散播於沙龍，以及能教導這些觀點的大學內。他的中心思想——心智能知道的範圍多大，以及成為一位知者的意義為何——特別有影響力。「宇宙和地球的物理是統一的」這個可以追溯至笛卡兒之前直到斯多噶派的概念（後來會被艾薩克・牛頓所確認並詳細闡述，在這過程中牛頓也會摧毀笛卡兒的漩渦理論）也很有影響力。最重要的是，笛卡兒藉由挑戰傳統哲學思想基礎並提出問題（儘管說，許多哲學家不覺得他有把這些問題解決到令人滿意，好比說心智與肉體的問題），而讓自己有著不可或缺的地位。

笛卡兒堅持「知識的製造是集中在心智進行」以及「感官天生不可靠」，威脅了整個透過觀察學習的概念。這就說明了著迷於培根的英國哲學家們為何不像歐陸許多哲學家那麼受笛卡兒吸引。儘管廢除了笛卡兒漩渦科學是牛頓，但提供了讓感官居於首位的另一種哲學的人，是在巴黎曾經仔細讀過笛卡兒著作的約翰・洛克。這兩個方法之間的衝突，會讓接下來幾個世紀的哲學爭辯充滿活力。

這裡的關鍵著作是洛克影響力極大的《人類理解論》（*An Essay Concerning Human Understanding*），可能早於一六七一年就開始發想，但要到一六九〇年才出版。該書後來有四個修

13 出自*Letters on England*, '13. On Mr. Locke'。可於線上閱讀：https://ebooks.adelaide.edu.au/v/voltaire/letters-on-england/ chapter13.html。

* 楊森主義（Jansenism）是一個十七至十八世紀的法國神學運動，其基礎為荷蘭天主教會主教康涅留斯・楊森（Cornelius Jansen, 1585-1638）的著作，以嚴苛道德觀和禁慾主義為特色。

訂版，而洛克於一七〇四年過世時，已被翻譯成法文和拉丁文。[14]洛克這本著作的廣度和品質都立刻獲得了認可，尤其獲得當時許多知識期刊認可，也就透過這些期刊快速傳遍歐洲。一本哲學著作所能獲得的最佳褒揚，就是未來眾多世代都能從其主題中汲取不同的洞見。儘管首度發行時引來大量敵意，但《人類理解論》的基調卻是悠然自處於啟蒙運動興起年代的眾多智識與哲學顧慮之中，並因此成為了哲學家們的必備文獻，而且其後也都如此。

戈弗雷・內勒（Godfrey Kneller）在洛克晚年時（一七〇四年）給他畫的肖像畫，展現了一名憂心忡忡、超脫俗世的人沉浸在自己的思緒中。然而，那些帶著些許畏懼接近洛克的人「都徹底驚奇地發現他就是個親切、幽默、仁慈、和藹的人」。[15]就如我們在第二十八章看到的，洛克在牛津的早年生活，以及後來在倫敦與沙夫茨伯里伯爵度過的生活，都讓他和波以耳、虎克等現役科學家以及先進的醫學人士有所接觸。所以他被徹底灌輸了法蘭西斯・培根所鼓吹的、依靠觀測與實驗的全新經驗主義精神。

和笛卡兒不同，洛克並不是把自己封閉起來工作的孤獨天才。他的哲學比較寬鬆，有修改餘地而且充滿活力。如果說洛克的哲學有一以貫之的主線，那就是個人應該為自己思考，而不是被眾人的信念所誘惑。他那種「和真實與知識相比，眾人之言有多上太多的虛假和錯誤」的看法，聽起來頗有真意。這個概念和第二十八章描述的、個人反抗濫權政府的權利，其實是同步發生的。洛克認為人心該要能主動積極反應。

然而，洛克也察覺到，我們可知事物是有極限的。當我們看著一個物體，

下頁：約翰・洛克的晚年模樣。戈弗雷・內勒畫的肖像（1704年）抓住了這位偉大哲學家身上某種超脫塵世的氣息。

我們不可能理解它的真正「本質」，理解「任何東西之所以是如此的那個存有」，而察覺到這一點是必要的。「人把他們的探問延伸到了自己的才能之外，而讓他們的思想漂流到他們找不到確切立基的深淵，因此也不意外地，他們提出了問題，並大幅增加了得不出任何確切解答的爭辯……讓他們最後保證能成為完美的懷疑主義者。」[16]這是一個現實的看法，但洛克絕對不是在說，因為你不能達到確定性，所以就無法學到一丁點真實。他提出一個比喻，是一艘船把一條長繩垂到水裡去預警淺水處。繩子對於船隻當下的安全至關重要，但它完全無法告訴我們海洋深處是如何，因為它沒辦法抵達那裡。「我們在這裡的工作，」洛克表示，「不是要知道一切，而是知道與我們行為相關的事物。」他把自己定在相信理性可以達到某些知識的理性主義者和懷疑主義者之間。藉此，他引發了範圍廣泛的各種哲學思想，而這些思想從此之後就一直吸引著讀者。

在《人類理解論》的第一冊裡，洛克從基本開始：一個人如何成為知者。他摒棄了先天原則，也就是我們出生就帶有的概念，包括了人天生對於上帝的概念，而他這一步相當出名。如果真有過這種概念普世遺傳，那麼，人們應該全體一致同意那些是什麼原則；此外，那些原則也不該和我們在真實世界所體驗的事物有衝突。然而，不同文化看待上帝的概念卻都不同。若講到這部分，洛克批評的目標就包括了笛卡兒。出生時心智反而應是白板。（相較於此，柏拉圖和其追隨者認為，人類生下來時就已經被編好了日後可以重新尋回的概念。）這不代表說它是完全空白的。它有一種天生能力是去找出自身與外在世界的關係，而它形成的關係就是洛克所謂的「概念」。「當一個人思考時，不論他去了解的那個對象被想成了什麼」，都是「概念」。所以如果一個人看著一棵樹，樹本身並不是「概念」；「概念」反而是觀察者心裡頭構想的那棵樹。洛克藉由消除了先天知識的概念，而槓上了那些認為「有永久的真實根植於心智中、且神學家才有權闡釋」的人。這是一個重要的突破，對宗教領袖權威做出了一大挑戰。

在《人類理解論》的第二冊中，洛克提出了問題：我們的「概念」從何而來？洛克的答案和笛卡兒可說天差地別。那些概念是來自「經驗」。就如他所言：

> 經驗：我們所有的知識都立基於此；知識最終也會從經驗中得到知識本身。不論是我們對外在可感知對象所做的觀察，還是我們對自己意識到並思考著的心智內在運作所做的觀察，都為我們的理解供應了所有思考的材料。[17]

第一種經驗，「感覺」，顯然是很直截了當的；它指的就只是我們可以用自身感官體驗的對象。第二種經驗，和思考活動有關的「審慎思考」，包含了各式各樣的「內在運作」：使用我們的記憶、深思、在多個選擇間抉擇，判斷何者為真等等。可以被科學儀器客觀分析的樹（由其主要而不變的本質來定義）和我們心智感知的樹之形態（由其次要性質，也就是色彩或美這些因觀察者感知而異的性質來定義），是有所區別的。至於主要和次要性質之間可能存在的連結，洛克則

---

14 見Woolhouse, *Locke*，書中的p. 98ff對《人類理解論》的起源與發展有著很好的描述。

15 出自H. A. Fox Bourne寫於一八七六年的洛克傳記，同前注，頁二。

16 *An Essay Concerning Human Understanding*, Book 1, chapter 1, paragraph 7.

17 同前注，Book 2, chapter 1。

是懸之未決。洛克的哲學到這邊變得比較複雜，因為就算是最簡單的對象也不只是單一個「概念」而已。一棵樹有樹幹、樹皮、樹枝、樹葉和果實。這一旦嵌入我們心中，我們可能就會把它拿來和其他見到的樹相比，或者可能和同棵樹還是樹苗時的回憶相比。所以我們是持續把「概念」結合成越來越複雜的模樣。洛克最耗費精力的概念中，有一個是「物質」（substance）或者「基質」（substratum）的概念，在各式各樣的「概念」中都適用的一種潛在支柱。[18]

洛克進一步替「概念」發展出更多類別，並觀察它們可以彼此相區分的方法。「知識」，他在《人類理解論》第四冊說出了人們反覆引用的那段話，「在我看來，不過就是感知到我們任何想法之間的連結與一致，或者不同意與反對。」所以兩個「概念」可能會一樣，或者有可以定義的差異。如果這些差異很明顯，好比說像兩個對比色，或者大小有差，那麼就可以「直覺地」領略這些差異。如果一開始差異不明顯，就可以透過證明來證實差異，好比說幾何學就是這樣。「兩個形狀大小不同的三角形的內角合計都是一百八十度」或許乍看之下不明顯，但可以透過證明來證實。

洛克將「概念」分類的多樣方式，留下了大量討論空間。他探索了我們搜索細節時思考方式的複雜程度。洛克在第二冊的結論中，得要把他的審慎思考限定於某種可以獲得知識的方法（而在第四冊裡甚至更加限制）。有一些「概念」因為可以用簡單明確的語言解釋，且與實際能觀察到的東西有一些關聯，因而「清楚明白」。獨角獸的這個「概念」可以想像，但實際並不存在，因此就是「空想的」，就不像能和真實馬匹產生關聯的「『馬』這個概念」那麼清楚明白。然而，有許多馬的特質（舉例來說，牠最深層的、身為一種生存之動物的本質）可能從來都沒辦法領略，而關鍵的地方在於，洛克接受這一點。知者的職責仍然是試著把更模糊不清的「概念」分解成比較清楚明白、比較簡單的概念。洛克相信，就算是相當複雜的「概念」，好比說上帝、空間或者無窮盡，都可以照這種方法分解。不可免地，針對心智與外在世界的關係所做的錯綜複雜分析會引發許多問題，而這些問題在接下來幾個世紀裡，給心理學家帶來的挑戰將不遜於哲學家。

洛克討論人格同一性（personal identity）的本質時（第二冊第二十七章），概念特別創新。他同時反駁了「我們肩負原罪」的奧古斯丁概念，以及笛卡兒所斷定的「我們可以依靠天生於我們靈魂內的概念」。洛克察覺到，我們的身體從兒童一直長到成年再進入老年，是一直隨著時間更迭的。維持不變的是我們的意識，我們增加經驗的能力。然而，當我們走過這一生，我們的同一性並不只是奠基於我們的當下體驗、我當下正看著的這棵樹，也是奠基於我們對所有已知樹木的回憶。我們這一刻的同一性是由我們在意識中持有的回憶所構成的，而那還要向前連結到我們曾經擁有過、並拿來創造我們個人同一性的經驗。但當我們把以前看過樹木的經驗忘掉時，問題就出現了。洛克主張，這些經驗在我們的同一性中沒有立足之地，而他便因此受到大量批評。洛克這種「個人十分倚重自身回憶」的論點所導致的一個結果就是，如此一來，把會有助於創造兒童未來意識的正面回憶提供給兒童的責任，就落到了教師和父母頭上。在論文《教育漫話》（*Some Thoughts Concerning Education*, 1693）中，洛克會強調灌輸孩童良好精神習慣有多重要。他不信任死記硬背的學習，厭惡體罰，並強調實作學習的價值。洛克對教育的概念會立即產生影響力，不只是影響盧梭（Rousseau）等啟蒙運動思想家，甚至一路影響到了今日。

18　E. J. Lowe, *Locke* (London: Routledge, 2005), part 3, 'Substance and Identity'，對此有所探索。

在第三冊中，洛克岔題去檢驗語言的本質。對語言學學生來說這是一篇很吸引人的文章，充滿了可以爭論的言之鑿鑿。儘管洛克接受說，詞通常指一個已定義的對象，所以一個使用「樹」這個詞的人，將會以一種能被其他人理解為描述同個對象的方式來用它，但他也發覺到，實際上選用哪個詞或哪個聲音，其實真的是隨人說了算。在這層意義上他是唯名論者，也就是認為，沒有柏拉圖主張的那種潛藏在物質世界之外、放諸四海皆準的固定不變概念。言詞經演變後而能描述外在對象。然而，不可能替每個「概念」都配一個詞，所以必定有一個方法來創造意指一組組對象的通用詞——舉例來說，（複數的）樹。然而，這裡有一個難處理的問題就是，似乎不可能替通用的用詞劃下清晰的定義範圍界線。*同樣地，我們對一個詞的了解，可能會隨著人的成熟而改變。當我們長大並形成一種對現實的更深刻了解後，我們對使用的詞彙始終都會產生新的共鳴。在這個意義上，詞的意義會缺乏穩定性。洛克精準地察覺到詞的意義是怎麼隨著時間變遷，讓言語使用起來不可免地常常缺乏適當的精準和明確。他批評經院哲學採用的用詞，無法回頭連結至已有定義的「概念」。他（特別是在第三冊的第十章）主張，必須特別留意要以恆定的意義來使用言詞，並確保一個人做出的定義有和其他人清楚溝通，好維持辯論的嚴謹。儘管洛克替嚴肅哲學著作制定了標準，並因此成為語言哲學的先鋒，但他堅持所有語言都是說了就算的選擇所導致的結果，很難達成一致性。重要的是，他察覺到這是一個根植於日常交談論述中的難題。

為了得到清楚明白的「概念」，知者得要妥善組織自己的心智。這是《人類理解論》第四冊以及洛克另一本著作所關注的其中一件事情，而後者是一本短短的手冊，名為《談理解的施行方式》（*Of the Conduct of the Understanding*），出版於他過世後的一七〇六年。兩個標題都顯示，這邊的關鍵概念是「理解」。洛克的「理解」概念是一個很難領略的概念，因為它本身就隨著這位哲學家自己的思想不斷演變。在某個層面上它就只是「感知」，但就「理解」足以指引心智達成清楚思考來說，它就有比感知更大的力量。「因此，好好地保護『理解』，在尋求知識的過程以及在用理解做出判斷時正確地施行『理解』，都是最需要關注的事情。」而「正確地施行」需要紀律：「會正確施行其『理解』的人，不可以在作品的機敏中尋找（清楚的概念），也不可以在寫手的權威中尋找，而是只能在謹慎思考事物本身的過程中尋找。」[19] 在此，洛克把「探求知識」闡述為一個知者為自身而行動、迴避既有權威意見以及權威周圍意見的探求過程。

所以，是什麼構成這個「謹慎思考事物」？洛克相信，人必須接觸對象本身，也就是他所謂的、基於經驗和觀察的「感覺知識」。這就直接來到了最基本的難題，也就是感官的可靠程度。如果「概念」是我們心裡對外在對象（好比說一棵樹）所抱持的一個念頭，那麼，在「提供被觀察的那棵樹的知識」這方面，「概念」的特質是什麼？洛克得接受那特質很有限，但，他並沒有在此就走到哲學的死路，他反而主張，儘管我們可能無法抵達知識的極限，但我們可以學習到足以讓我們好好生活的程度。所以，我們能知道，樹可以被砍成木材，然後燃燒木材可以為我們帶來溫暖。他接受說，有足夠的證據能讓我們相信上帝的存在，而人也可以讓一個基於《新約聖經》的

* 二十世紀哲學家路德維希・維根斯坦（Ludwig Wittgenstein）會說明，不論想以哪種連貫一致的方式來使用「遊戲」（game）這個詞，都是十分困難的。

19 引文取自《談理解的施行方式》。

道德系統正當化，並推理思考上帝法則的本質。[20]

但我們通常不可能得到確定性，所以理性思考的心智得要權衡或然性；承認這一點，是洛克哲學的一個重要特色。他對或然性的辯護有一定程度的吸引力。「所以上帝在我們在乎之事的最大一部分中，只給予了朦朧的或然性，而我認為這合乎祂樂於讓我們所處的那個平庸且苟且的狀態。」[21]可以感覺出來，洛克接受我們必須活在自己的理解能力中。並沒有一個涵蓋一切的體系。笛卡兒應該會對這樣的退讓感到憤怒。

當然，理性對洛克來說很重要，因為那是心智可以整理出概念的能力。這就預先假定了（如洛克在《人類理解論》第二冊第二十一章主張的），我們能從我們的經驗知道自己可以決定這麼做或那麼做——舉例來說，舉起手臂或不舉起手臂。也因此，心智可以發展一套特定的行動方案來遵循：「我們有機會檢驗、觀察並判斷我們要做的事情的好或壞。」*

洛克還不僅止於用理性；「檢驗、觀察和判斷」，他還希望能檢驗應用理性思考時的難處。他就像過去的懷疑論者一樣察覺到，語言的誤用可以導致不同且互相矛盾的結論。理性思考在了解神啟方面格外重要。洛克願意接受上帝可能已提供啟示，但如果啟示和理性衝突，就永遠不該相信。他不信任那些盲目遵循信仰的人。他也主張，《聖經》可能反映了創作者們的心智，不應該當作啟示來毫無批評地接受。對洛克來說，盲目的信仰跟接受古人或群眾看法屬於同一類。這並沒有讓洛克當不了虔誠信徒——他有一篇短文就是《基督教的合理性》（*The Reasonableness of Christianity*, 1695）——但他堅守最簡單的信仰表現，也就是基督便是彌賽亞。他相信，道德的基本是天罰的威脅，以及上帝可以透過奇蹟行事。他覺得福音書的證據就足以主張耶穌確實實現了奇蹟。洛克的看法讓他捲入了與保守基督徒的了無新意辯論。

洛克出於理解神啟的困難度，提出了一個宗教寬容的理論基礎，並在他於撤銷《南特敕令》的動亂期間寫下、於一六八九年出版的《論宗教寬容》（*A Letter Concerning Toleration*）中詳細講解。[22]到一六八九年為止，洛克已經待過了盎格魯教會的英格蘭、天主教的法國和喀爾文主義的荷蘭，所以他很清楚基督教已分裂成眾多互不包容的教派。「每個教會在自己看來都是正統，且是其他教會眼中的錯誤或異端。」他飽覽了譴責不寬容的著作——他的藏書包括了卡斯特留、伊皮斯科皮烏斯、斯賓諾莎和貝爾的著作。他問道，國家怎麼知道哪種是正確的信仰，如果不知道的話，怎麼可以把信仰強施於別人身上。政府要強迫施行國教的目的不該包括正確，尤其當信仰正確主要涉及了上帝和信者間的關係，或者就只是儀式問題的時候，正確就更不構成目的。「人人都有不朽的靈魂，能夠永遠地幸福或者不幸；而人的幸福仰賴他相信並做出那些對於獲得上帝恩寵而言是必要的事。」[23]換句話說，洛克相信基於「基督徒個人尋找自身救贖的必要性和自由」的宗教寬容。他主張，國家不可能強迫人心怎麼想，而那樣的強迫都必定會導致社會動盪。然而，他

---

20 Woolhouse, *Locke*, pp. 336-44，有著詳盡記述。

21 *An Essay Concerning Human Understanding*, Book 4, chapter 14, 'On Judgment', section 2.

* 洛克被分類為「相容論者」（compatibilist），因為他儘管接受我們的行動是被預先存在的因素所決定，但他相信我們仍然可以自由行動，尤其是在做道德抉擇方面。

22 Israel, *Enlightenment Contested*, chapter 6, 'Locke, Bayle and Spinoza: A Contest of Three Toleration Doctrines'，在這方面非常傑出。

23 同前注，頁一三九。

的寬容並沒有延伸至他認為對教宗這個外國勢力卑躬屈膝的天主教徒，也沒有延伸到不相信天罰或天賜、沒有道德基礎的無神論者。擾亂和平的宗教信仰表現都必須禁止，尤其是涉及了宗教不寬容的更要禁止。就因為這個理由，所以更不應該把宗教寬容延伸到有迫害前科的天主教教會。*

一六八九年的《寬容法案》受到洛克的歡迎並被他視為一次進步，即便說它實在沒進步到可以滿足他希望達到的目標。然而，就如喬納森・以色列所指出的，[24]儘管洛克被美化成一位傳達自由的使徒，但他對許多形式的異議都不寬容，其中包括了懷疑主義和無神論。他認為那些尋找救贖的人該有高道德標準，並相信國家有正當理由強迫施行高道德標準。洛克同時面對來自政治和宗教權威對全面宗教寬容之壓倒性敵意，若從宗教寬容這方面來看，對他個人特性的最適當描述，或許就是實用主義者。

人們常把牛頓和洛克描繪成啟蒙運動時代的預兆。痛擊笛卡兒心物二元論的哲學家吉爾伯特・賴爾，主張洛克的《人類理解論》「教導我們如何在我們接納、保留與拒絕意見的過程中保持敏銳或理性」。[25]和歐洲大陸比較抽象的哲學相比，這通常被視為一種很英國的行事風格，但洛克就和笛卡兒一樣，提出的哲學問題在全歐洲都引起了共鳴。他對亞里斯多德的經院哲學來說又是一大挑戰。

人們常把笛卡兒和洛克的對比當作「理性主義者」和「經驗主義者」的對比，但這可能太死板了。並不是笛卡兒就忽視了觀察，或者洛克就否定了理性的重要性。只是兩人強調的地方有所不同：「理性主義者」比較謹慎對於感官的價值，描述的宇宙彷彿服從單一理性秩序。他們要求清楚明白，所以很自然被數學所吸引（特別是幾何學），把那當作帶給他們精準度和確定性的學門。

笛卡兒和斯賓諾莎（見頁九八五－八六）重視歐幾里得的公理，依據邏輯來把這些公理發展成範圍超乎純數學的命題。人們一般都認為，延續洛克「經驗主義」傳統的人是愛爾蘭主教喬治・柏克萊（George Berkeley, 1685-1753）以及蘇格蘭人大衛・休謨（一七一一－一七七六年）但兩人都超出本書範圍。而「理性主義者」則是把我們下一個要談的人，戈特弗里德・威廉・萊布尼茲（一六四六－一七一六年），拉進了自己這一國。[26]

從小就遁入學者父親的龐大藏書中、並從此狼吞虎嚥閱讀的萊布尼茲，通常被看作是哲學家裡最博學的一個。儘管萊布尼茲鼎鼎有名的就是展開五花八門的計畫但從未完成，但他仍因學識廣博和哲學興趣廣泛而讓同代人肅然起敬。用麥可・愛德華・摩爾（Michael E. Moore）的話來說：「歷史學家試圖辨認萊布尼茲所受的影響卻都暈頭轉向，原因不過就是他讀遍了一切，從最初的基督教神學家到古今哲學家，還調查了中國哲學然後鍊金術，玫瑰十字會和基督教卡巴拉主義（Christian Kabbalism）。」[27]萊布尼茲不像笛卡兒或者洛克，他沒有產出過一本包含他主要思想概

---

* 驚人的是，二〇一五年有人在洛克的文件中找到一份手稿《寬容天主教徒一同他者之理由》（*Reasons for tolerating Papists equally with other*），文中主張使用更細膩的手法。這份手稿判定寫於一六六七至一六六八年間，可以在線上閱覽，網址為 https://doi.org/10.1017/S0018246X19000207。

24 Israel, 'Locke, Bayle and Spinoza', pp. 141-44.

25 這來自Ryle的*Critical Essays, Collected Papers* (London: Routledge, 2009)，第一冊談洛克的那一章，頁一五九。

26 Israel, *Radical Enlightenment*, chapter 26, 'Leibniz and the Radical Enlightenment'，寫萊布尼茲寫得非常優秀。另見John Cottingham, *The Rationalists: A History of Western Philosophy* (Oxford: Oxford University Press, 1988)，有好幾節談萊布尼茲。

27 出自Michael E. Moore, *The Sublime Stoicism of Leibniz*，可於線上閱讀：https://www.academia.edu/2493814/The_Sublime_Stoicism_of_Leibniz。

述的首要著作。他出版的唯一一本長篇書，就只有一七一〇年的《神義論》（*Theodicy*），書中他討論了上帝的本質以及邪惡的難題，而這是他其中一個主要關注焦點。（根據萊布尼茲所言，看起來是邪惡的，往往是上帝導致更大善的一種手段。）雖然他最成熟的著作是在十八世紀完成的，但有大量的小冊子和與幾百位通信者的書信（其中有許多仍未公開出版）詳述了他的早期哲學觀。

萊布尼茲的一生大半都花在當朝臣而不是大學內，但和同代的許多人相比，他比較能接受亞里斯多德的著作（在一個計畫中，他著手要把亞里斯多德和笛卡兒的學說調和起來）。儘管有些人嘲笑他對僱用他當宮廷圖書管理者的德國各邦君主們卑躬屈膝，但他卻受益於他們的贊助，而且其實享有相當大程度的自由，特別是在巴黎和倫敦的外交旅程中，在那些地方他可以和當時最優秀的思想家交流。一六七二年在巴黎時，他跟克里斯蒂安．惠更斯學了不少數學和物理學；翌年在倫敦，他則用一台自己發明的計算機讓皇家學會成員印象極其深刻，而立刻將他選為院士。

萊布尼茲至今仍以邏輯學家的身分而聞名，被許多人視為亞里斯多德以來最佳的哲學家。在數學方面，他是微積分的創立者之一（且和牛頓為了誰先發明而展開一場知名的爭論；見頁九三七－三九）並改良了二進制。萊布尼茲發展了一套哲學系統，是奠基於以理性組織的宇宙。他的理性思考基礎在於兩個原則：任何包含了一個矛盾的論點都必定不成立，以及，有一個理性充足的原理，「因為這原理使我們認為，若沒有一個為何如此而非其他的充分理由，我們就找不到任何真實或存在的事實，也做不出真正的斷定，儘管這些理由我們多半都無法得知。」萊布尼茲能夠接受有限的心智往往無法理解上帝的計畫，但對於這個計畫的確切存在，他心中是一丁點懷疑都沒有。從此又得出了一個原則：一個「理性存有」一定會以最佳方式行動，而身為「完美理性存有」的上帝，創造出來的世界也只會是所有可能誕生的世界中最好的那一個。法國作家兼哲學家伏爾泰在諷刺作品《憨第德》（*Candide*, 1759）中，嘲諷有這觀念的萊布尼茲天真到無可救藥；書中引用了一七五五年里斯本大地震與一七五六至一七六三年的七年戰爭（Seven Years War）等事件作為證據，來證明這位德國哲學家的荒謬看法。儘管如此，深信上帝造物時的慈悲心，仍是萊布尼茲著作的核心。

萊布尼茲有別於斯賓諾莎（見頁九八三），他並沒有把世界看作是一個統一的實質；他認為世界是由上帝創造的眾多不可切分物體（或者根據他的用詞，而稱為「單子」〔monads〕）所形成的一個和諧整體。人可以把上帝想像成一個鐘匠，組裝了兩具同時開啟的鐘。它們可以分開，但會持續和諧一致地走著響著，既不是促使對方運作，也不會影響對方的運作。萊布尼茲提供了另一個好比喻，就是聽海的聲音——抵達聽者耳中時是一道和諧的聲音，但又能區分每一道波浪各自的聲音。萊布尼茲並不是那種仿效霍布斯或笛卡兒的孤傲者。如果世界的種種運作真有一種和諧，那他便接受其他人也一定領略到了這和諧。他樂於使用其他思想傳統，且很高興發現中國人其實老早就知道他一度以為自己發明的二進制。他被古典哲學家著作所吸引。就如他在《神義論》所言：「如果我們充分知曉古代哲學家的看法，那我們應該會在其中找到多於原本預想的理性。」[28]特別值得一提的是，他在斯多噶派著作中找到了支持他宇宙理性概念的內容；這一派人主張，宇宙透過一個邏輯順序持續運作，朝著一個終極目標邁進。在這部分，他的導師似乎是克律西波斯

28 Leibniz, *Theodicy*, section 335.

（Chrysippus，西元前約二七九－約二〇九年），雅典斯多噶學派的其中一位創立者。

萊布尼茲的其中一個抱負，是尋找將複雜概念簡化為數字的方法，就算複雜如上帝也不例外。因為相信數字支撐著世界的物質現實而出名的畢達哥拉斯，在這裡有其影響力。萊布尼茲希望，如果可以替每個概念找到一個數字公式，該概念就可以跨越不同語言和文化而傳遞，也就因此能讓所有人都理解。萊布尼茲變化多端的智力還有一個面向，就是投入研究中華文化。他和留在中國的基督教傳教士通信，而且在讀過了柏應理（Philippe Couplet）等耶穌會學者譯成拉丁文的儒家經典選集——《中國哲學家孔子》（*Confucius Sinarum Philosophus*, 1687）之後，對儒家倫理傳統產生了敬意。

萊布尼茲始終是一名（路德派）新教徒，但他最重要的公共事業，是嘗試調和不同的基督教傳統。他堅定地使用哲學來支撐基督教真實，希望這能讓當權者的脅迫手段失效。儘管他譴責斯賓諾莎背離信仰，但他希望能反駁他，而不是像其他保守分子所鼓吹的那樣去譴責他。*他的想法超越了洛克主張的那種僅止於寬容差異的體制，而是更進一步尋求某種所有人都能同意的基礎神學原則。他提出了一個計畫，將全歐洲國家集結在一個聯盟底下。他的其他計畫還包括，提倡公共衛生制度、職業訓練，甚至還有退休金方案。開明的統治者除了政治科學外，還必須培養哲學、歷史、地理和現代語言等知識。應該捨棄經院哲學而鼓勵實作。萊布尼茲著迷於機械，以及機械可以用來操縱自然力量的方式，從風車用的風力到計算機和時鐘裡的彈簧拉力等。他充滿創造力的心

下頁：1740年版《歷史與批評詞典》卷首插圖上描繪的法國哲學家皮埃・貝爾。圖說讚美了他「優雅的文筆」，「其研究產量豐碩」。

Æt 28 — Petit F.

Tel fut l'illustre Bayle, honneur des beaux esprits,
Dont l'élégante plume, en recherches fertile,
Fait douter qui des deux l'emporte en ses écrits,
De l'agréable ou de l'utile!

D.L.M.

L'Estample ce trouve chez J. Rollin fils quay des augustins a S.t Athanase.

智沒有極限。

等到萊布尼茲的全集出版時（而有一個估算是，以當前的速度，還要兩百年才能出完他的全集），如果發現這些著作沒有一個總體相連性和一貫性的話，反而才會讓人意外。因為他的心智就是這樣運作的：「我的各種原則就是這麼難以彼此分離。熟悉一種的人就熟悉它們全部。」

萊布尼茲的法國同代人皮埃・貝爾（一六四六－一七〇六年）就是另一種情況。[29]貝爾和阿爾貝利柯・真地利一樣，有著被遺忘的風險；狄德羅等人合作完成的那套見多識廣的二十八冊啟蒙運動《百科全書》（一七五一－一七七二年）居然忽視了他一六九七年出版的知名著作《歷史與批判詞典》（*Dictionnaire historique et critique*）。然而在他身處的時代，很少有哪個思想家比他更能代表十七世紀晚期的思潮混亂。說「混亂」是很合適的，因為總是處在辯論最激烈處的貝爾，實在是太忙著想要在論證、反論證和他自己對上述這些反唇相識中抓住一切的本質，以至於他那祕而不宣的背後動機依舊引人激辯。[30]

貝爾出生於法國南部的一個雨格諾派家族，在接受耶穌會教育後，出於學識目的，而於一六六〇年代晚期改信天主教，然後又回頭改信新教。對於路易十四統治期間法國的天主教徒來說，這當然是非常可惡的行為；而喀爾文派也不意外地強迫他前往日內瓦，一部分是為了確認他是否真正重新融入其群體，但也是為了一手掌握喀爾文派神學。兩邊都得不到信任的他，自然會讚揚依循個人良知而活的美德。貝爾後來會拿來當宗教寬容論點使用的，就是良知有出錯的可能；而當他自己偏離了自己的新教徒根源時，他可能就認為是自己的良知出了錯。一六七四年他搬回法國，並在色當（Sedan）的喀爾文派學院教書。然而，對新教徒越來越強烈的壓迫，使得學院於一六八一年關閉。貝爾前往荷蘭共和國，在鹿特丹的法語學院「卓越學院」（École Illustre）找到工作。荷蘭共和國再度為自由思想者提供了避風港。貝爾得以譴責天主教大學的亞里斯多德經院哲學，並支持笛卡兒思想。

貝爾的早期著作是在攻擊迷信和不寬容。一六八〇年一顆彗星出現，使得人們紛紛聲稱是上帝的信息時，貝爾卻點出，會提供如此特質之預兆的上帝有多愚蠢。學者們不會因為有一個古老迷信的存在，或者是大眾對預兆或奇蹟的信仰，就不去證明這種事沒有證據支持。貝爾談這問題的小手冊，《藉彗星多樣思考》（*Diverse Thoughts on the Occasion of a Comet*, 1683），（如書名顯示的）提供了整批詳盡無遺的論點和歷史證據，多到了超乎證明他論點所需的程度。在一六八六年的另一本小手冊中，他攻擊了一項追溯至奧古斯丁的傳統，後者教導人們說，耶穌的言詞「強求人進來」（《路加福音》第十四章第二十三節）可以用來當作強迫改信的正當理由。實際上，每個基督教教會都可以主張耶穌的這句話指的是他們自己教派。這只會導致互相不寬容，並如當時歷史所證明的，會進一步造成三十年戰爭裡的各種暴行。貝爾的父親和哥哥因為新教受壓迫而在法國死去（後者是因為拒絕改信天主教而在獄中死去），進一步使他堅定擁護宗教寬容。

貝爾主張，沒有什麼理性基礎能讓人宣稱一種信仰比另一個更真實，甚至連宣稱有那麼一個

---

* 他拚了命想取得一份斯賓諾莎當時尚未發行的《倫理學》（*Ethics*），但要到斯賓諾莎於一六七七年過世後才拿到。

29 見Israel, *Radical Enlightenment* 第十八章，'Bayle and the "Virtuous Atheist"'。另見Hazard, *The Crisis of the European Mind*談貝爾的第五章。

30 Paul Hazard的*The Crisis of the European Mind*談貝爾的第五章在此可說特別有價值。

DICTIONAIRE HISTORIQUE ET CRITIQUE,

PAR

M[R]. PIERRE BAYLE.

CINQUIEME EDITION,

REVUE, CORRIGÉE, ET AUGMENTÉE.

AVEC LA VIE DE L'AUTEUR,

PAR MR. DES MAIZEAUX.

TOME PREMIER.

A——B.

A AMSTERDAM, Chez P. BRUNEL, P. HUMBERT, J. WETSTEIN & G. SMITH, F. L'HONORE' & Fils, Z. CHATELAIN, COVENS & MORTIER, PIERRE MORTIER, F. CHANGUION, J. CATUFFE, & H. UYTWERF.
A LEIDE, Chez SAMUEL LUCHTMANS.
A LA HAYE, Chez P. GOSSE, J. NEAULME, A. MOETJENS, G. BLOCK, & A. VAN DOLE.
A UTRECHT, Chez ETIENNE NEAULME.
LIBRAIRES.

M D C C X L.

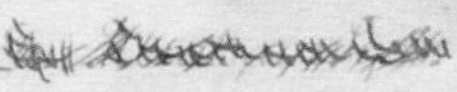

AVEC PRIVILEGE.

唯一的真實信仰都不行；這方面來說，他遠遠超出了洛克的範圍。壓迫的風險實在太高，所以應該要寬容所有信仰，包括了無神論。儘管洛克主張無神論者因為缺乏道德的基礎而不應該寬容，但貝爾主張，無神論者對社會反而沒有威脅，也沒有道理說無神論團體就不會循規蹈矩。事實上，他否認啟示提供了道德行為的基礎，就是在打破宗教和道德之間的連結。基督徒不能假定自己擁有一種比較優越的道德。每個勤勉追求真實的良知，都有平等獲得寬容的權利，而這也包括了猶太人和穆斯林。貝爾的寬容不是被基督教的愛所激發，而是被壓迫無辜者的不公正所激發。儘管他住在荷蘭，他仍把喀爾文派列入迫害者之列。

儘管貝爾表明他個人依舊是信仰主義者，把上帝啟示當成一個信仰來接受，但他在鹿特丹宗教法院的喀爾文派教友卻憤怒不已。後來有一個判決，說他的書「包含了許多有害的論點，意圖反對上帝的言詞以及整個基督教信仰」。直至今日，學術界還是在討論，貝爾的信仰主義會不會只是偽裝，而他打從一開始就是個祕密激進分子。不論真相為何，他在一六九三年丟了教職。有人宣讀他的著作摘錄，其中有一小段話說，因為上帝又不用害怕無神論，祂就沒道理要為了自己的目的去實現奇蹟；這段話就令人們特別感到冒犯。[31] 結果，貝爾和他從前的朋友兼色當的前同事——神學家皮埃・朱里俄（Pierre Jurieu）從此展開了激烈的鬥爭。在

前頁：皮埃・貝爾的《歷史與批評詞典》在全歐洲大獲成功，也是啟蒙運動哲學的先兆。此處為1740年版書名頁。

31 見Israel, *Radical Enlightenment*, pp. 337-38，注28。

為正統喀爾文派辯護的過程中，朱里俄變得越來越狂熱，堅持貝爾是一名無神論者。貝爾提倡宗教寬容的《哲學評論》（*Philosophical Commentary*, 1686-1688），原本就已經惹到了朱里俄，但壓倒駱駝的最後一根稻草，是匿名出版的《給難民的重要忠告》（*Avis important aux refugiés*, 1690）。儘管人們始終宣稱貝爾是對作者身分確信不疑的朱里俄，在一次憤怒的反擊中譴責貝爾是異端。儘管人們始終宣稱貝爾是無神論，也有人懷疑他假裝忠誠，但到過世為止，他一直都積極參與他身為一員的鹿特丹當地教會。

一六九〇年代，貝爾開始構思一本詞典。這時候他有了一種雄心壯志，不只要矯正宗教組織的錯誤，更要矯正整個當代智識傳統。這會是一本挑起爭端的著作，「充滿了拉丁世界（學界）的罪惡和文書共和國的大量穢物。」該書會專注於傳記，尤其是貝爾認為沒有好壞並陳而導致形象更模糊的那些人物。該書會正確記述他們的生平，對每個人做出評論，然後還會離題到任何貝爾認為相關的哲學問題去。結果，篇幅達到約六百萬字的巨作《歷史與批判詞典》於一六九七年剛在荷蘭共和國出版就大獲成功，而朱里俄意料之內的痛批以及在法國遭禁，都推動了本書的大受歡迎。研究懷疑論的傑出歷史學家、已故的理查・波普金，在他所翻譯的《歷史與批判詞典》的引言中，抓住了該書的氣氛：「一整套絕佳的主旋律和變奏，談論通姦，還有閹割焦慮，還有宗教不寬容，還有歷史正確性，以及在哲學、科學和宗教中尋找確定性等各種難題。這些主題來回閃現，並透過一冊冊對開本大小的腳注相互作用。」[32] 其後於一七〇二年出版的第二版，又追加了兩百萬字，包括貝爾回答批評者的一系列「澄清」。

多年來，貝爾都令學者們困惑不已，又尤其是他的《歷史與批判詞典》。他就是沒辦法定下來，得繼續去擔心每個問題。就如保羅・亞哲爾在《歐洲意識的危機：一六八〇－一七一五》談貝爾的那一章所言：「就好像出於某種邏輯偏執似的，（他的哲學）一直反覆提及那些他永遠不相信自己已經好好解決的問題。」[33]《歷史與批判詞典》裡面有一段頗具啟發作用的話，被我抄來當作本章的開頭引言；那段話中，貝爾對於他眼中使用理性和哲學尋找真實時會受到的限制表達惋惜。就如布萊茲・帕斯卡太清楚明白的那樣（譯注：第二十九章結尾所言），人只能站在心理虛空的邊緣。貝爾和相信「理性終究會找到潛藏人類存在之下的真實」的萊布尼茲之間，有著十分明顯的對比。

所以，貝爾值得放進懷疑論者之列嗎？他《歷史與批判詞典》裡寫的「埃利斯的皮浪」（見頁六六四－六六五）傳記，以及附加的注釋和哲學討論，都非常淵博且支持懷疑論。和萊布尼茲相比，他看不出上帝有什麼好理由要允許惡存在。另一個對貝爾有深刻影響的思想家，是猶太神學家摩西・邁蒙尼德，他的《茫然者的指引》（一一九〇年）展現了同樣的缺乏確定性。其他人則指出了蒙田那種溫和式懷疑的影響。或許可以主張說，貝爾走到了智慧懸崖的邊緣；因為無法定下任何確定之事，這位思想家滿心挫折地在邊緣上搖搖欲墜。

這樣的位置太容易讓人覺得貝爾無關緊要；或者用保羅・亞哲爾的話來說，「他大有可能漂

32 出自理查・波普金替自己翻譯的《歷史與批判詞典》（Cambridge, MA: Hackett Publishing Co., 1991）「選集」所寫的〈引言〉，p. xi。

33 Hazard, *The Crisis of the European Mind*, p. 109.

34 同前注，頁一一二。

離，進入行動失去意義而生命失去目的的遙遠虛空。」[34]然而他提出的那些議題，也就是道德難題、宗教寬容、基督教教義缺乏理性、智識需要審慎等議題，到了歐洲思想史上保守主義與一股新思潮開戰的那一刻，都會與直接繼承他思想的後人有所共鳴。貝爾最重要的擁護者是伏爾泰，此人形容《歷史與批判詞典》是「啟蒙運動的武器庫」。後來學者們犯的錯誤，或許是在研究貝爾時，將他抽離了家人因信仰而遭迫害的眼下情況，以及試圖把他和其他歐洲思潮相連起來。我們可以承認，貝爾是一位展現了探索真實過程中天生固有之挫折的哲學家，也可承認他是宗教寬容的一名重要提倡者，但他沒辦法放進任一個特定的思想流派中。

但貝爾對道德目標的強烈領悟，是無可否認的。「必須有思想自由」對他來說至關重要。曾經在荷蘭見過貝爾的英國哲學家，沙夫茨伯里第一代伯爵的同名孫子安東尼・艾許利・庫柏如下讚美貝爾：「幾乎是我所知唯一一位效忠哲學、真正活得像哲學家的人；有著或可能稱作楷模的清白、品德、節制、謙遜和輕世（contempt of the world，譯注：拉丁文Contemptus mundi，指拋棄世俗，忍受世間憂患的態度）。」[35]甚至到了死去的那天，貝爾都還在給反對者寫回應。

貝爾在《歷史與批判詞典》的一篇長文中，痛斥了一名在他動筆時已經死了二十年的哲學家。這是一名「不敬神的無神論者」，而其最重要的著作《倫理學》被貝爾形容為「十分有害而可惡的書」。所以我們要開始談一個用喬納森・以色列的話來說，就是「極其關鍵地塑造了一個激進思考傳統」的人，「而這傳統最終跨越整個歐洲大陸，對其後數個世代產生重大影響，並動搖了西方文明根本。」[36]這人就是巴魯赫（後來改名班尼狄克圖斯〔Benedictus〕）・斯賓諾莎。貝爾的文章直至今日仍是學術爭議焦點。這真的是對斯賓諾莎的直截了當攻擊，還是說，貝爾在《歷史與批判詞典》之中給這位荷蘭哲學家這麼大篇幅，是在不情願中斷定了此人在當時諸多辯論中的中心地位？

斯賓諾莎來自一個猶太難民家庭，在他出生的幾十年前從天主教的葡萄牙逃到阿姆斯特丹落腳。[37]他接受傳統的早期教育，學習妥拉（Torah）和希伯來經文，但在一位非猶太導師——前耶穌會成員轉任醫師、著迷於新科學的方濟各・凡・登・安登（Franciscus van den Enden）——的教導下，他受到了笛卡兒的影響，在智識上逐漸遠離了他的猶太根源。他當然會希伯來文，但也精通拉丁文，而他的改名反映了排斥自身的猶太背景。一六五六年他被自己的猶太群體以特別凶狠的方式驅逐，「一次憤怒和苛刻都徹底不尋常的開除教籍」，其中意指他「公然的、有組織的、有預謀的且明目張膽地反叛基本教義」，儘管說冒犯行為的細節都不為人所知。[38]舉凡猶太人都不得和他聯繫，甚至也不行收留他。這時斯賓諾莎已經沒有回頭路。他開始深耕自己獨門且非常個人的哲學和神學，並同時求教於凡・登・安登。他有一大優勢，就是同時熟悉猶太教和基督教兩大神學傳統。

35 波普金翻譯的《歷史與批判詞典》之〈引言〉，p. xxi。

36 引言出自Israel, *Radical Enlightenment*, p. 159。

37 標準生平描述有Steven Nadler, *Spinoza, A Life*, 2nd ed. (Cambridge: Cambridge University Press, 2018)。Popkin, *A History of Scepticism*之中的一章'Spinoza's Scepticism and Anti-Scepticism'，在第三版（Oxford: Oxford University Press, 2003）時有所擴充而包含了貝爾。斯賓諾莎是Israel, *Radical Enlightenment*，第二部，'The Rise of Philosophical Radicalism'的核心人物。

38 Israel, *Radical Enlightenment*, p. 172.

斯賓諾莎就跟笛卡兒一樣，偏好平靜的生活，遠離自己引發的爭議。一六六〇年時，他從阿姆斯特丹搬到了萊頓附近的小村萊茵斯堡（Rijnsburg）。他還會再搬好幾次家，但他從來沒有離開荷蘭共和國，最後在海牙度過晚年。一位造訪萊茵斯堡的訪客是如此記錄的：「他人畜無害地生活著，並專心打造望遠鏡和顯微鏡。」[39]他的個人生活是無可責難的。斯賓諾莎會欣然接受磨鏡片這門職業，出於科學興趣的動機似乎不亞於謀生需求。這使他成為罕見的、有實作技能的當代哲學家範例。斯賓諾莎平靜生活的一次嚴重擾亂，是一六七二年法國入侵時到來；當時他的朋友德・維特（de Witt）兄弟——兩人都是頗負盛名的共和國政治家，其中約翰（Johan）更是高明的數學家——在海牙被一群奧蘭治派（Orangist）暴民處以私刑。幾年後拜訪斯賓諾莎的萊布尼茲曾說，斯賓諾莎覺得自己非得趕出一份布告，來譴責犯下這種駭人聽聞行為的「野蠻人」，但因為害怕自己也被動私刑而罷手。

那幾年裡，他投身於寫作。他唯一以個人名義出版的著作，一本對笛卡兒最後著作《哲學原理》（*The Principles of Philosophy*）的批判，問世於一六六三年。儘管斯賓諾莎疏遠笛卡兒，特別是遠離笛卡兒對自由意志的信念，但他卻贊成把幾何學當作理解物質世界的模型，而把自己放進「理性主義」學派。這會影響他的哲學看法。他讓人們記住他的兩部主要著作，分別是匿名出版並於一六七〇年問世的《神學政治論》（*Theological-Political Treatise*），以及更有影響力的《倫理學》；後者從一六六〇年代就開始構思，但要到他過世後不久的一六七七年才出版。斯賓諾莎的雄心壯志，是把笛卡兒的機械哲學中心思想，帶向宗教和倫理學的新領域。如果他的著作有一個潛藏其下的目標，那就是創造一個可以確保他和追隨者內心平靜的體系。他覺得最會威脅這體系的單一股力量，就是「懲罰者上帝」這種傳統觀點。

《神學政治論》的目標，是挑戰《聖經》作為神啟來源的地位。經文無疑是有一些殘餘功用，但斯賓諾莎把其功用限定於要求一個人要愛上帝以及他的鄰人。斯賓諾莎痛斥了《聖經》被他那時代好鬥的神職人員拿來使用的方式。他證明了《聖經》的大半敘事都不可能是真的，那些先知宣稱出於上帝的言詞都反映了先知所處的時間和地點，因此缺乏了絕對會是上帝言詞特徵的「普世相關性」。沒有根據可以讓猶太人主張自己是上帝選民。《聖經》沒有對物質世界提供什麼準確的資訊，也沒理由要給《聖經》多特殊的地位：應該要帶著批判觀點檢驗《聖經》，就跟任何其他文學作品一視同仁。荷蘭共和國沒禁多少書，但其中就有《神學政治論》，其作者很快就被揭曉真實身分並遭到流放。

在《倫理學》中，斯賓諾莎遵循歐幾里得《幾何原本》建立的公理模式，從這些公理中可以得出無法反駁的結論。他的目標是創造一個完全公開透明的體系，但讀者通常都會被概念的跳躍所混淆。歐幾里得的公理真的能用來證明上帝的存在嗎？斯賓諾莎引入了一種「物質」（substance）的概念，在他的定義下，這種「物質」徹底獨立於任何其他物或概念之外。這種「物質」的本質包含在它的屬性中，「是智力面對物質時所感知到的，」而屬性不能和其物質分離。也

39 這是荷蘭旅行者於一六六一年拜訪斯賓諾莎居住村莊時的評論。引文出自Kenny, *The Rise of Modern Philosophy*, p. 63。

* 觀念與其最接近的是「愛利亞的巴門尼德」（Parmenides of Elea，約西元前五〇〇年，而愛利亞是希臘人在義大利南部的定居地），此人在他的《論自然》（*On Nature*）主張，一切全為一體且不會變化，讓我們相信有萬物且皆可變的只是我們的感官。

因此，同樣的屬性不能在不同的物質中發現，而斯賓諾莎從這一點推論，只有一種「物質」，而那個「物質」就是擁有無限多種屬性的上帝。這是一個很不尋常的結論，當然也是個要經過斯賓諾莎的反對者激烈地反論證之後才被接受的結論。*這立刻就把斯賓諾莎和那些相信世界是由多種物質所組成的人區分開來。這些人之中，包括了相信上帝是完美物質並和其他次等物質並存的笛卡兒；還有認為上帝創造了眾多和諧共存物質的萊布尼茲。斯賓諾莎的結論也摧毀了基督教以及其他一神教採納的古典觀念，也就是上帝某方面就是跟其造物有所區別。這是真正的全盤革新。斯賓諾莎主張上帝本質上是不具人格的；祂並不擔心人間百態，想必也就不至於去支配一個由祂提供賞罰的死後世界。人甚至沒道理要向祂祈禱。

儘管斯賓諾莎沒有發展出宗教寬容的理論，但若按照他那套上帝概念，任何強迫施行宗教信仰的嘗試自然都該受譴責。他指責各教會無法主持正義和慈善行為，也指責他們主張只有自己掌握了真實。對斯賓諾莎來說，他們的立場損害了個人能夠辨明真假差異的機會。一旦移除了教會權力，人就有了真正自由表達自我的機會。斯賓諾莎的理想是，社會中的個人交出某些權利，好在國家的支持保護下獲得相互保障——但不是交出思想自由和意見表達自由。斯賓諾莎是最早提倡出版自由的其中一人。只要教會沒有獲得國家給予的任何政治權力，他就會樂於接受人們效忠既有教會。斯賓諾莎的最高目標是讓社會保持平和，而有言論自由就是達到這目標的最佳方式。他察覺到，即便在宗教寬容的荷蘭，身邊都有著宗教對抗，所以他主張，嘗試強迫施行宗教教條主義，其實就是政治和社會動盪的主因。

所以可以怎麼看待斯賓諾莎這令人費解的「神質」呢？他把上帝等同於自然，後來這種立場會被稱作泛神論（pantheism）。當然，因為上帝和自然的關係還有太多要談，所以泛神論不會讓我們一下就超越到太遠的地方去。如果上帝不是一種外在創造者的存在，他就必須用自己的屬性來灌輸自然。其中一個屬性是思考；另一個是延展，一個物質體占據一個空間。可以被人心領略的神之屬性就只有這些，但它們當然是同一物質在不同方式看待下的眾多屬性。身為一個相信所有物質皆為一體的一元論者，斯賓諾莎堅定反對笛卡兒的心物二元論。一個人的心智和肉體是統一的。

然而，個別的人類相信他們是自由的。而斯賓諾莎則說，這是缺乏理性思想而導致的錯覺。就算一個人藉由廢止了教會的權力而落實了個人自由，還是得要有一個可以得出知識的體制。不然的話，言論自由就起不了作用了。斯賓諾莎主張，獲得知識有四個層級。第一層是聽說而來的知識，或許像是跟一個小孩說那些在照顧他的是他的父母。接著是個人經驗累積的知識，例如說，火會發燙。斯賓諾莎把這個稱作「想像」。到了下一層，我們開始意識到我們眼見未必就是現實——而我們用推理來區分表象和實際。到了第四層，我們用事物的本質來理解它們。只有這才是真知識，但斯賓諾莎稱其為「直覺」。「直覺」乍看之下或許像是無效的認知方式，但既然人類的心智和肉體是單一物質，是上帝／自然這個物質的一部分，那麼直覺或許就反映了上帝／自然的體現。儘管個人在較低層次的認知時，會相信自己可以選擇要或不要把指頭伸到火裡，但在第四層時，人會了解到自己是被鎖在一個就是上帝本身的封閉系統中。在上帝／自然之中沒有外在因；萬物存在的方式就只有面前這樣，別無其他可能。這讓斯賓諾莎類似於斯多噶派，他們也鼓吹萬物的統一性和相互連鎖的本質。斯多噶派之中他最喜歡的是塞內卡。

承認我們互相羈絆，是斯賓諾莎思想的一個關鍵面向，但他確實也提供我們解放的機會。他首先認可人類有「力求保持存在」的力量。這並不是一個自主的力量，但卻是存在之本質的一部分。我們天性就會抗拒摧毀或削弱。逃脫的方法，就從接受我們其實臣服於自身強烈情感開始。斯賓諾莎把這些情感歸納成三種：快樂、悲傷和欲望。如果我們能了解強烈情感的起因，舉例來說，因為愛人死去而悲傷，那我們就更能好好控制強烈情感。然而，悲傷令我們灰心喪志（這是一種消極情感），而快樂和欲望是積極情感，可以用來讓我們理解我們在更廣大的自然整體中的位置。

斯賓諾莎從沒指望能輕鬆達成這件事，因為每個人都臣服於周遭的自然力量。然而，推理會使人了解一個人在自然中的位置，而達到這種理解就需要「每個人去愛他自己，去尋求自身的利益，去要那個真正能讓一個人更圓滿的東西，而且每個人絕對都應該盡可能努力保住自己的存在」。[40]這在倫理上看起來或許像人人顧自己性命的利己主義，但斯賓諾莎相信，理性會使每個人邁向一個終將穩定而和諧（且民主）的社會：「被理性主宰的人，能做到己所不欲勿施於人，因此他們的行為就會公正、忠實而高尚。」[41]他極其樂觀地主張，甚至可能不需要外在政治權威（這和霍布斯實在是截然不同呀！）。智識上來說，身為自然一部分的每個人，也都會去愛那位反映於人對自身之愛的上帝。當然，上帝是不會回應的，所以人會得到的，其實是一種藉由在個人的泛神論存有中尋得和諧而獲得的安寧。斯賓諾莎哲學的最重要目標就是消滅恐懼，而他取笑「對死亡之恐懼」的方式，其實有一點盧克萊修。

儘管喬納森・以色列熱切主張近代學術大幅低估斯賓諾莎當年的影響力，但他也承認猶太人和基督徒的權威過去同時對他有強烈的敵意：「因為他的哲學除了徹底對立於猶太教以及所有形式基督教的教條之外，也對立於笛卡兒主義以及古代終結以來西方哲學傳統主流，因此他的哲學顯然只能暗中傳播。」[42]以色列頗盡責地挖掘出全歐洲閱讀階級論及斯賓諾莎之處，來證明他是多麼廣泛地為人所研讀。他甚至認為斯賓諾莎是推動法國大革命的激進想法的主要靈感，然而這場革命一開始的成功隨即遭反革命分子以及羅伯斯比（Robespierre）等專制者挫敗。[43]雖然我很喜歡讀以色列那些迷人又啟發人心的書，但我卻很難相信斯賓諾莎如此獨特的哲學真能煽動過一場真正的思想革命。他的影響力似乎只在後來浪漫主義時期的文學圈產生一種（溫和的）影響，在那時期中，「自然」移動到了歐洲意識的最前線。就如德國作家歌德（Goethe）所言：「我姑且就說我在（《倫理學》）找到了些東西來冷靜我的情感，而它似乎打開了一種對實體和道德世界的寬廣自由觀點。」[44]詩人威廉・華茲渥斯（William Wordsworth）曾寫下廷騰寺（Tintern Abbey）的廢墟

40 這在《倫理學》的第四部分，'Of Human Bondage or the Strength of the Emotions'，有詳細說明。

41 《倫理學》第四部分的陳述18。

42 Israel, *Radical Enlightenment*, pp. 162-63.

43 這是Jonathan Israel在*Revolutionary Ideas: An Intellectual History of the French Revolution from the Rights of Man to Robespierre* (Princeton, NJ, and Oxford: Princeton University Press, 2015) 之中的論點。

44 更完整的引言由Carl Niekerk (ed.), *The Radical Enlightenment in Germany: A Cultural Perspective* (Leiden: Brill, 2018)，頁三五六所提供。這來自歌德所記錄的、他在史特拉斯堡當學生時接觸斯賓諾莎著作的記述。「太顯著影響我且對我整個思考方式有這麼大影響的這番智識，來自斯賓諾莎。所以在我尋遍各地尋找一種能耕耘我古怪性格的手段卻徒勞無功之後，我總算碰上了這個人的《倫理學》。我不可能記述我從這著作中讀出了什麼，或者讀進了什麼。我姑且就說，我在這裡找到了些東西來冷靜我的情感，而它似乎打開了一種對實體和道德世界的寬廣自由觀點……我特別著迷於從他每個陳述中散發的無盡無我。」

在他心中燃起的感受：

以高深思想之喜悅驚擾著我
的一種存在；對某種更加深刻熔入之物
的一種極致感受
就寓於落日霞光中……[45]

這看起來十足斯賓諾莎。*

人們通常把十八世紀啟蒙運動視為歐洲思想開始有新層面，並挑戰過去觀念的時刻。然而，有著動盪劇變與宗教鬥爭的十七世紀，也是各種智慧反抗的源頭，而這些反抗的後果則是相當極端。爭辯是至關重要的，即便爭辯往往激烈並與宗教偏執糾纏不清。我毫不猶豫地覺得，西方心智被該世紀的思想家進一步重新喚醒了，但我們能否得到一個持平的結論？這便是我最後一章的主題。

45 這是出自威廉・華茲渥斯的詩，'Lines Composed a Few Miles above Tintern Abbey, On Revisiting the Banks of the Wye during a Tour, July 13, 1798'。一七九八年，這首詩收入華茲渥斯和塞謬爾・泰勒・柯立芝（Samuel Taylor Coleridge）所合著的《抒情歌謠集》而首度發行，而本書被視為英國浪漫運動的誕生。

* 另一名熱中者是年輕而認真的瑪麗・安・艾凡斯（Mary Ann Evans），後來的小說家喬治・艾略特（George Eliot, 1819-1880），她翻譯了《倫理學》並著迷於斯賓諾莎哲學。（由克萊兒・卡萊爾〔Clare Carlisle〕編輯的）新版艾略特譯本，將於二〇二〇年初由普林斯頓大學出版社出版。（譯注：於二〇二〇年一月十四日出版）

真的有過「西方心智的重新覺醒」嗎？

我們以優越的狂喜回顧我們祖先的野蠻狀態；我們樂於標出將我們從粗野養成至優雅的步伐。

湯瑪斯・瓦爾頓（Thomas Warton），

《英國詩史》（*The History of English Poetry*，一七七四－一七八一）

哲學家安東尼・克利福德・格雷林在《天才的時代：十七世紀與當代心智的誕生》（*The Age of Genius: The Seventeenth Century and the Birth of the Modern Mind*）中主張，「十七世紀時，歐洲藉由改變人類對宇宙以及自身的看法，而重設了人類歷史的進程。」[2]我覺得這太一概而論了。前面六章明白表示了，新思考方式出現在直至今日仍持續有其意義的十七世紀，但同樣地，不應該忽視一七〇〇年潛藏於社會的保守主義。一七〇〇年因西班牙國王卡洛斯二世駕崩時絕嗣，而爆發的西班牙王位繼承戰爭，證明了歐洲政治的驅動力依舊是王朝的野心。政治改革是透過「開明」的專制君主從上而下進行，而不是從下發起，一七八九年法國大革命之前的十八世紀便是如此。艾瑞克・尼爾森（Eric Nelson）在《希伯來共和國》（*The Hebrew Republic*）[3]這本短而傑出的著作中主張，當年對《舊約聖經》文字進行的研究導致人們著迷於共和主義；但當時兩個最頂尖的共和政體——威尼斯和荷蘭共和國——都在一七〇〇年之後摔落，且尼爾森的書還忽略了同一時期有大量文章反而是用《舊約聖經》中的王權做模範。當然，隨著美國和法國發生革命，實際運作的共和主義政治也復活了；但在此處，共和的靈感又是來自古典模範，而不是《聖經》模範。科學還沒開始改善大眾的生活；流行病持續重創那群由精通希波克拉底和蓋倫文獻的醫師所照料的人們。絕大多數人仍艱苦地在土地上勞動，對於糧食生產可能有什麼辦法增加或者更可靠，都只有最粗淺的意識。饑荒還是常常發生。

大學依舊十分仰賴古典和神學的指定教材，頂多就是提供一些技術（語言和邏輯學），讓更有創意的思想家拿來界定自己的智識之路。在劍橋大學這邊，當牛頓於一六六一年來到三一學院時，「宗教職責構成了每日生活規則的核心，而這套規則自從創校那時（一五四六年）訂立之後，就沒有多大改變。」[4]當然，牛頓便自己去創造智識之路。在天主教支配的歐洲地區，（活到了一七〇四年的）賈克－貝尼涅・博須埃等傑出的講道者，為傳統天主教提供強力辯護，利用了眾多偉大聖人的行為來讓人信服，引用奇蹟來當作上帝支持自身教會的跡象，稱自身教會是「小心警覺的教義守護者，致力於她的職責……（她）不做出改變、不做出增添，也不加以刪減」。[5]聖地仍然吸引成千上萬人來到，而那些名聲響亮的修道院，仍然滿懷教會的龐大財富。位於那不勒斯以及該城近郊的兩間加爾都西會修道院（Certosa）——聖瑪蒂諾（San Martino）修道院以及聖羅倫佐（San Lorenzo）修道院，院內為數不多的僧侶被要求捐出家中產業，來支持他們過著加爾都西會（Carthusians）的獨居生活；然而，這兩間修道院在十八世紀時富麗堂皇的程度，近來令我不知所措。

在新教支配的歐洲地區，基督教的財富並沒有那麼奢侈顯露，但對於寬容國教以外的教派，卻是捉襟見肘。三位一體的教義獲得了猛烈捍衛，即便不是以理性思考來辯護；光是否定這教義，就足以使人遭禁絕於公共生活。人很難不意識到自己有罪——然而，到頭來這究竟是催化了產能豐沛的生活，還是剎住了智識創意，卻是可以爭論的問題。基督教在社會方面始終非常保

1　Thomas Warton, *The History of English Poetry* (1774-1781)，出自第一冊（一七七四年），前言，pp. i-ii。

2　Grayling, *The Age of Genius*。引言來自頁三九一。

3　Nelson, *The Hebrew Republic*。Nelson 有著一個重要的貢獻，是讓人們得知了十七世紀時支持共和主義而有影響力的希伯來經文資料來源。

4　Iliffe, *Priest of Nature*, p. 56.

5　Paul Hazard, *The Crisis of the European Mind*, chapter 4, 'Bossuet at Bay'，寫博須埃寫得非常傑出。引言出自頁一九九。

守，不只是保守在確實有些正當性的家庭生活方面，以《聖經》前例來贊同維持奴隸制，也是相當保守的表現。人們常說基督教鼓勵平等，然而除了少數極端教派外，很難找到哪個「基督教」政治體制認同平等。主流教會也沒在哪邊積極為民主奮鬥。不管人生下來屬於哪個教派，上帝的權威還是在鼓吹一種要一個階級服從另一個階級的文化。

然而，在十八世紀所謂的「啟蒙運動時代」，批判思考出現了進一步的爆發。啟蒙運動是一個幾乎包含人類所有探索領域的巨大主題。人們還是比較簡化地把這場運動呈現為一場致力於理性的運動，也因此是「進步」的，但很難把啟蒙運動的「理性」跟它的情感基礎分開。基本上啟蒙運動是一場智識狂熱爆發，會被後來的諸世代用許多不同方法加以利用。儘管對於有興趣了解歐洲思想史的人來說，啟蒙運動是迷人且重要的一環，但如果本書試圖涵蓋這部分，都會冒著失去連貫一致性的風險。

總之，要將導致「西方心智覺醒」的眾多不同要素整理起來，會是一大挑戰。重要的是，得要強調歐洲的經濟與文化在羅馬帝國滅亡之後，和先前相比是多麼地損失慘重。儘管剛開始教會提供了一個框架來維持某種穩定性，但那框架從來都沒能促進經濟復甦。是義大利北部那些姑且試試的商人在地中海東側和北非繁榮的阿拉伯諸國間尋找好賺的生意，才造成了經濟復甦。而且，重要的不只是獲利而已。儘管歐洲的資料來源裡會嘲笑阿拉伯人不過就是海盜，但阿拉伯人到了八世紀末，也就是阿拔斯帝國（Abbasid caliphate）的黃金時期，卻已經造就了高超的文化，在十三世紀前，整個停滯而貧困的歐洲世界沒有哪一點趕得上。阿拉伯文獻的巨大貢獻，強迫證明了這個論點；其中許多文獻是翻譯自希臘原文，或者是對原文的評論，日後會灌注到歐洲諸大學的學識裡。甚至有人主張，大學本身就是阿拉伯人想出的點子，而哥白尼的天文學也採納了阿拉伯的資料來源。「西方用自身資源灌溉自己」的這種傳統敘事，仍然低估了上述這種對西方復甦的貢獻。

到了一一〇〇年以及阿伯拉爾的時代，也就是帝國滅亡的六百年後，他能拿來教書的文獻還是少到令人驚訝。古典文獻對於真正堪稱「重新甦醒」的過程有多重要，實在是怎麼誇大也不為過。其來源可說五花八門。有些文獻當然是透過阿拉伯人傳來；其他則是在一千紀期間複製的，尤其又以查理曼複製的經文為主力；還有些文獻則是從挺過西羅馬帝國滅亡的拜占庭帝國那邊再度直接送達（而當君士坦丁堡於一四五三年淪陷後，大舉逃入西歐的學者甚至帶來更多資料）。儘管拉丁文這種語言拿來做智識辯論時，不論精緻度或細微奧妙處都實在比不上希臘文，但它仍透過教會的支持而散播開來，並提供了一種讓人接觸到這些文獻的方法。文獻被人們用在眾多不同脈絡中，也因此它們在「覺醒」裡無所不在。羅馬法的重新出現，或許是最重要的一項進展，因為它建立了一個框架，在那其中可以解決傳統範圍內的爭執，也可以處理新的挑戰。羅馬法接受私權利，並使人們有辦法簽訂可強迫執行的商業契約。實際上，連教會都接受古典法律制度有著高於一大堆互相衝突的經文禁令與教宗禁令的首要地位。

然而，在其他脈絡底下，人們毫無批判地接受古典資料來源，使得新思想遭到凍結。大學的情況尤其是如此；關鍵文獻或者關鍵文獻的摘要在大學課程中根深柢固。人文主義者擺脫了這種束縛，率先針對資料來源本身從事嚴肅的學術研究。人文主義者進行各種調查的時間，和人類創造力重建信心的時間點正好一致。我對文藝復興時期義大利的生氣蓬勃有著藏不住的熱情，而我也在前文強調了布魯內萊斯基在佛羅倫斯興建的穹頂，它把古代資料來源、信心、想像力和科技知識集結為一項意氣風發的成就。

若要把古典資料來源的影響做一個概括彙總，其難題在於，它們可以給每一類政府提供模範，從共和主義到以羅馬皇帝為模範的專制主義，可說應有盡有。佛羅倫斯的最高執政官都只有兩個月任期，完全遵照亞里斯多德大約一七五〇年前寫的《政治學》中的指示。甚至到了太多事物不斷變化的十七世紀，不論人們是在支持還是在打破傳統看法，他們都還是會把許多文獻視為權威。在醫學方面，只要古典的四體液學說還在，醫生們就會繼續給病人放血治療。說起牛頓的數學癖，他與相關領域教授艾薩克・巴羅（Isaac Barrow）的第一次面談，主要就是在談西元前三〇〇年的歐幾里得《幾何原本》。萊布尼茲和斯賓諾莎也十分仰賴歐幾里得著作，還主張此後再也沒有數學家提出過能與之匹敵的文獻。

然而，隨著人們重新強調起經驗觀察，那些觀察自然世界的人就會輕易看出普林尼《自然史》或者托勒密《地理學指南》及《天文學大成》的明顯不足之處，於是我們就目睹了現代科學開始現身。當時的「科學」還不是像今日這樣，有獨特的科學專業及方法而定義明確（要到一八三〇年代，這個詞的用法才是像現代這樣的意義），但沒有人可以否定十六、十七世紀「自然哲學家」試圖根據自然世界本身狀態來了解自然世界時，所投入的智識嚴謹與活力。法蘭西斯・培根就注意到，歐洲人發現新大陸是怎麼使古代作者們變得不合時宜。歐洲人殖民美洲所揭露的更廣大自然世界——以及他們所接觸到的當地社會——對於挑戰「人」的傳統概念而言是非常關鍵的要素，同時也提供了一大串新的異地素材，刺激人們進一步思考。就如大衛・伍騰在《科學的發明》

中所主張（但或許有點太一概而論）的，關鍵詞是「發現」。「如果發現美洲是一次意外得利，」他寫道，「那它還會引起另一個更了不起的意外——也就是發現了『發現』……改變世界的是『可以做出新發現』的這個假設，因為它讓現代科技得以實現。」[6]

基督教對西方心智演變的影響，需要進一步思考。近期有些文章把基督教的影響力放在這種演變的核心。賴瑞・西登托普（Larry Siedentop）在《發明個人：西方自由主義的起源》（*Inventing the Individual: The Origins of Western Liberalism*）[7]中主張，自由主義的基礎可以在中世紀基督教找到。但這就忽略了那一整堆讓人能跨越智識光譜進行辯論的古代文獻。不同看法的發聲，以及爭辯這些看法的自由，肯定是自由主義的核心。雖然到頭來很難找到個人被「發明」出來的歷史時刻，但這不代表說，古典世界好像就不知道有個人主義。我們很難主張說，艾斯奇勒斯、索福克勒斯和尤里比底斯這些西元前五世紀的雅典劇作家，都沒有察覺到安蒂岡妮、伊底帕斯或美狄亞（Medea）等人物面臨的苦澀抉擇。而在羅馬共和晚期的權力鬥爭中，西塞羅對共和主義的堅定不移，以及他對希臘哲學與倫理學的探索研究，或許都可以描述為體現了「自由人文主義」。羅馬帝國的經濟十分仰賴自由企業，而羅馬法保護了羅馬公民的權利。在羅馬帝國轄下的希臘城市，支持人們出資興建建築物的內在動力，是個人所追求的尊榮——而城市則立起這些人的人像作為回報。

---

6 Wootton, *The Invention of Science*, pp. 61-62, chapter 3, 'Inventing Discovery'.

7 Larry Siedentop, *Inventing the Individual: The Origins of Western Liberalism* (London: Allen Lane / Penguin, 2014).

如果人信了基督教，毫無疑問地會針對「個人」方面的神學解釋，而這種解釋可以遠遠回溯到使徒保羅的書信；然而中世紀有許多其他因素鼓勵個人主義，尤其是經濟上的機會主義，以及人們渴望政治解方。中世紀歐洲史學其中一個最重要的發展，就是承認了另類意見。羅馬法和西塞羅哲學著作等古典資料來源，是義大利北部城邦強化自由概念的關鍵要素。亞里斯多德的《政治學》提供了寡頭統治的模範，他的《尼各馬可倫理學》是一種比《聖經》裡的各式各樣文獻都更連貫一致（且更實用主義）的倫理學方法。反抗暴政的傳統源自羅馬共和的程度並不亞於福音書。智識思想的許多領域，好比說地理學和數學，都在不論及經文的情況下逐漸開展。

簡單來說，基督教就只是中世紀歐洲思想發展的其中一個因素。它的影響力被人們表達它的五花八門方式所弱化。西登托普假定了一種根本不存在於中世紀基督教的連貫一致狀態，而他也未能在「教義的宣告」和「其後平信徒行為與信仰的任何改變」之間找到關係。教宗命令，或者「奧卡姆的威廉」（西登托普花了一整章談他）等人的思想，真的有改變西方思想的方向嗎？宗教領袖的權威，因為人們不斷聲稱他們腐敗而弱化，而教會內的聲音又特別有傷害力。事實上，對於顯赫的知識分子來說，譴責這種讓教會實在不像一個引人尊重之機構的腐敗，似乎是時尚所趨。羅馬教廷的諸多活動在中世紀時期就啟人疑竇，直至今日也還是如此。而且前面幾章已經用了夠多的文字來證明挑戰教會教義有多困難。因此，我們實在很難看出，如此專注於捍衛自身階級制度的中世紀教會，到底要怎麼生出某個往往被假定是自由主義核心要素的東西。

西登托普並沒有把他的文章延伸至宗教改革和（許多人會主張的）西方自由主義誕生的十七世紀那麼遠。他假設，發展出自由主義所需要的一切，早於一五〇〇年就準備就緒了。然而我們大可主張（如此主張的還有寫下《宗教寬容想法如何來到西方》（*How the Idea of Religious Toleration Came to the West*）的培瑞茲・札格林），是一五〇〇年之後的特定發展，給了歐洲思想一股新的動力。就如本書所反覆主張的，「宗教寬容概念」這個自由主義的關鍵要素，是針對基督教的權威主義和不寬容所做出的反應。喀爾文派因為米蓋爾・塞爾維特挑戰三位一體教義就把他燒死，而塞巴斯汀・卡斯特就在對喀爾文派的憤怒驅使下，詳述了宗教寬容的概念。是三十年戰爭的暴行和路易十四撤銷《南特敕令》，引發了大量宗教難民出逃，而這場大出逃又推動約翰・洛克等十七世紀思想家構思宗教寬容的哲學。本書最後幾章有著充足的要素，證明那些思考充滿創意的人是多麼無情地遭到宗教保守人士攻擊，就算他們仍然自認是基督徒也一樣。每個哲學家都得要在自己提出的每個體系中，替自己的上帝概念找到一個容身處；但那可不代表鼓勵進步思考的就是上帝，或者以上帝之名建立的諸教會。

湯姆・荷蘭（Tom Holland）在他範圍廣泛（有別於西登托普的著作，其範圍延伸到了今日）的研究書籍《支配：西方心智的製造》（*Dominion: The Making of the Western Mind*）[8]中主張，「基督教可能是古代世界最歷久不衰且最有影響力的遺產，而它的嶄露頭角可能是西方歷史中最有改造力量的一項發展。」[9]有鑑於荷蘭是卓越的古典主義者，他居然會覺得長達一千年並對西方思想演變有巨大影響的古典文明所造成的衝擊還不如基督教出現來得更重要，是滿令人意外的。荷蘭

8 Tom Holland, *Dominion: The Making of the Western Mind* (New York and London: Little, Brown, 2019).

9 同前注，前言，p. xxv。

若要挺住論點，就需要回答兩個迫切的問題：「我們談的是哪個基督教？」以及「宗教領袖能有什麼方法改變人的思考？」本書的一個重要主題，就是西歐出現過的各式各樣基督教。儘管曾經有人試圖控制天主教平信徒的心智（舉例來說，透過懺悔聖事），但沒有多少證據顯示信徒們信了別人覺得他們該信的東西。此外，也很少有人去探索基督教教義由上而下傳播的機制；不論是西登托普還是荷蘭，都只是假定有這樣的機制存在。這就好像在說，大眾都沒有自己的宗教精神感受或宗教精神效忠，所以教會統治集團跟他們說什麼，他們就那樣照單全收。這肯定是低估了人心為自身著想的力量。洛克堅持心智應該積極獨立尋找自己的知識，因此是這方面的關鍵的哲學家。

簡單來說，荷蘭就跟西登托普一樣落入了一種陷阱，也就是誤信基督教某種意義上是一個整體一致的實體。早期基督教團體在一個充滿敵意的環境中替成員提供了照護體系；儘管迫害劇烈，這些團體還是存活了下來。接著在四世紀時，教會和羅馬帝國妥協，所以主教們就被帶進了主流社會，來維護社會的各種傳統架構，而不是「改造」它們（也就是我前一本書《西方心智的封閉》的論點）。就如我在我的中世紀聖物研究著作《聖骨、聖塵》（*Holy Bones, Holy Dust*）中所證明的，以供奉聖物的聖地和聖人遺體為宗教中心的在地基督教，確保了各地能有眾多活力充沛的宗教精神中心，提供表達宗教感受的各種另類方法。到十六世紀為止，基督徒連要用自己的語言來讀《聖經》都辦不到。十五世紀時能取得的、以眾多地方話寫成的大量另類宗教禮拜文獻（一個好例子就是雅各・德・佛拉金的《黃金傳說》），會讓人意識到，經文並不是信仰的主要來源。探索中世紀教堂的整套環狀濕壁畫時，可以辨識出那種其實沒有經文來源的敘事，好比說描繪聖母瑪利亞童年的繪畫。因此路德把恢復《聖經》的重要性視為自己的使命，就是可以理解的事情了。新教的宗教改革創造了多上更多的教派，每個都有自己獨特的神學，以及對競爭者的敵意。就如第二十三章討論的，一五五〇年之後，你出生的地點就決定了你很可能是哪一種基督徒。基督教變成了地域性宗教，也因此不可免地和民族認同密不可分。如果有誰要像湯姆・荷蘭那樣主張，基督教的嶄露頭角是「西方歷史中最有改造力量的一項發展」，那麼他就得要根據上述這些歷史事實，來做一個更細膩的評價。

當歐洲人「發現」美洲人時，基督教對於歐洲人對待美洲人的方式，也起了模稜兩可的作用。「如何對付不是信徒的人」這個堪稱基督教核心倫理難題的問題，現在變得很關鍵。如本書所證明的，人們接受說，那些被遺留在外的人，要用不同程度的說服方式，迫使他們得到救贖。「至於這些可憐的印地安人，」一六三二年劍橋大學耶穌學院的一名研究生約翰・艾略特（John Eliot）表示，「他們沒有自己的原則也還沒有自己的智慧……因此他們確實徹底心甘情願屈從於主給的任何方向，所以就不會有那種對耶穌基督王國興起的反抗。」[10] 知名的歷史學家基思・湯瑪斯（Keith Thomas）在近期的著作《追求開化》（*In Pursuit of Civility*）中證明，相衝突的「文明」概念，是怎麼一邊批評那些盡力把更優越生活方式帶給如今屈膝於歐洲統治之「異教徒」的帝國布道團，一邊又正當化他們的行徑。[11] 第二十二章證明了這是如何發生在西班牙統治的美洲，其中不論「寬容當地文化」和「貶低當地文化」都能從《聖經》和古典資料來源獲得支持證據。種族等

10　引文出自Rée, *Witcraft*, p. 65。
11　Thomas, *In Pursuit of Civility*。尤其可見第五章 'Exporting Civility'，以及第六章 'Civilization Reconsidered'。

級制成為了西方標準思考的一部分。事實上，各路經濟勢力都無視了所有出於哲學或神學而應良善統治的正當理由，甚至連那些最堅持寬容的人，也還是支持傳教士有權讓信異教的「土人」改信；而這是一大悲劇。到了十九世紀時，英國人會以一種高道德的語氣，來談自己在印度和非洲的文明開化作用；而那種語氣是同時源自基督教，以及維吉爾在《埃涅阿斯紀》中對於羅馬帝國主義的頌揚。

就算不能徹底支持「十七世紀達到了智識或者文化上的突破」這個想法，十七世紀無疑還是產出了重要的新思考方法，也確實可以認為這些思考方法滋養了現代世界，並提供更開放寬容的觀點。但這不代表說，那種（無論什麼定義下的）「進步」是不可免的結果。雖然我不會像哲學家約翰・格雷（John Gray）那麼誇張，主張「歷史上的進步」這種想法本質上只是人因為需要意義才去創造的神話，[12] 但我們可以樂見格雷發出這樣的警語。任何看出促進宗教寬容有多重要的人、接受科學為人類取得的福祉多於宗教機構的人、對於人世百態的更深刻思考抱持開放態度的人，都會為一個問題擔憂不已，那就是過了三百年後，上述這些價值依舊受到威脅。法蘭西斯・福山（Francis Fukuyama）在《歷史之終結與最後一人》（*The End of History and the Last Man*）[13] 之中，錯到離譜地假定自由民主在一九八九年鐵幕崩塌之後獲勝，而文明也已經達到了最高峰。每當一年又過去，對上述這番評估的懷疑就越來越深。認清上述那些價值的誕生經歷了多少痛苦，以及它們的存續有多岌岌可危，是極其必要的事。但這些價值所提供的文化財富，也確實應當讚賞。我確實認為，我有正當理由把羅馬帝國滅亡至一七〇〇年的漫長歲月，描述為一個往往不甚規則且沒有章法的、「西方心智覺醒」的過程。

12 這是Gray著作的一貫主題，例如*Straw Dogs: Thoughts on Humans and Other Animals* (2002)、*Heresies: Against Progress and Other Illusions*（二〇〇四年），以及*Seven Types of Atheism*（二〇一八年）。

13 法蘭西斯・福山，《歷史之終結與最後一人》(New York: The Free Press, 1992)，可於線上閱讀：A29412.0001.001/1:3?rgn=div1;view=fulltext。

附錄一

《湯瑪斯・阿奎那的勝利》（*The Triumph of Thomas Aquinas*，頁二九〇－九一）

這面在阿奎那死後一世紀所繪的、不同凡響的濕壁畫，展現這位哲學家與所有美德及學識傳統都有所關聯。在阿奎那頭上盤旋的七美德，分別是在上的三個神學美德，信仰、希望、慈愛，以及其下的節制、謹慎、正義和勇氣。在他身旁的，是十名分別來自《舊約聖經》以及《新約聖經》的人物。從左至右分別是約伯、大衛、（忙著寫信的）聖保羅、馬可、馬太、約翰、路加（這些人都帶著他們的福音書）、摩西、以賽亞和所羅門。阿奎那腳下有三位異端人物：聶斯脫里（Nestorius），他過度強調了耶穌的人性；亞流（Arius），他鼓吹基督的次要本質；然後是主張世俗知識與神學知識平等的亞維侯。阿奎那底下有成排的人物，左側是七種神聖學科以及他們最具聲望的提倡者。從最左邊開始，先是查士丁尼坐定在民法的腳邊。教宗克萊孟五世坐在教會法的腳邊，而亞里斯多德坐在哲學腳邊。跟《聖經》一起的是熱羅尼莫，而神學則是東正教神學家「大馬士革的約翰」（John of Damascus）。深思（Contemplation）坐在「亞略巴古的狄奧尼修斯」（Dionysius the Areopagite）之上，而講道則是在奧古斯丁上頭。湯瑪斯下方那排的右側是七藝，同樣也有它們的提倡者。從四目開始，代表算術的人物坐在畢達哥拉斯之上，然後幾何學在歐幾里得之上。托勒密在天文學下頭，而土八該隱（Tubal-cain，在《創世紀》中提到的鐵匠，在這裡看到他敲打著鐵砧要敲出聲音）則是在音樂之下。至於三科，一名身分不詳的人坐在辯證法腳邊，西塞羅當然代表了修辭學，而普里西安則代表文法。

附錄二

位於烏爾比諾的工作室（頁四一一）

烏爾比諾工作室的木造嵌花上方，有一些吸引人文主義者的人物。在這個區塊裡，上排從左至右分別是：歐幾里得（希臘數學家）、費爾特雷的維多里諾（十五世紀曼圖阿宮廷的人文主義導師）、梭倫（Solon，西元前六世紀雅典立法者），巴托魯斯・德・薩索斐拉多（中世紀律師）；下排：教宗庇護二世（人文主義教宗）、貝薩里翁樞機主教（知識分子兼東西方基督教的調停者）、大阿爾伯特（中世紀其中一名最佳的「科學家」）、教宗西斯篤四世（藝術的贊助者、西斯汀禮拜堂的興建者以及卡比托利歐博物館〔Capitoline Museums〕的創建者）。

致謝

我想我應該要回顧一九六〇年代早期，感謝伊普斯威治博物館的一位奧勒斯（Owles）女士鼓勵我加入挖掘薩福克的羅馬別墅，以及我父親和我分享伯納德・貝倫森的喬托研究。這兩件事在我的書中都是重要時刻，第一件是因為那座別墅的灰燼確認了羅馬權威在不列顛的崩盤，也就是本書的起始點；第二件則是因為，帕多瓦那間競技場禮拜堂的濕壁畫在完成當年，被人們視為西方藝術的新起始以及覺醒。

然而，我要專心談那些過去三或四年協助我完成本書的人們。我在此哀悼兩位好友的逝世，分別是約翰・羅傑斯（John Rogers）以及東尼・崔林（Tony Trayling），他們在歷史、哲學和神學方面的興趣提供了許多對話的基礎。如果他們仍在世，對話就能持續下去，而我很想念他們兩位。隨著本書開展，我開始疑惑本書能否寫成連貫一致的形式，這時有史蒂芬・可洛維（Stephen Calloway）和蘇珊・歐文斯（Susan Owens），以及美國的史丹・普雷哲（Stan Prager）讀過了本書大半內容，提供了建議並鼓勵我繼續進行。分別從維多利亞博物館和艾爾伯特博物館的館長職退休的史蒂芬和蘇珊娜，也針對插圖給了意見。我在這裡也要感謝克里斯多福・洛伊德（Christopher Lloyd）推薦了新聖母大殿修道院裡的《湯瑪斯・阿奎那的勝利》。

保羅・卡特里奇（Paul Cartledge）不只私底下給我大力支持，也在所有古典事物上擔任了我的顧問。我始終可以仰賴朱利安・巴克（Julian Barker）從自由派盎格魯宗的觀點來深入討論神學問題。在歐洲歷史的宗教信念問題方面，我曾經和阿爾多・麥圖奇（Aldo Matteucci）有許多成果豐碩的對話，而我很高興他和太太希薇（Sylvie）兩度加入我的旅程，和我私下討論這些問題。安東尼・史丹頓（Anthony Stanton）替我讀了阿伯拉爾。查爾斯・韓第（Charles Handy）還希望我多寫一些蒙田的事。勒內－奧利佛・奧爾良（René-Oliver Orléan）討論了本書的呈現，特別是在他土生土長的美國市場如何呈現；而我的女兒考狄利婭（Cordelia）則是在她專精的學科，也就是拉丁美洲方面給了我建議。一間學術出版社婉拒了本書的出版，但仍然用三份淵博的讀者報告解釋為何如此，而這三份報告提供了對本書南轅北轍的各種觀點，但也提供了許多好的改進建議。我的經紀人比爾・漢米爾頓（Bill Hamilton）曾擔心本書太長而沒辦法賣給出版社，但他還是設法辦到了。

在一份值得紀念的校內報告中被形容是「性格冒失魯莽」的我，十分仰賴各位編輯以及審稿人的專業與照顧。Head of Zeus出版社的理查・米爾班克（Richard Milbank）是一位一絲不苟的編輯，特別是因為我們對本書有著非常類似的願景。理查把我從許多用詞不當和錯誤中解救出來，而他的支持可說無價。審稿人凱撒琳・漢雷（Catherine Hanley）統整所有內容，並發現相隔多頁的許多前後不一致處，其工作可說無懈可擊。監製人克蕾曼斯・賈克奇涅特（Clémence Jacquinet）完成了了不起的工作，特別是集結那麼多插圖來置放，並將本書集合成最後的模樣。伊桑巴德・湯瑪斯（Isambard Thomas）所發想的設計，有著這樣一本雄心壯志的歐洲史調查著作所需的氣派。助理編輯安娜・南丁格爾（Anna Nightingale）以銳利的鷹眼審視了最終完稿。還要多多感謝協助達成這般驚人結果的所有人。伊索貝爾・麥克林恩（Isobel McLean）創造了一篇詳盡到令人欽佩的索引。當然，如果這本複雜的書中還有任何錯誤，那必然是我的過失。

最終成書得以向我的太太莉狄亞（Lydia）保證，我過去三年不是只有閒閒沒事坐在我的研究庫裡面，而她所給予我、讓我前進的至關重要支持都沒有白費。本書獻給我的女兒考狄利婭。這本書的出版恰逢她在艾希特大學（University of Exeter）接下政治地理學講師的新職位，而她將能在該處繼續進行由惠康基金會（Wellcome Trust）所資助的拉丁美洲女權工作。願我們的努力嘗試都能長長久久而成果豐碩。

Woolhouse, Roger, *Locke: A Biography* (Cambridge: Cambridge University Press, 2007).

Wootton, David, *Galileo; Watcher of the Skies* (New Haven and London: Yale University Press, 2010).

———, *The Invention of Science: A New History of the Scientific Revolution* (London: Penguin Books, 2016).

Wyatt, Michael (ed.), *The Cambridge Companion to the Italian Renaissance* (Cambridge: Cambridge University Press, 2014).

Yates, Frances, *Giordano Bruno and the Hermetic Tradition* (Chicago and London: University of Chicago Press, 1964).

Zagorin, Perez, *How the Idea of Religious Toleration Came to the West* (Princeton and Oxford: Princeton University Press, 2003).

Zutshi, P. N. R., 'The Avignon Papacy', Michael Jones (ed.), *The New Cambridge Medieval History: Volume 6, c.1300-c.1415* (Cambridge: Cambridge University Press, 2000), pp. 651-73.

Medieval History: Volume 5, c.1198-c.1300 (Cambridge: Cambridge University Press, 2008), pp. 256-78.

Vergerio, Claire, *Constructing the Right to War: Alberico Gentili and His Receptions in International Law* (Oxford: Oxford University Research Archive, 2017).

Vollerthun, Ursula, James Richardson (ed.), *The Idea of International Society: Erasmus, Vitoria, Gentili and Grotius* (Cambridge: Cambridge University Press, 2017).

Vout, Caroline, *Classical Art: A Life History from Antiquity to the Present* (Princeton and Oxford: Princeton University Press, 2018).

Walsham, Alexandra, *The Reformation of the Landscape: Religion, Identity, and Memory in Early Modern Britain and Ireland* (Oxford: Oxford University Press, 2011).

———, 'Reformation Legacies', Peter Marshall (ed.), *The Oxford Illustrated History of the Reformation* (Oxford: Oxford University Press, 2015), pp. 226-78.

Ward-Perkins, Bryan, *The Fall of Rome and the End of Civilization* (Oxford: Oxford University Press, 2006).

Watts, John, *The Making of Polities, 1300-1500* (Cambridge: Cambridge University Press, 2009).

Westgard, Joshua, 'Bede and the Continent in the Carolingian Age and Beyond', Scott DeGregorio (ed.) *The Cambridge Companion to Bede* (Cambridge: Cambridge University Press, 2010), pp. 201-15.

Wheeler, Catherine and Ben Thomas, *Raphael: The Drawings* (Oxford: Ashmolean Museum, 2017).

White, Eric Marshall, *Editio Princeps: A History of the Gutenberg Bible* (Turnhout: Harvey Miller, 2017).

Wickham, Chris, *The Inheritance of Rome: A History of Europe from 400 to 1000* (London: Allen Lane / Penguin, 2009).

———, *Sleepwalking into a New World: The Emergence of Italian City Communes in the Twelfth Century* (Princeton and Oxford: Princeton University Press, 2015).

———, *Medieval Europe* (New Haven and London: Yale University Press, 2016).

Wilson, Catherine, 'Thomas Hobbes' Leviathan', chapter 22, Peter Anstey (ed.), *British Philosophy in the Seventeenth Century* (Oxford: Oxford University Press, 2013).

Wilson, Christopher, *The Gothic Cathedral: The Architecture of the Great Church 1130-1530*, rev. ed. (London: Thames and Hudson, 1992).

Wilson, Peter, *Europe's Tragedy: A New History of the Thirty Years War* (London: Allen Lane / Penguin, 2009).

Wilson-Lee, Edward, *The Catalogue of Shipwrecked Books: Young Columbus and the Search for a Universal Library* (London: William Collins, 2017).

Witt, Ronald, *In the Footsteps of the Ancients: The Origins of Humanism from Lovato to Bruni* (Leiden: Brill, 2000).

Wood, Ian, *The Transformation of the Roman West* (Leeds: ARC Humanities Press, 2018).

Terpstra, Nicholas, 'Civic Religion', John Arnold (ed.), *The Oxford Handbook of Medieval Christianity* (Oxford: Oxford University Press, 2014), pp. 148-65.

———, *Religious Refugees in the Early Modern World: An Alternative History of the Reformation* (Cambridge: Cambridge University Press, 2015).

Thomas, Keith, *Man and the Natural World: Changing Attitudes in England 1500-1800* (London: Allen Lane / Penguin, 1983).

———, *In Pursuit of Civility, Manners and Civilization in Early Modern England* (New Haven and London: Yale University Press, 2018).

Thomson, Ian, *Dante's Divine Comedy: A Journey without End* (London: Head of Zeus, 2018).

Thornton, John, *A Cultural History of the Atlantic World, 1250-1820* (Cambridge: Cambridge University Press, 2012).

Thorsteinsson, Runar, *Roman Christianity and Roman Stoicism* (Oxford: Oxford University Press, 2010).

Tinniswood, Adrian, *The Royal Society* (London: Head of Zeus, 2019).

Tremlett, Giles, *Isabella of Castile* (London: Bloomsbury, 2017).

Trevor-Roper, Hugh, *Europe's Physician: The Various Life of Sir Theodore De Mayerne* (New Haven and London: Yale University Press, 2007).

Tuck, Richard, *Hobbes: A Very Short Introduction* (Oxford: Oxford University Press, 1989).

Turner, Denys, *Thomas Aquinas: A Portrait* (New Haven and London: Yale University Press, 2013).

Turner, Frank M., *The Greek Heritage in Victorian Britain* (New Haven and London: Yale University Press, 1981).

Turner, James, *Philology: The Forgotten Origins of the Modern Humanities* (Princeton and Oxford: Princeton University Press, 2014).

Tyerman, Christopher, *How to Plan a Crusade: Reason and Religious War in the High Middle Ages* (London: Allen Lane / Penguin, 2015).

———, *The World of the Crusades: An Illustrated History* (New Haven and London: Yale University Press, 2019).

Van Bueren, Geraldine, 'Take Back Control: A New Commons Charter for the Twenty-First Century is Overdue, 800 Years After the First', *Times Literary Supplement*, 10 March 2017.

Vauchez, André, 'The Religious Orders', David Abulafia (ed.), *The New Cambridge Medieval History: Volume 5, c.1198-c.1300* (Cambridge: Cambridge University Press, 1999), pp. 220-55.

Verger, Jacques, 'Schools and Universities', Christopher Allmand (ed.), *The New Cambridge Medieval History: Volume 7, c.1415-c.1500* (Cambridge: Cambridge University Press, 1998), pp. 220-42.

———, 'The Universities and Scholasticism', David Abulafia (ed.), *The New Cambridge*

MA: MIT Press, 2011).

Santagata, Marco (trans. Richard Dixon), *Dante: The Story of his Life* (Cambridge, MA and London: Belknap Press of Harvard University Press, 2016).

Schama, Simon, *The Embarrassment of Riches: An Interpretation of Dutch Culture in the Golden Age* (London: Collins, 1987).

Shank, Michael and David Lindberg, 'Introduction', David Lindberg and Michael Shank (eds.), *The Cambridge History of Science: Volume 2, Medieval Science* (Cambridge: Cambridge University Press, 2013).

Shapin, Steven, *The Scientific Revolution* (Chicago and London: University of Chicago Press, 1996).

Shapiro, James, *1599: A Year in the Life of William Shakespeare* (London: Faber and Faber, 2005).

Sharpe, Kevin, *The Personal Rule of Charles I* (New Haven and London: Yale University Press, 1992).

Sharratt, Michael, *Galileo: Decisive Innovator* (Cambridge: Cambridge University Press, 1994).

Shields, Christopher, *The Oxford Handbook of Aristotle* (Oxford: Oxford University Press, 2012).

Siedentop, Larry, *Inventing the Individual: The Origins of Western Liberalism* (London: Allen Lane / Penguin, 2014).

Skinner, Quentin, *The Foundations of Modern Political Thought: Volume 1, The Renaissance* (Cambridge: Cambridge University Press, 1978).

———, 'A Genealogy of the Modern State', Ron Johnston (ed.), *Proceedings of the British Academy, Volume 162, 2008 Lectures* (London: British Academy, 2009), pp. 325-70.

———, *From Humanism to Hobbes: Studies in Rhetoric and Politics* (Cambridge: Cambridge University Press, 2018).

Slack, Paul, *The Invention of Improvement: Information and Material Progress in Seventeenth-Century England* (Oxford: Oxford University Press, 2015).

Stein, Peter, *Roman Law in European History* (Cambridge: Cambridge University Press, 1999).

Stone, M. W. F. and Robert Wisnovsky, 'Philosophy and Theology', Robert Pasnau (ed.), *The Cambridge History of Medieval Philosophy: Volume 2* (Cambridge: Cambridge University Press, 2010), pp. 689-706.

Stubblebine, James (ed.), *Giotto: The Arena Chapel Frescos* (New York and London: W. W. Norton, 1996).

Stuurman, Siep, *The Invention of Humanity: Equality and Cultural Difference in World History* (Cambridge MA and London: Harvard University Press, 2017).

Taylor, Charles, *A Secular Age* (Cambridge, MA and London: Belknap Press of Harvard University Press, 2007).

Putnam, Robert, et al., *Making Democracy Work: Civic Traditions in Modern Italy* (Princeton and Oxford: Princeton University Press, 1993).

Rapp, Claudia, *Holy Bishops in Late Antiquity: The Nature of Christian Leadership in an Age of Transition* (Berkeley: University of California Press, 2005).

———, 'Bessarion', Anthony Grafton et al. (eds.), *The Classical Tradition* (Cambridge, MA and London: Belknap Press of Harvard University Press, 2010), pp. 125-26.

Rée, Jonathan, *Witcraft: The Invention of Philosophy in English* (London: Allen Lane / Penguin Books, 2019).

Regenos, Graydon (ed. and trans.), *The Letters of Lupus of Ferrières* (The Hague, Nijhoff, 1966).

Reynolds, Barbara, *Dante: The Poet, the Political Thinker, the Man* (London and New York: I. B. Tauris, 2006).

Reynolds, L. D. and N. G. Wilson, *Scribes and Scholars: A Guide to the Transmission of Greek and Latin Literature*, 4th ed. (Oxford: Oxford University Press, 2013).

Ridder-Symeons, Hilde de (ed.), *A History of the University in Europe: Volume 1, Universities in the Middle Ages* (Cambridge: Cambridge University Press, 1991).

Riley-Smith, Jonathan, 'The Crusades, 1095-1198', David Luscombe and Jonathan Riley-Smith (eds.), *The New Cambridge Medieval History: Volume 4, c.1024-c.1198, Part 1* (Cambridge: Cambridge University Press, 2004), pp. 534-63.

Robinson, Ian, *The Papal Reform of the Eleventh Century: Lives of Pope Leo IX and Pope Gregory VII* (Manchester: Manchester University Press, 2004).

Roper, Lyndal, *Martin Luther, Renegade and Prophet* (London: Bodley Head, 2016).

Rowland, Ingrid, 'Raphael's Eminent Philosophers: The School of Athens and the Classic Work Almost No One Read', James Miller (ed.), *Lives of the Eminent Philosophers by Diogenes Laertius* (Oxford: Oxford University Press, 2018), pp. 554-61.

Rowland, Ingrid and Noah Charney, *The Collector of Lives: Giorgio Vasari and the Invention of Art* (London and New York: W. W. Norton and Co., 2017).

Rubin, Miri and Walter Simons (eds.), *The Cambridge History of Christianity: Volume 4, Christianity in Western Europe c.1100-c.1500* (Cambridge: Cambridge University Press, 2009).

Ruggiero, Guido, *The Renaissance in Italy: A Social and Cultural History of the Rinascimento* (Cambridge: Cambridge University Press, 2015).

Ruskin, John, *The Stones of Venice, Volume 2* (London: Smith, Elder and Co., 1853).

Ryan, Alan, *On Politics: A History of Political Thought from Herodotus to the Present* (London: Allen Lane / Penguin, 2012).

Rybczynski, Witold, *The Perfect House: A Journey with Renaissance Master Andrea Palladio* (New York: Scribner, 2002).

Ryle, Gilbert, *Critical Essays, Collected Papers* (London: Routledge, 2009).

Saliba, George, *Islamic Science and the Making of the European Renaissance* (Cambridge

Parker, Geoffrey, *The Thirty Years War*, 2nd ed. (London: Routledge, 1997).

———, *Emperor: A New Life of Charles V* (New Haven and London: Yale University Press, 2019).

Partridge, Loren, *The Renaissance in Rome* (London: Weidenfeld and Nicolson, 1996).

———, *Art of Renaissance Florence, 1400-1600* (Berkeley, CA: University of California Press, 2009).

Pasnau, Robert (ed.), *The Cambridge History of Medieval Philosophy, Volumes 1 and 2* (Cambridge: Cambridge University Press, 2010).

Pedersen, Olaf (trans. Richard North), *The First Universities: Studium Generale and the Origins of University Education in Europe* (Cambridge: Cambridge University Press, 1997).

Pennington, K., *The Prince and the Law, 1200-1600: Sovereignty and Rights in the Western Legal Tradition* (Berkeley, CA: University of California Press, 1993).

Pettegree, Andrew, *The Book in the Renaissance* (New Haven and London: Yale University Press, 2010).

———, *Brand Luther* (London: Penguin Books, 2016).

Pettegree, Andrew and Arthur de Weduwen, *The Bookshop of the World: Making and Trading Books in the Dutch Golden Age* (New Haven and London: Yale University Press, 2019).

Phillips, Jonathan, *Holy Warriors: A Modern History of the Crusades* (London: Bodley Head, 2009).

Christophe Picard, *The Sea of the Caliphs: The Mediterranean in the Medieval Islamic World*, trans. Nicholas Elliott (Cambridge MA and London: Belknap Press of Harvard University Press, 2018).

Pincus, Steve, *1688: The First Modern Revolution* (New Haven and London: Yale University Press, 2009).

Pinner, Rebecca, *The Cult of St. Edmund in Medieval East Anglia* (Woodbridge: Boydell Press, 2015).

Popkin, Richard, *The History of Scepticism from Savonarola to Bayle*, rev. ed. (Oxford: Oxford University Press, 2003).

Porter, Roy, *The Greatest Benefit to Mankind: A Medical History of Humanity from Antiquity to the Present* (London: HarperCollins, 2007).

Principe, Lawrence M., *The Scientific Revolution: A Very Short Introduction* (Oxford: Oxford University Press, 2011).

Pullen, Brian, *Rich and Poor in Renaissance Venice* (Cambridge MA and London: Harvard University Press, 1971).

Putallaz, François-Xavier, 'Censorship', Robert Pasnau (ed.), *The Cambridge History of Medieval Philosophy: Volume 1* (Cambridge: Cambridge University Press, 2010), pp. 99-113.

2004).

Niekerk, Carl, (ed.), *The Radical Enlightenment in Germany: A Cultural Perspective* (Leiden: Brill, 2018).

Noble, Thomas and Julia Smith (eds.), *The Cambridge History of Christianity: Volume 3, Early Medieval Christianities, c.600-1100* (Cambridge: Cambridge University Press, 2008).

Nurminen, Mario, T., *The Mapmakers' World: A Cultural History of the European World Map* (London: Pool of London Press, 2015).

O'Callaghan, Joseph, *Reconquest and Crusade in Medieval Spain* (Philadelphia: University of Pennsylvania Press, 2004).

O'Donnell, James, *Cassiodorus* (Berkeley: University of California Press, 1969).

Ogilvie, Brian W., *The Science of Describing: Natural History in Renaissance Europe* (Chicago and London: University of Chicago Press, 2006).

Oldfield, Paul, *Urban Panegyric and the Transformation of the Medieval City 1100-1300* (Oxford: Oxford University Press, 2019).

O'Malley, John W., *Trent: What Happened at the Council* (Cambridge, MA and London: Belknap Press of Harvard University Press, 2013).

———, *The Jesuits: A History from Ignatius to the Present* (Lanham, MD: Rowman and Littlefield, 2017).

Orchard, Andy, 'Language, Literature and Learning', Claire Breay and Joanna Story (eds.), *Anglo-Saxon Kingdoms, Art, Word, War* (London: British Library, 2018), pp. 33-38.

Osler, Margaret J., *Reconfiguring the World: Nature, God and Human Understanding from the Middle Ages to Early Modern Europe* (Baltimore, MD: Johns Hopkins University Press, 2010).

Ostler, Nicholas, *Ad Infinitum: A Biography of Latin and the World it Created* (London: Harper Press, 2007).

Ostrow, Steven, *Art and Spirituality in Counter-Reformation Rome: The Sistine and Pauline Chapels in S. Maria Maggiore* (Cambridge: Cambridge University Press, 1996).

Ozment, Steven, *The Age of Reform, 1250-1550: An Intellectual and Religious History of Late Medieval and Reformation Europe* (New Haven and London: Yale University Press, 1980).

Pagden, Anthony, *The Fall of Natural Man: The American Indian and the Origins of Comparative Ethnology* (Cambridge: Cambridge University Press, 1982).

———, *European Encounters with the New World* (New Haven and London: Yale University Press, 1993).

Page, Christopher, *The Christian West and its Singers* (New Haven and London: Yale University Press, 2010).

Park, Katherine and Lorraine Daston, (eds.), *The Cambridge History of Science: Volume 3, Early Modern Science* (Cambridge: Cambridge University Press, 2006.)

Minnucci, Giovanni and Rafael Domingo, 'Alberico Gentili and the Secularization of the Law of Nations', Rafael Domingo and John Witte (eds.), *Christianity and Global Law: An Introduction* (Cambridge: Cambridge University Press, 2020).

Mokyr, Joel, *The Culture of Growth: The Origins of the Modern Economy* (Princeton and Oxford: Princeton University Press, 2016).

Molland, A. George, 'Mathematics', David Lindberg and Michael Shank (eds.), *The Cambridge History of Science: Volume 2, Medieval Science* (Cambridge: Cambridge University Press, 2013), pp. 512-31.

Montaigne, Michel de (trans. M. A. Screech), *The Complete Essays*, rev. ed. (London: Penguin Classics, 2003).

Moore, R. I., *The Formation of a Persecuting Society: Authority and Deviance in Western Europe, 950-1250*, rev. ed. (Oxford: Wiley/Blackwell, 2006).

Mout, Nicolette, 'Peace without concord: religious toleration in theory and practice', R. Po-Chia Hsia (ed.), *The Cambridge History of Christianity: Volume 6, Reform and Expansion, 1500-1660* (Cambridge: Cambridge University Press, 2007), pp. 227-43.

Mormando, Franco, *The Preacher's Demons: Bernardino of Siena and the Social Underworld of Early Renaissance Italy* (Chicago and London: University of Chicago Press, 1999).

Murray, Alexander, *Reason and Society in the Middle Ages* (Oxford: Oxford University Press, 1978).

Nadler, Steven, *Spinoza: A Life*, 2nd ed. (Cambridge: Cambridge University Press, 2018).

Najemy, John, 'Dante and Florence', Rachel Jacoff (ed.), *The Cambridge Companion to Dante*, 2nd ed. (Cambridge: Cambridge University Press, 2007), pp., 236-56.

Najemy, John, *A History of Florence, 1200-1575* (Oxford: Wiley-Blackwell, 2008).

Najemy, John M. (ed.), *Italy in the Age of the Renaissance* (Oxford: Oxford University Press, 2004).

Nauert, Charles, *Humanism and the Culture of Renaissance Europe*, 2nd ed. (Cambridge: Cambridge University Press, 2018).

Nederman, Cary J., 'Marsiglio of Padua', David Boucher and Paul Kelly (eds.), *Political Thinkers: From Socrates to the Present* (Oxford: Oxford University Press, 2003), pp. 124-38.

Nelson, Eric, *The Greek Tradition in Republican Thought* (Cambridge: Cambridge University Press, 2000).

———, 'The Problem of the Prince', James Hankins (ed.), *The Cambridge Companion to Renaissance Philosophy* (Cambridge: Cambridge University Press, 2007), pp. 319-77.

———, *The Hebrew Republic, Jewish Sources and the Transformation of European Political Thought* (Cambridge MA and London: Harvard University Press, 2010).

Nelson, Janet L., *King and Emperor: A New Life of Charlemagne* (London: Allen Lane / Penguin, 2019).

Nicholl, Charles, *Leonardo da Vinci: The Flights of the Mind* (London: Allen Lane / Penguin,

(Edinburgh: Edinburgh University Press, 1981).

Malcolm, Noel, *Useful Enemies: Islam and the Ottoman Empire in Western Political Thought, 1450-1750* (Oxford: Oxford University Press, 2019).

Mann, William, E., 'Faith and Reason', *The Cambridge History of Medieval Philosophy: Volume 2* (Cambridge: Cambridge University Press, 2010), pp. 707-19.

Mansel, Philip, *King of the World: The Life of Louis XIV* (London: Allen Lane / Penguin, 2019).

Marenbon, John, 'Carolingian Thought', chapter 6, Rosamond McKitterick (ed.), *Carolingian Culture: Emulation and Innovation* (Cambridge: Cambridge University Press, 1994).

———, *Medieval Philosophy: An Historical and Philosophical Introduction* (London and New York: Routledge, 2007).

———, *Pagans and Philosophers: The Problem of Paganism from Augustine to Leibniz* (Princeton and Oxford: Princeton University Press, 2015).

Marenbon, John (ed.), *The Cambridge Companion to Boethius* (Cambridge: Cambridge University Press, 2009).

Marshall, John, *John Locke: Toleration and Enlightenment Culture* (Cambridge: Cambridge University Press, 2006).

Marshall, Peter, *Heretics and Believers: A History of the English Reformation* (New Haven and London: Yale University Press, 2017).

———, *Martin Luther and the Invention of the Reformation* (Oxford: Oxford University Press, 2017).

——— (ed.), *The Oxford Illustrated History of the Reformation* (Oxford: Oxford University Press, 2015).

Martinich, A. P., *Hobbes: A Biography* (Cambridge: Cambridge University Press, 1999).

Massar, Phyllis and James Ackerman, *Palladio* (London: Pelican Books, 1966).

Massing, Michael, *Fatal Discord: Erasmus, Luther and the Fight for the Western Mind* (New York: HarperCollins, 2016).

Mattern, Susan, *The Prince of Medicine: Galen in the Roman Empire* (New York: Oxford University Press, 2013).

Maurer, Armand, *Medieval Philosophy*, 2nd ed. (Rome: Pontifical Institute of Medieval Studies, 1982).

Melling, David, *Understanding Plato* (Oxford: Oxford University Press, 1987).

Merton, Robert, *Science, Technology and Society in Seventeenth-Century England* (Bruges: St Catherine Press, 1938, New York: Howard Fertig, 2002).

Miller, James (ed.), *Lives of the Eminent Philosophers by Diogenes Laertius* (Oxford: Oxford University Press, 2018).

Mills, Kenneth, 'The Naturalization of Andean Christianities', R. Po-Chia Hsia (ed.), *The Cambridge History of Christianity: Volume 6, Reform and Expansion 1500-1660* (Cambridge: Cambridge University Press, 2007), pp. 504-35.

Long, A. A., *Hellenistic Philosophy* (London: Bloomsbury, 1996).

Lowe, E. J., *Locke* (London: Routledge, 2005).

Lowry, Martin, *The World of Aldus Manutius: Business and Scholarship in Renaissance Venice* (Oxford: Blackwell, 1979).

Luscombe, David, and Jonathan Riley-Smith (eds.), *The New Cambridge Medieval History: Volume 4, c.1024-c.1198, Part 1* (Cambridge: Cambridge University Press, 2004).

Maas, Michael (ed.), *The Cambridge Companion to Justinian* (Cambridge: Cambridge University Press, 2005).

Macadam, Alta, *Blue Guide Florence*, 11th ed. (London: Somerset Books, 2017).

McClelland, J. S., *A History of Western Political Thought* (London: Routledge, 1996).

McCormick, Michael, *The Origins of the European Economy: Communications and Commerce, ad 300-900* (Cambridge: Cambridge University Press, 2001).

MacCulloch, Diarmaid, *Thomas Cranmer* (New Haven and London: Yale University Press, 1996).

———, *Reformation: Europe's House Divided 1490-1700* (London: Allen Lane / Penguin, 2003).

———, *All Things Made New: Writings of the Reformation* (London: Allen Lane / Penguin, 2016).

———, *Thomas Cromwell: A Life* (London: Allen Lane / Penguin, 2018).

McKitterick, Rosamond, *The Carolingians and the Written Word* (Cambridge: Cambridge University Press, 2008).

———, *Charlemagne: The Formation of a European Identity* (Cambridge: Cambridge University Press, 2008).

——— (ed.), *Carolingian Culture: Emulation and Innovation* (Cambridge: Cambridge University Press, 1994).

——— (ed.), *The New Cambridge Medieval History: Volume 2, c.700-c.900* (Cambridge: Cambridge University Press, 1995).

Machamer, Peter, *The Cambridge Companion to Galileo* (Cambridge: Cambridge University Press, 1998).

Machiavelli, Niccolò, *The Prince*, trans and ed., Tim Parks, Oxford Classics (Oxford: Oxford University Press, 2011).

Mackintosh-Smith, Tim, *Arabs: A 3,000 Year History of Peoples, Tribes and Empires* (New Haven and London: Yale University Press, 2019).

Macintyre, Alasdair, *After Virtue* (Notre Dame IN: Notre Dame Press, 1981).

Madigan, Kevin, *Medieval Christianity: A New History* (New Haven and London: Yale University Press, 2015).

Majanlahti, Anthony, *The Families Who Made Rome: A History and a Guide* (London: Chatto and Windus, 2005).

Makdisi, George, *The Rise of Colleges: Institutions of Learning in Islam and the West*

University Press, 1994).

Kristeller, Paul Oskar, *Eight Philosophers of the Italian Renaissance* (Stanford, CA: Stanford University Press, 1964).

Laird, Walter Roy, 'Change and Motion', David Lindberg and Michael Shank (eds.), *The Cambridge History of Science: Volume 2, Medieval Science* (Cambridge: Cambridge University Press, 2013), pp. 404-35.

Lambdin, Laura and Robert Lambdin, *Encyclopedia of Medieval Literature* (Westport, CT: Greenwood Press, 2000).

Lancel, Serge, *St Augustine* (London, SCM Press, 2002).

Landtsheer, Jeanine G. de, 'Michel de Montaigne, Marie De Gournay and Justus Lipsius. Some Overlooked Particulars Preserved at Leiden University Library', Karl A. E. Enenkel and Mark S. Smith (eds.), *Montaigne and the Low Countries (1580-1700)* (Leiden: Brill, 2007), pp. 63-78.

Lapidge, Michael, *The Anglo-Saxon Library* (Oxford: Oxford University Press, 2006).

Lea, Henry, *A History of Auricular Confession and Indulgences in the Latin Church* (Philadelphia: Lea Brothers, 1896).

Legassie, Shayne Aaron, *The Medieval Invention of Travel* (Chicago and London: Chicago University Press, 2017).

Leroi, Armand, *The Lagoon: How Aristotle Invented Science* (London and New York: Bloomsbury, 2014).

Levi, Anthony, *Renaissance and Reformation: The Intellectual Genesis* (New Haven and London: Yale University Press, 2002).

Lewis-Jones, Hugh (ed.), *The Writer's Map: An Atlas of Imaginary Lands* (London: Thames and Hudson, 2018).

Lindberg, David, *The Beginnings of Western Science*, 2nd ed. (Chicago and London: University of Chicago Press, 2007).

———, 'Science and the Medieval Church', David Lindberg and Michael Shank (eds.), *The Cambridge History of Science: Volume 2, Medieval Science* (Cambridge: Cambridge University Press, 2013), pp. 268-85.

Lindberg, David and Michael Shank, 'Introduction', David Lindberg and Michael Shank (eds.), *The Cambridge History of Science: Volume 2, Medieval Science* (Cambridge: Cambridge University Press, 2013), pp. 1-26.

Lindberg, David and Michael Shank (eds.), *The Cambridge History of Science: Volume 2, Medieval Science* (Cambridge: Cambridge University Press, 2013).

Lindberg, David and Katherine Tachau, 'The Science of Light and Color: Seeing and Knowing', David Lindberg and Michael Shank (eds.), *The Cambridge History of Science: Volume 2, Medieval Science* (Cambridge: Cambridge University Press, 2013), pp. 485-511.

Lloyd, Geoffrey, *Aristotelian Explorations* (Cambridge: Cambridge University Press, 1996).

HarperCollins, 2003).

Jenkyns, Richard, *The Victorians and Ancient Greece* (Oxford: Blackwell, 1980).

Jones, Alexander, *A Portable Cosmos: Revealing the Antikythera Mechanism, Scientific Wonder of the Ancient World* (New York: Oxford University Press, 2017).

Jones, Michael (ed.), *The New Cambridge Medieval History: Volume 6, c.1300-c.1415* (Cambridge: Cambridge University Press, 2000).

Jones, Philip, *The Italian City-State: From Commune to Signoria* (Oxford: Clarendon Press, 1997).

Kaminsky, Howard, 'The Great Schism', Michael Jones (ed.), *The New Cambridge Medieval History: Volume 6, c.1300-c.1415* (Cambridge: Cambridge University Press, 2000), pp. 674-96.

Kaye, Joel, *A History of Balance, 1250-1375* (Cambridge: Cambridge University Press, 2014).

Kelly, Paul and David Boucher (eds.), *Political Thinkers: From Socrates to the Present* (Oxford: Oxford University Press, 2003).

Kemp, Martin, *Leonardo da Vinci: The Marvellous Works of Nature and Man* (Oxford: Oxford University Press, 2006).

———, *Leonardo da Vinci: Experience, Experiment and Design* (London: Victoria and Albert Publications, 2007).

———, *Living with Leonardo: Fifty Years of Sanity and Insanity in the Art World and Beyond* (London: Thames and Hudson, 2018).

Kenny, Anthony, *Medieval Philosophy: A New History of Western Philosophy*, Volume 2 (Oxford: Oxford University Press, 2005).

———, *The Rise of Modern Philosophy: A New History of Western Philosophy*, Volume 3 (Oxford: Oxford University Press, 2006).

Kenny, Anthony, et al., *Renaissance Thinkers* (Oxford: Oxford University Press, 1993).

King, Ross, *Brunelleschi's Dome: The Story of the Great Cathedral in Florence* (London: Penguin Books, 2000).

Kingdon, Robert, M., 'The Calvinist Reformation in Geneva', R. Po-Chia Hsia (ed.), *The Cambridge History of Christianity: Volume 6, Reform and Expansion 1500-1660* (Cambridge: Cambridge University Press, 2007), pp. 90-103.

Kishlansky, Mark, *The Penguin History of Britain: A Monarchy Transformed, Britain 1630-1714* (London: Allen Lane / Penguin, 1996).

Knight, Jeremy K., *The End of Antiquity: Archaeology, Society and Religion, ad 235-700* (Stroud: Tempus Publishing, 1999).

Kraye, Jill, 'The Revival of Hellenistic philosophies', James Hankins (ed.), *The Cambridge Companion to Renaissance Philosophy* (Cambridge: Cambridge University Press, 2007), pp. 97-112.

——— (ed.), *The Cambridge Companion to Renaissance Humanism* (Cambridge: Cambridge

The Cambridge History of Medieval Philosophy: Volume 2 (Cambridge: Cambridge University Press, 2010), pp. 689-706.

Hollingsworth, Mary, *The Medici* (London: Head of Zeus, 2017).

Hoskin, Michael (ed.), *The Cambridge Concise History of Astronomy* (Cambridge: Cambridge University Press, 1999).

———, and Gingerich, Owen, 'Medieval Latin Astronomy', Michael Hoskin (ed.), *The Cambridge Concise History of Astronomy* (Cambridge University Press, 1999), pp. 68-93.

Housley, Norman, *Religious Warfare in Europe, 1400-1536* (Oxford: Oxford University Press, 2002).

Howard, Deborah, *Venice and the East: The Impact of the Islamic World on Venetian Architecture, 1100-1500* (New Haven and London: Yale University Press, 2000).

Hsia, R. Po-Chia, *The World of Catholic Renewal, 1540-1770*, 2nd ed. (Cambridge: Cambridge University Press, 2005).

——— (ed.), *The Cambridge History of Christianity: Volume 6, Reform and Expansion 1500-1660* (Cambridge: Cambridge University Press, 2007).

Hughes, Kathleen, *The Church in Early Irish Society* (Ithaca, New York: Cornell University Press, 1966).

Humfress, Caroline, 'Law and Legal Practice in the Age of Justinian', Michael Maas (ed.), *The Cambridge Companion to Justinian* (Cambridge: Cambridge University Press, 2005), pp. 161-84.

Iliffe, Rob, *Priest of Nature: The Religious Worlds of Isaac Newton* (New York: Oxford University Press, 2017).

Ingram, Robert, *Reformation without End: Religion, Politics and the Past in Post-Revolutionary England* (Manchester: Manchester University Press, 2018).

Israel, Jonathan, *The Dutch Republic: Its Rise, Greatness and Fall, 1477-1806* (Oxford: Clarendon Press, 1993).

———, *Radical Enlightenment: Philosophy and the Making of Modernity 1650-1750* (Oxford: Oxford University Press, 2001).

———, *Enlightenment Contested: Philosophy, Modernity, and the Emancipation of Man, 1670-1752* (Oxford: Oxford University Press, 2006).

———, *Revolutionary Ideas: An Intellectual History of the French Revolution from the Rights of Man to Robespierre* (Princeton and Oxford: Princeton University Press, 2015).

Jacobus, Laura, *Giotto and the Arena Chapel: Art, Architecture and Experience* (Turnhout: Brepols / Harvey Miller Publications, 2008).

Jacoff, Rachel (ed.,), *The Cambridge Companion to Dante*, 2nd ed. (Cambridge: Cambridge University Press, 2007).

Jardine, Lisa, *The Curious Life of Robert Hooke, the Man who Measured London* (London:

——— (ed.), *The Cambridge Companion to Renaissance Philosophy* (Cambridge: Cambridge University Press, 2007).

Harper, Kyle, *Slavery in the Late Roman World, ad 275-425* (Cambridge: Cambridge University Press, 2011).

Harries, Jill, *Sidonius Apollinaris and the Fall of Rome, ad 407-485* (Oxford: Clarendon Press, 1994).

Harris, Robin, *Dubrovnik: A History* (London: SAQI, 2003).

Haskell, Francis and Nicholas Penny, *Taste and the Antique: The Lure of Classical Sculpture 1500-1900* (New Haven and London: Yale University Press, 1981).

Haskins, Charles, *The Renaissance of the Twelfth Century* (Harvard MA, and London: Harvard University Press, 1927).

Hawes, James, *The Shortest History of Germany* (London: Old Street Publishing Ltd., 2017).

Hazard, Paul, *The Crisis of the European Mind, 1680-1715*, trans J. Lewis May (New York: New York Review Books Classics, 2013).

Heale, Martin, *The Abbots and Priors of Late Medieval and Reformation England* (Oxford: Oxford University Press, 2016).

Heather, Peter, *The Fall of the Roman Empire: A New History of Rome and the Barbarians* (Oxford: Oxford University Press, 2005).

———, *Empires and Barbarians: Migration, Development and the Birth of Europe* (London: Macmillan, 2009).

Hedley, J. and J. Tomaro (eds.), *San Carlo Borromeo: Catholic Reform and Ecclesiastical Politics in the Second Half of the Sixteenth Century* (Washington, DC: Folger Books, 1988).

Heilbron, J. L., *Galileo* (Oxford: Oxford University Press, 2010).

Helvétius, Anne-Marie and Michael Kaplan, 'Asceticism and its Institutions', Thomas Noble and Julia Smith (eds.), *The Cambridge History of Christianity: Volume 3, Early Medieval Christianities, c.600-1100* (Cambridge: Cambridge University Press, 2008), pp. 275-98.

Henderson, John, *Piety and Charity in Late Medieval Florence* (Chicago and London: University of Chicago Press, 1994).

Henry, John, *The Scientific Revolution and the Origins of Modern Science*, 3rd ed. (London: Red Globe Press, Macmillan International Higher Education, 2008).

Hill, Christopher, *The World Turned Upside Down, Radical Ideas During the English Revolution* (Harmondsworth, Penguin Books, 1975).

———, *God's Englishman: Oliver Cromwell and the English Revolution* (London: Weidenfeld and Nicolson, 1979).

Hodgkin, Thomas, *The Letters of Cassiodorus* (London: Henry Frowde, 1886).

Hodgson, Peter E., *Theology and Modern Physics* (London: Routledge, 2017).

Hoenen, Maarten and Robert Wisnovsky, 'Philosophy and Theology', Robert Pasnau (ed.),

2002).

———, *Heresies: Against Progress and Other Illusions* (London: Granta Books, 2004).

———, *Seven Types of Atheism* (London: Allen Lane, 2018).

Grayling, A. C., *The Age of Genius: The Seventeenth Century and the Birth of the Modern Mind* (London: Bloomsbury, 2016).

Grazia, Margreta de, *Hamlet without Hamlet* (Cambridge: Cambridge University Press, 2007).

Greenblatt, Stephen, *Renaissance Self-Fashioning: From More to Shakespeare* (Chicago and London: University of Chicago Press, 1980).

———, *Marvellous Possessions: The Wonder of the New World* (Chicago and London: University of Chicago Press, 1991).

———, *The Swerve: How the World Became Modern* (New York: W. W. Norton, 2011, English edition, *The Swerve, How the Renaissance Began*, London: Vintage, 2012).

Greengrass, Mark, *Christendom Destroyed: Europe 1517-1648* (London: Allen Lane / Penguin, 2014).

Gribbin, John, *Science: A History* (London: Allen Lane / Penguin, 2002).

Griffiths, Eric, *If Not Critical* (Oxford: Oxford University Press, 2018).

Guicciardini, Niccolo, *Isaac Newton and Natural Philosophy* (London: Reaktion Books, 2018).

Gunn, Steven, *Henry VII's New Men and the Making of Tudor England* (Oxford: Oxford University Press, 2016).

Hale, John, *The Civilization of Europe in the Renaissance* (London: Harper Perennial, 2005).

Hall, Edith, *Aristotle's Way: How Ancient Wisdom Can Change Your Life* (London: Bodley Head, 2018).

Hamburger, Joseph, *John Stuart Mill on Liberty and Control* (Princeton and Oxford: Princeton University Press, 1999).

Hamel, Christopher de, *Meetings with Remarkable Manuscripts* (London: Allen Lane / Penguin, 2016).

Hanke, Lewis, *Aristotle and the American Indians: A Study of Race Prejudice in the Modern World* (Chicago: Henry Regnery Company, 1959).

Hankins, James, *Plato in the Italian Renaissance*, 2 vols, Columbia Studies in *The Classical Tradition* (Leiden and New York: E. J. Brill, 1990).

———, 'Rhetoric, History and Ideology: The Civic Panegyrics of Leonardo Bruni', James Hankins (ed.), *Renaissance Civic Humanism: Reappraisals and Reflections* (Cambridge: Cambridge University Press, 2000), pp. 143-78.

———, *Humanism and Platonism in the Italian Renaissance*, 2 vols (Rome: Edizioni di storia e litteratura 2004).

——— (ed.), *Renaissance Civic Humanism: Reappraisals and Reflections* (Cambridge: Cambridge University Press, 2000).

Miniscule', Rosamond McKitterick (ed.), *The New Cambridge Medieval History: Volume 2, c.700-c.900* (Cambridge: Cambridge University Press, 1995), pp. 786-808.

Garber, Daniel, 'Physics and Foundations', Katherine Park and Lorraine Daston (eds.), *The Cambridge History of Science: Volume 3, Early Modern Science* (Cambridge: Cambridge University Press, 2006), pp. 19-69.

Gatti, Hilary, *Essays on Giordano Bruno* (Princeton and Oxford: Princeton University Press, 2011).

Ghosh, Khantir, 'Wycliffites and Lollardy', Miri Rubin and Walter Simons (eds.), *The Cambridge History of Christianity: Volume 4, Christianity in Western Europe c.1100-c.1500* (Cambridge: Cambridge University Press, 2009), pp. 443-45.

Gilson, Étienne, *History of Christian Philosophy in the Middle Ages* (London: Sheed and Ward, 1955).

Gingerich, Owen, *The Book that Nobody Read: Chasing the Revolutions of Nicolaus Copernicus* (New York: Walker and Son, 2004).

Gittes, Tobias Foster, 'Boccaccio and Humanism', Guyda Armstrong (ed.), *The Cambridge Companion to Boccaccio* (Cambridge: Cambridge University Press, 2015), pp. 155-70.

Gleick, James, *Isaac Newton* (London and New York: Fourth Estate, 2003).

Goodriaan, Koen, 'Empowerment Through Reading, Writing and Example: The Devotio Moderna', Miri Rubin and Walter Simons (eds.), *The Cambridge History of Christianity: Volume 4, Christianity in Western Europe c.1100-c.1500* (Cambridge: Cambridge University Press, 2009), pp. 407-19.

Gordon, Bruce, *Calvin* (New Haven and London: Yale University Press, 2011).

Gottlieb, Anthony, *The Dream of Enlightenment: The Rise of Modern Philosophy* (London: Allen Lane / Penguin, 2016).

Grafton, Anthony, Leon Battista Alberti, *Master Builder of the Italian Renaissance* (London: Allen Lane / Penguin, 2000).

———, 'Libraries and Lecture Halls', Katharine Park and Lorraine Daston (eds.), *The Cambridge History of Science: Volume 3, Early Modern Science* (Cambridge: Cambridge University Press, 2006)., pp. 238-50.

———, *Worlds made by Words: Scholarship and Community in the Modern West* (Cambridge MA and London: Harvard University Press, 2009).

———, 'Diogenes Laertius: From Inspiration to Annoyance (and Back)', James Miller (ed.), *Lives of the Eminent Philosophers by Diogenes Laertius* (Oxford: Oxford University Press, 2018), pp. 536-44.

Grafton, Anthony, et al. (eds.), *The Classical Tradition* (Cambridge, MA and London: Belknap Press of Harvard University Press, 2010).

Grant, Edward, *God and Reason in the Middle Ages* (Cambridge: Cambridge University Press, 2001).

Gray, John, *Straw Dogs: Thoughts on Humans and Other Animals* (London: Granta Books,

Eisenstein, Elizabeth, *The Printing Revolution in Early Modern Europe*, 2nd ed. (Cambridge: Cambridge University Press, 2005).

Eire, Carlos, *Reformations, The Early Modern World, 1450-1650* (New Haven and London: Yale University Press, 2016).

Everett, Barbara, *Young Hamlet, Essays on Shakespeare's Tragedies* (Oxford: Clarendon Press, 1989).

Everitt, Anthony, *Cicero: A Turbulent Life* (London: John Murray, 2001).

Faietti, Marzia and Hugo Chapman, *Fra Angelico to Leonardo: Italian Renaissance Drawings* (London: British Museum Press, 2010).

Febvre, Lucien and Henri-Jean Martin, *The Coming of the Book: The Impact of Printing 1450-1800*, 3rd ed. (New York: Verso, 2010).

Feser, Edward, *Aquinas: A Beginner's Guide* (London: Oneworld Publications, 2009).

Fitzgerald, Allan (ed.), *Augustine Through the Ages: An Encyclopedia* (Cambridge: William Eerdmans, 1999).

Flint, Valerie, *The Rise of Magic in Early Modern Europe* (Princeton and Oxford: Princeton University Press, 1991).

Frankopan, Peter, *The Silk Roads, A New History of the World* (London: Bloomsbury, 2015).

Freedberg, David, *The Eye of the Lynx, Galileo, His Friends, and the Beginnings of Modern Natural History* (Chicago and London: Chicago University Press, 2002).

Freeman, Charles, *The Closing of the Western Mind, The Rise of Faith and the Fall of Reason* (London: William Heinemann, 2002).

———, *ad 381* (London: Pimlico, 2009).

———, *Holy Bones, Holy Dust: How Relics Shaped the History of Medieval Europe* (New Haven and London: Yale University Press, 2012).

———, *Egypt, Greece and Rome: Civilizations of the Ancient Mediterranean*, 3rd ed. (Oxford: Oxford University Press, 2014).

———, 'Historical Introduction', *Blue Guide Florence*, 11th ed., (London: Somerset Books, 2017).

French, Katherine, 'Localised Faith: Parochial and Domestic Spaces', John H. Arnold (ed.), *The Oxford Handbook of Medieval Christianity* (Oxford: Oxford University Press, 2014), pp.166-82.

Fried, Joannes (trans. Peter Lewis), *The Middle Ages* (Cambridge, MA and London: Belknap Press of Harvard University Press, 2015).

Fritze, Ronald, *New Worlds, The Great Voyages of Discovery 1400-1600* (Stroud: Sutton Publishing, 2002).

Fukuyama, Francis, *The End of History and the Last Man* (New York: The Free Press, 1993).

Fumaroli, Marc, *The Republic of Letters* (New Haven and London: Yale University Press, 2018).

Ganz, David, 'Book Production in the Carolingian Empire and the Spread of Caroline

Coleman, Edward, 'Cities and Communes', David Abulafia (ed.), *Italy in the Central Middle Ages, 1000-1330* (Oxford: Oxford University Press, 2004), pp. 27-57.

Colish, Marcia L., *Medieval Foundations of the Western Intellectual Tradition, 400-1400* (New Haven and London: Yale University Press, 1997).

Como, David, *Radical Parliamentarians and the English Civil War* (Oxford: Oxford University Press, 2018).

Cottingham, John, *The Rationalists: A History of Western Philosophy* (Oxford: Oxford University Press, 1988).

Coward, Barry, *The Stuart Age*, 4th ed. (London: Routledge, 2012).

Cox, Virginia, *A Short History of the Italian Renaissance* (I. B. Tauris, 2016).

Creighton, Mandell, *The Church and the Nation: Charges and Addresses* (London: Longman, Green and Co., 1901).

Curran, Brian, *The Egyptian Renaissance: The Afterlife of Ancient Egypt in Early Modern Italy* (Chicago and London: University of Chicago Press, 2007).

Davies, Martin, *Aldus Manutius: Printer and Publisher of Renaissance Venice* (London: British Library, 1995).

Deane, Jennifer, *A History of Medieval Heresy and Inquisition* (Lanham, MD: Rowman and Littlefield, 2011).

Dear, Peter, *Revolutionizing the Sciences: European Knowledge and its Ambitions, 1500-1700*, 2nd ed. (London: Palgrave Macmillan, 2009).

DeGregorio, Scott (ed.), *The Cambridge Companion to Bede* (Cambridge: Cambridge University Press, 2010).

Devlin, Keith, *The Man of Numbers: Fibonacci's Arithmetic Revolution* (London: Bloomsbury, 2011).

Dickens, A. G. and Whitney Jones, *Erasmus the Reformer* (London: Methuen, 2000).

Dinshaw, Minoo, *Outlandish Knight, The Byzantine Life of Steven Runciman* (London: Allen Lane / Penguin, 2016).

Domingo, Rafael and Giovanni Minnucci, 'Alberico Gentili and the Secularization of the Law of Nations', Rafael Domingo and John Witte (eds.), *Christianity and Global Law: An Introduction* (Cambridge: Cambridge University Press, 2020).

Donnelly, John Patrick, 'New Religious Orders for Men', pp. 162–179, R. Po-Chia Hsia (ed.), *The Cambridge History of Christianity: Volume 6, Reform and Expansion, 1500-1660* (Cambridge: Cambridge University Press, 2007).

Duffy, Eamon, *The Stripping of the Altars* (New Haven and London: Yale University Press, 1992).

———, *The Voices of Morebath: Reformation and Rebellion in an English Village* (New Haven and London: Yale University Press, 2001).

———, *Marking the Hours, English People and their Prayers 1240-1570* (New Haven and London: Yale University Press, 2006).

Bruce, Susan (ed.), *Three Early Modern Utopias* (Oxford: Oxford University Press, 1999).

Bryson, Bill (ed.), *Seeing Further: The Story of Science and the Royal Society* (London: Collins, 2010).

Bull, Malcolm, *The Mirror of the Gods: How Renaissance Artists Rediscovered the Pagan Gods* (Oxford: Oxford University Press, 2005).

Burke, Peter, *The Fabrication of Louis XIV* (New Haven and London: Yale University Press, 1992).

Burns, Tony, 'Aristotle', David Boucher and Paul Kelly (eds.), *Political Thinkers: From Socrates to the Present* (Oxford: Oxford University Press, 2003), pp. 73-90.

Burrow, John, *A History of Histories* (London: Allen Lane, 2007).

Bynum, Caroline Walker, *Christian Materiality: An Essay on Religion in Late Medieval Europe* (New York: Zone Books, 2011).

Campbell, Stephen J. and Michael W. Cole, *A New History of Italian Renaissance Art* (London: Thames and Hudson, 2012).

Cannadine, David, G. M. *Trevelyan: A Life in History* (London: HarperCollins, 1992).

Cantor, Norman, *Inventing the Middle Ages: The Lives, Works and Ideas of the Great Medievalists of the Twentieth Century* (Cambridge: Lutterworth Press, 1991).

Cartledge, Paul, *Democracy: A Life* (Oxford: Oxford University Press, 2016).

Casey, John, *After Lives: A Guide to Heaven, Hell and Purgatory* (Oxford: Oxford University Press, 2009).

Celenza, Christopher, *Machiavelli: A Portrait* (Cambridge, MA., Harvard University Press, 2015).

———, *Petrarch: Everywhere a Wanderer* (London: Reaktion Books, 2017).

———, *The Intellectual World of the Italian Renaissance: Language, Philosophy, and the Search for Meaning* (Cambridge: Cambridge University Press, 2018).

Chadwick, Henry, *East and West: The Making of a Rift in the Church* (Oxford: Oxford University Press, 2003).

Chapman, Hugo and Marzia Faietti, *Fra Angelico to Leonardo: Italian Renaissance Drawings* (London: British Museum Press, 2010).

Charney, Noah and Ingrid Rowland, *The Collector of Lives, Giorgio Vasari and the Invention of Art* (London and New York: W. W. Norton and Co., 2017).

Clanchy, M. T., *Abelard: A Medieval Life* (Oxford: Blackwell Publishing, 1997).

———, *From Memory to Written Record*, 3rd ed. (Hoboken, NJ: John Wiley, 2012).

Clark, Kenneth, *Leonardo da Vinci* (Cambridge: Cambridge University Press, 1939; rev. ed. with Martin Kemp, London: Penguin Books, 1988).

Cohen, Mitchell, *The Politics of Opera: A History from Monteverdi to Mozart* (Princeton and Oxford: Princeton University Press, 2017).

Coldstream, Nicola, *Medieval Architecture* (Oxford: Oxford University Press, 2002).

Cole, Alison, *Art of the Italian Renaissance Court* (London: Calmann and King, 1995).

———, 'Education and the Emergence of a Literate Society', John M. Najemy (ed.), *Italy in the Age of the Renaissance* (Oxford: Oxford University Press, 2004), pp.18-36.

Blair, John, *Building Anglo-Saxon England* (Princeton and Oxford: Princeton University Press, 2018).

Blanning, Tim, *The Pursuit of Glory, Europe 1648-1815* (London: Allen Lane / Penguin, 2007).

Bodiam, Miriam, 'Christianity and Judaism', R. Po-Chia Hsia (ed.), *The Cambridge History of Christianity: Volume 6, Reform and Expansion 1500-1660* (Cambridge: Cambridge University Press, 2007), pp. 483-503.

Bodnar, Edward (ed. and trans.), *Cyriac of Ancona, Later Travels* (Harvard, MA: The I Tatti Renaissance Library, Harvard University Press, 2003).

———, Charles Mitchell (trans.), Clive Foss (eds.), *Cyriac of Ancona, Life and Early Travels* (Harvard, MA: The I Tatti Renaissance Library, Harvard University Press, 2015).

Bolgar, R. R., *The Classical Heritage and its Beneficiaries from the Carolingian Age to the End of the Renaissance* (new ed., New York: Harper and Row, 1964).

Bosworth, R. J. B., *Whispering City: Rome and its Histories* (New Haven and London: Yale University Press, 2011).

Boucher, David and Paul Kelly (eds.), *Political Thinkers: From Socrates to the Present* (Oxford: Oxford University Press, 2003).

Boulting, William, *Giordano Bruno: His Life, Thought and Martyrdom* (London: Routledge, 2013 reprint; orig. 1914).

Bouwsma, William J., *The Waning of the Renaissance, 1550-1640* (New Haven and London: Yale University Press, 2000).

Braudel, Fernand (trans. Sian Reynolds), *The Mediterranean and the Mediterranean World in the Age of Philip IIII*, 2 vols (London: Collins, 1972).

Breay, Claire and Joanna Story (eds.), *Anglo-Saxon Kingdoms, Art, Word, War* (London: British Library, 2018).

Brockliss, Laurence, *The University of Oxford: A History* (Oxford: Oxford University Press, 2016).

Brooke, Rosalind, *The Image of St. Francis: Responses to Sainthood in the Thirteenth Century* (Cambridge: Cambridge University Press, 2008).

Brotton, Jerry, *A History of the World in Twelve Maps* (London: Allen Lane / Penguin, 2012).

Brown, Giles, 'The Carolingian Renaissance', Rosamond McKitterick (ed.), *Carolingian Culture; Emulation and Innovation* (Cambridge: Cambridge University Press, 1994), pp. 1-51.

Brown, Peter, *Augustine of Hippo: A Biography*, rev. ed. (Berkeley: University of California Press, 2000).

———, *Poverty and Leadership in the Later Roman Empire* (Waltham, MA: Brandeis University Press, 2001).

Discovery (New Haven and London: Yale University Press, 2007).

Bakewell, Sarah, *How to Live: A Life of Montaigne in One Question and Twenty Attempts at an Answer* (London: Chatto and Windus, 2010).

Bala, Arun, *The Dialogue of Civilizations in the Birth of Modern Science* (New York: Palgrave Macmillan, 2006).

Ball, Philip, *Universe of Stone* (London: Bodley Head, 2008).

Barber, Malcolm, *The Two Cities: Medieval Europe, 1050-1320*, 2nd ed. (London: Routledge, 2004).

Barkan, Leonard, *Unearthing the Past: Archaeology and Aesthetics in the Making of Renaissance Culture* (New Haven and London: Yale University Press, 1999).

Barnes, Jonathan, *Aristotle, Past Masters series* (Oxford: Oxford University Press, 1982).

———, *Aristotle: A Very Short Introduction* (Oxford: Oxford University Press, 2001).

Bartlett, Robert, *The Making of Europe, Conquest, Colonization and Cultural Change, 950-1350* (London: Penguin Books, 2003).

Barton, John, *A History of the Bible: The Book and its Faiths* (London: Allen Lane / Penguin, 2019).

Bate, Jonathan, *How the Classics made Shakespeare* (Princeton and Oxford: Princeton University Press, 2019).

Becher, Matthias, *Charlemagne* (New Haven and London: Yale University Press, 2003).

Belting, Hans, *Florence and Baghdad: Renaissance Art and Arab Science* (Cambridge, MA and London: Belknap Press of Harvard University Press, 2011).

Benner, Erica, *Be Like the Fox, Machiavelli's Quest for Freedom* (London: AllenLane / Penguin, 2017).

Bennett, Jim, 'The Mechanical Arts', Katherine Park and Lorraine Daston (eds.), *The Cambridge History of Science: Volume 3, Early Modern Science* (Cambridge: Cambridge University Press, 2006), pp. 673-95.

Bianchi, Luca, 'Continuity and Change in the Aristotelian Tradition', James Hankins (ed.), *The Cambridge Companion to Renaissance Philosophy* (Cambridge: Cambridge University Press, 2007), pp. 49-71.

Bischoff, B. (trans. David Ganz), *Latin Palaeography: Antiquity and the Middle Ages* (Cambridge: Cambridge University Press, 1990).

Black, Christopher, *Italian Confraternities in the Sixteenth Century* (Cambridge: Cambridge University Press, 1989).

———, *Church, Religion and Society in Early Modern Italy* (London: Palgrave Macmillan, 2004).

———, *The Italian Inquisition* (New Haven and London: Yale University Press, 2009).

Black, Robert, 'Humanism', Christopher Allmand (ed.), *The New Cambridge Medieval History: Volume 7, c.1415-c.1500* (Cambridge: Cambridge University Press, 1998), pp. 243-77.

參考書目

Abramson, Jeffrey, *Minerva's Owl: The Tradition of Western Political Thought* (Cambridge, MA and London: Harvard University Press, 2009).

Abulafia, David, *The Discovery of Mankind: Atlantic Encounters in the Age of Columbus* (New Haven and London: Yale University Press, 2008).

———, *The Great Sea: A Human History of the Mediterranean* (London: Allen Lane / Penguin, 2011).

——— (ed.), *The New Cambridge Medieval History: Volume 5, c.1198-c.1300* (Cambridge: Cambridge University Press, 1999).

——— (ed.), *Italy in the Central Middle Ages, 1000-1330* (Oxford: Oxford University Press, 2004).

Ackerman, James and Phyllis Massar, *Palladio* (London: Pelican Books, 1966).

Adamson, Peter, 'Aristotle in the Arabic Commentary Tradition', Christopher Shields (ed.), *The Oxford Handbook of Aristotle* (Oxford: Oxford University Press, 2012), pp. 645-64.

———, *A History of Philosophy without any Gaps: Philosophy in the Hellenistic and Roman World* (Oxford: Oxford University Press, 2015).

———, *A History of Philosophy without any Gaps: Philosophy in the Islamic World* (Oxford: Oxford University Press, 2016).

———, *A History of Philosophy without any Gaps: Medieval Philosophy* (Oxford: Oxford University Press, 2019).

Allmand, Christopher (ed.), *The New Cambridge Medieval History: Volume 7, c.1415-c.1500* (Cambridge: Cambridge University Press, 1998).

Angold, Michael, *The Fourth Crusade: Event and Context* (London: Routledge, 2003).

Annas, Julia, *Plato: A Very Short Introduction* (Oxford: Oxford University Press, 2003).

Anstey, Peter (ed.), *British Philosophy in the Seventeenth Century* (Oxford, Oxford University Press, 2013).

Arcais, Francesca Flores d', *Giotto*, 2nd ed. (New York: Abbeville Press, 2016).

Arnold, John H. (ed.), *The Oxford Handbook of Medieval Christianity* (Oxford: Oxford University Press, 2014).

Armstrong, Guyda, (ed.), *The Cambridge Companion to Boccaccio* (Cambridge: Cambridge University Press, 2015).

Asbridge, Thomas, *The Crusades: The War for the Holy Land* (New York and London: Simon and Schuster, 2010).

Attenborough, David, et al., *Amazing Rare Things: The Art of Natural History in the Age of*

Commons

866 Frontispiece of Thomas Hobbes's *Leviathan* (1651); Wikimedia Commons

878 Frontispiece of John Locke's *Two Treatises of Government* (1690); Wikimedia Commons

889 *Nasir al-Din at the Observatory*, fifteenth-century Persian miniature; Roland and Sabrina Michaud / akg-images

890 Frontispiece of Nicolaus Copernicus's *De Revolutionibus Orbium Coelestium* (*On the Revolutions of Heavenly Bodies*); Lebrecht Music & Arts / Alamy Stock Photo

891 Engraving from Tycho Brahe's *Astronomiae instauratae mechanica* (1598); Wikimedia Commons

904 Frontispiece of Johannes Hevelius's *Selenographia* (1647); Wikimedia Commons

906 Frontispiece of Galileo Galilei's *Dialogue Concerning the Two Chief World Systems*; Wikimedia Commons

916 Frontispiece of Thomas Sprat's *The History of the Royal Society of London* © Artokoloro Quint Lox Limited / Alamy Stock Photo

917 Paul van Somer, *Francis Bacon* (1617); Lazienki Palace / Wikimedia Commons

920 Frontispiece of Francis Bacon's *Novum organum scientiarum*, 1645; EC. B1328.620ib, Houghton Library, Harvard University / Wikimedia Commons

925 Boyle's air pump, New Experiments; © CC BY 4.0 Wellcome Collection / Wikimedia Commons

927 Torricelli's barometer experiment, 1644; Science & Society Picture Library / Getty Images

928-929 Robert Hooke, spread from *Micrographia* (1665) © CC BY 4.0 Wellcome Collection

930 Antonie van Leeuwenhoek's *Animalcules*; © CC BY 4.0 Wellcome Collection

938 Frontispiece of Isaac Newton's *Principia Mathematica*, first edition (1687); Wikimedia Commons

950 Frans Hals, *René Descartes* (late 1600s); IanDagnall Computing / Alamy Stock Photo

956 René Descartes, *Meditations* (1641); Bibliothèque Nationale de France / Wikimedia Commons

961 Godfrey Kneller, *John Locke* (1697); Hermitage Museum / Wikimedia Commons

975 Pierre Bayle on the frontispiece of the 1740 edition of his *Dictionnaire Historique et Critique* (*Historical and Critical Dictionary*); Artokoloro / Alamy Stock Photo

978 Frontispiece of Pierre Bayle's *Dictionnaire Historique et Critique*; Wikimedia Commons

704-705 Page from a 1626 copy of the Aztec herbal, *Codex Badianus*; Royal Collection Trust / © Her Majesty Queen Elizabeth II 2020

708-709 Theodoor Galle, *Amerigo Vespucci Rediscovers America*, print series entitled *Nova Reperta* (*New Inventions of Modern Times*), engraved by Jan Collaert I, after Jan van der Straet (Stradanus); The Picture Art Collection / Alamy Stock Photo

710 John White, Secotan village; British Museum / Wikimedia Commons

713 Mission San Xavier del Bac; Frank Kovalchek / Wikimedia Commons

720 Martin Luther and Lucifer; Everett Historical / Shutterstock

721 Destruction of religious icons in Zurich, 1524; Wikimedia Commons

739 Christian Fritzsch, *Michael Servetus*, engraving c. 1740; Wikimedia Commons

740 Frontispiece of the first edition of the Great Bible, 1539; Culture Club / Getty Images

741 J. M. W. Turner, *Tintern Abbey*; Heritage Images / Getty Images

752 Opening session of the Council of Trent by Nicolò Dorigati; DEA / A. Dagli Orti / Getty Images

756 Jesuits in China; Everett Historical / Shutterstock

761 Gesù Church, Rome; Stefano_Valeri / Shutterstock

772 Château de Montaigne; CC Share Alike 3.0 Tom Canac / Wikimedia Commons

774 Frontispiece of Montaigne's copy of *De rerum natura*; DEA Picture Library / Getty Images

778-779 François Dubois, *The Massacre of St Bartholomew*; © DEA / G. Dagli Orti / Getty Images

784 Frontispiece of Shakespeare's *Hamlet*, Second Quarto, 1604/5; © Classic Image / Alamy Stock Photo

796 Joseph Werner, *Louis XIV as Apollo*, 1662/7; © Château de Versailles, RMN / Jean-Marc Manaï

797 Louis XIV visiting the Royal Academy of Sciences, 1671; The Elisha Whittelsey Collection, The Elisha Whittelsey Fund, 1962 / Wikimedia Commons

803 *Audience Given to the Ambassadors of the King of Siam*; © Bibliothèque nationale de France

812-813 Bartholomeus van Bassen, *Great Assembly of the States-General in 1651*; The Picture Art Collection / Alamy Stock Photo

816 Library of the University of Leiden, 1610; Wikimedia Commons

820-821 Rembrandt, *The Anatomy Lesson of Dr Nicolaes Tulp*; Mauritshuis / Wikimedia Commons

831 Wenceslaus Hollar, *The Trial of Thomas Wentworth, Earl of Stafford*; © Heritage Images / Getty Images

835 *The Embleme of England's Distractions* (1658); Print Collector / Getty Images

844 *The Triumph of Peace and Liberty over Tyranny*, James Thornhill; Wikimedia

Marzolino / Shutterstock

598 Leonardo's study of bones; GraphicaArtis / Getty Images

599 Leonardo's study of muscles; GraphicaArtis / Getty Images

604-605 Notes and diagram on optics, from Leonardo's rough book of observations; British Library / Bridgeman Images

606 Andreas Vesalius in *De humani corporis fabrica* ('On the Structure of the Human Body'); with the kind permission of St John's College, Cambridge

607 Skeleton from Vesalius' *De humani corporis fabrica*; Science & Society Picture Library / Getty Images

614 Albrecht Dürer, *The Large Piece of Turf*, 1503; Google Art Project / Wikimedia Commons

617 Loggia of Cupid and Psyche; Villa Farnesina / Wikimedia Commons

622 *Gallopavo* (turkey), from Conrad Gessner's *Historiae Animalium*, Vol. III, 1555; Courtesy of the U.S. National Library of Medicine

623 From Conrad Gessner's *Historia Plantarum*; courtesy of the University Library, Erlangen-Nuremberg

626-627 Arabia and India, from the Atlas Miller, c.1519; The Print Collector / Alamy Stock Photo

628 Nicolás Monardes's natural history of the West Indies; from the Historical Collections of the National Library of Medicine

635 Raphael, *Baldassare Castiglione*; Louvre Museum / Wikimedia Commons

636 Frontispiece to *The Courtier of Count Baldessar Castilio*; British Library / Bridgeman Images

639 Plan of the island of Thomas Moore's *Utopia*; Hulton Archive / Stringer / Getty Images

647 Santi di Tito, *Portrait of Niccolò Machiavelli*; Palazzo Vecchio, Florence / Wikimedia Commons

658 *Laocoön and His Sons*; Vatican Museums / Wikimedia Commons

663 Lorenzo Lotto, *Andrea Odoni*; Art Collection 3 / Alamy Stock Photo

670-671 The moving of an Egyptian obelisk to St Peter's Square, in *Speculum Romanae Magnificentiae* (The Mirror of Roman Magnificence); Artokoloro / Alamy Stock Photo

676 Athanasius Kircher, *Sphinx Mystagoga*; PR Archive / Alamy Stock Photo

678-679 Teatro Olimpico, Vicenza; CC Share Alike 4.0 Didier Descouens / Wikimedia Commons

682 Villa Medicea La Petraia, Florence; Wikimedia Commons

690 *Codex Magliabechiano* (folio 70r); PR Archive / Alamy Stock Photo

698 Illustration from a Latin translation of *The Destruction of the Indies*, by Bartolomé de Las Casas; Bridgeman Images

400-401 Ceiling mosaic of the Baptistery, Florence; Ilia Baksheev / Shutterstock
405 Tomb of Leonardo Bruni; Zvonimir Atletic / Shutterstock
410 *Studiolo* in the Ducal Palace of Urbino, detail; Leemage / Getty Images
411 Justus van Gent, portrait series of 'famous men' for the south wall of the studiolo; Bridgeman Images
416 Ospedale degli innocenti; Borisb17 / Shutterstock
420 Lorenzo Ghiberti, *Gates of Paradise*; Jasmine K / Shutterstock
423 Masaccio, *Holy Trinity*; Mondadori Portfolio / Getty Images
426 Piero della Francesca, *Polyptych of St Anthony*; Ivan Vdovin / Alamy Stock Photo
440 Ludovico Cardi's drawing of a cross-section of Brunelleschi's dome; Leemage / Getty Images
441 Florence Cathedral (*Duomo di Firenze*); Vladimir Badaev / Shutterstock
459 Fresco painting in the cathedral crypt, Anagni © Ivan Vdovin / Alamy Stock Photo
466 Anonymous miniature showing the rector of the University of Paris and Cardinal Bessarion; Venice, Biblioteca Nazionale Marciana / Wikimedia Commons
470-471 Hermes Trismegistus, mosaic in Siena Cathedral © Science History Images / Alamy Stock Photo
474-475 Raphael, *The School of Athens*; UniversalImagesGroup / Getty Images
488-489 The Gutenberg Bible © Science History Images / Alamy Stock Photo
494 Aldus Manutius's edition of Pietro Bembo's *De Aetna*; Wikimedia Commons
498-499 Johannes Regiomontanus: calendar printed in Venice by Erhard Ratdolt, 9 August 1482; by kind permission of the University of Glasgow Library, Archives & Special Collections
502-503 Leonhart Fuchs, *De Historia Stirpium commentarii insignia*, showing Heinrich Füllmaurer and Albertus Meyer at work; Bridgeman Images
518-519 Palace of the Popes, Avignon; Horst Lieber / Shutterstock
527 Benedetto Bonfigli, *Gonfalone di S. Francesco al Prato* (Misericordia di San Bernardino in Perugia); CC Attribution 3.0 Georges Jansoone (JoJan) / Wikimedia Commons
532-533 Gentile Bellini, *Procession in Piazza San Marco*; Peter Barritt / Alamy Stock Photo
544 Girolamo Savonarola's execution on the Piazza della Signoria, Florence © Heritage Image Partnership Ltd / Alamy Stock Photo
554 Hans Holbein the Younger, *Erasmus*; National Gallery / Wikimedia Commons
564-565 Portolan chart of the Mediterranean Sea; Library of Congress / Wikimedia Commons
568 Marco Polo's caravan in the *Catalan Atlas*; Wikimedia Commons
570-571 World map by Henricus Martellus; CC 0 1.0 British Library / Wikimedia Commons
586-587 Abraham Ortelius's map of the Americas, from *Theatrum Orbis Terrarum*;

183 Monument in Père Lachaise cemetery; CC BY 4.0 Wellcome Collection
196 Salerno Cathedral; © Mitzo / Shutterstock Photo
198-199 Venice in 1338; Bettmann / Getty Images
202-203 Pisa central complex; Bogusz Strulak / Shutterstock
209 *The Codex Justinianus*; De Agostini Picture Library / Getty Images
217 Palazzo Pubblico, Siena; Delpixel / Shutterstock
222-223 *The Effects of Good Government in the City*, Ambrogio Lorenzetti; Palazzo Pubblico, Siena / Wikimedia Commons
232-233 *Philosophy Consoling Boethius and Fortune Turning the Wheel*, Master Coëtivy (Henri de Vulcop?); courtesy of Getty's Open Content Program.
238 *Henry of Germany Delivering a Lecture*, Laurentius de Voltolina; The Yorck Project / Wikimedia Commons
250 Ptolemy's *Almagest*; Granger Historical Picture Archive / Alamy Stock Photo
261 *The Dissection*, illustration from *Fasciculus Medicinae* by Johannes de Ketham, 1493 (woodcut); Bridgeman Images
286 Albertus Magnus, *On the Nature of Things* (*De Natura Rerum*); De Agostini / Getty Images
290-291 *Triumph of the Catholic Doctrine Embodied by St Thomas*, Andrea di Bonaiuto di Firenze; De Agostini / Getty Images
312 *Cardinal Nicholas of Rouen*, Tommaso da Modena; The Picture Art Collection / Alamy Stock Photo
313 God the Geometer, c.1220–30; Australian National Library / Wikimedia Commons
318 Roger Bacon conducting an experiment, from Michael Maier, *Symbola Aureae* (1617); Science History Images / Alamy Stock Photo
323 Front page of a Latin edition of the *Opticae Thesaurus*; Wikimedia Commons
336-337 *La commedia illumina Firenze* ('The Comedy Illuminating Florence'), Domenico di Michelino; Museo dell'Opera del Duomo / Wikimedia Commons
342-343 *Dante's Inferno*, Gustave Doré; Wikimedia Commons
356-357 Giovanni Toscani, *cassone* front showing a scene from Boccaccio's *Decameron*; from Christie's Old Masters Sale catalogue, 6 July 2017
368 *The Kiss of Judas*, Giotto di Bondone (c.1305); Dennis Hallinan / Alamy Stock Photo
374-375 *The Three Philosophers*, Giorgione; Kunsthistorisches Museum, Vienna / Google Art Project / Wikimedia Commons
379 Simone Martini, frontispiece to Petrarch's *Virgil*; Photo 12 / Alamy Stock Photo
382 Petrarch presenting book to King Louis XII; Photo Josse / Leemage / Getty Images
386 *The Young Cicero Reading*, Vincenzo Foppa; Wallace Collection / Wikimedia Commons
396-397 *View of Florence*, Francesco Rosselli (attrib.); DEA Picture Library / Getty Images

圖片出處

2 *Christ Treading the Beasts*, mosaic in the Archbishop's Chapel, Ravenna © José Luiz Bernardes Ribeiro / CC BY-SA 4.0
18-19 A modern copy of the *Tabula Rogeriana*, made by Konrad Miller; Wikimedia Commons
23 The Greek astronomer Claudius Ptolemy; Photo Josse / Bridgeman Images
38-39 Thomas Cole, *Destruction*, from *The Course of Empire*; New-York Historical Society / Wikimedia Commons
56-57 Miniature from *The Consolation of Philosophy*; courtesy of Getty's Open Content Program
64 Cassiodorus, *Codex Amiatinus*; Biblioteca Medicea Laurenziana Firenze, Su concessione del MiBACT
68 Bede, *De Temporum Ratione* (*On the Reckoning of Time*); British Library / Bridgeman Images
84 Albrecht Dürer, *Charlemagne*; German National Museum, Nuremberg / Bridgeman Images
91 Palatine Chapel, Aachen; Takashi Images / Shutterstock
95 Vergilius Vaticanus; Vatican Library / Bridgeman Images
96-97 Gospels of St Augustine; The Parker Library, Corpus Christi College, Cambridge
100 top The Book of Kells, Gospel of Matthew; Granger Historical Picture Archive / Alamy
100 bottom Grandval Bible; British Library / Bridgeman Images
110-111 *The Conversion of Saint Augustine*; Musée Thomas-Henry, Cherbourg / Wikimedia Commons
123 Pilgrims at the shrine of Edward Confessor, from a Life of St Edward the Confessor (MS Ee.3.59) © Cambridge University Library
126-127 The Abbey of Saint Germain-des-Prés, 1687; Wikimedia Commons
139 The Pope in Council, from *Decretum Gratiani*; Chronicle / Alamy Stock Photo
144-145 Siege of Antioch, detail of a medieval miniature from Sébastien Mamerot's Les *Passages d'Outremer*; Adam Bishop / Wikimedia Commons
148-149 The Albigensian Crusade; The History Collection / Alamy Stock Photo
152 Giotto di Bondone, *St Francis Receiving the Stigmata*; Bridgeman Images
155 Pedro Berruguete, *St Dominic de Guzman and the Albigensians*; Museo del Prado / Alamy Stock Photo
169 Representation of Heloïse and Abelard; Photo Josse / Bridgeman Images

覺醒：東西方交會下近代西方思想文明的重生與轉變（下冊）

The Awakening: A History of the Western Mind AD 500 - AD 1700

作　者—查爾斯・弗里曼（Charles Freeman）
譯　者—唐澄暐
主　編—王育涵
特約編輯—蔡宜真
校　對—蔡宜真、陳佩伶、廖柏皓
責任企畫—郭靜羽
美術設計—許晉維
內頁排版—立全電腦印前排版有限公司

總　編　輯—胡金倫
董　事　長—趙政岷
出　版　者—時報文化出版企業股份有限公司
一〇八〇一九台北市和平西路三段二四〇號七樓
發行專線—（〇二）二三〇六六八四二
讀者服務專線—〇八〇〇二三一七〇五
（〇二）二三〇四七一〇三
讀者服務傳真—（〇二）二三〇四六八五八
郵撥—一九三四四七二四時報文化出版公司
信箱—一〇八九九臺北華江橋郵局第九九信箱

時報悅讀網—http://www.readingtimes.com.tw
時報人文科學線臉書—https://www.facebook.com/humanities.science
法律顧問—理律法律事務所　陳長文律師、李念祖律師
印　刷—華展印刷有限公司
初版一刷—二〇二二年五月二十七日
定　價—新台幣八五〇元
（缺頁或破損的書，請寄回更換）

時報文化出版公司成立於一九七五年，
一九九九年股票上櫃公開發行，二〇〇八年脫離中時集團非屬旺中，
以「尊重智慧與創意的文化事業」為信念。

ISBN 978-626-335-344-2（平裝）
Printed in Taiwan

覺醒：東西方交會下近代西方思想文明的重生與轉變 / 查爾斯．弗里曼(Charles Freeman)著；唐澄暐譯. -- 初版. -- 臺北市：時報文化出版企業股份有限公司, 2022.05
冊；　公分. -- (next ; 308-309)

譯自：The awakening : a history of the western mind AD 500 - AD 1700.

ISBN 978-626-335-343-5(上冊：平裝). --
ISBN 978-626-335-344-2(下冊：平裝). --
ISBN 978-626-335-345-9(全套：平裝)

1.CST: 文明史 2.CST: 生活史 3.CST: 歐洲

740.23　　111005818